幼儿品格教育理论与实践丛书

幼儿园品格教育
实践指导
大班

总主编 陈会昌
主 编 夏 婧

北京师范大学出版集团
BEIJING NORMAL UNIVERSITY PUBLISHING GROUP
北京师范大学出版社

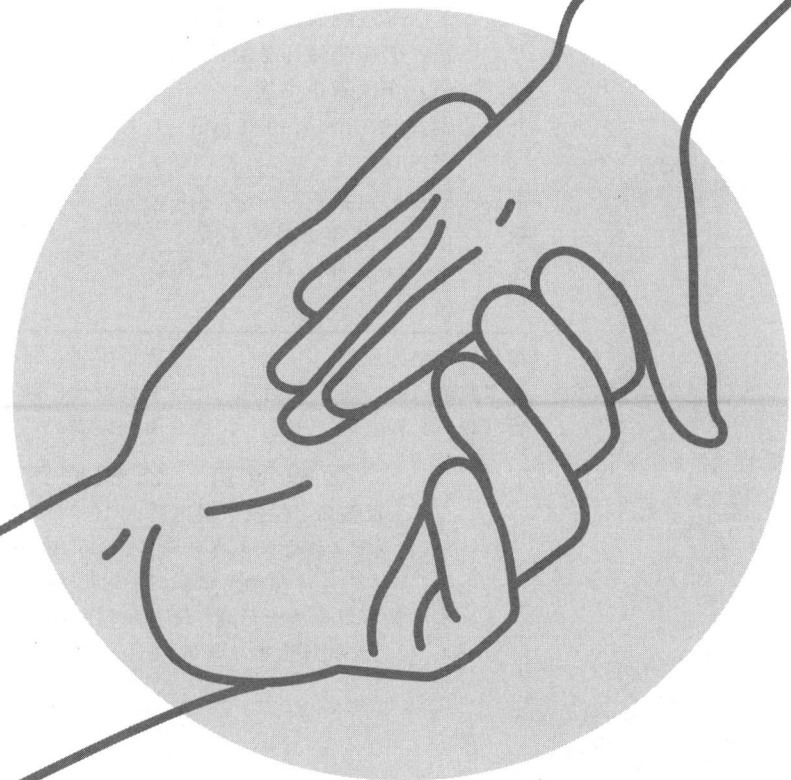

图书在版编目(CIP)数据

幼儿园品格教育实践指导. 大班/夏婧主编. —北京：北京师范大学出版社，2024.2

（幼儿品格教育理论与实践丛书）

ISBN 978-7-303-29407-7

Ⅰ. ①幼…　Ⅱ. ①夏…　Ⅲ. ①品德教育－学前教育－教学参考资料　Ⅳ. ①G611

中国国家版本馆 CIP 数据核字(2023)第 183255 号

营 销 中 心 电 话　010-58808083　58805532
图 书 意 见 反 馈　gaozhifk@bnupg.com　010-58805079

YOU'ERYUAN PINGE JIAOYU SHIJIAN ZHIDAO DABAN

出版发行：北京师范大学出版社　www.bnupg.com
　　　　　北京市西城区新街口外大街 12-3 号
　　　　　邮政编码：100088
印　　刷：唐山玺诚印务有限公司
经　　销：全国新华书店
开　　本：787 mm×1092 mm　1/16
印　　张：18.5
字　　数：427 千字
版　　次：2024 年 2 月第 1 版
印　　次：2024 年 2 月第 1 次印刷
定　　价：68.00 元

策划编辑：张丽娟　　　　　责任编辑：张丽娟　郭凌云
美术编辑：陈　涛　李向昕　装帧设计：陈　涛
责任校对：段立超　　　　　责任印制：马　洁　赵　龙

编 委 会

主　　编：夏　婧
编　　委：（排名不分先后）

案例提供单位（排名不分先后）

察哈尔右翼中旗民族幼儿园

北京市海淀区富力桃园幼儿园

郑州经济技术开发区第一幼儿园

沈阳理工大学幼儿园（浑南园）

长治市上党区韩店幼儿园

青岛市崂山区沙子口街道中心幼儿园

中国人民武装警察部队四川省总队机关幼儿园

石家庄市直机关第一幼儿园

济南市槐荫区腊山南苑幼儿园

济南高新区瀚阳幼儿园

北京市东城区新中街幼儿园

保定市定兴县幼儿园

威海市荣成市宁津街道中心幼儿园

威海市荣成市观海路幼儿园

青岛市崂山区沙子口街道松山后幼儿园

唐山市遵化市幼儿园

中共山西省委机关幼儿园

北京市大兴区亦庄镇中心幼儿园

北京市大兴区礼贤镇中心幼儿园

沈阳市皇姑区英蓓儿幼儿园

沈阳市皇姑区辽河第二幼儿园

益阳市赫山区龙洲幼儿园

益阳市赫山区世纪嘉苑幼儿园

中国人民解放军战略支援部队信息工程大学第四幼儿园

阳江市第一幼儿园

沈阳市沈河区文艺路第二小学幼儿园（五爱园）

沈阳市于洪区于洪新城第一小学幼儿园

青岛市崂山区沙子口街道于哥庄幼儿园

青岛市崂山区沙子口街道段家埠幼儿园

成都飞机设计研究所幼儿园

济南市槐荫区世纪广场幼儿园

北京市昌平区南口镇中心幼儿园

北京市昌平区北郡嘉源幼儿园

滨州市博兴县兴福镇赵马幼儿园

沈阳市浑南区第四中学附属幼儿园

长治市武乡县机关幼儿园

威海市环翠区望岛幼儿园

东莞市虎门镇中心幼儿园

北京市第二幼儿园

北京市大兴区安定镇中心幼儿园

成都市武侯区第二十四幼儿园

青岛市崂山区沙子口街道岭西幼儿园

青岛市崂山区中韩街道张村幼儿园

济南市槐荫区演马佳苑幼儿园

四川大学空港幼儿园

济南市槐荫区实验幼儿园

太原市小店区新星幼儿园长治路分园

太原市育华幼儿园

北京市大兴区第六幼儿园

郑州航空港区航南幼儿园

济南市历下区育德幼儿园

益阳市桃江县桃花江镇第二中心幼儿园

广州市番禺区北城幼儿园

济南市槐荫区西城实验幼儿园

济南市槐荫区第三实验幼儿园梦世界园

济南市槐荫区机关幼儿园

济南市历下区大明湖幼儿园

济南市槐荫区御峰幼儿园

盘锦新世纪森林幼儿园有限公司

郑州市二七区郑大幼儿园

连州市第一幼儿园

沈阳市沈河区文艺路第二小学沈北分校幼儿园

成都东部新区三岔湖幼儿园

长沙市雨花区教育局幼儿园东澜湾幼儿园

东莞市沙田镇第二幼儿园

东莞市石龙镇实验幼儿园

北京儿童品格教育研究院

本书编写说明

一、本书主题内容

"幼儿品格教育理论与实践丛书"是立德树人教育根本任务在幼儿园的实践探索与实施总结，凝聚了广大幼儿园教师品格教育实践的智慧与思考。本书是该丛书大班（5～6 岁）的内容，由 8 个品格主题和 13 个社会技能构成，具体分布情况见"大班品格主题与社会技能分布一览表"。

大班品格主题与社会技能分布一览表

年龄班	主题名称	品格	社会技能
大班	1. 谢谢您	感恩	判断别人情绪、分辨体态语言
	2. 相亲相爱好朋友	友爱	表达烦恼
	3. 微微一笑不计较	宽容	判断是否公平
	4. 阳光开朗少烦恼	积极	争当第一、消除坏心情
	5. 团结就是力量	合作	加入、接受拒绝
	6. 我的想法不一样	创意	感到被忽视、了解自己的情绪
	7. 遇到困难我不怕	抗挫	抗挫能力、遇到困难多尝试
	8. 我为人人，人人为我	慷慨	提供帮助

二、本书章节构成及编写说明

本书基于全环境育人的理念，围绕品格和社会技能，从主题说明、主题目标、环境创设、教学活动案例及反思、区角活动案例、一日生活指导、家园共育指导七方面逐一进行梳理，帮助教师系统、全面地掌握该品格主题和社会技能的培养重点和实施策略。各部分编写说明如下。

（一）主题说明

阐述每一个主题中的品格和社会技能的内涵及培养重点，同时围绕品格主题和社会技能梳理幼儿的发展特点与需求，帮助教师明确课程实施的重点与难点，这也是确保课程实施效果的起点与关键。

(二)主题目标

基于幼儿年龄特点、认知发展水平及生活经验，明确每个主题活动应当达成的发展目标和教育目标，让教师能够准确把握并掌握好教育教学的边界。

(三)环境创设

浸润式的品格环境对幼儿良好品格养成有重要作用。本书的环境创设部分主要从班级主题墙、家园共育栏以及幼儿成长(学习)记录墙三部分来梳理环境创设的思路，每个部分都会简要阐述背后的设计意图，旨在为教师提供大致的环境创设框架，为教师的实践工作提供借鉴与参考。

(四)教学活动案例及反思

品格教育是幼儿园的底色，应当贯穿于幼儿园一日生活的各个环节，同时也应当体现在幼儿园的五大领域教学活动中。

本书的教学活动案例及反思主要由两大部分构成。第一部分主要与品格主题相关，分别是品格绘本阅读活动(语言领域)、品格社会领域活动(社会领域)和品格综合领域活动(主要是指围绕品格主题开展的健康、科学、艺术领域的集体教学活动)，每个活动以表格的形式呈现并明确标注活动中的品格元素，旨在帮助教师了解品格教学活动的组织要点。第二部分是专门针对社会技能设计的教学活动，由于社会技能的教学策略与品格培养略有不同，所以活动方案的呈现形式与品格教学活动的方案也不一样。

(五)区角活动案例

这部分根据每个主题的品格元素、培养目标及幼儿的年龄特点，选择三个有代表性的区角并设计相应的区角活动方案，强化教师在幼儿自由游戏中的观察和随机实施品格教育的能力。

(六)一日生活指导

这部分将每一个主题中的品格培养目标与社会技能培养重点与幼儿园一日生活流程相对应，然后根据幼儿的年龄特点梳理出培养重点，帮助教师更好地抓住保教工作中的教育契机，对幼儿进行生活化、渗透性、随机性的引导。此外，这部分还呈现了幼儿园教师日常指导的情境案例以及幼儿园开展的品格与社会技能体验活动，让读者进一步感知生活中的品格教育策略与方法。

(七)家园共育指导

家园共育是幼儿教育的主旋律，幼儿良好品格的发展和社会技能的习得离不开家长的支持。幼儿园作为专门的教育机构承担了对家长进行家庭教育指导的重要责任，因此，每月主题在家园共育指导部分梳理了"品格指导要点"和"社会技能指导要点"，帮助教师更深入、专业地开展家园共育工作。

此外，为了更好地解答教师、家长在品格家园共育中的困惑，本书在家园共育指导部分还设计了"你问我答"部分，梳理了教师、家长在品格培养及家园沟通中的常见问题并给予指导，希望能够从教育理念、教育方法等方面为一线教师与家长的沟通互动提供帮助与支持。

我们衷心希望本书能够为幼儿园落实立德树人教育根本任务、实践品格教育提供思路和启发；也希望广大一线教师能够在实践中不断探索，寻找到适宜、科学、有效的路径、策略与方法，以促进幼儿良好品格的发展。

目　录

第一章　概　述

一、幼儿品格教育的背景与价值

品格是指个体在遗传和环境交互作用下，形成的道德品质、人格特质及社会性方面的情感、认知与行为特征。品格是一个大概念，既包括一个人的道德与人格，也包括参与社会生活所必需的社会技能，更包括以爱党爱国为核心的政治思想素养。品格教育是指通过教育者与受教育者相互的、具有教育性的活动，引导和促进受教育者形成符合社会期待和评价标准的道德，形成有助于个体终身发展的健全人格以及良好的社会性品质与行为。品格教育是根基性教育，是贯彻落实立德树人根本任务的重要内容，为一个人终身优质、健康和可持续发展奠定基础。

（一）落实立德树人根本任务

马克思主义关于人的全面发展学说认为，人的全面发展必须是人的全部特征的发展。在马克思看来，全面发展的人是具备适应社会各种需求能力和素质的"全人"。《中华人民共和国教育法》第五条明确规定"教育必须为社会主义现代化建设服务、为人民服务，必须与生产劳动和社会实践相结合，培养德智体美劳全面发展的社会主义建设者和接班人"。其中，德育被放在了首要位置，这充分体现了"教育是根本，德育是前提"这一核心理念。

人无德不立，业无德不兴，国无德不威。2021年，十三届全国人大四次会议通过了《中华人民共和国国民经济和社会发展第十四个五年规划和2035年远景目标纲要》，指明建设高质量教育体系应"全面贯彻党的教育方针，坚持优先发展教育事业，坚持立德树人，增强学生文明素养、社会责任意识、实践本领，培养德智体美劳全面发展的社会主义建设者和接班人"。党的二十大报告明确提出，"全面贯彻党的教育方针，落实立德树人根本任务，培养德智体美劳全面发展的社会主义建设者和接班人"。"立德树人"作为我国教育的根本任务和时代主题，从根本上解决了"培养什么人、怎样培养人、为谁培养人"的问题。落实立德树人根本任务，要从儿童青少年抓起，"扣好人生第一粒扣了"。落实立德树人根本任务，需要弘扬社会主义核心价值观，培养具有中华优秀文化底蕴、中国特色社会主义共同理想和国际视野，以及道德情操和人格魅力的社会主义建设者和接班人。

从国家发展来看，品格教育是培育和践行社会主义核心价值观的重要体现，是落实立德树人教育根本任务的基础。开展好品格教育才能为国家培养出具有家国情怀、政治素养、远大理想，并能够脚踏实地、德才兼备的社会主义建设者和接班人。

（二）践行社会主义核心价值观

和谐社会是一种具有民主法治、公平正义、诚信友爱、充满活力、安定有序、人与自然和谐相处等基本特征的社会发展模式。建设社会主义和谐社会需要全体人民达成道德共识，遵循共同的道德规范和伦理精神。没有道德共识的社会将是一个没有道德追求和道德行为底线的社会，也将是无序和混乱的社会。如果不能达成道德规范和准则的共识，没有主流价值和道德共识作导向和支撑，整个民族的意志就会涣散，难以形成凝聚力和向心力，更难以实现不同群体之间的和谐。

建设和谐社会需要培育和践行社会主义核心价值观。党的二十大报告明确提出要"广泛践行社会主义核心价值观。社会主义核心价值观是凝聚人心、汇聚民力的强大力量。弘扬以伟大建党精神为源头的中国共产党人精神谱系，用好红色资源，深入开展社会主义核心价值观宣传教育，深化爱国主义、集体主义、社会主义教育，着力培养担当民族复兴大任的时代新人"。"富强、民主、文明、和谐"作为国家层面的价值目标，回答了"建设怎样的国家"这一命题。这一维度表达了我们国家所要追求的发展图景，即国家富强，实现普遍且大多数人的民主，要达到物质、精神和环境的高度文明以及社会的长治久安。"自由、平等、公正、法治"作为社会层面的价值取向，对"构建怎样的社会"做了明确的阐述，即物质生活和精神生活的自由，法律面前人人平等，社会制度给每个人以公平和正义以及能够依法治国、法制健全的美好愿景。"爱国、敬业、诚信、友善"作为个人层面的价值准绳，实质上是回答"培养怎样的公民"这一命题，是每个公民必须恪守的基本道德准则。只有每个公民成为"爱国、敬业、诚信、友善"的个体，国家才能实现"富强、民主、文明、和谐"，社会才能真正"自由、平等、公正、法治"。对幼儿的仁爱、感恩、责任、分享、合作、尊重、友爱、诚实、乐观、积极等品格的培养都是对其"爱国、敬业、诚信、友善"等重要品质的启蒙。

（三）为个体的终身发展奠基

儿童青少年是祖国的未来和民族的希望。当前我国儿童青少年发展状况总体较好，但依然存在着一些心理问题和道德问题。这些问题很大程度上是时代的变迁导致的，主要表现为：经济全球化时代的多样文化容易导致儿童青少年的主流价值观迷失；信息化、网络化容易导致儿童青少年交流的减少和道德的冷漠；功利化教育容易导致儿童青少年成"才"有余，成"人"不足。

学前儿童由于年龄小，各项能力尚处于启蒙与发展阶段，典型表现为自我服务的意识与能力较弱，规则意识不强；自制力、专注力、抗挫能力等方面不足；部分学前儿童还会出现做事急躁、缺乏耐心、情绪控制能力较弱等情况。此外，这个阶段的儿童还具有"自我中心"的心理发展特点，因而他们很难自发地表现出分享、助人、合作、友爱、慷慨等亲社会行为。但大量的科学研究与生活实践都无一例外地印证了"人生百年，始于幼学"的基本理念，"三岁看大，七岁看老"，幼年时期形成的良好品格将是幼儿一生受益不尽的财富。"扣好人生第一粒扣子"，在学前阶段帮助儿童树立正确的世界观、人生观、价值观，对他们进行良好品格的启蒙也是助力其在人生旅程中健康长期发展的内在要求。

大量教育学、心理学研究表明，儿童期是一个人品格形成最重要的启蒙期与发展期。因此，从 0～12 岁的儿童品格发展过程来看，学前阶段应注重其社会技能和行为习惯的培养，以及良好品德的启蒙、健全人格的初步塑造，培养幼儿的是非观、规则意识、自我控制能力、学习品质等。小学生阶段应注重品德养成，以及与之相关的社会技能培养，并强化以自制、主动、创造等为核心的人格特质，建立初步的国家、集体概念以萌发儿童的国家认同感和家国情怀，形成一定的法治意识及个体发展信念。

二、幼儿品格教育的核心目标

"品格"的英文一般用 Character 表示。从词源上来看，Character 源于古希腊语的 Karacter，意思是"雕刻"。因此，从"品格"这一词语产生伊始，就渗透着"品格可教"的概念。

奥地利哲学家马丁·布贝尔认为"名副其实的教育，本质上就是品格教育"。品格就是介于一个人的本质与他的外表之间的这种特殊纽带，介于他为人的统一性与他的一连串行为与态度之间的这种特殊关系。[①] 为了进一步区分品格与个性，他认为个性是指一个人身上所潜伏着的各种力量的独特结构，是一个"成品"，在其成长方面实质上是不受教育者影响的；而品格却不是"成品"，需要通过教育进行塑造。[②] 美国品格教育的代表人物托马斯·里克纳和马修·戴维森对品格的概念进行了重新界定，认为品格包括两部分：优越品格与道德品格。要拥有优越品格，应该首先知道优秀需要什么，要关注、关心优秀，还要努力做到优秀；要拥有道德品格，就必须了解优秀的道德标准是怎样，并用实际行动来践行。一个有品格的人身上往往可以实现优越品格和道德品格的融合。我国学者丁锦宏认为"品格"应该是指"内在于个体的道德品性"，品格具有个体性、道德性、统整性、稳定性、发展性等特点。[③] 潘光旦认为品格概念是从品性的事实中产生……而"格"具有典型、规范、标准的含义，所谓品格就是合乎道德行为标准的品性。[④]

基于以上学者对于品格的界定及品格教育的时代需求与特征，本套丛书将品格界定为"个体在遗传和环境交互作用下，形成的道德品质、人格特质和社会性方面的情感、认知和行为特征"。这一界定从根本上指明了个体品格形成的机制和影响因素，即受到遗传和环境（包括教育）的双重影响而产生；品格具有三结构，包括道德属性、心理属性和社会心理属性；个体品格主要表现为认知建立、情感体验、行为表达（图 1-1）。

---

① 张人杰、王卫东：《20 世纪教育学名家名著》，254 页，广州，广东高等教育出版社，2002。

② 张爱华、狄伟、宋跃：《马丁·布贝尔品格教育思想研究》，载《河北师范大学学报（教育科学版）》，第 9 期，2010。

③ 丁锦宏：《品格教育论》，49～53 页，北京，人民教育出版社，2005。

④ 参见蔡春：《德性与品格教育》，博士学位论文，复旦大学，2010。

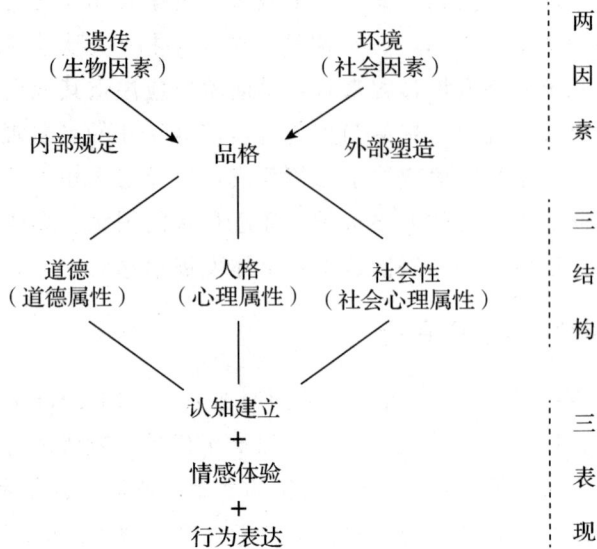

图 1-1 品格的两因素、三结构与三表现

(一)品格结构

无论是何种范畴的品格，都会呈现为一种具体的外在形态，这种形态有其相对稳定的外延和内涵，如勇气、自制、智慧等。体现为具体的品格规范的品德条目包含着丰富的价值和文化内涵，也就是说，品格是既具有其外在形态又具有其实质性的德性内容的架构或结构①。

幼儿品格结构的提出是基于前人的道德、人格以及社会性发展的理论与研究，尤其是幼儿身心发展的年龄规律和基本特点。结合教育实践，本套丛书选取并确立了3～6岁幼儿阶段最重要的三个方面(做人、做事、共处)的品格，构建其中的关键经验，即30个需要重点培养的品格(图1-2)。其中包括以乐观、自制、主动、创造、仁爱、尊重为主的核心品格，以及与之相关的24个一般品格。从品格结构中可以看出，品格教育就是让幼儿逐渐学会做人、做事和共处。做人，应该需要具有乐观的思维方式并且拥有自制力和自控力；做事，应该具有主动性且具有创造性；共处，需要以仁爱之心为基础，并且懂得尊重。

核心品格与一般品格具有相同或相似的心理结构。品格结构中有六个核心品格，为乐观、自制、主动、创造、仁爱以及尊重。在六个核心品格中，每个核心品格下面都有四个跟这个核心品格有关的、支撑这个核心品格培养的一般品格，也可以说核心品格与其一般品格具有相同或者相似的心理能力，或有共同的培养目标。例如，自制这一核心品格，其实现需要个体的"意志力"，而自制对应的一般品格包括专注、秩序、节俭和节制，其实现都需要意志力的支撑，也可以说五个品格的培养都能促进意志力的形成，见表1-1。

---

① 谢狂飞：《比较视野下的品格教育研究：以美国为例》，25 页，北京，中国社会科学出版社，2021。

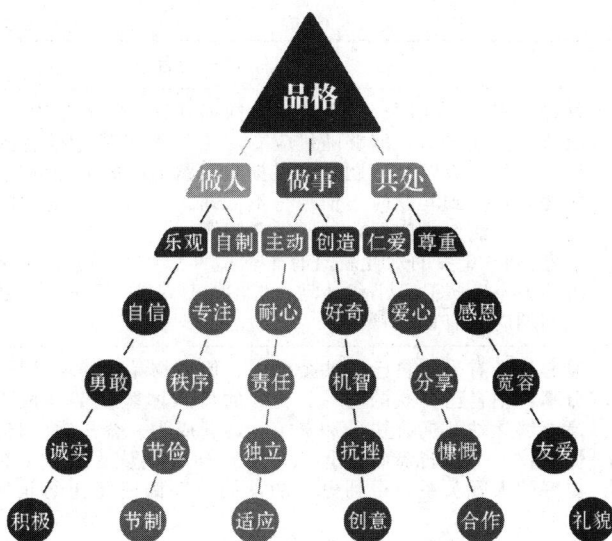

图 1-2　品格结构

表 1-1　核心品格与一般品格释义

核心品格	一般品格
乐观 乐观是一种力量，可以赋予幼儿能量，让幼儿在面对问题、挫折以及未来时充满希望，形成稳定的乐观心态和思维能力，乐享生活。	**自信**：能够正确地认识自己，相信自己有能力实现目标，因而不断激发自己的潜能。这是一种健康的心理状态，是每名幼儿都应该形成的良好品格。 **勇敢**：勇于做力所能及的事情，勇于表现和表达，敢于尝试一些新的事情，在新的环境中不害怕、能适应，愿意跟陌生的同龄人交朋友。 **诚实**：在言语上的诚实和行为上的诚实，敢于承认错误，主动向别人说"对不起"，在游戏和活动中不作弊。 **积极**：一种具有正向价值的情绪情感，积极心态能够提高一个人主观能动性和整体能力，对于幼儿步入小学以后学习能力的发展尤为重要。
自制 自制是幼儿心理发展的宝贵种子，是学习、交往与发展的基础，让幼儿学会等待，学会抵制诱惑，学会自我管理和自我控制。	**专注**：一项重要的学习型品质，如专注地做一件事情，不受外来事情的干扰，认真听他人讲话等。 **秩序**：在有序的生活环境中，形成自身的行为规律，物归原位、做事有序、自我管理和约束。 **节俭**：既是一种道德品质，也是一种人格特点。重点在于懂得物尽其用，珍惜财物，同时做到不浪费，不攀比。 **节制**：对于幼儿来说，节制就是指少看一会儿动画片，不任性哭闹，不暴饮暴食，不霸占玩具等。节制培养能够提高幼儿的自我控制能力，在今后处理事情的过程中逐渐做到恰到好处。
主动 主动是幼儿心理发展的宝贵种子，让幼儿摆脱依赖，更加积极地想问题、做事情，遇到问题自己解决，也为积极、好奇、创造、抗挫等品格培养奠定基础。	**耐心**：遇到困难时不哭不闹，情绪稳定不急躁，能够等待，集体活动时能够按顺序依次完成，不争抢物品等。 **责任**：体现在自我责任心、任务责任心、过失责任心、承诺责任心、他人责任心和集体责任心六个方面。 **独立**：减少对他人的依赖，做到自己的事情自己做，独立穿衣、吃饭、如厕、助人等，同时培养独立思考与问题解决能力。 **适应**：在从家庭到幼儿园这个过渡时期中，逐渐熟悉幼儿园的环境及要求，在心理和行为上做出相应调整，接纳和融入幼儿园生活，做到生活自理、情绪稳定、遵守规则和乐于与人交往。

续表

核心品格	一般品格
创造 创造就是用新奇的方法解决问题的思维品质，能够培养幼儿与众不同的想法，使其做独特的自己从而成为更有价值的人。	**好奇**：善于问问题、想办法，爱探索并且注意力集中。 **机智**：脑筋灵活，能够随机应变，尤其是在紧急或者困难情形下能又快又好地产生想法以解决问题，能够提高问题解决能力和创造力。 **抗挫**：在遇到问题时不消极、不低落，具有积极向上的心态和勇敢地面对问题，想办法解决问题，而非逃避问题。 **创意**：4～6岁的幼儿就具有了创造性思维，而且随着年龄的增长，他们的创意能力不断提高，不仅体现在"与众不同"的想法中，还体现在遇到问题、解决问题时具有创意精神。
仁爱 当幼儿拥有仁爱品格，就会表现出尊重长辈、关爱他人，并富有责任感与同情心，这是幼儿拥有良好的人际关系的前提，对其身心发展和个性养成具有重要的意义。	**爱心**：具有爱护自己、关爱他人、保护物品和环境等情感和行为。 **分享**：把自己喜欢的物品、美好的情感体验及劳动成果与他人共享。乐于分享能够让幼儿拥有快乐和友谊，逐渐成为一个乐观、自信的人。 **慷慨**：一个不吝啬帮助他人的人，通常被认为是友好的、真诚的，他会拥有更好的人际关系，得到更多的认同。慷慨还能让幼儿学会站在他人的角度考虑问题。 **合作**：二人或多人一起分工协作以达到共同目的。合作品格的培养让幼儿体会合作的快乐和集体精神，并有利于其认知发展、自律性以及社会交往能力的提升。
尊重 尊重是人际交往的基本行为准则，也是重要的心理需求。具有尊重品格的幼儿懂得换位思考、体谅别人，能够欣赏并接受人与人之间的差异。	**感恩**：感恩作为一个人积极的个性品质，也是维护其心理健康的重要内在力量。感恩品格的培养需要让幼儿愿意向帮助自己的人表达感谢并付诸实际行动。 **宽容**：大班幼儿已逐步摆脱"自我中心"，对宽容有了一定的理解与认识。宽容能让幼儿自主地接纳他人与自己不同的地方，并能在人际交往中通过协商等方式处理同伴之间的矛盾与冲突。 **友爱**：一个人能否与他人友好地相处，是决定一个人是否能在社会上立足的关键。大班幼儿逐渐表现出亲社会行为，并且友爱意识逐渐萌发。友爱品格能够让幼儿在幼儿园和小学里成为更受欢迎的人。 **礼貌**：礼貌是幼儿与人交往必备的技能，不仅能够促进幼儿的社会发展，还让其需求容易被人理解和接受，从而形成自信和自尊。

品格结构与中华传统价值观一脉相承。中华传统价值观倡导的天人合一、民本、和为贵、和而不同、中庸、乐群、均富、诚信等是历经几千年变迁和社会实践而被证明有利于人类生存发展及社会进步的精神财富。其中，君子文化作为中华优秀传统文化的重要组成部分，在一定程度上承载和积淀了中华传统价值观，同时也蕴含着家国情怀、道德遵循、人格力量等时代内涵。牟钟鉴通过对君子道德人格的概括，认为君子文化主要表现为"'六有'，即有仁义，立人之基；有涵养，美人之性；有操守，挺人之脊；有容量，扩人之胸；有坦诚，存人之真；有担当，尽人之责"[①]。冯国栋从君子文化的当代价值的视角，提出君子文化主要包括"自强不息的人生态度、厚德载物的人生格局、惩忿窒欲的人生修养以及居德善俗的人生责任"[②]。君子文化中所蕴含的对国家、社会、个人的教养功能在今天依旧焕发光彩。本套丛书提出的品格正是对中华优秀传统价值观与君子文化的继承与发扬，见表1-2。

---

① 牟钟鉴：《重铸君子人格 推动移风易俗》，载《孔子研究》，第1期，2016。
② 冯国栋：《从〈周易·大象传〉看君子精神的现代价值》，载《光明日报》，2017-10-11。

表 1-2 品格德目与中华优秀传统价值观的对应关系

中华优秀传统价值观	释义	对应品格德目
仁	仁人、爱人、仁爱	仁爱、爱心、感恩
义	大义、正义、公平、公正、公道	分享、合作、责任、秩序
礼	明礼、礼貌、礼让、礼节、礼仪	尊重、友爱、礼貌
智	知者、明智、智慧、机智	创造、好奇、机智、创意
信	诚信、信任	诚实
勇	勇敢、坚强、刚毅	抗挫、勇敢
节	节气、名节、操守、节制	自制、专注、节俭、节制
恕	己所不欲，勿施于人	宽容、慷慨
宽	事宽则圆	乐观、自信、积极
敏	敏而好学、敏则有功	主动、耐心、独立、适应

(二)社会技能

社会技能是儿童社会性发展的重要方面。格雷沙姆和埃利奥特认为，社会技能是社会可接受的习得行为，它能使个体与他人积极互动，并且知道如何回避那些不被社会接受的行为，同时指出社会技能对个人的成功起着关键作用；随着幼儿的成长，他们会与不同环境、不同情境中的许多人(包括家庭成员、同龄人、教师、其他人)交往，在与他人交往时，一些幼儿能够熟练地使用这些社会技能，而另外一些幼儿却缺乏使用这些积极社交行为的能力或者动机。[1] 已有研究表明，社会技能水平显著影响儿童的同伴关系、社会支持、身心健康乃至未来的学业适应和社会适应[2]，幼儿社会技能水平低下将与其无法适应学校、同伴拒绝和未来的消极行为等相联系[3]，因此幼儿需要有机会去学习并提高自己的社会技能。

本套丛书提出的幼儿 40 项社会技能是陈会昌教授主持的国家自然科学基金重点课题"儿童早期社会化"的核心研究成果，包含了幼儿乃至整个儿童期应该具有的 40 种社会规则、交往技能以及心理能力。按照社会技能的基本内涵，40 项社会技能可以分为六个单元，见表 1-3。

---

① Gresham，F. M. and Elliott，S. N.，*Social Skills Improvement System：Rating Scales*，Bloomington，MN：Pearson Assessments，2008，pp. 1-30.

② 张承芬、曹月勇、常淑敏：《学习困难儿童与非学习困难儿童问题行为、社会技能的对比研究》，载《心理学探新》，第 1 期，2000。

③ 张琴：《儿童社会技能的培养》，载《吉林省教育学院学报·上旬刊》，第 1 期，2013。

表 1-3　40 项社会技能及其结构划分

单元	40 项社会技能
基本社会技能	倾听、好好说、大胆地说、说"谢谢"、自我奖赏、寻求帮助、说"劳驾"、忽视
与学习有关的技能	问问题、按要求做、遇到困难多尝试、插话
交友技能	打招呼、分辨体态语言、加入、按顺序来、分享、提供帮助、邀请别人玩、学会称赞
调节情绪的技能	了解自己的情绪、感到被忽视、表达烦恼、害怕时怎么办、判断别人情绪、表达爱
攻击的替代办法	对付攻击、消除坏心情、判断是否公平、自我克制、承认错误和道歉
应对压力的技能	学会放松、避免再犯错误、诚实、请大人帮忙、抗挫能力、争当第一、拒绝、接受拒绝、我的卡片盒

40 项社会技能基本属于品格行为范畴，但是除了行为成分之外，其也存在心理能力的成分，如抗挫能力既包括行为，也包括抗挫的意识和态度。总之，40 项社会技能是极为重要的品格行为，是品格行为的强化版，并可以通过一定的训练而直接表现出来。

(三)分龄渐进的品格养成

品格结构内容丰富，落实到实操层面，则需要有一定的主线或主题，否则教育活动无法有效开展，效果也无法评价，教师和家长缺少抓手。同时，3～6 岁学前儿童的发展也存在着明显的阶段性，因此在不同的年龄发展阶段，品格培养的重点也有所不同。此外，某些品格的培养需要其他品格作为基础，如"合作""慷慨"的培养需要以"爱心""分享"为基础。因此，本套丛书以幼儿发展特点和规律为出发点，遵循品格培养的一般规律，形成了每个年龄段的品格教育重点以及 40 项社会技能培养重点，见表 1-4。

表 1-4　品格教育与社会技能培养各年龄段重点

年龄	品格教育重点	40 项社会技能培养重点
小班	适应、耐心、勇敢、爱心、主动、仁爱	倾听、好好说、说"谢谢"、按要求做、打招呼、害怕时怎么办、表达爱、请大人帮忙
	独立、节俭、秩序、好奇、自制、尊重	拒绝、邀请别人玩、按顺序来、学会称赞、问问题
中班	诚实、礼貌、专注、机智、乐观、创造	承认错误和道歉、诚实、说"劳驾"、插话、学会放松、寻求帮助、对付攻击、忽视
	分享、责任、节制、自信、主动、仁爱	分享、自我克制、自我奖赏、大胆地说、我的卡片盒、避免再犯错误
大班	合作、抗挫、感恩、友爱、自制、尊重	加入、接受拒绝、判断别人情绪、分辨体态语言、抗挫能力、遇到困难多尝试、表达烦恼
	创意、慷慨、积极、宽容、乐观、创造	提供帮助、了解自己的情绪、争当第一、感到被忽视、判断是否公平、消除坏心情

三、幼儿品格教育的基本理念

(一)在尊重儿童天性的基础上肯定"品格可教"

对于个体天性的尊重最早其实来源于哲学思想。我国古代哲学家、思想家老子在《道德经》中提出"人法地、地法天、天法道、道法自然",道法自然指万事万物的运行法则都是遵守自然规律的,这个自然规律包括自然之道,社会之道,人为之道。人是自然的产物,人的发展也必然遵循基本规律,因此教育也要顺势而为,尊重天性。18世纪中期,启蒙运动思想家卢梭在其代表作《爱弥儿》中指出,"在自然秩序中,所有的人都是平等的",他对旧教育提出了尖锐的批评,并提出教育要回归天性,要"以儿童为中心""天性为师"。我国著名教育家陶行知先生基于杜威思想提出了"生活即教育""社会即学校""教学做合一"等理念主张,成为我国最早呼吁解放儿童天性的学者。我国著名教育家、心理学家陈鹤琴先生从儿童心理发展角度认识到儿童区别于成人的独特性,以及儿童教育应该具有的独特方法,提出了教育的根本目的是"做人,做中国人,做现代中国人"。

尊重天性不仅在哲学或者教育领域被推崇,更为大量的研究所证实。例如,大样本的双生子遗传特性研究发现,在人类一些生理特征方面遗传具有较强的解释性,包括身高、体重、先天性疾病等。值得注意的是,遗传所带来的"天性"也体现在人格、气质等方面。因此,认识儿童品格或者开展儿童品格教育,要建立在尊重儿童的天性,也就是遗传带来的内部规定性的基础上:一方面,尊重个体道德、人格和社会性发展的规律,从一般规律出发,实施教育;另一方面,尊重个体差异性,遗传表现为两种主要方式,即每个人的最大限度能力不同以及每个人在每种心理能力上表现和发挥的时间表不同。因此,幼儿品格教育需要因材施教,需要个性化指导。

正视并正确认识天性,从天性出发,并非意味着教育在天性面前无能为力。相反,我们应该始终认识到"品格可教""品格需教"。《学记》中说"玉不琢,不成器;人不学,不知道。是故,古之王者,建国君民,教学为先"[①]。品格的三结构中,道德形成主要靠后天的培养,人格中除了先天遗传因素之外也依靠后天塑造,而社会性更主要依赖环境与教育。

(二)品格教育具有教育性,是活动,更是过程

并非一切活动都具有教育性,也并非一切具有教育性的活动都发生在正规的学校教育中。教育的本质其实是"规范引导"和"自主建构",其中"规范引导"是教育的职能,"自主建构"是教育的目的和结果,过程中的教育者与受教育者的关系极其重要,因此品格教育从根本上首先是一种"教育活动",具有"引导性""社会性"功能。

品格教育的过程性主要体现在两个方面。首先,品格教育是在活动过程中展开,具有活动性,因此也强调受教育者的主体性。其次,一个人良好品格的养成并非一朝一夕之功,而是需要贯穿一个人生命的始终。

---

① 高时良:《中国教育名著丛书·学记》,53页,北京,人民教育出版社,2016。

(三)品格教育强调教育者与受教育者之间的平等共生关系

无论从哪个角度讲,教育者都该是教育过程的引导者、受教育者的引路人。真正的教育是在教育者与受教育者之间架起心灵的桥梁,彼此产生深刻的影响。在品格教育中,教师既不是"主人",也不是"仆人",而是"平等中的首席"(first among equals),师生之间是平等共生的关系,在过程中彼此实现教育与精神的共同成长。

(四)品格教育重视对受教育者核心价值的传递

人类社会发展的历史证明,在一定的时空范围和文化背景下,核心价值有其普遍性和共同性。教育的社会属性决定了品格教育必定要赋予受教育者特定的、能为所有文化所接受的、具有共同性和普遍性的核心价值(core values)。托马斯·里克纳就非常强调核心价值在品格教育中的作用,他认为核心价值肯定了人类的尊严,促进个人和群体向善的方向发展,并且保护了人类的权利。核心价值规定了社会中个人的责任,为人类文明所公认,同时具有一定的文化性、民族性和时代性,并将被文明所传承。

(五)品格教育反对简单灌输,重视受教育者的品格形成过程

品格教育不是强调价值的唯一性,而是强调价值的共通性、同一性。因此品格教育的过程并不是教育者对受教育者的专制灌注的过程,而是教育者对受教育者的价值引导,并通过受教育者的自主建构价值,进而形成良好品格的过程。

在上述品格教育基本理念的基础上,本研究形成了具体的品格教育策略,见表1-5。

表 1-5　品格教育基本理念及对应教育策略

基本理念	对应教育策略
品格形成受先天遗传因素影响	◆ 品格教育内容建构需要遵循个体道德、人格、社会性发展的一般规律。 ◆ 充分考虑不同气质类型和不同人格特点的儿童品格发展的不同特点,教育方法力求有针对性。 ◆ 重视教师和家长的素养提升,最终实现个性化教育。
品格可教、品格需教	◆ 重视品格教育,使其成为全社会的基本共识。 ◆ 把握儿童品格发展关键期,积极实现教育引导。 ◆ 将品格教育作为幼儿园教育、家庭教育和社会教育的重点。
品格教育是具有教育性的活动	◆ 设计有目的、有针对性的教育活动,系统开展品格教育。 ◆ 品格教育需要日常渗透,更需要专门性的教育活动。 ◆ 注重品格教育的引导性和社会性功能。
品格教育具有过程性	◆ 从整个生命历程认知品格教育,构建不同年龄阶段的品格教育重点。
强调教育者与受教育者之间的平等和共生关系	◆ 通过提升"重要他人"的教育素养,构建平等共生的师生、亲子关系。 ◆ 强调在品格教育过程中师生、亲子共同成长。
注重核心价值的传递	◆ 厘清核心价值,确立传递方法与路径。
反对简单灌输,重视受教育者品格形成过程	◆ 基于儿童发展特点,确立适宜的品格教育方式。

四、幼儿园品格教育的实现途径

(一)知情行相统一

品格指个体在遗传和环境交互作用下，形成的道德品质、人格特质和社会性方面的情感、认知和行为特征。从这一界定来看，无论是道德、人格还是社会性，其内部都包含了认知、情感和行为的成分。德性存在于生命个体的精神运动过程中，是知与行的统一，理性与情感的统一。在我国伦理文化中，王阳明基本上完成了"知行合一"的论证和界说，主要包括两个层面：(1)知就是行，行就是知，"知是行之始，行是知之成"；(2)真知必行，不行不知，即"知行合一"既不是一个既得的状态，也不是一个向往的理想，而是一种转化和完善自身品格的内在"决心"过程，两方面都统一于个体的品格形成过程。① 托马斯·里克纳也认为品格实际上是一个社会心理学中的"态度"概念，具有"认知""情感"和"行为"三方面要素成分，并且这三者不是分离或者分裂，而是统一和交融的。② 因此，品格教育的实施需要通过系统化的教育手段，培养幼儿对于品格的认知，体会到品格情感，并最终落实体现在品格行为上，尤其是强调行为的养成，因此会通过专门的社会领域活动及社会技能训练活动强化行为，最终实现"知行合一"。

借鉴道德认知、情感和行为的界定，品格认知其实就是"品格认识"，是指人们对客观存在的道德和社会关系及如何处理这种关系的原则和规范的认识，包括品格概念的掌握、品格评价和品格判断能力的发展、品格信念的产生及品格观念的形成等。其中，概念掌握、评价和判断能力的发展是认知形成和发展的重要阶段和主要标志。它是在实践的基础上，通过教育、训练和社会影响，在不断掌握概念、逐渐提高评价和判断能力的过程中而形成、发展和加深的。其形成使得人们在品格发展过程中能按照一定的原则和规范去行动，不但懂得应该怎样做，而且懂得为什么这样做，从而提高品格的自觉性、主动性和创造性。作为品格形成和发展的基础，其对品格情感和行为起着指导、调节和控制作用。例如，诚实品格具体到认知方面，就是指孩子知道诚实就是不说谎(品格概念)，知道什么情况属于诚实或者不诚实(品格评价与判断)，建立"说真话""不私自拿别人的东西""主动承认错误"等观念(品格观念)。

品格情感是指一种情感体验，是个体的一种主观态度，是在一定的社会条件下，人们根据准则要求进行活动时所产生的爱慕、憎恶、信任、同情等比较持久而稳定的内心体验。品格情感，尤其是其中的道德情感具有一定的社会历史性与阶级性。当品格情感与品格认知一致时，便产生积极稳定的内心体验；两者矛盾时，会产生消极的、不稳定的内心体验。品格情感要在社会实践和教育基础上逐步形成，品格情感教育主要包含两方面的任务：一是帮助幼儿形成和增强同所获得的品格认识相一致的品格情感；二是改变那种与应有的品格认识相抵触的品格情感。品格情感往往表现为自豪、内疚、羞耻和尴尬等。例

① 檀传宝、王啸：《中外德育思想流派》，80 页，北京，人民教育出版社，2015。
② 檀传宝、王啸：《中外德育思想流派》，417 页，北京，人民教育出版社，2015。

如，诚实品格具体到品格情感方面，就是指当孩子勇于承认自己的错误时，他的情感体验应该是高兴的、自豪的。

品格行为是个体品格认知的外在表现，其基本特征在于它是个体对自己、他人和社会利益的自觉认识和自由选择的表现。作为一种社会行为，它并不是孤立的、纯粹道德意义上的行为，而是可以进行善恶评价的行为。善恶评价的标准取决于它是否有利于他人和社会。因此，品格行为也可以说是能够按照一定的原则和规范进行评价的社会行为，它可以是一时性的，也可以是经常性的。那种已经巩固并且自动化了的品格行为变成了品格行为习惯。组织行为练习是使品格行为转化为品格行为习惯的重要途径。

(二)家园社协同育人

苏霍姆林斯基曾说："两个教育者——学校和家庭不仅要一致行动，向儿童提出同样的要求，而且要志同道合，抱着一致的信念，始终从同样的原则出发，在教育的目的、过程和手段方面，都不要发生分歧。"[①]2018年习近平总书记在全国教育大会上指出，"办好教育事业，家庭、学校、政府、社会都有责任"。教育部颁布的《3—6岁儿童学习与发展指南》也指出："家庭、幼儿园和社会应共同努力，为幼儿创设温暖、关爱、平等的家庭和集体生活氛围，建立良好的亲子关系、师生关系和同伴关系，让幼儿在积极健康的人际关系中获得安全感和信任感，发展自信和自尊。"家长是未成年人成长与发展的第一责任人，家庭是幼儿品格形成最重要的场所。因此，幼儿品格教育必须坚持家、园、社协同育人的基本路径，充分发挥幼儿园的主导和引领作用，带动并发挥家长的主体性责任，充分利用社区、社会资源，实现育人目标。

家长是幼儿品格培养的第一"重要他人"。家庭是人生的第一所学校，家长是孩子的第一任老师，家庭教育是人才培养的奠基工程。成功的家庭教育，需要正确价值观的不断引导，同时也有赖于优良家风的濡染。除此以外，家庭功能、家长教养方式、家长参与程度、家庭社会资本等与儿童发展各方面之间相互关系的研究一直以来也是教育学、心理学的重点研究方向，并取得了大量的实证结果。例如，周利娜等人研究发现母亲温情、积极教养及良好的家庭功能是儿童攻击行为发展的保护性因素[②]；李晓巍等人研究发现人格在儿童的问题行为和家庭功能之间起着中介作用，家庭中亲密关系需要通过人格因素来起到减少行为问题的作用[③]。同时，父母自身的人格对幼儿的人格形成和发展也起到重要影响。因此，家长需要在幼儿园的引导下，基于对幼儿心理和品格发展规律的了解，不断提升自己的家庭教育能力和素养，最终建立自身的家庭品格教育理念系统。

幼儿园教师需要不断提高其品格修养与专业能力。幼儿园教师的角色不仅是知识的传

① 肖甦主编译：《苏霍姆林斯基教育智慧格言》，333页，北京，人民教育出版社，2014。

② 周利娜、张文新、纪林芹：《儿童攻击与母亲教养及家庭功能的关系》，见《第十一届全国心理学学术会议论文摘要集》，河南开封，2007。

③ 李晓巍、邹泓、金灿灿等：《流动儿童的问题行为与人格、家庭功能的关系》，载《心理发展与教育》，第2期，2008。

递者，而且是幼儿学习活动的支持者、合作者、引导者。教师的言行举止是幼儿模仿的榜样，对幼儿起着潜移默化的作用。幼儿园教师的专业素养和师幼互动的质量直接影响着幼儿品格的形成与发展。师生关系是儿童进入学校环境后新建立的一种关系，儿童同教师关系的质量决定其在学校的社会交往和学业表现。积极的师生关系促进儿童发展和使用社会技能以应对挑战；消极的师生关系阻碍儿童良好发展。在关于母子关系与师生关系对儿童问题行为发展的影响的研究中发现，母子关系无法直接预测入园一年时的问题行为，但冲突性的师生关系却可以直接负向预测儿童的退缩和违纪问题。[1] 如果教师把幼儿当作有独立人格的人，爱护他们的自尊心，尊重他们的人格，就会与幼儿建立起和谐、平等的师幼关系，进而帮助幼儿建立起安全感、归属感，促进他们与同伴的正向交往。[2] 同时，幼儿园教师既是幼儿的直接教育者，又是家长的合作伙伴，因此其专业性还体现为与家长进行日常教育问题沟通，以及专门性的家庭教育指导。因此，幼儿园品格家园共育中非常重要的路径就是全面且持续提高教师的家庭教育指导能力、家长工作能力、幼儿园品格教育环境创设能力、品格活动开展能力、师幼互动素养以及幼儿品格的观察与评价能力等。

总之，在幼儿品格培养过程中，幼儿本身的道德发展阶段以及社会心理能力特点的影响，使得家长和教师天然成为影响幼儿品格的重要他人。家长和教师的观念、行为、态度直接影响亲子/师幼互动方式和质量，从而影响幼儿的道德认知和情感体验、自我意识、人格养成及社会性观念与行为表现。因此，品格家园共育的核心是提升家长和教师的教育素养，唯有如此，才能通过"重要他人"的直接和间接影响作用，促进幼儿品格发展。

（三）全环境渗透化

生态系统理论、重叠影响域理论，尤其是情境性理论，特别强调环境在幼儿发展，尤其是品格发展中的重要价值。所谓全环境育人即指在幼儿生活的环境中应无不渗透品格培养的要素，主要表现为物理与心理环境创设、品格教育在一日生活中的渗透培养、社会领域活动与其他领域活动的有机融合等。

1. 以经典图画书为切入和载体

图画书对于幼儿品格培养具有不可替代的价值。已有研究认为文学作品是品格教育的重要资源，教师应使用文学作品中所蕴含的多种道德故事来对学生进行品格教育。图画书作为文学作品的一种，用其独特的文字符号和精美的图画来呈现故事情节，丰富的故事内容不仅蕴含着教化人的意境，也能促使儿童反思自身的行为，并在一定程度上按照绘本中的故事情节进行实践活动。[3] 幼儿可以在愉悦的学习与体验中，通过与故事形象共情产生一定的品格情感，内化品格内涵。特别值得注意的是，这种教育过程是渗透式的、参与性的且基于幼儿发展特点、经验与需求，而不是单纯的说教或灌输。

---

[1]　张晓、陈会昌、张桂芳：《母子关系、师生关系与儿童入园第一年的问题行为》，载《心理学报》，第 4 期，2008。

[2]　姚铮：《幼儿园人际环境对幼儿社会性发展的影响》，载《幼儿教育》，第 2 期，1994。

[3]　赵悦：《幼儿园品格教育中图画书的应用研究》，硕士学位论文，山东师范大学，2021。

2. 在一日生活中随机、灵活培养品格

幼儿的品格学习有很强的随机性，其中有相当一部分学习过程和学习结果不发生在课堂上，而是存在于现实生活中。幼儿园是幼儿生活的第二环境，幼儿在这里学会学习，学会做人，学会生活。因而，教师要充分发挥幼儿园的小型社会功能，有效地促进幼儿社会化，需要把社会教育内容渗透到幼儿的日常生活当中，以日常生活的各个环节为抓手，各环节之间的转换过程可以作为培养幼儿规则意识的重要契机来抓，把入园和离园、用餐和吃水果点心、如厕和盥洗、午睡和休息、整理床铺和自己的生活物品等生活情境都作为教育内容的重点。在培养幼儿生活常规教育中，教师要互相配合，按照生活的常规顺序培养幼儿有序而整洁的好习惯。对于人际交往和社会适应的渗透，有的是一天之内多次重复，有的是日复一日地重复，以促进幼儿早日养成良好的习惯。

3. 在主题活动中渗透品格养成

幼儿园的主题活动，是从幼儿的实际出发，按照科学性、趣味性和灵活性的原则，在一段时间内围绕一个中心选取某个主题，让幼儿在原有经验的基础上通过观察、探索、思考、动手操作和实践活动，获得有关该主题的完整经验，从而获得最佳的教育效果的活动过程。主题活动打破了学科界限，力求保证幼儿教育的生活化和完整性。品格教育不能与其他领域教育分割，它是一个综合领域，避免单纯的学科本位教育现象。品格教育也不能与儿童的技能、价值观等的发展相分离，要将品格培养目标与幼儿的发展目标有机地统一到教育教学活动中。主题活动的教育价值恰好符合品格教育的基本要求。品格教育活动从领域角度更加偏重社会领域，但是同时在健康、语言、科学、艺术等领域也应灵活渗透品格培养。

健康领域与品格教育。良好的师生关系与同伴关系可以促使幼儿获得安定与愉快的情绪，对周围的人和事产生信任感和依赖感，这是形成幼儿良好社会情感的基础。在开展相关活动时，除了实现健康领域本身的培养目标，教师还需适当考虑品格培养的目标。在认识情绪的相关活动中，教师除了引导幼儿了解不同情绪产生的原因、调节情绪的方式，还要引导幼儿关注身边人的情绪状态，进而学会关心、安慰、帮助他人。教师要在活动中有意识地培养幼儿的共情能力，让幼儿"眼中有他人，心中有温暖"。这样不仅能促进学前儿童社会性的成长，提高其人际交往和社会适应能力，还能提高教学活动实施的效果。

语言领域与品格教育。故事与文学是进行品格教育的重要资源，也是开展品格教育的主要途径。很多经典的诗歌、散文、故事都包含着品格教育的内容。例如，诗歌《轻轻地》反映了一种良好的行为习惯——不妨碍他人休息[①]；散文《云彩和风儿》不仅生动形象地呈现了彩云在风的吹拂下千变万化的姿态，更让幼儿在活泼的文字中萌发对云彩的想象，发展幼儿的创意思维；故事《小蝌蚪找妈妈》让幼儿知道仔细观察、耐心倾听的重要性。所以，在语言领域教育中渗透品格教育的内容不但能赋予语言活动以深刻的内涵，同时也将品格教育落到了实处，帮助幼儿形成品格认知与情感。

科学领域与品格教育。科学领域教育的主要任务是让幼儿在探索具体事物和解决实际

---

① 胡仙鸽：《幼儿园语言教育活动设计与指导》，112页，北京，北京师范大学出版社，2016。

问题的过程中，初步尝试发现事物之间的不同之处和相互联系的过程。在对自然事物的探究和运用数学解决实际问题过程中，务必要认识到引导幼儿学会认识与探索世界的最终目的是保护自然和服务社会，使他们学会关心周围的环境，爱护身边的动植物，珍惜宝贵的自然资源，形成初步的环境保护意识。例如，幼儿对"水"的学习和探究，不仅是将水作为一种化学物质来了解，更重要的是要让幼儿意识到水对生命的意义，进而提升到认识水的文化意义和社会意义；让幼儿明白节约用水的现实意义，在日常生活中能够身体力行，做到及时关闭水龙头，不浪费水资源，看到浪费水资源的行为能够及时制止。

艺术领域与品格教育。除了情感和生活内容的相互"类比"以外，审美方面的共同性也很容易通过相互"借鉴"的方式互相贯通，当幼儿学会用画笔或是音乐表达出他们内心美好的体会和感动时，当他们把自己的这些感受表达并分享给身边的人时，其品格认知和情感就有了提升。例如，教师引导幼儿画太阳，就可以带领幼儿在一天的不同时间段欣赏太阳的美景，观察太阳的特点：早晨的太阳是金灿灿的，中午的太阳是银光闪闪的，傍晚的太阳是红彤彤的。教师在观察和体验中引导幼儿用不同的色彩、线条表达自己的发现，同时鼓励幼儿大胆创作，积极与教师和同伴交流、分享，让幼儿在情境中体会与大家一起进行艺术创作的快乐。

4. 在区角活动中渗透品格养成

区角活动是幼儿园一日活动的重要组成部分，是基于幼儿全面和谐发展的需要及幼儿当前的兴趣，在考虑幼儿园正在进行的其他教育活动目标的基础上，规划相应的活动区角，如建构区、表演区、科学区等，在活动区角投放操作材料，设置进区规则，让幼儿可以自由选择喜欢的区角进行游戏，在自主游戏中以积极的方式进行个体学习和发展。

对幼儿而言，区角活动是一种开放性的、低结构性的活动，幼儿以自己的兴趣、需要、意志为导向自主活动，活动的内容、时间、节奏、顺序以及活动的伙伴、规则等都可由幼儿自己决定或与同伴商量、协调，在摆弄与操作、探索与发现、交流与询问等过程中实现和生成活动。在这个过程中，幼儿的社会性会自然而然得到飞速发展。对幼儿而言，另外一种自主性较高的活动类型就是游戏活动。游戏是幼儿最喜爱的活动之一，是培养幼儿良好个性的重要途径，游戏活动中蕴藏着幼儿发展的各种需要和丰富的教育契机。幼儿可以在游戏中了解不同的社会环境，熟悉不同的社会角色，认识不同的社会规则，提升社会交往的各种技能，产生符合规范的社会行为，形成良好的个性和社会情感。区角活动和游戏活动中品格养成的主要渗透方式是通过环境的渲染和熏陶以及制定活动规则来进行的。

5. 创设有利于品格培养的幼儿园环境

有利于幼儿品格发展的物质环境主要具有以下几点特征：优美、安全、卫生的整体环境；活动空间的设置有利于幼儿社会性发展；活动材料有利于促进幼儿之间积极的交往与交流、良好的社会性行为和情感的发生等。因此，教师要在幼儿园和班级环境创设中充分融合品格教育的元素，从主题墙打造、区角环境打造与材料提供、家园共育墙面打造等方面，构建品格物质育人环境。

第二章　感恩品格：谢谢您

一、主题说明

◎情境链接

　　区角游戏的时候，月月的手指不小心被划破了。老师给月月包扎的时候其他小朋友都在关心月月，有的安慰她，有的帮她吹手指，但是玮玮的一句话却让大家不高兴。只见玮玮好奇地凑过来看了一眼，然后说："破了这么点儿皮就哭，你们女生就是矫情。"念念不服气地说："搭积木的时候，月月还帮你递材料，你怎么能这么说她呢？"玮玮见状，尴尬地做了个鬼脸就走开了。

　　感恩作为中华民族的传统美德，对幼儿实施感恩教育有利于传承中华民族的优良传统。[①]此外，感恩还是一种重要的亲社会行为，对幼儿实施感恩教育有助于促进幼儿的社会性发展，培养幼儿良好的人际交往能力，形成良好的道德品质。5～6岁是儿童道德品质养成的关键时期，因此，成人要抓住这一关键时期及时对幼儿进行教育。[②]《幼儿园教育指导纲要（试行）》提出社会领域的教育目标之一就是引导幼儿学会"爱父母长辈、老师和同伴，爱集体、爱家乡、爱祖国"。这一社会教育目标与感恩教育的主旨是相互呼应的。

　　我们希望幼儿园的教育首先能够帮助、引导幼儿成为一个学会感恩的人。当幼儿穿着爸妈买的漂亮衣服出门，在家吃着爸妈准备的可口饭菜，生病了有爸妈疼，生气了有爸妈哄，每天享受着爸妈最无私的关爱时，能主动跟爸妈说谢谢，能觉得有爸妈真好！当幼儿来到幼儿园，随时得到老师的关注和照顾；过生日时收到老师和小朋友精心准备的生日礼物；遇到困难时得到其他小朋友热心的帮助；心情不好时有老师、小朋友安慰、陪伴自己……都能由衷地感激身边的人，并真诚地跟他们说一声谢谢！如果幼儿从小就能够意识到，无论是爸妈、老师、小朋友还是陌生人，别人给予自己的关爱和帮助都不是理所当然的，自己应该打心底感激他们、珍惜他们，那幼儿就是一个懂得感恩的人。除了感激身边提供帮助的人，我们还要培养幼儿对自然与环境的感恩与敬畏之心，让幼儿懂得要从生活

---

①　田涛：《幼儿感恩品质的形成机制与培养路径》，载《四川民族学院学报》，第5期，2014。
②　冯婉桢、叶平枝：《幼儿家庭教育中的感恩教育》，载《学前教育研究》，第4期，2007。

小事做起，关爱自然、保护自然。

一个心怀感恩的人一定是一个内心有光、有温暖的人，有时候一个微笑、一个动作就能给对方带来力量。本期主题会将社会技能"判断别人情绪""分辨体态语言"贯穿感恩教育的全过程，引导幼儿在人际交往中及时捕捉他人的需求、情绪，并及时调整行为或为他人提供帮助，将善的种子播撒在一言一行之中。

二、主题目标

第一，知道他人对自己的付出并非理所当然，应当对他人表达感激。
第二，掌握向他人表达感恩的方法，能够主动表现出感恩行为。
第三，能关注别人的情绪和需要，并及时给予力所能及的帮助。
第四，尊重为大家提供服务的人，珍惜他们的劳动成果。
第五，有集体归属感，积极参加集体活动，为集体争光。
第六，对自然环境和周围事物感恩，主动保护环境和身边的物品。

三、环境创设

(一)主题墙

大班主题墙，围绕感恩品格的学习框架，分为两大部分、四个板块。两大部分分别是感恩自然和感恩他人。感恩自然包括两个板块：自然给我们的馈赠、保护环境金点子。感恩他人包括两个板块：感恩守护我们的人、感恩家人和老师。

1. 感恩自然

感恩自然是帮助幼儿了解人与自然的相互依存关系，引导幼儿探索自然给予人类的生存条件和丰富资源，进一步激发幼儿爱护环境的情感；通过自然给我们的馈赠(图 2-1)和保护环境金点子(图 2-2)两个板块让幼儿把感恩品格的内涵转化为具体行动表现。

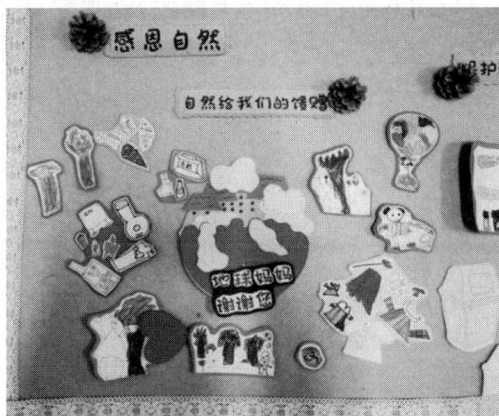

图 2-1 自然给我们的馈赠

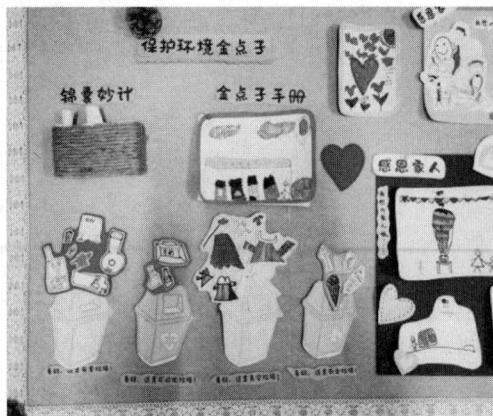

图 2-2 保护环境金点子

2. 感恩他人

感恩他人围绕与我们生活密切相关的人物展开(图 2-3)，包括两个板块，一个板块是感恩守护我们的人，基于感恩守护祖国和人民平安的各行各业英雄人物开展的教育活动，有科学家、人民警察、航天员、环卫工人……引导幼儿向英雄和榜样学习，向守护我们的人表达感激与敬意。另一个板块是感恩家人和老师，围绕幼儿身边的人展开，父母、长辈、老师、同伴……引导幼儿通过"爱的表达""爱的行动"表达感恩之情。

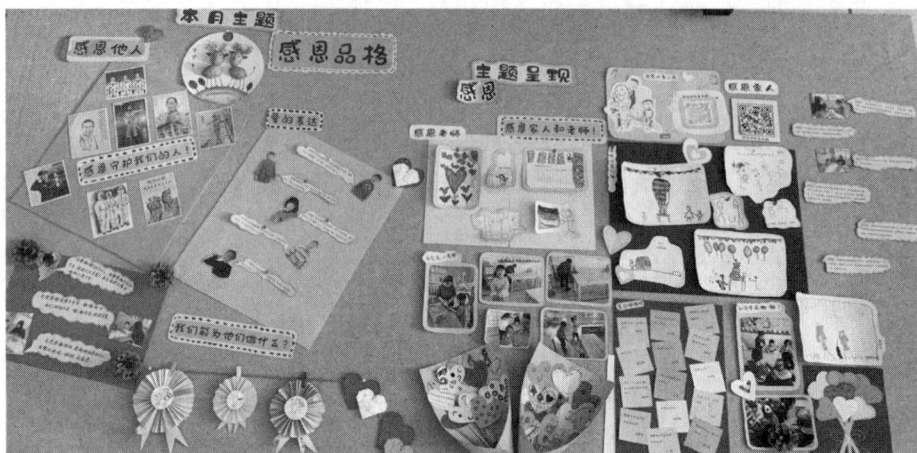

图 2-3　感恩他人主题墙

(二)家园共育栏

家园共育是通过幼儿园与家庭的双向联系实现品格培养的重要途径，本期家园共育栏围绕感恩品格的学习脉络，通过课程开展前、开展中、开展后三部曲，向家长介绍本月品格主题的重要内容及家庭亲子陪伴的要点，帮助家长了解幼儿在幼儿园接受的教育，并在家庭中做好巩固和引导。

1. 主题内容告知

这部分向家长介绍感恩主题下本月的活动安排(图 2-4)。首先本月将围绕"如何培养幼儿的感恩之心"开展感恩品格系列活动，例如，绘本教学活动"多多老板和森林婆婆""我的爸爸是农民""幸福的大桌子"等，社会活动"守护蛋宝宝"，艺术活动"老师谢谢您"，通过

图 2-4　感恩品格家长必读

讨论、参与、体验等方式引导家长了解感恩品格的教育价值。此外，这部分还将通过开展感恩主题的家长课堂和家庭亲子活动小任务教给家长在家庭中实施感恩教育的具体方法；通过主题内容告知家长，让家长知道做什么、怎么做，进而确保本月感恩品格的家园共育工作能够有条不紊地进行。

2. 日常亲子陪伴

这部分通过家长课堂(图 2-5)中专家和教师的答疑，让家长把学习到的教育方法在生活中得以运用，开展丰富的感恩品格亲子活动，如亲子绘本阅读(图 2-6)，制作亲子贺卡、勋章、感恩树等爱的礼物，"我为家人做件事"劳动活动等，引导幼儿通过行动向家人表达爱与感恩。此外，教师还录制了幼儿对最想感谢之人说的话，并在班级进行了分享，让幼儿在生活中形成感恩意识，并表现出更多的感恩行为。

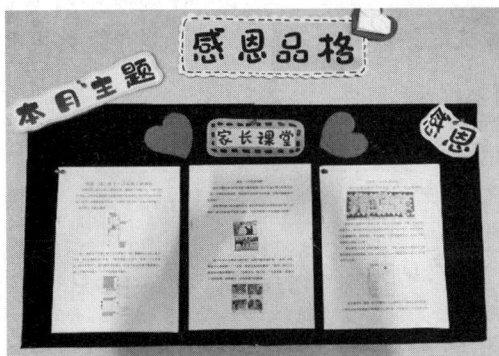

图 2-5 家长课堂

图 2-6 亲子绘本阅读

(三)幼儿成长(学习)记录墙

感恩品格的培养要让幼儿知道"感恩不仅是最大的美德，而且是所有美德之源"。更重要的是通过感恩品格主题活动的学习，让幼儿学会用具体的行为和行动表达感恩之情。

幼儿成长(学习)记录墙围绕感恩自然、感恩他人两部分(图 2-7、图 2-8)，通过谈话、采访活动，记录幼儿发自内心真挚的感恩之情，并进一步引导幼儿思考"我们怎样通过具体的行动来为自然或感谢的人做什么?"从而开展以下活动，如垃圾分类、我是老师小帮

图 2-7 感恩自然

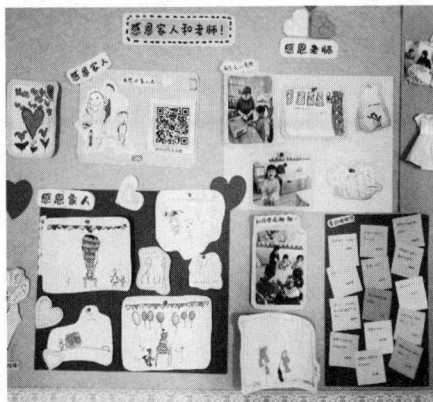

图 2-8 感恩他人

手、感恩礼物制作、爱的悄悄话、锦囊妙计等，使幼儿从中懂得了要从生活小事做起，对自然与他人产生感恩之心。 （察哈尔右翼中旗民族幼儿园　胡改平　左海燕）

四、教学活动案例及反思

(一)品格绘本阅读活动

1. 感恩品格绘本推介

感恩是中华民族的传统美德之一，学会感恩会让我们发现生活中的爱和美好，让人与人之间的关系变得更加和谐融洽。目前有大量的关于感恩的绘本故事、生活图书，基于幼儿园集体教学活动的特点及适应品格的内涵，本期主题筛选了 4 本绘本作为教师开展教学活动的载体。所选绘本涵盖了感恩自然、感恩家人、感恩他人等元素，具体介绍见表 2-1。

表 2-1　感恩品格绘本推荐及解析

绘本名称	主要内容	绘本中的"感恩"
《多多老板和森林婆婆》	绘本讲述了多多老板通过砍伐树木，经营牧场，得到了梦寐以求的钱，买到了喜欢的东西。人们乱砍滥伐、盲目追求经济效益时，遭受到了自然界的惩罚。人们才开始意识到森林的重要性。	自然对我们很重要，要感恩自然，要用自己的力量保护自然。
《我的爸爸是农民》	绘本以女儿的口吻讲述了一个每天辛苦劳作的爸爸。这个爸爸喜欢亲近土地，他的身上总是脏脏的，但爸爸勤劳、有智慧，他耕种的玉米、水果、蔬菜运到了全国各地，那里的大人和小孩儿都吃到了他种的粮食。女儿为自己有这样的农民爸爸感到骄傲！	绘本中体现了劳动的快乐和光荣，食物来之不易，要珍惜粮食。此外，在时光的流转中呈现了农民耕种的辛苦，让人萌发对农民这个职业的尊重和感恩。
《团圆》	绘本讲述的是在外务工的爸爸过年回家的场景。一年不见的爸爸对于女孩来说稍显陌生，女孩从刚见面时抗拒和爸爸亲近，到后面和爸爸形影不离，一家人终于品尝到了团圆的味道。团圆的日子持续了好多天，某一天女孩起来，发现妈妈在帮爸爸收拾行李，爸爸又要出门了……	过年是中国人心中最重要的节日，也是一家人团圆圆、其乐融融的日子。纵然女孩对爸爸有再多的不舍，甚至"埋怨"，但内心依然感激爸爸为家人遮风挡雨，也心疼爸爸在外务工时的风餐露宿。
《幸福的大桌子》	绘本以兔奶奶独自一人坐在大桌子旁吃晚饭开始，紧接着以倒叙的方式讲述了这个曾经幸福美满的兔子一家。一张大桌子承载了兔奶奶一家的欢声笑语和聚散离别。	虽然时间在流逝，但是爱不变。珍惜和家人在一起的时光，感恩家人的付出。

2. 教学活动案例

接下来我们以语言活动"多多老板和森林婆婆"为例阐述感恩品格语言领域教学活动的组织要点，见表 2-2。

表 2-2　感恩品格语言领域教学活动

多多老板和森林婆婆	
活动环节	活动设计
活动目标	认知目标：理解故事内容，知道大自然对人类的重要性。 能力目标：能够根据画面猜测故事情节的发展并大胆表达。 情感目标：体会人与自然的共生关系，萌发在生活中保护环境的情感。
活动准备	经验准备：了解环保的重要性。 物质准备：1. 绘本课件《多多老板和森林婆婆》。 2. 保护环境公益广告的相关视频。
活动过程	一、播放保护环境公益广告的相关视频，唤起幼儿保护森林的情感 师：小朋友们，大家好！我们先来看一个视频，看完后请大家说一说：视频里发生了什么事？我们该怎么办呢？（教师鼓励幼儿大胆表达自己的想法） 师：小朋友们说得非常好，今天老师要跟大家分享的故事也是和环境保护相关的，我们一起来听听吧。 （品格元素：教师引发幼儿保护环境的情感） **二、阅读扉页至第 15 页，引导幼儿了解故事的背景及砍伐森林带来的短期效益** （一）阅读扉页至第 3 页，了解久久国居民的生活状态 师：久久国是一个什么样的国家，这个国家长久以来流传的预言是什么？ 师：你觉得生活在久久国的居民心情怎么样？你是怎么看出来的？ （二）阅读第 4 至 5 页，感知多多国居民的生活状态以及与久久国居民的区别 师：多多国是什么样子的？人们都在干什么？ （三）阅读第 6 至 9 页，讨论多多老板的做法并猜测结果 师：多多老板在想什么？你觉得这样做对吗？为什么？ 师：久久国的居民听了多多老板的想法有什么反应，他们是怎么做的呢？你觉得这么做对吗？为什么？ （四）阅读第 10 至 15 页，了解久久国发生的变化 师：久久国发生了什么变化？（森林从有到无；草地越来越少；居民的房子、出行方式、相处状态之间的变化） （品格元素：教师通过将久久国和多多国进行对比，让幼儿了解大自然带来的好处和人们在大自然中生活的快乐） **三、阅读第 16 至 23 页，引导幼儿感知因砍伐森林，久久国面临着大自然的惩罚** （一）观察、讲述第 16 至 19 页 师：大雨来了，久久国怎么样了？对人们会有什么影响？为什么会这样？ 师：洪水退却后，久久国怎么样了？对人们会有什么影响？为什么会这样？ 小结：持续的暴雨、干旱会给久久国的居民带来什么样的影响？ （二）观察、猜测、讲述第 20 至 23 页 师：久久国居民的心情怎么样，你是如何看出来的？ 师：多多老板要去做什么？你觉得他这样做对吗？ 师：就在这时，发生了什么？ （品格元素：久久国破坏森林后带来了自然灾害。人们开始恐慌，意识到环境被破坏）

续表

多多老板和森林婆婆	
活动环节	活动设计
活动过程	**四、阅读第 24 至 36 页，了解森林对地球的重要作用及人们保护地球的责任** (一)阅读第 24 至 25 页，了解森林婆婆的愤怒与担忧的原因 师：看到森林婆婆，久久国的居民心情怎么样？ (二)阅读第 26 至 33 页，了解森林的作用 师：森林有什么作用？如果森林消失，会发生什么可怕的事情？ 师：要送给未来的人一个美丽的地球，久久国的居民和多多老板应该怎么做？ (三)师幼总结，强化幼儿保护环境的意识 师：大家听了这个故事，有什么感受？我们在生活中要怎样保护环境呢？ 小结：大家说得特别好，保护环境人人有责，我们都要争当环保小卫士。 **(品格元素：教师引导幼儿了解森林对地球的保护作用以及人们保护地球的责任，同时感恩大自然带来的丰富资源)**
活动延伸	**一、领域延伸** 绘本故事中讲述了人们为了利益而破坏大自然，当大自然带来灾难后人们意识到保护大自然的重要性，开始一起保护自然。教师可以将此绘本延伸到艺术领域，让幼儿一起画一画我们可以为自然做些什么，还可以通过音乐律动活动更好地激发幼儿感恩大自然的情感。 **二、家园共育** 教师可以鼓励家长定期带幼儿走进大自然，感受大自然带给我们的美好，如逛公园或爬山等。家长要树立环保的榜样，做到垃圾分类，自觉爱护环境。此外，教师还可以鼓励幼儿回家后和爸爸妈妈一起收集身边环境污染的情况，拍照记录，同时查阅节能减排、保护环境的小妙招，整理成资料带到幼儿园跟大家分享。

3. 活动反思

（1）活动特点

首先，目标清晰，难度适宜，旨在引导幼儿了解大自然的重要性，萌发感恩自然的情绪情感。

其次，活动层次分明，教师以启发性的问题引起幼儿的思考，层层推进；通过画面的对比，帮助幼儿了解多多国和久久国居民对待自然截然不同的态度和各自的生活方式，了解大自然给予人类的好处；通过久久国前后环境的变化，引导幼儿了解过度砍伐带来的严重危害，帮助幼儿认识到保护自然对人类、地球的重要性。

最后，教师让幼儿结合自己的实际生活经验说一说保护环境的方法，同时鼓励幼儿将更多的具体环保方法落实到生活当中，学以致用。

（2）活动实施建议

在对久久国和多多国的情况进行介绍时可将两国的内容并列呈现，让幼儿更直观地观察两个国家的不同。其中第二环节的讲解重在了解故事背景，绘本的图画信息很直白，难度不大，教师可以鼓励幼儿用自己的语言，看图讲述故事内容，锻炼幼儿的观察与表达能力。活动的最后总结环节，教师要尽量鼓励幼儿表达自己的想法，强化幼儿对环境保护重要性的认识与理解。

（济南高新区瀚阳幼儿园 罗金双 李笛）

(二)品格社会领域教学活动

1. 感恩品格的社会领域教学活动设计说明

感恩，是大班幼儿应养成的重要品格。为避免简单的说教、生硬的灌输，教师首先可通过家园共育的方式引导家长在家庭中和幼儿一起开展守护蛋宝宝的活动，向家长发放倡议书，请家长理解教师意图，配合完成活动。家长周末为幼儿准备一枚生鸡蛋，让幼儿给它起名字、画五官，提醒幼儿周末两天要像蛋宝宝的爸爸妈妈一样照顾好它，看看谁的蛋宝宝在周一能完好无损地上幼儿园。首先，教师通过两天照顾蛋宝宝的活动，让幼儿充分体验、感受、理解了家长照料自己的辛苦。其次，教师可以提醒家长收集生活中照顾幼儿的情境照片，让幼儿在温馨的照片情境中进一步体会家长对自己的爱。再次，教师借助图片引导幼儿了解其他人对自己的关爱、照顾。最后，教师播放音乐《感恩的心》，以烘托气氛，达到情感共鸣。

2. 教学活动案例

接下来我们以社会活动"守护蛋宝宝"为例阐述感恩品格社会领域教学活动的组织要点，见表 2-3。

表 2-3　感恩品格社会领域教学活动

守护蛋宝宝		
活动环节	**活动设计**	
活动目标	认知目标：在生活中发觉、理解周围的人对自己的关怀、照顾。	
	能力目标：能够用语言、行动表达自己的感恩。	
	情感目标：有爱心，能用感恩的心去面对生活。	
活动准备	经验准备	幼儿活动前在家中进行"守护蛋宝宝"的活动，体验家长照顾孩子的辛苦，请家长帮助拍照。
	物质准备	1. 教师请家长拍平时照顾孩子的照片，并上交电子版照片。 2. 老师与幼儿之间、幼儿与幼儿之间、各行各业人们之间体现关心、照顾的图片。 3. 背景音乐《感恩的心》。
活动过程	**一、导入活动，"护蛋行动"大家谈** 师：小朋友们，昨天你们守护蛋宝宝成功了吗？你们是怎么守护的？（教师请幼儿分享自己护蛋的心得） 讨论：为什么有的成功有的不成功？守护的过程怎么样？ 小结：小朋友们守护蛋宝宝就像爸爸妈妈照顾自己的孩子一样，很辛苦。 （**品格元素**：教师回顾护蛋行动为幼儿创造了充分体验、感受、理解家长辛苦的机会，避免了简单的说教）	

守护蛋宝宝	
活动环节	活动设计
活动过程	**二、引导幼儿感恩父母家人，了解家人对自己的哺育之苦** (一)请幼儿说一说妈妈平时是怎样照顾自己的 师：小朋友们主动分享，你们非常勇敢，讲了这么多，能听出来妈妈非常爱你们，妈妈把你们带到这个世界上，哺育你们长大，照顾你们非常辛苦、非常累，付出了很多。 (品格元素：幼儿讲述环节，教师可充分调动其生活经验，让幼儿在分享中感受妈妈对自己的关心) (二)引导幼儿讨论爱家人和感恩家人的方法 师：你们爱妈妈吗？会怎样感谢妈妈呢？ 师：小朋友们想了这么多的好办法，可以回家试一试。 师：家中除了妈妈，还有谁在照顾我们？我们应当如何感恩家人呢？ (三)引导幼儿欣赏并讨论家长照顾幼儿的照片，进一步感受家人对自己的关爱 小结：我们应当感恩家人为我们所做的一切，小朋友想了很多感恩的方法，可以送一句祝福，可以学着自己事情自己做，帮家人减轻一点儿负担，可以做个懂事的孩子不让家人操劳，这些都是非常好的办法。 (品格元素：教师出示生活照片，帮助幼儿回忆并充分感受家人对自己的关爱) **三、引导幼儿感恩身边的人，感受来自生活中的关爱** (一)观察图片，感受来自生活中的关爱 图一：感恩老师，了解培育之难。 师：小朋友们讲了图片上的事情，平时老师还会为你们做些什么呢？(引导幼儿发现班级老师的不同分工，工作虽然不一样，但都是在关心照顾幼儿，为幼儿服务) 图二：感恩伙伴，体验友情之乐。 师：你和小伙伴在一起快乐吗？有哪些快乐的事？和小朋友们相处给我们带来了快乐，是不是也要和朋友说声谢谢呢？和你的朋友表达一下感谢吧。 图三：感恩身边的人，体验来自生活中的关爱。 师：在生活中还有哪些需要我们感恩的人？ (厨师、保安、医生、警察、环卫工人、建筑工人……) (品格元素：教师基于图片，丰富幼儿对感恩的理解) (二)分组讨论，生活中如何表达感谢、感恩 师：我们身边有太多要感谢的人……如何感谢他们呢？和你的小伙伴一起想一想、说一说、画一画。(教师引导幼儿说出：做力所能及的事，不乱扔垃圾，不浪费粮食，对帮助自己的人说"谢谢"，给帮助自己的人一个大大的拥抱等) (三)幼儿交流分享，教师帮助提升 (品格元素：小组分工合作讨论，绘制讨论结果，体现了幼儿间的合作、友爱等品格，也调动了所有幼儿参与的积极性，提供了充分表达交流的机会) **四、小结(背景音乐《感恩的心》)** 我们应当拥有一颗感恩的心，感恩身边一切爱我们的人，这样生活会变得更快乐，更美好！请小朋友们想一想，你最想感谢的人是谁，亲手做一张感恩卡送给他吧！ (品格元素：音乐的衬托可以很好激发幼儿的感恩情感，达到情感共鸣)
活动延伸	**一、领域延伸** 教师组织绘本故事讲述活动，在幼儿的幼小心灵中种下爱的种子，让其学会付出和给予，懂得关爱和感恩。

续表

守护蛋宝宝	
活动环节	活动设计
活动延伸	**二、区角延伸** 教师引导幼儿在美工区制作感恩卡，鼓励幼儿制作感恩卡片送给想要感谢的人；在图书区与好朋友分享自己制作的感恩卡，说一说要送给谁，为什么要送，送的时候会说什么，做什么；在音乐区练习手语表演《感恩的心》，幼儿可以简单学习、模仿，体会歌曲传递的温暖。 **三、生活渗透** 生活中，教师鼓励幼儿自己的事情自己做，完成值日生工作，为教师家长减负；开展大带小活动，尝试关爱弟弟妹妹；鼓励幼儿尝试帮厨活动等。 **四、环境渗透** 教师在班级中开展讲礼貌活动，鼓励幼儿在生活中大胆说"谢谢"；结合3月5日雷锋日开展"向雷锋叔叔学习"活动。

3．活动反思

（1）活动特点

首先，该活动目标分别从认知、能力和情感三方面深化幼儿对感恩的认识与理解，并强调对幼儿感恩行为与感恩态度的培养，明确了整个活动的立意，有助于活动的顺利开展。

其次，活动素材源于幼儿生活，能够很好地调动幼儿参与活动的积极性和主动性。例如，回顾"守护蛋宝宝"活动能够唤起幼儿的情绪共鸣；通过分享家人、朋友、老师照顾自己的照片，能够引导幼儿感知他人对自己的付出，萌发感恩之情。

最后，活动通过话题讨论、音乐互动的方式，进一步渲染温馨的感恩氛围，使幼儿在活动中的情感体验达到最佳。

（2）活动实施建议

在"守护蛋宝宝"活动中，有的幼儿任务失败，虽然能达成目标理解成人的不易，但挫败感也比较明显，建议活动后可再次尝试"守护蛋宝宝"活动，让幼儿在体验照顾的过程中也能获得成就感。生活中周围人的关爱图片由教师收集，分享环节教师讲述较多，建议这部分内容也由幼儿完成，目标达成度应该更高。

（中共山西省委机关幼儿园　降璐　史晔）

（三）品格综合领域教学活动

1．感恩品格的综合领域教学活动设计说明

感恩教育既是一种人文教育，又是一种情感教育，要落实在实际的教育工作中。感恩主题中的健康活动设计，要围绕幼儿心理健康，如培养幼儿懂得感谢、尊重他人、尊重劳动的情感等。科学领域活动的设计，要围绕指导幼儿尊重和珍惜生命，如亲近自然、喜欢探究等。艺术领域活动则引导幼儿用绘画、手工、唱歌等方式表达对他人的感激之情。

2. 教学活动案例

接下来我们以艺术领域活动"老师，谢谢您"为例阐述感恩品格综合领域教学活动的组织要点，见表 2-4。

表 2-4　感恩品格综合领域教学活动

老师，谢谢您		
活动环节	活动设计	
活动目标	认知目标：感知老师在工作中的付出，理解老师的辛苦。	
	能力目标：能够综合运用涂色、剪贴、绘画等多种方式设计贺卡。	
	情感目标：愿意在生活中主动表达对他人的感谢。	
活动准备	经验准备	1. 幼儿会使用剪刀。 2. 幼儿对教师的日常工作事项较熟悉。
	物质准备	1. 幼儿在幼儿园三年的精彩照片。 2. 白色 A4 记录纸每组一张。 3. 绘画纸、彩笔、黏土、剪刀、胶棒、彩色卡纸等人手一份；折纸贺卡、黏土贺卡、绘画贺卡各一张。
活动过程	一、观看入园三年的成长照片，回忆幼儿园的生活 师：今天老师带来了小朋友们在小班、中班、大班的生活照片，我们一起来看看这三年里都发生了哪些有意思的事。 师：你们从刚上幼儿园离开爸爸妈妈时哭闹的样子，渐渐地学会了自己吃饭、穿衣，还交到了很多好朋友。转眼间我们就要从幼儿园毕业，成为一名优秀的小学生了。你们在幼儿园里有哪些难忘的事情呢？ 小结：我们一起在幼儿园里做活动、玩游戏，一起在幼儿园里吃饭、睡觉、听故事……大家都对幼儿园有着很难忘的回忆。 二、了解教师工作的辛苦，并表达感谢 (一)小组讨论，回忆老师工作的辛苦 师：除了小朋友们一起开心地玩游戏，在这三年里老师也在陪着大家一起成长，你们知道老师都为小朋友们做了哪些事情吗？ 师：小朋友们说得真好，现在请每组的小朋友一起讨论一下，说一说老师是怎么照顾你们的。各组的小组长可以用画画的方式把大家讨论的内容记录下来。 (二)分享讨论结果 师：请每组选出一名代表跟大家分享你们的讨论结果。 小结：通过每组的记录分享，我们看到了老师每天的工作都很辛苦，例如，老师需要组织班级活动，要照顾小朋友生活，还需要收拾班级卫生，给小朋友的玩具消毒等。虽然很辛苦，但老师非常喜欢班上每一个小朋友，所以做这些事情的时候也会感到很开心。 (品格元素：教师基于自己的真实工作引导幼儿通过讨论、记录的形式体会老师的辛勤付出，激发幼儿对老师的感恩之情) (三)鼓励幼儿大胆表达对老师的感恩之情 师：看到老师这么辛苦，你想对老师说什么？ 小结：虽然老师的工作很辛苦，也收获了你们对老师满满的爱，看到你们一天天长大，老师也倍感欣慰，谢谢你们爱老师！老师也爱你们！	

续表

活动环节	活动设计
	老师，谢谢您
活动过程	**三、欣赏贺卡，研究制作贺卡的方法** 师：今天老师给大家展示一些贺卡，请仔细观察这些贺卡都有什么特点。（教师引导幼儿从贺卡的形状、颜色、图案等方面进行观察比较，感受贺卡的精美） 师：你们最喜欢哪种贺卡？如果要制作一张贺卡送给老师，你们会怎样设计自己的贺卡呢？ 小结：看到了这么多漂亮的、精美的贺卡，老师也很期待你们制作的贺卡呢。 （**品格元素**：教师通过直观展示各种各样的贺卡，引导幼儿探索贺卡的材料和制作方法） **四、制作贺卡，表达对老师的感谢** （一）教师提出制作任务 师：老师为小朋友们准备了一些材料，小朋友可以自由选择你需要的材料和工具来制作你喜欢的贺卡，还可以对你的贺卡进行装饰哟。 （二）幼儿自行制作，教师巡视指导 （三）幼儿分享作品 师：小朋友们，说一说你用了什么材料来制作贺卡，你在贺卡上做了什么装饰？（教师引导幼儿从图案、线条、颜色等方面介绍贺卡的设计） （四）送贺卡表达感谢 师：小朋友们都用心做了自己的贺卡，请把自己制作的贺卡送给你喜欢的老师，并对老师说出感谢的话语。 （**品格元素**：教师通过制作贺卡的方式鼓励幼儿用实际行动向老师表达感激之情）
活动延伸	**一、家园共育** 教师引导家长在家庭生活中鼓励幼儿成为一个懂得感恩的人。家长可以做好榜样，对别人的帮助给予感谢；还可以与幼儿一起观看感恩题材的电影或视频。 **二、生活渗透** 教师鼓励幼儿大胆表达对家人、老师和小朋友的感恩之情，如主动关心他人、说"谢谢"、与他人分享等。

3. 活动反思

（1）活动特点

活动目标清晰，围绕感恩主题从教师与幼儿间的情感入手，符合大班的生活经验。大班幼儿的能力能够完成剪贴、涂色、绘画等技能，所以易于实施、操作性更强。活动过程通过照片回忆、口语表达、制作贺卡、表达感恩等环节层层递进，引发幼儿大胆、自主创作表达对老师的感激之情。活动延伸从生活及家园共育两方面展开，让幼儿明白感恩无处不在。

（2）活动实施建议

教师展示折纸贺卡、黏土贺卡、绘画贺卡时，可以让幼儿着重观察贺卡的制作材料，有助于幼儿在自制贺卡时有更多的创作灵感。

（沈阳市沈河区文艺路第二小学幼儿园（五爱园） 宿芮 吴京遥）

(四)幼儿社会技能教学活动

1. 活动设计说明

《3—6岁儿童学习与发展指南》中将幼儿社会性发展划分为人际交往和社会适应两大部分。大班幼儿除了能够分辨自己的情绪之外，也要有识别他人情绪的能力，这也是巩固幼儿感恩品格所不可或缺的能力。心怀感恩便能时刻关注他人的需求，愿意主动为他人提供力所能及的帮助或安慰，一个微笑、一个拥抱、一个点赞的手势都能给他人带来温暖。因此，引导幼儿学会"判断别人情绪"和"分辨体态语言"就显得尤为重要。

2. 社会技能"判断别人情绪"教学活动案例

社会技能"判断别人情绪"的技能口诀是：看表情，看姿态；听说话，听声音；猜他高兴不高兴。接下来我们以活动"我会判断别人情绪"为例阐述社会技能"判断别人情绪"教学活动的组织要点，见表2-5。

表 2-5　社会技能"判断别人情绪"教学活动

我会判断别人情绪		
活动环节	**活动设计**	
活动目标	认知目标：知道情绪可以通过表情、肢体动作、语气、音调等表现出来。	
	能力目标：能够理解技能口诀的含义，掌握判断别人情绪的基本方法。	
	情感目标：在人际交往中愿意在判断他人情绪后适当做出行为调整。	
活动准备	经验准备	幼儿有认知自己情绪的能力，如高兴、难过、愤怒、害怕等。
	物质准备	1. 歌曲片段(《赶花会》片段，《北风吹扎红头绳》片段)。 2. 教学视频六段(玩具被扔到地上，妈妈皱着眉头；小朋友在拼图时遇到困难皱着眉头；小朋友捂着肚子额头有汗，皱着眉头；运动员比赛获奖在领奖台上抱着奖杯哭泣；小朋友与其他小朋友吵架之后哭泣；小朋友在操场上摔倒之后哭泣)，视频可选取一日生活场景中的真实片段。
活动过程	**一、歌曲导入，激发兴趣** 师：小朋友们，今天老师带来了两段歌曲，请小朋友们仔细听，听完后告诉老师你感觉怎么样。我们先来听听第一段歌曲《赶花会》。 师：小朋友们的感觉怎么样？(高兴、快乐) 师：再请小朋友们来听一段歌曲，听完后请告诉老师你听到的感觉如何。我们来听听第二段歌曲《北风吹扎红头绳》。 师：听后，你的感觉怎么样？(伤心、难过) 小结：高兴、快乐、伤心、难过都是人的情绪，不同的事情给我们带来的心理感受不同，我们的心情、表情也会不一样。 **二、情境判断，锻炼幼儿判断他人情绪的能力** 教师播放六段教学视频，引导幼儿观察每段视频主人公的表情，知道人有不同的情绪，会呈现出不同的表情。 师：刚才听了两段歌曲，你们听出了一段是欢快的，另外一段是悲伤的。你们是通过什么方法来判断出歌曲是欢快的还是悲伤的呢？(教师引导幼儿说出听声音) 师：(出示视频)请小朋友们来看视频里的主人公，他现在心情如何？你是怎么判断出来的？请小朋友们来说一说。(教师引导幼儿说出可以看表情、动作等)	

续表

活动环节	活动设计
	我会判断别人情绪
活动过程	**三、引导幼儿学习"判断别人情绪"口诀** 1. 教师与幼儿共同讨论"判断别人情绪"的口诀。 师：刚刚小朋友们都说出了判断别人情绪时一个重要的方法，那就是先看他们的表情。我们一起把如何判断别人的情绪编一个口诀吧。（教师引导幼儿一步一步地梳理口诀：看表情，看姿态；听说话，听声音；猜他高兴不高兴） 2. 师幼一起来使用口诀。 师：请两个小朋友来做表情，我们来猜猜他是什么心情。 情境一：幼儿摔跤后，难受的样子。 情境二：幼儿获奖后，激动的样子。 师：刚才我们通过"看表情，看姿态；听说话，听声音"，就能判断出别人的情绪，猜他高兴不高兴啦。我们再一起复习一下口诀：看表情，看姿态；听说话，听声音；猜他高兴不高兴。 3. 教师引导幼儿讨论判断出别人情绪后应该怎么做。 师：那我们判断出别人的情绪之后，我们要如何做呢？（教师引导幼儿积极讨论） 师：（出示教学视频，引导幼儿判断视频中主人公的情绪）小朋友们看一看，他此时此刻是什么样的心情？你是怎么判断的？你为什么这么觉得？（教师依次出示教学视频：玩具被扔到地上，妈妈皱着眉头；小朋友在拼图时遇到困难皱着眉头；小朋友捂着肚子额头有汗，皱着眉头；运动员比赛获奖在领奖台上抱着奖杯哭泣；小朋友与其他小朋友吵架之后哭泣；小朋友在操场上摔倒之后哭泣） 总结：前三段视频中，大家都是皱着眉头，他们皱眉头的情绪一样吗？原因一样吗？你是怎么判断出来的？妈妈皱眉，小朋友遇到困难皱眉，小朋友捂着肚子皱眉，我们可以怎么做呢？（教师引导幼儿说出可以帮助妈妈整理玩具，帮助小朋友解决困难等）后三段视频中大家都在哭泣，他们哭泣时候的情绪一样吗？原因一样吗？你是怎么判断出来的？运动员抱着奖杯哭泣，小朋友吵架哭泣，小朋友摔倒哭泣，我们可以怎么做呢？（教师引导幼儿说出为运动员高兴，安慰小朋友，帮助小朋友等） **四、教师总结** 师：生活中总会遇到各种各样的事情，会有各种各样的情绪，小朋友们要学会利用口诀去观察和判断别人情绪，学会理解别人的情绪，学会帮助他人，学会与他人友好相处。
活动延伸	**一、区角延伸** 在表演区，教师可以通过情景剧表演，让幼儿深入角色中去分析自己扮演角色的性格、判断角色的情绪，让幼儿产生共情，从而理解他人的情绪，才能更好地表演出来。 **二、家园共育** 教师可以在班级微信群中分享当天学习的技能口诀"看表情，看姿态；听说话，听声音；猜他高兴不高兴"，包括技能目标、培养重点、培养方法等。教师还可以请家长和幼儿在家一起玩情境表演的游戏，例如，听家人的说话声音来判断家人的情绪，并发挥自己的作用表示对家人的关心；去别人家做客或家里有客人时，通过观察来判断他人的情绪。 **三、生活渗透** 在一日活动中，特别是在各种竞赛类活动中，有些幼儿会有不一样的情绪，教师可以引导幼儿通过技能口诀去观察、判断，克制自己的不当行为，与他人形成良好的人际关系，提高情感认知水平。

3. 活动反思

（1）活动特点

活动目标凸显了社会技能"判断别人情绪"的内涵要求，同时符合大班幼儿的发展需要。幼儿通过技能口诀判断出别人的情绪后，能克制自己的不当行为，能更好地和他人相处。本次教学活动的认知、能力、情感目标达成度都比较高。活动素材源于幼儿生活。教师以幼儿日常生活中的真实情境为载体，使活动更贴近幼儿，激发幼儿参与活动的兴趣，有助于教学目标的达成。本次活动首先通过音乐导入，引导幼儿从听觉来感受情绪、猜测情绪，并说出感受；接着用视频中的图片来引导幼儿直观地看到主人公的情绪，师幼一起总结出判断别人情绪的方法是："看表情，看姿态；听说话，听声音；猜他高兴不高兴。"幼儿在听、看、说的过程中不断加深对社会技能"判断别人情绪"的理解，更好地实现了本次教学活动的目标。

（2）活动实施建议

由于该社会技能是关于情绪判断的，因此在开展本次教学活动之前，教师要在其他活动或其他环节丰富幼儿对情绪的认识与理解，准备前期经验。此外，活动导入环节中的音乐要能够明显地体现高兴、悲伤的情绪特征，快速引起幼儿的兴趣。最后，教师也可以在活动过程中对教学视频的讨论进一步拓展到幼儿自身经验的分享，如"你们什么时候有这样的情绪？""当你们这样的时候，希望别人怎么对你们？"等，引导幼儿学会共情，进一步认识到在人际交往中要关注自己行为给别人带来的影响，同时要学会及时调整自己的行为。

（成都东部新区三岔湖幼儿园　王井雯　贺相琴）

4. 社会技能"分辨体态语言"教学活动案例

社会技能"分辨体态语言"的技能口诀是：看表情，看身体；虽然那人没说话，他的想法已表达。接下来我们以活动"我能理解你"为例阐述社会技能"分辨体态语言"教学活动的组织要点，见表2-6。

表 2-6　社会技能"分辨体态语言"教学活动

我能理解你		
活动环节	**活动设计**	
活动目标	认知目标：知道常见的表情及肢体动作的含义及在人际交往中的作用。	
	能力目标：能准确判断他人的体态语言并根据不同的表情、肢体动作做出适宜的反应。	
	情感目标：愿意在人际交往中做出积极、正向的体态语言，乐于与人友好相处。	
活动准备	经验准备	幼儿能够初步判断别人情绪。
	物质准备	1. 与技能口诀对应的图片。 2. 动画片《猫和老鼠》片段(教师自定)。 3. 真实生活情境视频三段，用于发现体态语言。 4. 幼儿"你比我猜"情境、表情、肢体动作图(教师自定)。
活动过程	**一、情境导入，唤起幼儿的交友经验，引发情感共鸣** 情境内容：午休时间结束了，大部分小朋友都醒了，可是佳佳有些起床困难，一直躺在床上不愿起来，表情十分地不情愿。老师想再给佳佳5分的时间自行调整一下，这时豪豪跑过	

我能理解你	
活动环节	活动设计
活动过程	来，对着佳佳大喊一声"快点儿起床"，并且强行拖起不愿起床的佳佳。这时，佳佳哭了起来，教室一下变得不安静了。 师：故事中发生了什么？豪豪的做法对吗？面对这种情况我们应该怎么做？ 小结：我们在与小朋友一起玩的时候，除了要有话好好说，做出礼貌的行为，还要学会观察别人的情绪状态、肢体动作，及时调整自己的言行，才能避免出现这样的矛盾。 **二、播放动画片《猫和老鼠》片段，引导幼儿理解体态语言在人际交往中的重要性** 师：你们知道这段动画片里发生了什么吗？猫和老鼠没有说话，你是怎么知道发生了什么事情的呢？ 师：生活中还有哪些动作、表情、眼神可以用来表达心情和情绪呢？这些动作、表情可以用来表达什么样的情绪呢？ 小结：人的动作、表情、眼神等是体态，这些体态可以传递人的心情、情绪、情感，这就是体态语言。我们在和同伴交往的时候也要多关注同伴的体态语言，很多时候我们通过看表情，看肢体动作，就能猜到对方的心情。 **三、情境讨论，引导幼儿发现生活中常见的体态语言** 1. 情境讨论，教师引导幼儿从表情、肢体动作来判断对方的情绪和想法。 情境一：一次公开课上，老师请小朋友们回答问题。很多小朋友都自信满满地举起了小手，小明也不例外，因此老师便请小明回答问题。当老师走到小明身边问他时，小明声音变小了起来，吞吞吐吐，然后低下了头，看看老师再看看自己的手，还时不时地把目光移到旁边小朋友身上，脸一下红了起来。（害羞） 师：当老师走到小明身边问他时，小明是什么表情？你是怎么看出小明很害羞的？ 情境二：轩轩想帮老师一起擦桌子，但由于动作太大，不小心把盆里的水洒在了地上，还把老师的鞋子弄湿了。轩轩赶紧跟老师说："老师，我不是故意的，刚刚没注意，踢到了盆，对不起，老师！"（内疚） 师：轩轩把盆里的水洒在了地上，又把老师的鞋子弄湿了，他的心情会怎样？如果你很内疚或者不好意思，你会怎么做呢？你能试着做一做吗？ 情境三：分组游戏时，熙熙这一组没有得到好成绩，她一直闷闷不乐。（难过） 师：熙熙她们组没有取得好成绩，她一直闷闷不乐。这说明熙熙的心情怎么样？你不开心或者难过时，会是什么样子呢？ 小结：在生活中，我们会遇到各种各样的事情，也会产生不同的情绪。我们可以通过观察别人的表情及动作，判断他的情绪（开心、难过、生气等）。例如，你想叫妈妈陪你一起玩玩具，可是这时候，妈妈正坐在沙发上，表情很严肃，就不要叫妈妈一起玩了，可以关心地询问妈妈发生什么事情了。 2. 教师鼓励幼儿从表情、肢体动作描述自己在日常生活中见到或经常出现的情绪状态。 小结：原来体态语言有很多种，生活中我们也会经常遇到不同的体态语言，当我们与别人相处时，能够正确判断别人的体态语言，并且能够适时地给予帮助，这样我们才会更加受欢迎哟！ **四、游戏互动，增强幼儿对技能口诀内涵的理解** 师：现在我们一起来做一个游戏，叫"我来表演你来猜"，请小朋友们想一个情绪，一会儿用体态语言表演给大家。不要说出你的想法，让大家来猜一猜你想表达的是什么情绪。 师：老师先给大家做个示范，让小朋友们来猜一猜。（教师用肢体语言表演午睡时要让幼儿安

续表

我能理解你	
活动环节	活动设计
活动过程	静睡觉,有的幼儿淘气,教师用肢体语言告诉幼儿要安静,不要打扰到其他幼儿休息) 师:请小朋友们上来试一试,看其他小朋友谁猜得快。 (此环节,教师可以提前准备好幼儿常见的表情及生活、游戏场景。当幼儿没有想法的时候,教师引导幼儿基于提供的场景图片进行演绎,让其他小朋友猜)
活动延伸	一、区角延伸 教师可以在区角活动中引导幼儿玩"你比我猜""比画传递""你画我猜"等游戏,帮助幼儿加深对体态语言、表情及技能口诀的理解与运用。 二、家园共育 教师可以鼓励家长在亲子阅读过程中,重点引导幼儿观察角色的情绪、动作,并讨论其表达的情感、动机与需求;还可以提示家长在日常生活中与幼儿相处时要尽可能保持积极的情绪状态,表情、肢体动作要多传递鼓励、肯定与表扬的信号,如微笑、摸摸头、竖大拇指等,情绪状态不好时要明告诉幼儿,不要因为家长焦虑、惆怅的情绪而无意中营造一种紧张的家庭氛围。此外,教师要鼓励家长有意识地引导幼儿从他人的声音、表情、肢体动作判断对方当下的情绪与需求,并及时调整自己的言行。 三、生活渗透 该技能重点是在生活中锻炼幼儿分辨他人表情、分辨他人体态语言的能力,因此教师要在日常生活中有意识地培养幼儿判断他人体态语言的能力。

5.活动反思

(1)活动特点

首先,活动目标清晰,符合大班幼儿认知发展水平。活动目标凸显社会技能"分辨体态语言"的内涵要求,教学过程中的情境选择了符合大班幼儿生活经验和认知水平的"害羞""内疚""难过"等内隐的情绪,突出大班幼儿的学习特点以及学习要求。此外,活动将生活情境融入教学过程,更有助幼儿加深对社会技能的认识和理解。

其次,活动环节流畅,层层递进。活动先以幼儿因不会判断体态语言而导致同伴矛盾这一生活情境导入;接着通过观察经典动画片《猫和老鼠》引导幼儿意识到表情、肢体动作也可以传递信息,进而引出主题;之后呈现幼儿真实生活中的情境,引导幼儿进行观察、判断,巩固幼儿对常见表情、肢体动作所蕴含的信息的理解,同时帮助幼儿意识到人际交往中要学会判断对方的体态语言并及时调整自己的言行;最后通过游戏"我来表演你来猜",巩固幼儿对社会技能"分辨体态语言"内涵的理解与运用,从而实现本次教学活动的目标。

(2)活动实施建议

首先,在情境讨论的环节,教师提供或设计的情境要符合大班幼儿的经验水平,如果是围绕"高兴""生气"来创设情境,对大班幼儿来说难度不够,应当选择"害羞""内疚""尴尬"等内心活动略复杂的情绪主题。其次,情境讨论的总结部分,教师应当随着总结的进行自然地呈现社会技能"分辨体态语言"口诀的对应图示,帮助幼儿理解技能口诀。最后,游戏环节,教师需要提前预设一些幼儿生活中的常见情境,丰富游戏互动。

(长沙市雨花区教育局幼儿园东澜湾幼儿园　蒋波　文升华)

五、区角活动案例

感恩是中华民族的传统美德，中国的感恩教育源远流长，自古以来就有"投之以桃，报之以李""滴水之恩当涌泉相报"的古训。感恩教育应当渗透在幼儿一日生活的方方面面，而幼儿园区角中丰富的材料、有趣的活动都能够成为幼儿感恩品格培养的重要载体。感恩教育不是说教式、填鸭式、灌输式的教育，而应当与幼儿真实生活紧密联结，从身边人、身边事中寻找教育的契机。因此，区角活动将围绕感恩身边人，如父母、爷爷奶奶、老师等，扩展到感恩身边事，感恩先辈敬业奉献等，通过亲身体验、动手操作、倾听故事等方式加深幼儿对感恩的理解，激发幼儿的感恩情感，培养幼儿的感恩行为。

美工区

活动一：大米娃娃

活动目标：体验妈妈的一日生活，感知妈妈照顾自己的辛苦，萌发对妈妈的感恩之情。

活动准备：各式各样的袜子、大米、塑料针以及线。

活动过程：

1. 教师请幼儿欣赏手工制作的大米娃娃的各种造型图片。

2. 教师指导幼儿尝试制作大米娃娃，示范讲解并指导幼儿运用提供的材料进行制作。

3. 幼儿制作完成后，教师鼓励幼儿介绍自己的大米娃娃，包括姓名、性别、喜好等。

4. 教师请幼儿扮演妈妈的角色，对自己的娃娃开展为期一天的照顾活动（图2-9）。

图 2-9　幼儿照顾自己的大米娃娃

5. 活动反思，教师引导幼儿通过观看当天活动的视频和照片，对自己的行为进行评价。

活动建议：

1. 教师可以引导幼儿通过观察和观看相关视频了解如何照顾年幼的宝宝。

2. 教师让幼儿通过在家观察以及谈话了解妈妈在家中常做的工作，以便能更好地照顾自己的娃娃。

活动延伸：

教师可以将活动延伸至一周的时间，让幼儿每天照顾自己的大米娃娃，包括吃饭、睡觉、做游戏等；还可以让幼儿在家观察爸爸妈妈以及爷爷奶奶照顾小朋友的不同方式，在幼儿园分阶段、分角色体验家人照顾自己的不容易，从而激发幼儿对于家人的感恩之情。

活动二：送给老师的花

活动目标：感知老师工作的辛苦，了解老师对小朋友的爱，萌发对老师的感谢、感恩之情。

活动准备：五彩折纸、铅笔、橡皮、白色卡纸、油画棒。

活动过程：

1. 教师与幼儿进行谈话，引导幼儿观察并思考老师一天的工作情况，感知老师的辛苦。

2. 幼儿学习制作折纸《送给老师的花——郁金香》（图2-10）。

3. 教师鼓励幼儿在白色卡纸上进行创意组画，并分享自己的作品。

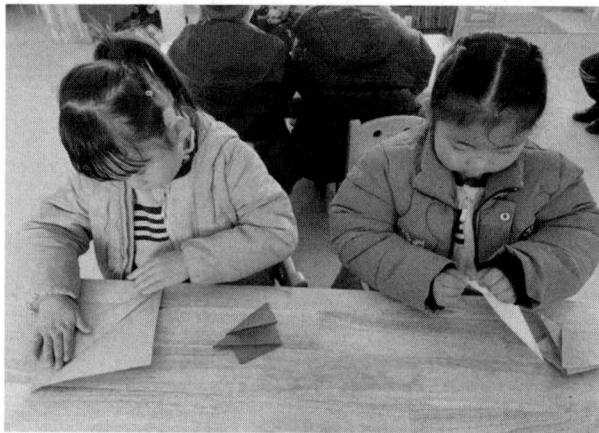

图2-10 幼儿进行折花活动

活动建议：

1. 教师要提供大小不一、颜色多样且数量充足的纸张，鼓励幼儿根据自己的喜好选择不同的纸张进行创作。

2. 组画前教师要通过创意组画的视频给幼儿讲解创意组画的技巧，让幼儿选择适合自己的组画方式，并鼓励幼儿进行创新。

3. 教师给予充足的讨论时间，鼓励幼儿之间相互交流创作的思路和方法。

活动延伸：

教师可以将幼儿的作品《送给老师的花——郁金香》进行悬挂，邀请其他幼儿进行欣赏，还可以运用美工区的其他材料来多样化地创作《送给老师的花》，如水粉颜料、太空泥、毛线等。

活动三：爱心帽子

活动目标：知道尊老爱老是中华民族的传统美德，感知祖辈对自己的爱，并乐于将自己对他们的爱付诸行动。

活动准备：

1. 幼儿已经具备一些编织的基本技能。

2. 手工编织的各色毛线、各式穿插类编制模具、视频《我的爷爷奶奶》。

活动过程：

1. 教师请幼儿欣赏视频《我的爷爷奶奶》，引发情感共鸣。

2. 天气逐渐变冷，教师引导幼儿为爷爷奶奶送不一样的温暖——"爱心帽子"，让幼儿利用编织模具进行编织。

3. 幼儿尝试制作"爱心帽子"，教师巡视指导幼儿运用提供的材料进行制作。

4. 教师引导幼儿分享自己的劳动成果，并介绍自己的编织方式。

5. 教师让幼儿将作品带回家送给自己的爷爷奶奶，并拍摄视频分享自己的美好生活。

活动建议：

1. 教师要提前收集自己班级里幼儿与爷爷奶奶相处的照片或者视频，方便幼儿回顾与爷爷奶奶相处的点滴瞬间。

2. 教师要提供多样的编织毛线与模具供幼儿进行选择。

活动延伸：

教师可以定期更换编织的物品，增加编织的种类，如围巾、坐垫等，让幼儿在实际操作中掌握编织技巧，同时可组织幼儿之间的作品交换，增加与同伴之间的感情，当作品积累到一定程度时，可开展跳蚤市场活动，让幼儿出售自己的作品，增加与不同人交往的经验。

表演区

活动一：大肚妈妈

活动目标：感知妈妈身怀六甲的不易，可以分辨别人的肢体语言，萌发对妈妈的感恩之情。

活动准备：关于生命的视频，皮球，怀孕的妈妈需要拿取的物品若干。

活动过程：

1. 教师通过视频引出生命的奥秘，引发幼儿探讨生命的由来。

2. 教师邀请幼儿进行角色扮演，体验怀孕的妈妈的生活（图2-11）。

3. 活动结束后，教师通过视频或照片与幼儿分享参加一日扮演活动的体会。

4. 教师鼓励幼儿回家开展"爱的抱抱"活动，抱抱自己的妈妈，说声"我爱你，妈妈"，表达自己爱妈妈的情感。

活动建议：

教师可以根据季节的不同，准备大小不同的球，另外可多准备一些绸带，方便帮幼儿

图 2-11　幼儿体验孕妈妈的不易

固定球。"爱的抱抱"活动可建议家长与幼儿一起录制视频，分享自己的专属亲子时光。

活动延伸：

1. 幼儿通过"大肚妈妈"活动知道了妈妈生活的辛苦。教师可开展"我为妈妈做件事""我长大了"等主题教育活动，让幼儿自己的事情自己做，妈妈的事情帮忙做，主动承担家务，增加家庭和谐氛围。

2. 教师可以将此活动延伸至其他的区角，例如，在美工区引导幼儿为妈妈送礼物，在表演区引导幼儿为妈妈唱首歌等。

活动二：我爱我家

活动目标：深刻体验一家人的不同分工，通过察言观色判断家人的不同情绪，分辨家人的不同动作表情，感知家人对自己的付出与爱意。

活动准备：提前在表演区布置家庭小场景（图 2-12）；各种假发，各年龄段的衣服（图 2-13）。

图 2-12　家庭小场景

图 2-13　各年龄段的衣服

活动过程：

1. 幼儿畅谈自己的家庭成员，他们都是做什么工作的、有什么特长等。

2. 教师请幼儿选择自己将要扮演的角色，根据需要选择相应的假发或不同年龄段的衣服，然后进入表演区的家庭小场景，组成自己的小家庭。

3. 活动结束后，师幼评选"有爱之家"。

活动建议：

1. 教师引导幼儿了解家庭的主要角色及每个角色经常做的事情。

2. 教师引导幼儿感受一家人互相照顾、互相关心，相亲相爱的情感。

活动延伸：

1. 通过"我爱我家"的活动，幼儿基本了解了一些动作表情以及情绪表达方式。教师可以开展"情绪管理师"活动，请幼儿通过表情或者动作来表达自己的意思。

2. 教师可以鼓励幼儿在家中开展"我爱我家"主题活动，积极鼓励幼儿关爱家人，勇于承担家人分配的小任务，争当家庭小标兵。

活动三：唱红歌　心飞扬

活动目标：感知国家的历史，知道现在生活的来之不易，增加对祖国的自豪感与归属感。

活动准备：音箱、多首红色歌曲、各式红歌表演服、头饰。

活动过程：

1. 教师准备多首红色歌曲曲目，请幼儿选择自己喜欢的歌曲。

2. 自由组队，根据幼儿的个人意愿分队，并由幼儿起队名。

3. 幼儿分组或者集体进行表演，评选"红歌之星"。

活动建议：

1. 教师可以充分利用家长的力量，让幼儿在家与爸爸妈妈提前熟悉自己所选择的红色歌曲。

2. 教师利用一日活动中的碎片时间与幼儿进行练习。

活动延伸：

教师可以加强对表演区幼儿表演节目的指导，积极组织班级幼儿参加园里的活动展示或者代表幼儿园参加比赛。

图书区

活动一：我家的故事

活动目标：明确了解自己的家庭成员，知道每个家庭成员的喜好，并善于表达。

活动准备：轻音乐、彩笔、图画本。

活动过程：

1. 幼儿分享自己家中发生的有趣的事情。

2. 教师引导幼儿用画笔将家庭趣事记录下来，制作小书《我家的故事》，并与其他幼儿进行分享。

活动建议：

进行活动前，教师要强调绘画的基本技巧与注意事项。

活动延伸：

教师可以将《我家的故事》投放至图书区，供幼儿进行分享阅读，当家庭中发生趣事时，可随时进行绘画填充。

活动二：故事分享会

活动目标： 听感恩品格相关的故事，体验其中的情感，培养感恩之心。

活动准备： 准备感恩品格相关的故事，如《猜猜我有多爱你》等。

活动过程：

1. 教师在图书区投放感恩品格绘本，介绍图书区新投放的绘本。

2. 幼儿在区内自由选择绘本进行看图说话。

3. 主题活动课或一日活动碎片时间，教师讲述品格故事或者听故事，帮助幼儿进一步理解故事内容。

4. 一周后，教师请幼儿在集体面前讲述感恩品格故事。

活动建议：

1. 教师在图书区尽量投放不同角度的关于感恩品格的绘本（感恩父母、教师、医生、人民解放军、国家等），可以从多个角度影响幼儿。

2. 教师也可以请幼儿将家中的绘本带到幼儿园，形成图书漂流活动。

活动延伸：

教师可以组织"小小故事王"讲故事比赛，请幼儿大胆地用语言和肢体动作来呈现故事内容。

活动三：峥嵘岁月——革命故事分享

活动目标： 感受老一辈军人的峥嵘岁月，深知今日生活的来之不易，感恩前辈的付出，更加珍惜现在的生活。

活动准备： 战争时期的照片，邀请退伍军人来幼儿园讲述红色历史。

活动过程：

1. 教师结合主题"九一八"事变、国家公祭日、国庆节等爱国主题节日组织幼儿观看战争时期的照片，表达自己的感受。

2. 教师邀请家长中的退伍军人走进幼儿园图书区，为幼儿讲述那一段红色历史。

3. 教师开展红色故事茶话会，让幼儿自由发表自己的感想，提出愿望。

活动建议：

活动需要提前做准备，教师在班级群内发信息，提前联系退伍军人，确定时间和相关讲述内容。活动后，教师请家长在家带领幼儿观看红色电影，进一步强化幼儿的感情。

活动延伸：

教师可以让幼儿将家长们讲的故事画出来，记录历史。教师还可以将红色故事加以编排，改成舞台剧，挪至表演区组织幼儿表演或者参加相关活动。

（滨州市博兴县兴福镇赵马幼儿园　李萍　郑霞）

六、一日生活指导

(一)一日生活中幼儿品格与社会技能培养

教师要引导幼儿学会爱，学会感恩。《3—6岁儿童学习与发展指南》中提到大班幼儿要"尊重为大家提供服务的人，珍惜他们的劳动成果""爱惜物品，用别人的东西时也知道爱护""爱护身边的环境，注意节约资源"等，而且"能关注别人的情绪和需要，并能给予力所能及的帮助"。幼儿感恩品格的培养贯穿于幼儿的一日生活中，但每个环节各有侧重。本期主题品格与社会技能在一日生活中的重点培养环节内容见表2-7。

表2-7　品格与社会技能的日常重点培养环节

生活环节	品格：感恩	社会技能：判断别人情绪	社会技能：分辨体态语言
入园	√	√	√
盥洗	√	√	√
进餐	√	√	√
饮水	√		
如厕	√	√	√
午睡	√		
离园	√		√
集体活动	√	√	√
户外活动	√	√	√
区角活动	√	√	√
过渡环节	√	√	√

(二)一日生活中幼儿品格与社会技能指导要点

本期主题品格与社会技能在一日生活中的指导要点见表2-8、表2-9、表2-10。

表2-8　一日生活中感恩品格指导要点对照表

环节	指导要点
入园	1. 教师通过谈话活动、角色扮演等方式，引导幼儿在得到帮助后对老师、保健老师说"谢谢"。 2. 教师通过设立值日生，引导幼儿主动清洁班级环境卫生。
盥洗	教师采用步骤图、语言鼓励等方式，引导幼儿按"七步洗手法"正确洗手，节约用水、不玩水。
进餐	1. 教师通过绘本故事、"光盘行动"活动，引导幼儿感恩农民伯伯的辛勤耕种，不掉饭，不剩饭，节约粮食。 2. 教师通过"邀请大厨进课堂"等活动，引导幼儿感恩厨师的精心烹饪，珍惜每顿饭菜。

续表

环节	指导要点
饮水	教师利用图示、记录表等方式，引导幼儿接适量的水，做到足量但不浪费。
如厕	教师利用图示，引导幼儿取适量的纸。
午睡	教师以身作则，创设安静温馨的午睡环境，引导幼儿模仿积极的行为，同样做到不打扰他人。
离园	教师引导幼儿将玩具、物品收放整齐，保持环境的整洁有序。
集体活动	1. 教师利用游戏、提问等方式，引导幼儿学会理解他人感受，主动关心他人。 2. 教师通过绘本故事、谈话活动，引导幼儿爱护身边的环境，做到节约资源。
户外活动	教师引导幼儿看到小朋友摔倒、不舒服或需要帮助时，主动提供帮助，解决不了时请老师帮忙。
区角活动	1. 教师出示被破坏的玩具，引发幼儿思考，引导幼儿爱护班级玩具等物品。 2. 同伴间发生冲突时，教师引导幼儿考虑他人感受，并通过协商等方式解决，学会感恩同伴。 3. 教师利用游戏中的角色扮演，引导幼儿感恩他人。
过渡环节	1. 教师开展"感恩故事我会讲""我要谢谢……"等语言讲述活动，或感恩小游戏，巩固幼儿的感恩意识和行为。 2. 在幼儿得到他人帮助时，教师引导幼儿学会感恩。

表 2-9 一日生活中"判断别人情绪"技能指导要点对照表

环节	指导要点
入园	教师通过表情、动作、语言等，引导幼儿关注同伴情绪，给予适当的安慰。
盥洗	教师通过值日生语言、动作提醒等，引导玩闹的幼儿有序排队洗手。
进餐	教师利用同伴榜样等方式，鼓励挑食、不爱吃饭的幼儿大口吃饭。
如厕	教师引导幼儿在同伴不停揉肚子、皱眉时，要主动关心，及时告知老师。
离园	教师鼓励幼儿关注同伴情绪，给予力所能及的帮助。
集体活动	教师组织专门的社会技能教学活动，反复多次重复技能，引导幼儿了解"判断别人情绪"的方法和对应的做法。
户外活动	同伴输了比赛、情绪不好时，教师引导幼儿理解他人情绪，主动安慰。
区角活动	1. 教师在图书区提供情绪绘本，供幼儿阅读。 2. 想加入同伴游戏时，同伴做出拒绝的动作或是不理睬，甚至直接说出"不行"时，教师引导幼儿想办法吸引同伴和自己一起游戏，或者先玩别的。
过渡环节	1. 教师创设"秘密花园"环境，给予幼儿发泄情绪和与同伴沟通的空间。 2. 教师在"情绪猜猜猜""你比画我猜"等游戏中，提高幼儿对他人情绪的理解能力。 3. 在交流中，当同伴出现不高兴的表情时，教师引导幼儿理解他人情绪，调整交往方式。

表 2-10　一日生活中"分辨体态语言"技能指导要点对照表

环节	指导要点
入园	教师引导幼儿通过看表情和身体姿态理解同伴的意思，并给予力所能及的帮助。
盥洗	教师通过值日生表情、动作提醒等，引导玩闹的幼儿有序排队洗手。
进餐	教师引导幼儿用正确的手势动作表达不同的需求。
如厕	同伴急得跺脚、紧捂肚子、皱眉时，教师引导幼儿适当礼让。
离园	在整理活动中，教师通过手势动作、表情等，引导幼儿安静整理物品，做好离园准备。
集体活动	1. 教师通过表情图片、故事中的角色等，引导幼儿理解不同表情和动作姿态所表达的意思。 2. 教师在表演游戏、猜图片游戏中，提高幼儿对他人体态语言的理解能力，并通过讨论知道对应的做法。
户外活动	教师通过表情、身体动作向幼儿传递指令，引导幼儿按照指令参与活动。
区角活动	同伴搭的积木总掉落，出现皱眉、想放弃的表情或动作时，教师引导幼儿一起想办法，主动提供帮助。
过渡环节	在随机教育中，教师引导幼儿通过表情、身体姿态理解他人的意思，并给予相应的帮助。

(三)日常指导策略

1. 感恩品格——师幼互动

所谓"知恩图报，善莫大焉"，感恩是一种美德，也是人际交往中的润滑剂。学前期是幼儿感恩品格培养的关键时期，此阶段对幼儿进行品格教育，可以强化幼儿的感恩意识，引导幼儿成为懂得感恩的人。

案例："你们都想感谢谁呀？为什么？"问题一提出，幼儿都高高地举起了小手，想要表达出自己想感谢的人。"我想感谢我的爸爸妈妈，他们会带我出去玩。""我想感谢爷爷奶奶、姥姥姥爷，他们会给我做好吃的饭菜。""我想谢谢老师，您教会了我很多知识。""我想谢谢我的好朋友哲哲，因为他送给了我生日礼物，我很喜欢，我也想送给他一个礼物。""我想谢谢食堂的叔叔，每天辛苦地为我们准备好吃的。"就连平时不太爱说话的平平都说出了心中的爱："我想谢谢我的姐姐陪我玩。"随后，幼儿还说出了很多表达爱的方式，如抱抱、做个贺卡、为他们做事情等，并亲手制作了感恩贺卡，送给了想感恩的人。

分析：现在幼儿都是家里的宝贝，家人给予的多，并不要求幼儿回报。有时即使幼儿有那份心，好多家长也不会给幼儿表达的机会。所以，久而久之，幼儿表达爱和感恩的那种热情就会渐渐消失。活动中教师重视幼儿感恩品格的培养，并通过提问引发幼儿思考，引导幼儿将心中的感恩表达出来，并通过行动表达自己的感恩。

教师指导：教师可以有意识地开展感恩的相关活动，在活动中通过问题引导等方式，激发幼儿的感恩愿望。另外，教师要创设宽松开放的环境，给予幼儿表达感恩的机会，引导幼儿大胆表达自己的感恩之情。最后，教师还可以引导幼儿通过亲手制作贺卡等方式,用实际行动去表达自己的感恩。

2."判断别人情绪"技能——情绪猜猜游戏

情绪是人内心情感的反映,有时人们会刻意地掩饰自己的情绪,但是我们仍然可以通过一些细微的表情、动作,或是说话的语气、语调,判断他人的情绪。大班幼儿要能关注别人的情绪,了解情绪背后所反映的他人的想法和需要,从而为他人提供力所能及的帮助,建立良好的人际交往。而游戏是幼儿基本的学习方式,在玩中学能提高幼儿主动学习的兴趣。

(1)看表情,看姿态

游戏名称:情绪大比拼

游戏玩法:教师依次出示不同表情、姿态的图片,让幼儿分组进行抢答,正确说出情绪名称并模仿做出动作的小组获得积分。

(2)听说话,听声音

游戏名称:故事角色我来演

游戏玩法:教师讲故事旁白,让幼儿模仿不同角色、不同情绪下的语言,以此帮助幼儿分辨角色不同的情绪和情感。

(3)猜他高兴不高兴

游戏名称:情绪宝盒

游戏玩法:教师将幼儿画出的各种情绪卡片放进情绪宝盒中,让幼儿通过击鼓传花的形式,随机抽取其中一张,根据画面内容和人物表情、动作姿态等,说出画面中人物的情绪以及产生的原因,给出相应的解决办法。

3."分辨体态语言"技能——师幼互动

除了语言,人们还可以通过体态传递信息、表达情绪和感情。体态语言包括表情和姿态两方面,表情有喜怒哀乐等,姿态有双手叉腰、跺脚、低头等。幼儿学会分辨他人体态语言背后的想法,能做出正确的行为,建立良好的交往能力。

案例:区角活动时,琪琪和晨晨在建筑区搭"海洋馆"。当他们正在搭海洋馆地下停车场时,闻闻来了,说:"我也想玩建筑区,我可以跟你们一块玩吗?"琪琪马上站起身,把双手打开,挡在了闻闻前边,说:"不行,我们正在搭海洋馆呢。"晨晨也拿着一块积木跑过来,皱着眉头说:"不行,我们还没搭完。"闻闻见状,站在原地看着同伴游戏,没有说话。老师没有马上介入,而是继续观察幼儿间的游戏。"小汽车怎么老掉下来呀?"琪琪说。闻闻拿起一块长方形积木斜着立在了停车场的上坡处,说:"你看这样不就行啦。""你太棒啦!"琪琪和晨晨都竖起了大拇指。

分析:闻闻想加入同伴游戏,但通过同伴的表情和动作,闻闻明显感觉到了同伴的拒绝,因此,他没有强求加入。当同伴游戏出现问题时,他主动上前帮助同伴解决,使得停车场"道路变得畅通"。这一举动也赢得了同伴的认可。

教师指导：当幼儿想加入同伴游戏被拒绝时，教师没有马上介入或是直接指责，而是继续耐心观察幼儿的一举一动。这就给了幼儿分辨同伴体态语言的机会，让幼儿自主选择，根据同伴反应，自己想办法加入了同伴的游戏中。

(四)生活体验活动

活动案例一：幼儿岗位体验周

1. 设计思路

幼儿园里除了有专职教师外，还有其他岗位的教职工。同时，《3—6岁儿童学习与发展指南》中提到大班幼儿要能"尊重为大家提供服务的人，珍惜他们的劳动成果"。为了引导幼儿深入了解幼儿园不同岗位教职工的工作，对身边人的付出表达感恩，教师设计了"幼儿岗位体验周"系列活动，幼儿通过真实的角色扮演，感受不同岗位工作者的不易，从而产生感恩之情，并落实到行动中，懂得珍惜别人的劳动成果。

2. 活动过程

(1)制作体验计划表

体验开始前，教师和幼儿一起讨论"幼儿园中都有哪些人?""他们会做什么?"等，并通过图片、视频等方式，向幼儿介绍每个岗位的工作，引导幼儿感知他们的不易和付出。体验开始后，教师引导幼儿自主选择想要体验的岗位，帮助、支持幼儿制订岗位体验计划，鼓励幼儿按照计划完成体验任务。

(2)今天我来做

①体验教师

体验教师组的幼儿会轮流扮演小老师，需要早早到园接待入园的幼儿、带幼儿做游戏、上课、帮助幼儿解决遇到的困难、为大家盛饭并收拾碗筷、午休时进行哄睡(图2-14)等。

②体验保健教师

体验保健教师组的幼儿会扮演成小小保健教师，早上入园时站在门口，检查每一位小朋友的口鼻手(图2-15)；中午到各班进行午检、为受伤的幼儿贴创可贴、检查各班的环境卫生等。

③体验厨工

体验厨工组的幼儿负责择干净当日所需的部分蔬菜，并送到厨房(图2-16)。

④体验保洁人员

体验保洁组的幼儿会分组擦拭楼道、操场等公共环境(图2-17)。

⑤体验保安

体验保安组的幼儿需要在幼儿来离园期间，穿上安保服，一直站在门口守护小朋友们的安全。

(3)美丽花朵送给您

体验活动后，幼儿知道了原来幼儿园里有这么多默默付出的人，并亲手制作花束送给大家。

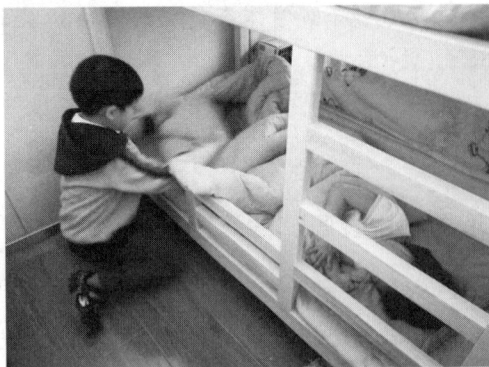

图 2-14　体验教师哄睡

图 2-15　体验保健教师

图 2-16　体验厨工

图 2-17　体验保洁人员

3. 活动总结

幼儿在岗位体验周活动中,通过亲身体验了解到幼儿园不同岗位教职工工作的不易,知道了正是因为有这些人,自己才能每天开心快乐地度过在幼儿园的每一天。活动中,幼儿产生了浓厚的感恩之情,并发自内心地在行动中做出了改变。

活动案例二:地球妈妈我保护

1. 设计思路

目前,资源浪费、环境污染等问题已经严重危害了我们的地球妈妈。《3—6岁儿童学习与发展指南》中提到大班幼儿要能"爱护身边的环境,注意节约资源"。因此,教师设计了"地球妈妈我保护"系列活动,使幼儿在活动中增强保护环境的意识,知道保护环境的具体方法。

2. 活动过程

(1)亲子制作宣传海报

活动开展前,教师邀请幼儿和家长共同制作"地球妈妈我保护"的宣传海报(图2-18)。

幼儿将做好的海报带到幼儿园，作为宣传大使在国旗下讲话，或是到各班进行宣讲，呼吁大家一起加入保护环境中。

图 2-18　"地球妈妈我保护"宣传海报

（2）光盘行动——节约粮食

教师通过绘本故事、谈话活动等，引导幼儿思考"粮食从哪里来"，从而感知粮食的来之不易，产生要珍惜粮食的意愿。活动中，幼儿讨论了珍惜粮食的好方法，如碗里不留一粒米、不挑食、胸脯紧贴桌面不掉饭等，并评选、张贴每日光盘小达人的勋章。

（3）垃圾分类——保护环境

"垃圾还要分类？""垃圾怎么分类？""这是什么垃圾？"教师一连串的问题引发了幼儿思考。在幼儿知道垃圾分类的基本方法后，教师和幼儿讨论决定每天由两名幼儿担任垃圾分类员，提醒幼儿正确投放不同的垃圾。

（4）保护水宝宝——节约水资源

当盥洗室满地都是水时，教师随机提出了疑问："有一天，如果我们没有水了会发生什么事情？"幼儿沉默了一会儿，知道了如果没有水，我们就无法生活。随后，教师发动家长资源，邀请幼儿和家长一起搜集节约用水小妙招，带到幼儿园分享。

3. 活动总结

通过"地球妈妈我保护"活动的开展，幼儿知道了保护地球妈妈的重要性。同时，幼儿也学会了几种保护的方法，例如，节约粮食、做光盘行动小达人，不乱丢垃圾、做到垃圾分类投放，节约用水、保护水宝宝等。每名幼儿都开始做出行动，争做地球妈妈的保护大使！

（北京市第二幼儿园　马焱　冯芃）

七、家园共育指导

（一）品格指导要点

对于感恩品格的家庭教育指导，重点在于指导家长正确培养幼儿的感恩意识和感恩行为，并在一定程度上解决家长的一些困惑或问题。

1. 鼓励家长以身作则并做好榜样

家长对幼儿的感恩教育是感性的、示范性的。[①] 言传不如身教，家长是幼儿的第一任老师，想让幼儿学会感恩，家长首先得是一个懂得感恩的人。如果幼儿每天看到自己的父母对他人冷漠、自私，他也难以心怀感恩。所以在家庭生活中，父母对家人的态度会在潜移默化中影响着幼儿。民主、平等、温情的家庭氛围更有利于幼儿感恩品格的形成。

2. 引导家长以故事的形式进行感恩教育

在对幼儿进行感恩教育时，家长可以为幼儿讲一些绘本、诗词或者成语小故事。例如，《给爸爸的吻》绘本故事中贯穿着暖暖的亲子之爱。小熊爸爸在游戏和玩闹中，给予了孩子照料、鼓励与引导，最后，小熊献给爸爸甜甜的吻，还有大大的拥抱，这是对舐犊之爱最好的回报。家长也可以用朗朗上口和富有人生哲理的诗词，如"谁言寸草心，报得三春晖"等，使幼儿明白感恩的道理。

3. 在生活中渗透感恩教育

（1）渗透式活动

教师要将感恩教育渗透在日常生活中。教育家陶行知先生指出"一日活动皆课程"，因此最好的教育方式便是将教育活动渗透在日常生活中。例如，角色表演"感谢你，亲爱的妈妈"让幼儿在角色扮演中感知父母哺育之恩。在音乐游戏"可爱的小乌鸦"中，幼儿学唱歌曲"路边开放野菊花啊，飞来一只小乌鸦，多可爱的小乌鸦啊，不游戏也不玩耍，急急忙忙赶回家，他的妈妈年纪大啊，躺在窝里飞不动，小乌鸦叼来虫子，一口一口喂妈妈"，并在此基础上进行角色扮演，感受既有趣又生动的教育意义。

（2）节日实践活动

中国有许多传统的节日，教师都可以对幼儿进行感恩教育。例如，教师可以在"三八"妇女节、教师节、重阳节，让幼儿做一些手工勋章、贺卡或者是画一幅画等送给家人，还可以让幼儿为老师、父母、爷爷奶奶捶捶背，帮助他们做一些力所能及的事情；在腊八节时，可以买一些八宝粥等去慰问长期坚守在幼儿园大门、保幼儿平安的片区值班警察和环卫工人。教师通过系列活动让幼儿对他人给予的帮助留下深刻的印象，使幼儿意识到原来生活中有如此多值得感谢的人，从而在无形之中培养他们的感恩意识。

（二）社会技能指导要点

1. 判断别人情绪

看表情，看姿态。家长可以引导幼儿了解一些普通情绪下的表情与姿态，如喜怒哀乐的神情与动作；提醒幼儿通过看他人的表情、他人的动作来推测他人的情绪，也知道要多关注他人的情绪，理解他人。

听说话，听声音。在日常生活中，家长可以通过与幼儿谈话，引导幼儿学会利用他人说话的声音来判断他人的情绪，提升幼儿的共情能力。

[①] 周素珍：《家园合作培养幼儿感恩意识》，载《内蒙古师范大学学报（哲学社会科学版）》，第 S2 期，2008。

猜他高兴不高兴。家长要告诉幼儿，在看表情、听声音后，就要学着对他人的情绪进行初步的判断。在幼儿了解了别人情绪的基础上，家长可以陪着幼儿一起理解他人情绪，学着安慰他人。

2. 分辨体态语言

看表情。家长可以锻炼幼儿观察他人表情的能力，让幼儿收集生活中遇到的多种表情，帮助幼儿丰富对表情的理解。

看身体。在看姿态判断他人情绪的基础之上，家长可以帮助幼儿理解他人的肢体语言；或通过图片以及绘本故事中相关角色的动作，引导幼儿进一步理解肢体语言。

虽然那人没说话，他的想法已表达。家长可以陪着幼儿一起想一想"判断别人情绪"的口诀，在读懂他人体态语言后，想一想接下来应该怎么办。

(三)你问我答

1. 幼儿心里知道感恩，但不会表达，怎么办

首先，成人不能强迫幼儿。其次，成人可以为幼儿创设说"谢谢"的氛围，让幼儿明白谢谢的含义，也可以通过多种形式表达感恩，如肢体动作（拥抱、握手等）、绘画或歌曲等。

2. 我们如何引导幼儿主动表达感恩之情

幼儿年龄比较小，家长及教师都应以身作则，引导幼儿对帮助过他的人说"谢谢"，鼓励幼儿用自己的行动表达感恩，如可以帮家人端水、捶捶背等。

3. 当幼儿认为家长对自己的爱是理所应当的，应该怎么办

幼儿以自我为中心的主要原因就是父母或其他抚养人对幼儿宠爱有加，过度溺爱。父母长辈应该让幼儿在接受关爱的同时，学会关爱他人，体会到关爱他人的快乐。如果幼儿有关爱他人的动机，父母一定要及时称赞鼓励幼儿，久而久之，就能改变幼儿以自我为中心的不良习惯，让幼儿学会关爱他人。

4. 在不同成长环境下的幼儿，应如何进行感恩教育

首先，教师要了解班级幼儿的家庭情况以及成长的背景，根据幼儿不同的成长环境，开展更加具有针对性的感恩教育。例如，对于一些由祖辈抚养的幼儿，教师可以介绍老人对他们的关爱，在他们心中埋下感恩祖辈的种子；对一些不断对家长提出要求的幼儿，教师应让他们感恩家长对于自身的付出，认识到家长抚养自己的不易，在将来有能力的时候回报家长。

5. 怎样将感恩教育与实践相结合

因为幼儿年龄小，缺乏相应认知，在教育幼儿的过程中教师可以加强对各种活动和游戏的应用，并将感恩教育落实到具体的活动中，开展更加丰富多彩、形象生动的主题活动。通过这些活动，幼儿懂得自己的成长离不开家长的养育，离不开教师的教诲，离不开身边人的帮助，从而对身边人持有感恩之心。例如，教师可以让幼儿设计感恩卡，和家长一起在感恩卡上写上感谢的话，并将感恩卡送给自己要感谢的人。在制作感恩卡的过程中，幼儿可以对感恩这个概念有更加深刻的认识，而且能够大胆地表达出自己的想法和意见。

6. 幼儿的感恩意识薄弱，怎么办

教师和家长一定要统一战线，意识到感恩教育不是可有可无，要将感恩教育贯穿到每日生活中。感恩教育不光是幼儿园和教师的任务，家长也要多关注幼儿感恩意识和感恩行为的培养，积极配合教师一起培养幼儿的感恩之心。

（太原市小店区新星幼儿园长治路分园　郭小梅　杜鲜存）

第三章　友爱品格：相亲相爱好朋友

一、主题说明

◎情境链接

　　易轩是一个活泼、好动又胆大的小男孩，但他有点儿调皮，经常有小朋友来告他的状。自由游戏的时候，易轩和俊晨一起在益智区玩磁力棒，刚开始还好好的，但过了一会儿，他们就扭打起来了，玩具也洒落在地上。易轩一边打一边说："蜘蛛侠是我先看上的，你给我。"俊晨立刻说："明明是我先拿到的，凭什么给你。"看到老师走过来，易轩自知理亏，但很倔强地将俊晨推倒在地，然后坐回自己的椅子继续摆弄磁力棒。

　　大班幼儿虽然已经具备比较成熟的人际交往能力，但情绪控制能力仍待提升，发生冲突时还不能心平气和地协商解决问题，因而出现上述案例中易轩这样的情况。在日常保教过程中我们也会发现类似的情况："老师，她又拿我东西不还我。""老师，他撞到我了。""老师，他骂我。""老师，我不想让她坐我旁边。"……如何与同伴友好相处，如何通过沟通协商来处理同伴间的争端和冲突，是幼儿成长过程中的重要课题。进入青少年期后，同伴的影响甚至超过了父母，因此在早期培养幼儿的社会交往能力有着现实而迫切的需要。

　　《3—6岁儿童学习与发展指南》中指出大班幼儿"能有礼貌地与人交往"；"能关注别人的情绪和需要，并能给予力所能及的帮助"；"接纳、尊重与自己的生活方式或习惯不同的人"。这些其实都是幼儿友爱品格发展的重要体现。在信任基础上产生的友爱能够给人温暖、愉快的体验，让人有归属感。本期主题社会技能"表达烦恼"将帮助幼儿用正确的方式宣泄自己与同伴相处时遇到的矛盾、冲突，学会用积极、阳光、包容的心态与小朋友相处。

二、主题目标

第一，感知朋友的重要性，愿意主动关心、体谅、安慰朋友。

第二，愿意主动向其他小朋友发出活动邀请，也愿意加入别人发起的活动。

第三，知道真正的友情是不分种族、肤色、贫富的，是不受外在因素影响的纯粹感情。

第四，知道朋友之情是非常珍贵的，不能做伤害朋友的事情，要用心维护友谊。

第五，知道朋友之间闹矛盾是正常的，但要用友好的方式来解决。

第六，掌握基本的与朋友相处的方法，如分享、合作、谦让、助人等。

第七，同伴相处时能够做到互帮互助，不欺负弱小，不嘲笑他人的缺点或缺陷。

三、环境创设

(一)主题墙

对幼儿而言，交朋友是件令人愉快的事情，相较小中班幼儿来说，大班幼儿在人际交往方面的能力已经有了进一步的发展。他们会选择自己喜欢的玩伴、经常三五名幼儿一起合作游戏，能够初步解决一些交往的冲突与矛盾，但依然需要成人的适当指导。基于大班幼儿同伴交往情况，培养幼儿的友爱品格主要从三个方面进行，即朋友大讨论、冲突大讨论、朋友我想对你说，因此主题墙的结构应相应地划分为三个部分。

1. 朋友大讨论

这部分以"我的好朋友"为主题，通过主题谈话、情境讨论等方式引导幼儿探讨关于朋友的话题。在主题的开始，幼儿围绕"你有好朋友吗？""什么是友谊？""好朋友档案"等活动，通过介绍、调查、绘画等方式进一步了解自己的朋友。幼儿在这一系列活动中，感受同伴交往的快乐，掌握矛盾冲突的解决办法，意识到要尊重并接纳同伴的合理意见，逐步养成良好的交往习惯。

2. 冲突大讨论

幼儿园的集体生活为幼儿创造了与小伙伴们交往的机会，但交往过程中的冲突与摩擦也随之而来。在友爱品格教育中，当幼儿之间产生矛盾时，教师能够有意识地引导幼儿分析冲突产生的原因，并鼓励幼儿自己解决冲突问题，丰富幼儿的交友体验，积累交往经验。

3. 朋友我想对你说

大班的幼儿马上就要毕业迈入小学的生活了，面对人生中第一次离别，幼儿心中有期待、祝福，更有对朋友、老师、幼儿园的不舍；有想玩的游戏还没有和朋友玩够，有好多悄悄话还想和朋友诉说，还有好多好吃的、好玩的想和朋友分享……这些期待和不舍纷纷化作画笔下的一幅幅作品，向朋友和老师倾诉离别之情。

(二)家园共育栏

本期家园共育栏除了向家长介绍幼儿园围绕友爱品格开展的各类活动之外，还将重点呈现幼儿与同伴之间的有趣互动，让家长在幼儿的游戏中感受到与同伴一起玩的快乐。此外，教师还将呈现幼儿在同伴游戏中常出现的问题，并鼓励家长通过亲子阅读、亲子谈话等方式教给幼儿与同伴友好相处的方法。

1. 主题内容告知

这部分向家长介绍友爱品格主题活动相关内容，让家长知晓本期主题活动安排，如友爱品格主题活动说明、主题活动课程安排、品格绘本推荐及家庭友爱品格教育建议等。

2. 日常亲子陪伴

教师组织家庭亲子共读活动，鼓励家长在家里与幼儿一起阅读有关友爱品格的绘本，在阅读中强化幼儿对友爱的理解；开展"我和朋友的故事"家庭谈话活动，亲子之间谈一谈当天发生的开心的事情，如与他人发生或看到的相互帮助、照顾、安慰的情境。教师要引导家长有意识地记录幼儿友爱的行为，并以亲子海报的形式讲述发生在生活中的友爱的故事，把这份幸福和美好分享给大家(图3-1)。

图 3-1 亲子共读友爱品格的绘本故事

(三)幼儿成长(学习)记录墙

1. 一日生活显"友爱"

"友爱"不是口头说说，而是体现在一日生活的点点滴滴。同小伙伴一起学习、一起游戏，伤心难过时的拥抱、受伤时的安慰……串联起了好朋友之间爱的点滴(图3-2、图3-3)。

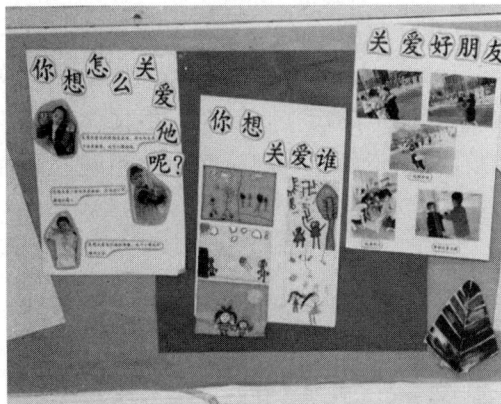

图 3-2 关爱好朋友

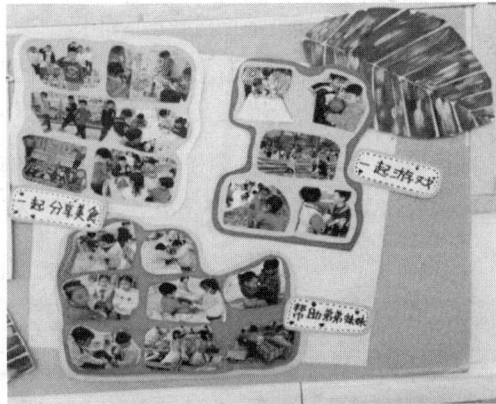

图 3-3 一日生活显"友爱"

2. 区角活动显品格

在区角环境创设时，结合"友爱"品格，设置相关区角并投放与"友爱"品格相关的绘本、材料，例如，在图书区投放相关绘本，设置"好朋友悄悄话"，鼓励幼儿将自己的开心事或烦恼事说给朋友听(图3-4)。

图 3-4 区角活动显"友爱"

（郑州经济技术开发区第一幼儿园　牛伟娟　李放）

四、教学活动案例及反思

(一)品格绘本阅读活动

1. 友爱品格绘本推介

友爱主要是指幼儿在同伴交往过程中表现出的相互帮助、关心、爱护的一种情感和行为，是幼儿建立稳定的友谊的基础。绘本阅读是帮助幼儿感知朋友的重要性、学习交友方法的重要途径。研究表明大部分大班幼儿已经有相对稳定的玩伴，因此，根据大班幼儿的交友现状与需求，本期主题主要从对友谊的理解、同伴矛盾的处理、朋友的相处原则等方面筛选适合大班幼儿的绘本故事，具体见表 3-1。

表 3-1 友爱品格绘本推荐及解析

绘本名称	主要内容	绘本中的"友爱"
《一只奇特的蛋》	三只青蛙生活在一起。一天，爱冒险的那只青蛙捡到了一只巨大的蛋，等蛋孵好以后，他们和蛋里的"小鸡"成了好朋友。直到有一天，三只青蛙疑惑地发现，"鸡"妈妈对自己孩子的叫法跟他们不一样。	真正的友谊不受肤色、贫富、地位等因素的限制，不因对方身份的标签而影响双方情感的互通。
《我有友情要出租》	孤单寂寞的大猩猩不知道该怎样交朋友，于是想到了"出租友情"的点子。刚巧，咪咪出现了，她租下大猩猩陪自己玩。一天，咪咪搬走了，留给大猩猩的只有想念……	友情是无价的，不能买卖，要用真心对待朋友。

续表

绘本名称	主要内容	绘本中的"友爱"
《敌人派》	故事发生在一个夏天，一个小男孩原本可以过得很开心，可是他有了一个敌人。这个小男孩很想把自己的敌人消灭掉，于是就去求助爸爸。爸爸教给了他一个绝妙的办法。	冤家宜解不宜结，与人交往要主动表达友好，善于发现对方的优点。
《你是我最好的朋友》	娜娜是一只很特别的小白鼠，她不愿意和老鼠做朋友，只想找一只大象做朋友。娜娜找啊找啊，终于找到了大象末末。可是，末末是一只盲象，什么都看不见。娜娜决心给末末描述五颜六色的世界！	朋友之间要真心帮助，不能歧视身体有缺陷的人。

2. 教学活动案例

接下来我们以语言活动"一只奇特的蛋"为例阐述友爱品格语言领域教学活动的组织要点，见表 3-2。

表 3-2 友爱品格语言领域教学活动

一只奇特的蛋	
活动环节	**活动设计**
活动目标	认知目标：理解故事内容，知道真正的友情不受物种、生活方式等外在因素的影响。
	能力目标：能在老师提示下根据故事画面描述故事内容、预测故事发展。
	情感目标：感受青蛙与鳄鱼之间相互帮助、信任的美好感情。
活动准备	经验准备： 1. 幼儿知道鸡蛋的外形特点。 2. 幼儿认识鳄鱼和青蛙。
	物质准备： 1. 绘本课件《一只奇特的蛋》。 2. 班级幼儿友好相处的照片汇总小视频。
活动过程	一、出示绘本封面，通过观察、讨论激发兴趣 师：画面上有什么？这个故事的名字叫《一只奇特的蛋》，猜一猜故事里发生了什么。 小结：一只奇特的蛋和青蛙之间到底发生了什么有趣的故事？让我们走进故事去看一看吧。 （品格元素：教师引导幼儿观察封面，感受青蛙与鳄鱼的差异，为幼儿理解故事主题做铺垫） 二、阅读绘本第 1 至 11 页(此书无页码，作者从扉页开始算第 1 页)，了解故事背景 师：杰西卡是一只什么样的青蛙？ 师：你们觉得杰西卡找到的是什么？接下来，青蛙们会和这只蛋发生什么故事呢？ 小结：杰西卡发现了一只巨大的、奇特的蛋，他和同伴发现这只蛋的大小、颜色、形状与以往的蛋有很多不同。 （品格元素：教师引导幼儿感知这只"奇特的蛋"与生活中的蛋有何不同，发现差异，尊重差异） 三、阅读绘本第 12 至 23 页，感知青蛙与"鸡"在一起的快乐 （一）讲述第 12 至 13 页，和幼儿一起揭秘这只蛋 师：这只蛋里孵出来的是什么？ 师：青蛙们都认为这只蛋孵出来的就是鸡，你们觉得这是鸡吗？这只"鸡"和青蛙长得不一样，青蛙们会怎么做呢？

续表

一只奇特的蛋	
活动环节	活动设计
活动过程	小结：幼儿们都说出了自己的猜想，我们继续来故事里找答案。 (二)讲述第 14 至 19 页，帮助幼儿体会朋友之间相互照顾的情谊 师：请小朋友们仔细看图，说一说这只"鸡"和青蛙们在一起的时候，发生了什么。 师：为什么青蛙们愿意跟这只鸡一起玩？ 小结：虽然青蛙们和这只鸡在体形、外貌、生活习性等方面有很多不同，但是这些不同并没有阻碍他们成为彼此的朋友，这是他们之间珍贵的友情。 (三)讲述第 20 至 23 页，帮助幼儿体会朋友之间的分享与信任 师：你们和自己的朋友分享过哪些有趣的事情？一起去过哪些地方玩呢？和朋友在一起的时候感觉怎么样？ 小结：和朋友在一起可以做很多有趣的事情，和朋友在一起是快乐的、开心的、幸福的。 (品格元素：教师引导幼儿感知朋友之间即使有所区别，也能快乐幸福地友好相处) **四、阅读绘本第 24 至 32 页，帮助幼儿体会朋友之间相互陪伴的情谊** 师：你们觉得这只"鸡"的妈妈会是谁？ 师：杰西卡陪着这只"鸡"找到了自己的妈妈，杰西卡是怎样跟朋友道别的？你觉得她是什么心情？ 师：故事的最后，为什么三只青蛙哈哈大笑起来？现在大家知道为什么这个故事叫《一只奇特的蛋》了吗？ 小结：青蛙杰西卡找到了一只和我们日常见到的不一样的蛋，并且和这只蛋孵出的"鸡"发生了很多有趣的故事。原来这是一只鳄鱼蛋，孵出来的是一只小鳄鱼，他们在一起快乐地玩耍，遇到危险时互帮互助，即使最后分别了，他们也会思念对方。 (品格元素：教师引导幼儿体验朋友之间互相帮助的美好情感，理解朋友分别时的感受，懂得如何表达对朋友的思念，懂得真正的友情不受物种的影响，尊重朋友与自己的差异) **五、感受生活中好朋友之间的快乐美好与互帮互助** 师：如果杰西卡是你的朋友，当他被水草缠住的时候，当你要去很远的地方找妈妈的时候，你会怎么做呢？ 师：想一想，朋友为你做过哪些让你印象深刻的事，你和你的朋友都做过哪些快乐的事。 小结：和好朋友在一起可以创造这么多快乐又难忘的回忆。 师：让我们一起看看咱们班的好朋友快乐相处的精彩镜头。(教师播放小视频) 小结：朋友就是一起做开心的事，有了困难会互相帮助，即使分别也会互相思念。回家后，请你给爸爸妈妈也讲一讲这个好听的故事《一只奇特的蛋》，把故事中的友情讲给更多的人听。 (品格元素：故事经验延伸到真实生活，教师引导幼儿回忆与好朋友之间发生的趣事，激发幼儿与同伴友好相处的愿望)
活动延伸	**一、领域延伸** 绘本中讲述了在一个小岛上的三只青蛙的故事。一天，爱冒险的那只青蛙捡回了一只巨大的蛋，等蛋孵好以后，他们和蛋里的"鸡"成了好朋友。因此，教师可以在班级中开展故事续编活动，让幼儿充分想象，大胆表达；还可以通过友爱主题的美术活动"蛋壳画"，让幼儿充分感受友爱之情。

续表

一只奇特的蛋	
活动环节	活动设计
活动延伸	**二、区角延伸** 教师可以将绘本故事《一只奇特的蛋》图画书投放在图书区，鼓励幼儿与同伴再次阅读，重温故事情节，感受青蛙与鳄鱼之间相互帮助、信任的美好感情；也可以引导幼儿在美工区画一画自己和好朋友发生过的奇特的、好玩的事情，并进行分享交流；还可以通过以物代物，让幼儿在表演区自主设计、制作道具和材料，和同伴一起表演《一只奇特的蛋》。 **三、家园共育** 教师可以鼓励幼儿回家后跟爸爸妈妈分享这个故事，例如，和爸爸妈妈一起讨论为什么青蛙会把鳄鱼当成鸡。教师可以提醒家长给幼儿讲一讲成语故事《坐井观天》，从不同角度丰富幼儿对故事的多维理解，通过亲子沟通，加深幼儿对朋友的理解。例如，不以外貌、性别、身高、肤色甚至家庭背景作为交朋友的条件，朋友之间要相互信任、相互帮助等。 **四、生活渗透** 教师可以在一日生活各个环节，引导幼儿与同伴相处时要主动关心、问候、照顾对方；还可以开展分享、轮流助人等活动，加深幼儿对日常生活的理解。 **五、环境渗透** 教师可以利用幼儿表征和活动的情境照片，在班级创设"我和好朋友的友情""爱的回馈"主题墙，梳理展示幼儿关于友爱的经验、感受。

3．活动反思

（1）活动特点

活动目标清晰、难度适宜，旨在帮助幼儿理解故事内容，知道真正的友情不受物种、生活方式等外在因素的影响，感受相互帮助、相互信任的友好感情。

活动准备不花哨、能够恰如其分地辅助目标的达成。活动前教师丰富幼儿对产蛋的认识，知道鸡蛋的外形特点，能够帮助幼儿理解故事内容，预测故事发展。此外，教师还准备了班级幼儿友好相处的照片汇总小视频，能够让幼儿感受生活中好朋友之间的快乐美好与互帮互助。

活动环节层次分明，教师利用启发性的提问，引导幼儿预测故事发展、理解绘本内容，充分调动幼儿阅读兴趣。例如，青蛙们会和这只蛋发生什么故事呢？如果杰西卡是你的朋友，当他被水草缠住的时候，当你要去很远的地方找妈妈的时候，你会怎么做呢？活动总结结合幼儿真实生活，实现故事与生活的衔接，发挥了故事对生活的指导作用。

（2）活动实施建议

教师在播放幼儿友好相处的照片汇总小视频之前，可以增加角色表演环节，增强活动的互动性。

（威海市荣成市观海路幼儿园　孙婷婷　周聪）

(二)品格社会领域教学活动

1. 友爱品格的社会领域教学活动设计说明

友爱品格是幼儿建立稳固友谊关系的重要品质，也是幼儿园社会领域教学活动中要重点关注的部分。围绕该品格，教师可以开展与分享、合作、谦让、助人、同情、安慰等亲社会行为相关的教学活动，也可以开展综合性的体验活动，将亲社会行为融入其中，让幼儿直接感知、体会。

2. 教学活动案例

接下来我们以"我想和你做朋友"为例阐述友爱品格社会领域教学活动的组织要点，见表 3-3。

表 3-3 友爱品格社会领域教学活动

我想和你做朋友		
活动环节	活动设计	
活动目标	认知目标：知道与朋友相处要礼貌、分享、谦让和友好。	
	能力目标：能够制作个人名片并向同伴表达交朋友的意愿。	
	情感目标：愿意主动与人交往，体会交朋友的快乐。	
活动准备	经验准备	1. 幼儿熟悉绘本故事《我有友情要出租》。 2. 幼儿了解名片的基本内容结构。
	物质准备	1. 幼儿与朋友相处的四段视频(视频内容分别为：礼貌相处、相互分享、争抢玩具、互相推搡)。 2. 争抢、推搡等不友好行为的图片。 3. 教师自制名片。 4. 卡片每人一张(用来制作名片)；画笔、画纸，人手一份；镜子(每个小组一面，供幼儿绘画时观察自己)。
活动过程	**一、回顾故事《我有友情要出租》，感知主动交朋友的重要性** 师：大家还记得故事《我有友情要出租》里的大猩猩吗？他最后会等到自己的下一个朋友吗？(教师引导幼儿简单回顾、猜想即可) 师：什么是朋友？(教师引导幼儿了解朋友的特点) 师：请你介绍一下自己的朋友。为什么你愿意和他做朋友呢？(教师请 2～3 名幼儿进行分享) (品格元素：教师引导幼儿回顾故事，让幼儿知道真正的友情是不能用金钱衡量的；让幼儿意识到，只有自己主动与别人交往，才能快速地交到朋友) **二、分段出示视频，引导幼儿思考、总结和朋友友好相处的方法，引发幼儿对于人际交往技巧的思考** 1. 教师带领幼儿观看视频。 师：交到朋友之后，我们和朋友相处时该注意什么呢？今天我们一起来看看这两个朋友之间发生的小故事，大家也想想你和你的朋友之间会不会发生这样的情况。 视频一：礼貌相处 师：他们之间发生了什么事情？ 师：你们平时会像他们那样吗？	

续表

我想和你做朋友	
活动环节	活动设计
活动过程	视频二：相互分享 师：这次他们之间发生什么事情了？ 师：你们跟好朋友分享过什么东西吗？ 视频三：争抢玩具 师：他们做得对吗？ 师：你们有和朋友争抢过玩具吗？ 视频四：相互推搡 师：他们做得对吗？ 师：我们可以这样对待小朋友吗？ 2. 教师出示不友好行为的图片，引导幼儿总结和朋友保持良好关系的策略。 师：你们和朋友相处中有出现上面这些不友好的行为吗？ 师：我们在与朋友相处的过程中应注意什么？（要有礼貌、懂分享、不争抢、和善） （**品格元素：**教师通过视频和图片让幼儿以旁观者的视角来审视自己日常生活中与同伴相处的场景，进而认识到与朋友相处要有礼貌，要相互分享，要友好谦让，深化幼儿对交友规则的认识） **三、制作交友名片（绘画个人头像或喜欢的东西），带领幼儿勇敢交新朋友（这个环节教师可以播放舒缓的轻音乐）** 师：今天老师也想跟你们交朋友，我把我的头像画在卡片上做成了名片（教师出示自制名片）。现在我要展示我的名片，向你们介绍我自己。我是一个很喜欢笑的女生。我还喜欢画画。你愿意和我做朋友吗？ 师：请你将你的头像或者爱好画在你的名片上，你想和谁做朋友你就拿着你的名片去找他，并向他做自我介绍吧！ （**品格元素：**教师通过制作名片的方式帮助幼儿了解自己，如自己的优点、喜好；引导幼儿用最简洁的语言在最短的时间内向别人介绍自己；锻炼幼儿主动交往的勇气及语言表达能力） **四、鼓励幼儿用当天学到的方法去结交更多的新朋友，结束本次活动** 师：老师看见你们都使用名片交到新朋友了，那你能用今天学到的办法去结交更多的新朋友吗？一会儿活动之后，希望你还能想到更多新的办法来交朋友。回家之后，你也可以在小区里和其他小朋友一起玩的时候，勇敢地介绍自己，和身边的小朋友交朋友。明天一起来分享一下你交新朋友的办法。 （**品格元素：**教师通过"布置任务"的方式，鼓励幼儿将学到的方法、策略用在日常生活中，同时设计"分享活动"）
活动延伸	**一、区角延伸** 教师可以在活动后鼓励幼儿在美工区继续补充、完善自己名片的内容，如喜欢的运动、食物、玩具等；还可以对自己的名片进行装饰，让它独具特色。教师可以在表演区创设交友情境，鼓励幼儿用自己的名片向其他幼儿介绍自己，锻炼幼儿主动交友的勇气和技巧。 **二、家园共育** 教师可以鼓励幼儿回家后向爸爸妈妈展示自己制作的名片，向爸爸妈妈发出交友请求。同时，教师还可以鼓励幼儿以小记者的身份采访爸爸妈妈结交新朋友的办法，并进一步交流和朋友相处的方法和原则等。

续表

我想和你做朋友	
活动环节	活动设计
活动延伸	**三、生活渗透** 教师可以在年级集体户外活动的时候，鼓励幼儿与其他班幼儿打招呼，或创设大家一起玩的游戏情境，为幼儿提供结交新朋友的机会。教师还可以在每天的晨间谈话中，让幼儿说一说他在幼儿园、小区里、公园里交到的新朋友，以及与新朋友之间发生的有趣故事。

3. 活动反思

(1)活动特点

本次教学活动是对绘本故事《我有友情要出租》的进一步延伸与拓展，希望幼儿意识到，只有自己愿意向他人发出友好的交友请求，才能够交到很多的好朋友。因此，本次教学活动首先以视频、图片的方式强化与朋友相处的基本规则，鼓励幼儿在同伴交往中要学会分享、谦让，要有礼貌，要友好；其次引导幼儿认识到想要交到新朋友就要大胆迈出第一步，勇敢地向别人介绍自己，大家一起制作自己的个人名片，帮助幼儿梳理自己的优点、爱好等；最后通过互动体验，和幼儿一起用名片练习交朋友，进而实现本次教学活动的目标。

(2)活动实施建议

本次教学活动以主动交友、友好交往为核心，教师在调整活动方案时一定要以本班幼儿在同伴交往中常出现的问题为切入点，如认知目标中的四个关键要点可以替换为本班幼儿亟须重点引导的内容。此外，为增强活动与幼儿生活经验的衔接性，活动中的视频、图片素材最好选择本班幼儿真实的交友场景。如果无法收集到合适的视频，教师可以引导幼儿直接基于交友图片进行讨论、交流。制作名片、交流名片是本次教学活动的关键环节，因此教师要预留足够的时间让幼儿能够充分表达和体验。最后，在总结环节教师要再一次强调主动交友、友好相处的基本要点，并鼓励幼儿在生活中主动交朋友，还可以把自己交朋友的故事分享给老师和同伴。

(北京儿童品格教育研究院)

(三)品格综合领域教学活动

1. 友爱品格的综合领域教学活动设计说明

在健康领域，教师可以围绕《3—6岁儿童学习与发展指南》中"能较快融入新的人际关系环境"这一目标，从心理适应的角度引导幼儿了解每个人面对新环境时的心情，进而讨论如何以友好的方式接纳、安慰新成员。在科学领域，教师可以开展小组形式的探究活动，引导幼儿在活动中采用协商、互助等友好的方式与同伴一起完成实验或任务。在艺术领域，教师可以引导幼儿通过绘画、歌唱、律动的方式感受与朋友友好相处的快乐，或表达对好朋友的认识与了解。

2. 教学活动案例

接下来我们以艺术领域活动"我眼中的好朋友"为例阐述友爱品格综合领域教学活动的组织要点，见表 3-4。

表 3-4 友爱品格综合领域教学活动

	我眼中的好朋友	
活动环节	**活动设计**	
活动目标	认知目标：知道好朋友的典型外部特征。	
	能力目标：能用清晰的线条准确地描绘好朋友的典型特征。	
	情感目标：体会和好朋友一起创作、分享的快乐。	
活动准备	经验准备	1. 幼儿了解好朋友的特征、穿衣打扮风格。 2. 幼儿了解人物的比例关系和空间关系。
	物质准备	1. 每组一份水彩纸、记号笔、油画棒等。 2. 每人一张美术用纸。 3. 幼儿五官特写照片。
活动过程	**一、出示本班某幼儿特写照片，激发幼儿兴趣，引出主题** 师：小朋友们，你们能从照片中猜出这是我们班的哪位小朋友吗？（教师可出示多张幼儿五官特写的照片，特征突出，让幼儿猜测，充分调动幼儿的积极性） 师：你是怎样判断出这是谁的呢？ 小结：小朋友们真是太善于观察了，每个小朋友身上都有和别人不一样的特征，我们可以通过这些特征来进行辨别。 （**品格元素**：此环节教师使用特写照片导入，充分调动幼儿参与的积极性，为接下来幼儿描绘好朋友的特征做准备） **二、引导幼儿用不同的线条来表现好朋友的特征** 师：接下来大家想一想你的好朋友是谁，他长什么样子。如果要用线条来画出你朋友最典型的特征，你会用什么线条来表示呢？ 师：小朋友们，这张照片小朋友的头发可以用哪种线条来描绘呢？那嘴巴呢？牙齿呢？（幼儿讨论后，教师出示幼儿线描画中的常用技法，如城墙线、电话线、波浪线等） 小结：小朋友们非常有创意。这个小朋友的头发卷卷的，我们可以用波浪线来描绘。他的牙齿有的掉了，我们可以用城墙线来描绘。 （**品格元素**：此环节教师引导幼儿回顾线描画中常用技法，启发幼儿基于对好朋友典型特征的认识思考对应的线条表达方式） **三、引导幼儿绘画，感受好朋友在一起的美好** 师：刚才小朋友们讲得非常棒，各有各的想法和创意，请你们用自己最喜欢的线条来画一画你的好朋友吧。 教师引导幼儿用多种线条描绘好朋友的外部特征，重点指导幼儿用多种线条来描绘人物，表现出人物的比例关系，画面布局合理；鼓励幼儿大胆创作，能力强的幼儿可以装饰服饰。 （**品格元素**：此环节教师鼓励幼儿创造性地表达自己对好朋友的认识，在绘画的过程中回忆与好朋友在一起的快乐） **四、作品分享与交流，引导幼儿互相祝福，表达彼此的心愿** 幼儿之间相互欣赏、交流、点评。教师鼓励幼儿大胆表达自己内心的情感，体会好朋友在一起的幸福和感动。 （**品格元素**：此环节教师鼓励幼儿相互表达对好朋友的喜欢之情）	

续表

我眼中的好朋友	
活动环节	活动设计
活动延伸	**一、区角延伸** 教师可以在美工区为幼儿提供更多装饰材料，引导幼儿用拓印、添画等方式进一步装饰自己的好朋友。 **二、环境渗透** 教师可以创设"与好朋友在一起"专栏，鼓励幼儿在日常生活中与好朋友友好相处。

3．活动反思

(1)活动特点

活动紧紧围绕"线描画"这一关键经验，创设"我的好朋友"绘画情境，在观察、绘画、欣赏、讨论中增进幼儿对好朋友的了解，同时丰富幼儿对线描画的运用。活动过程有趣且环节紧凑，首先以设疑的形式呈现某幼儿的五官照片，激发幼儿参与活动的积极性，同时自然地引出本次教学活动的主题；接着提出本次活动的重要任务——用线条绘画自己的好朋友，鼓励幼儿与好朋友相互观察、交流、讨论，在轻松、自由的氛围中完成作品；最后通过分享与表达，既强化了幼儿对线描画技法的掌握，又为其提供了与好朋友互动的机会，从而达成本次活动的目标。

(2)活动实施建议

在绘画活动中，大班幼儿已经能够综合利用多种绘画工具，运用多种绘画技法来表现自己的思想和感受的能力。因此，在教学过程中，教师要鼓励幼儿创造性地用不同形态的线条勾勒好朋友的外形及典型特征。为了让整个活动更有活力，教师可在活动中为幼儿提供生活中的拓印素材，如蔬菜、树叶等，让幼儿在线描的基础上用拓印的技法对好朋友进行装饰，丰富幼儿的艺术表现形式。

(青岛市崂山区沙子口街道于哥庄幼儿园　张丽蓉　刘璐)

(四)幼儿社会技能教学活动

1．活动设计说明

进入大班，幼儿自主意识增强，语言表达有了很大的进步，能够清楚地表达自己的情绪和想法。幼儿在与同伴交往时，不仅能够感知情绪，而且能够进一步理解情绪产生的原因，说出为什么会有这样的情绪。因此，培养大班幼儿表达烦恼，感到烦躁、焦虑或悲伤时疏解坏情绪的能力对其社会交往能力的提升有重要作用。

2．社会技能"表达烦恼"教学活动案例

社会技能"表达烦恼"的技能口诀是：心里有烦恼，不要自纷扰；找人说说话，烦恼就走开；烦恼说出来，心情变愉快。接下来我们以活动"和烦恼说拜拜"为例阐述社会技能"表达烦恼"教学活动的组织要点，见表3-5。

表 3-5　社会技能"表达烦恼"教学活动

和烦恼说拜拜		
活动环节	活动设计	
活动目标	认知目标：知道遇到让自己烦恼的问题和事情时要主动想办法排解烦恼。	
	能力目标：能够理解社会技能"表达烦恼"的含义并大胆地分享自己消除烦恼的方式。	
	情感目标：愿意用积极的方式主动排解心中的烦恼，不让坏情绪影响自己。	
活动准备	经验准备	幼儿了解"烦恼"的含义，知道生活中有烦恼的事情。
	物质准备	1. 绘本故事《你很快就会长高》。 2. 愁眉苦脸的阿力（《你很快就会长高》故事主人公）图片。 3. 纸张及褐色勾线笔人手一份，烦恼盒子（纸箱）一个，"表达烦恼"技能口诀挂图。
活动过程	一、出示图片：愁眉苦脸的阿力，激发幼儿兴趣 师：小朋友们，大家好！在学习今天的社会技能前我们先来听一个故事，这个故事里的小朋友叫阿力。请小朋友们观察图片中阿力的表情是什么样的。嗯，他有一个烦恼，让我们一起听一下他的烦恼吧！ 二、讲述绘本故事 1. 教师带领幼儿阅读绘本第 1 至 5 页（此书无页码，作者从正文开始算作第 1 页），了解阿力遇到的烦恼。 师：故事中的阿力有什么烦恼？当他遇到烦恼的事情时他有哪些表现呢？ 小结：小朋友们都听得很仔细，说得也很对，想要快点长高，就是阿力的烦恼，那么当阿力遇到烦恼的时候他是怎样做的呢？让我们继续听故事。 2. 教师带领幼儿阅读绘本第 6 至 15 页，了解阿力遇到烦恼后做的事情。 师：阿力想要长高，他为了长高都求助过什么人？做过什么事情呢？最后的结果怎么样？（教师引导幼儿说出完整句式：阿力向×××求助，×××说×××） 师：阿力吃鱼、蛋、鸡肉、奶酪和烤豆子，喝很多的牛奶，常常做运动，跑步、跳高、跳绳，拉伸胳膊和腿，按时睡觉不拖拉，用功读书，努力地学习，结果还是没有长高。后来他向长得最高的叔叔求助，叔叔却告诉他长得很高会碰到很多麻烦事。 小结：当阿力遇到烦恼的时候，他没有憋在心里，而是选择和家人分享自己的烦恼。当家人了解到阿力的烦恼后，都愿意帮助阿力想办法解决问题。小朋友们遇到烦恼时也可以选择把烦恼说出来，不要憋在心里。那么长得最高的叔叔在生活中会遇到哪些麻烦呢？ 3. 教师带领幼儿阅读绘本第 16 至 23 页，感知阿力内心的成长。 师：想不到长得高也会遇到这么多的问题，这让阿力刷新了对长高的认识，那么叔叔告诉阿力的秘密是什么？你们还记得吗？ 师：阿力听了叔叔的话，会去做哪些事情呢？让我们继续听故事吧！ 师：阿力听了叔叔的话，都做了哪些事情来让自己的内心变得强大呢？最后他的烦恼怎么样了呢？（阿力每天给家人一个拥抱，泡澡的时候吃冰棒，将自行车骑得飞快，用力地跳进泳池，每天给同学讲一个笑话。后来他好像慢慢地忘记了长高的烦恼了，变成了一个快乐的男孩） 小结：阿力每天都做一些有意义的事情，不再对想要长高这件事情耿耿于怀，因此他变得内心强大起来，不再因为长得矮而烦恼了！		

活动环节	活动设计
	和烦恼说拜拜

活动环节	活动设计
活动过程	4. 师幼交流，分享自己遇到的烦恼事。 师：小朋友们有没有遇到过烦恼的事情？你烦恼的时候是什么感受？（教师请幼儿相互分享自己的烦恼。当幼儿表述困难时，教师可以帮助幼儿完整表达，同时可以提示幼儿利用"因为……所以……"的句式进行表达） 师：当遇到烦恼的时候，我们应该怎么做呢？ **三、引导幼儿学习技能口诀并总结** 1. 教师引导幼儿理解、学说技能口诀。 师：小朋友们排解烦恼的方法可真多啊，总结起来可以用我们的口诀来概括："心里有烦恼，不要自纷扰；找人说说话，烦恼就走开；烦恼说出来，心情变愉快。"就像故事中的阿力一样，我们可以把烦恼说给家人和朋友，或者自己最喜欢的玩偶玩具。请小朋友们跟老师一起说一遍"表达烦恼"的技能口诀。 2. 丢掉烦恼——烦恼回收站，教师引导幼儿用绘画的方式分享自己的烦恼。 师：通过今天的故事分享以及小朋友们的交流讨论，老师发现每个小朋友或多或少都有自己的烦恼。小朋友们如果有想和别人倾诉的秘密或烦恼，活动结束后可以拉着好朋友或者老师说一说。老师为小朋友们准备了纸和笔，接下来的时间，小朋友们可以将自己的烦恼画出来，然后扔进烦恼回收站，和自己的烦恼说拜拜，让自己的心情舒服一些！（教师在其他活动中可以带领幼儿将口诀、解决烦恼的方法画出来，作为班级环境创设的材料） **四、教师总结** 师：今天我们共同学习了"表达烦恼"的技能口诀。小朋友们以后有烦恼的时候，可以试着用这个口诀，找人倾诉一下自己的烦恼，让自己的烦恼和不愉快都走开！
活动延伸	**一、家园共育** 教师在班级群中分享当天学习的社会技能，包括技能目标、培养重点、培养方法等；鼓励幼儿与家人分享绘本《你很快就会长高》的故事内容，向家长倾诉自己的烦恼，通过谈话的方式了解"表达烦恼"技能口诀内容；鼓励家长成为秘密与烦恼的倾听者，帮助幼儿强化对"表达烦恼"技能口诀的理解。家长可以在家里与幼儿共同选取一个固定的安静的倾诉角落，当家人有烦恼或者有秘密，情绪低落的时候，可以和家人在倾诉角落里将自己的烦恼说给别人听，一起探讨解决烦恼的办法，从而达到排解烦恼、缓解情绪的目的。 **二、生活渗透** 在日常活动中，教师要有意识地发现幼儿产生烦恼的契机，如搭建不成功、手工制作遇到困难、与同伴意见产生分歧、入学时心情低落等情况，及时引导幼儿回忆"表达烦恼"技能口诀内容，并按照口诀行动，鼓励幼儿将自己的烦恼倾诉出来，及时帮助幼儿建立良好的表达烦恼的能力。

3. 活动反思

（1）活动特点

活动目标清晰，能够准确地体现社会技能"表达烦恼"的内涵，同时活动目标的难度符合大班幼儿认知水平。"能够""知道"等表述方式能够帮助教师更有针对性地选用教学策略和手段，有助于目标的达成。

活动环节由浅入深，层层推进。活动从让幼儿以旁观者的角度观察图片开始，激发了幼儿的探索欲望，再通过故事内容迁移到幼儿的生活，从而唤起幼儿已有的经验，为后面的环节做铺垫。活动通过讨论沟通的方式自然地引出技能口诀，最后以画出烦恼的方式，强化幼儿对技能的理解。如此环环相扣，在自然、轻松的互动中实现本次教学活动目标。

（2）活动实施建议

首先，大班的幼儿对情绪的理解更加深入，感受更加丰富，动手能力、表现力都有了更深层次的提升。在活动过程中，教师要鼓励幼儿大胆表达、倾诉，例如，导入环节可引导幼儿回忆自己烦恼时的心情，并鼓励幼儿通过语言、肢体动作、表情等方式表现出来。

其次，教师可适当采用多媒体手段，借助声音、图画、动画等形式来丰富教学策略，增强幼儿的参与兴趣。另外，故事讲述环节，教师可以邀请幼儿看图讲述，鼓励幼儿主动参与到活动中，锻炼幼儿的语言表达与表现能力。

最后，在幼儿绘画表达环节，教师要为幼儿营造一个放松、自由的环境，鼓励幼儿与其他幼儿相互交流、分享，大胆表达。

（沈阳市沈河区文艺路第二小学沈北分校幼儿园　李晴　雷莹）

五、区角活动案例

得到同伴的支持、关心、爱护，能够与同伴友好相处的幼儿，会心情舒畅，积极乐观；反之，受同辈群体排斥的幼儿则往往容易孤僻、退缩、胆怯。而区角活动宽松、自由、轻松的精神氛围，为幼儿提供了与同伴自主游戏的条件，让幼儿在操作、体验、探究的过程中感受来自同伴的支持、帮助与关心，从而有助于友爱品格的发展。因此，教师要为幼儿提供与同伴一起玩的材料，在玩的过程中加深幼儿对友爱的感知与理解。

美工区

活动一："写"给好朋友的一封信

活动目标： 能够用绘画、粘贴、添画等方式设计信封及信的内容。

活动准备： 纯色的信封、白色小卡片（设计信的内容）、水彩笔、画纸、小贴画、颜料、自制邮箱。

活动过程：

1. 教师引出"信"的主题，引导幼儿了解信的构成，如信封、信的内容。

2. 教师引导幼儿观察信封的结构，如邮编、收件人、地址。

3. 教师引导幼儿构思自己要写给好朋友的信，鼓励幼儿用美工区的材料装饰信封和信的内容。

4. 教师介绍班级内部邮件发送、接收的流程。（教师在班级准备一个信箱，鼓励幼儿担任邮差，为大家收信、送信，规定只有邮差才能去信箱取信）

5. 幼儿根据提供的材料，自主设计自己的信封和信的内容，并投递进邮箱。

6. 教师鼓励收到信的幼儿要主动给自己的好朋友回信。

活动建议：

首先，在开展本次区角活动之前，教师可以先和幼儿一起阅读与信有关的主题，如《小熊邮递员的一天》《熊爷爷的信箱》《老鼠邮差转一圈》等，通过阅读相关绘本，帮助幼儿了解与信件相关的信息。其次，教师可以鼓励幼儿用多种方式设计自己的信，并尝试书写自己和好朋友的姓名。最后，教师可以引导幼儿从"我与好朋友的有趣故事""我和好朋友的秘密""好朋友的画像"等方面设计信的内容，鼓励幼儿按照自己的想法来设计，教师不做过多干预。

活动延伸：

教师可以引导幼儿通过折纸的方式自制信封，并用喜欢的创作方式来装饰自己的信封。结合大班"幼小衔接"工作，回应幼儿对幼儿园的依恋之情，教师还可以鼓励幼儿给自己喜欢的老师、幼儿园其他工作人员写一封信。

活动二：我们画长卷

活动目标： 能够和好朋友一起根据一个主题进行绘画、涂色和装饰。

活动准备： 4 开白纸、水彩笔。

活动过程：

教师为幼儿提供丰富的创作主题，如我喜欢的动物、植物、玩具、食物、服装、运动等，结合幼儿的生活经验，鼓励幼儿和自己的好朋友围绕一个主题，共同在一张 4 开白纸上进行绘画和设计。

活动建议：

首先，这个活动除了培养幼儿的艺术表达能力，也锻炼幼儿与同伴之间的合作意识与合作能力。因此，教师要为幼儿提供丰富的可以相互讨论、交流的创作主题，同时鼓励幼儿和好朋友相互商量新的主题。其次，由于一次区角活动时间有限，幼儿不一定能够及时完成长卷画，所以，教师要引导幼儿有计划、分步骤地进行创作，一个作品可以用两到三天的时间来完成。

活动延伸：

1. 教师可以为幼儿提供作品展示的空间，鼓励幼儿和同伴一起向大家介绍自己的作品，体会与同伴一起活动的快乐。

2. 教师可以为幼儿提供纯色的废旧纸盒，引导幼儿和同伴一起装饰废旧纸盒。

活动三：猜猜我画的是谁

活动目标： 能用较流畅的线条画出班上小朋友的大致特征。

活动准备： 彩笔、画纸。

活动过程：

1. 教师引导幼儿观察班上小朋友的特征，如五官、头发、身高、体形等。

2. 教师引导幼儿玩"我画你猜"的游戏。一名幼儿以班上任一幼儿为对象进行绘画，其他幼儿根据绘画信息猜测画像中的幼儿是哪一位。如果其他幼儿未猜出来，执笔的幼儿需要继续添加线索，帮助其他幼儿准确猜测，可以添加 3～5 次线索，如果最后还未猜出，则公布答案。

3. 幼儿可以反复多次一起玩这个游戏。

活动建议：

首先，活动前教师要引导幼儿细心观察身边小朋友的特点，尽可能准确地呈现小朋友的特征。其次，在游戏过程中，执笔的幼儿只能用"点头""摇头"的方式告知猜测的幼儿说的是否正确，或者口头说"对""不对""是""不是"，除此之外，不能说其他的信息。最后，小组游戏时，大家可以一起轮流当"出题者"或"答题者"，锻炼幼儿分工、协商的能力。

活动延伸：

基于这个活动思路，教师还可以引导幼儿丰富该游戏的玩法，如以幼儿园环境、班级环境为对象，开展"你画我猜"的游戏。幼儿不仅可以和其他幼儿一起玩，还可以和老师、家人一起玩，突出活动的延展性。

益智区

活动一：点格棋

活动目标：知道四个点和四条线段能够连成一个方格，体会与同伴一起竞赛的快乐。

活动准备：4×4 的点阵图，两支不同颜色的水彩笔。

活动过程：

1. 教师引导幼儿观察点阵图，在相邻的点之间画线。两名幼儿轮流画，看谁先连成一个方格。方格的每条线必须是两个点之间的连接，不能跨点连线（图 3-5）。

2. 幼儿画的线形成一个方格后，就会占领此格，并获得再画一条线的资格。最后综合比较，谁占领的方格越多，谁就获胜。

3. 幼儿与同伴进行游戏，看谁占领的方格最多。

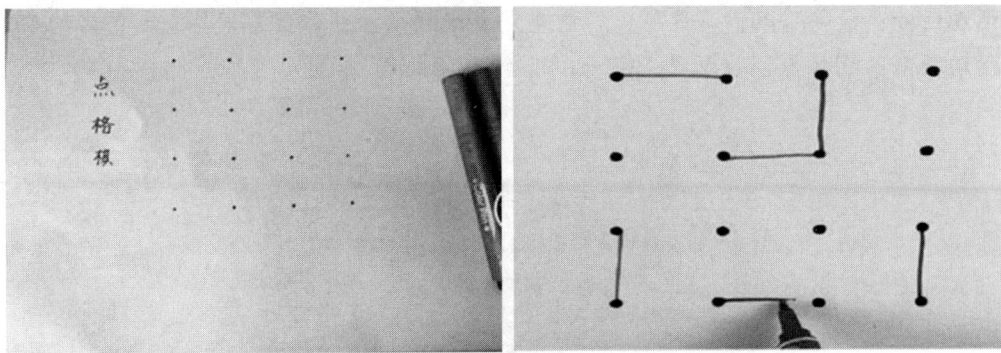

图 3-5　点格棋

活动建议：

1. 在幼儿游戏的过程中，教师应积极引导幼儿进行语言上的交流，看清楚点的位置。

2. 教师应鼓励幼儿游戏过程中保持良好的心态，与同伴进行友好的交往。

活动延伸：

教师可以结合美工区，请幼儿在纸上画一画小方格，涂上喜欢的颜色，用剪刀剪下来，送给自己的好朋友。

活动二：扑克牌对对碰

活动目标： 能够遵守游戏规则，和同伴一起轮流玩翻牌游戏。

活动准备： 一副扑克牌(拿出大小王)、小贴纸。

活动过程：

1. 教师引导幼儿观察扑克牌上的花色并进行比较，花色一致的两张牌为一组。

2. 教师将选好的牌打乱顺序，并请幼儿将扑克牌反面朝上摆放。

3. 幼儿利用猜拳的方式决定翻牌顺序，猜拳胜利的一方先翻牌，每次翻两张，如果两张牌花色一致便收起来，获得一枚小贴纸；若花色不一致便还原牌面，重新猜拳。直到所有纸牌全部收起，最后谁得到的小贴纸数量最多谁获胜。

4. 教师鼓励幼儿与同伴一起进行游戏，强化幼儿游戏的规则。

活动建议：

在活动前，教师要引导幼儿先仔细观察扑克牌的花色特点，并和幼儿明确游戏玩法及规则，鼓励幼儿主动邀请其他幼儿一起玩游戏。

活动延伸：

教师可以增加活动难度，增加多张扑克牌，花色一致的三张牌为一组。幼儿进行猜拳，胜利的一方先翻牌，每次翻三张，三张牌花色一致便收起计一分，若花色不一致便还原牌面，重新猜拳，最后根据贴纸数量判输赢。

活动三：抢球数字大作战

活动目标： 锻炼手眼协调的能力，能遵守游戏规则，并体会与同伴一起游戏的快乐。

活动准备： 纸盒盖、毛线球、筷子、瓶盖(图3-6)。

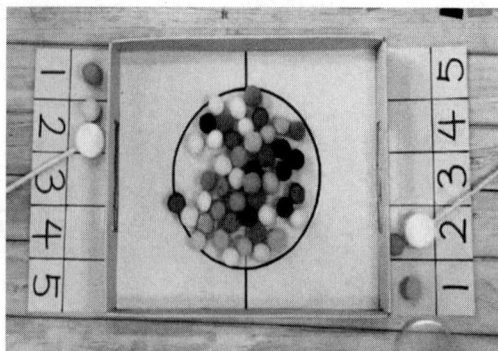

图 3-6 "抢球数字大作战"活动材料

活动过程：

游戏玩法：幼儿一手扶着纸盒盖，一手拿着用瓶盖和筷子制作的道具。两名幼儿分别让道具从纸盒盖两边的长方形小口进入来拉毛线球，两人进行比赛，用道具来把毛线球拉到自己面前卡纸对应的数字上。看谁拉的毛线球数量与卡纸上数字对应准确、用时最短，谁获胜。

游戏规则：两人进行比赛，如果毛线球离开数字的位置就是犯规。一次只能拉一个毛线球，谁先把毛线球放到对应数字的位置上谁就能获胜。

活动建议：

为了增强幼儿自主游戏的趣味性，教师可以再增加一个标有数字"1～6"的骰子，由骰子面上的数字来决定要取的毛球数量。

活动延伸：

教师可以结合美工区，鼓励幼儿用彩泥做更多漂亮的小圆球，送给自己的好朋友。

表演区

活动一：我的朋友有点儿吵

活动目标：知道朋友之间要学会互相体谅和理解。

活动准备：

1. 绘本故事《我的朋友有点儿吵》。

2. 大熊和蜂鸟的头饰。

活动过程：

1. 活动前，教师引导幼儿阅读绘本故事《我的朋友有点儿吵》，并进一步分析大熊和蜂鸟的性格特点。

2. 幼儿自主阅读，并熟悉大熊和蜂鸟的关键对话。

3. 教师引导幼儿分别用大熊和蜂鸟的语气、神态和情绪进行故事表演。

4. 教师鼓励幼儿谈谈自己对大熊和蜂鸟的看法，想一想假如自己是大熊，有一个蜂鸟一样的朋友，自己会怎么做。

活动建议：

为了锻炼幼儿的故事理解与讲述能力，在活动前教师要引导幼儿与同伴一起仔细阅读绘本故事，揣摩大熊和蜂鸟的情绪状态，然后再进行故事表演。另外，故事表演的过程中，教师可以鼓励幼儿可以根据自己的理解适当增加或丰富角色的对话，让表演活动更有趣。

活动延伸：

这本绘本的最后一页有一个动手动脑的小游戏，即让幼儿从故事中找到图中的小动物。这些小动物都来自热带雨林，如切叶蚂蚁、热带蓝闪蝶、红眼树蛙、巴西貘、独角仙、平脸果蝠……此外，教师还要引导幼儿找一找藏在画面中的蜂鸟，鼓励幼儿和同伴一起基于故事情节与画面玩"找一找"的游戏。

活动二：不是那样，是这样的！

活动目标：知道朋友之间发生矛盾很正常，要学会相互理解，大家一起玩才开心。

活动准备：

1. 绘本故事《不是那样，是这样的！》。

2. 绘本围裙；带魔术贴(或背胶)的大熊、狐狸和獾的图片及故事场景图。

活动过程：

1. 幼儿自主阅读绘本故事，并梳理大熊、狐狸和獾各自争吵的内容。

2. 教师一边演示一边讲解绘本围裙的使用方法。

(绘本围裙是以围裙为载体，利用道具在围裙上重现故事内容的一种表演形式。教师将围裙穿在身上进行演示，引导幼儿利用道具在围裙上表演来讲故事。)

3. 幼儿和同伴一起用绘本围裙演绎故事情节。

活动建议：

在准备绘本围裙的环节，教师可以邀请幼儿一起参与，为幼儿提供动手动脑的机会。在故事表演环节，提示幼儿要与同伴相互配合。例如，一名幼儿演绎故事，另一名幼儿随时关注故事的进展并及时提供或出示相应的故事情节图片，让幼儿在互动游戏中加深对故事主题的理解与感知。

活动延伸：

教师引导幼儿回顾自己和同伴一起玩搭建游戏的场景，想一想在搭建游戏中还会发生哪些矛盾和冲突，鼓励幼儿分享自己的解决策略。

活动三：一起编故事

活动目标：能够与同伴一起根据六面体骰子上的信息进行故事创编。

活动准备：在一个魔方大小的六面体上依次贴上"乌龟""傍晚""枯树枝""池塘""青蛙""树下沉睡的小男孩"六个信息。

活动过程：

教师介绍新玩具六面体，并讲解游戏玩法。2~3名幼儿一起玩，首先通过"石头、剪刀、布"的方式决定故事创编的顺序，第一名幼儿随意掷骰子，根据朝上一面的信息讲述一个故事背景；第二名幼儿继续掷骰子，顺着第一名幼儿的故事信息继续编故事；第三名幼儿继续掷骰子，顺着第二名幼儿的信息继续编故事。大家依次轮流创编故事，直到其中一名幼儿想不出新的故事发展则失败，游戏结束。

活动建议：

首先，教师要跟幼儿明确，每个人必须顺着上一个人的故事内容继续往下编，3个人讲的故事在逻辑上要通顺。其次，当幼儿玩过一段时间后，教师可以鼓励幼儿相互讨论，替换骰子上的信息，不断更新创编素材。

活动延伸：

为了进一步锻炼幼儿的逻辑思维能力以及前书写能力，教师可以在这个游戏的基础上，引导幼儿和同伴一起玩"接着画"的游戏。即第一名幼儿在空白纸上画一个信息（蓝天、白云、小花、小树或小虫子等），下一名幼儿则需要在这名幼儿绘画的基础上添加一个信息，下一名幼儿要继续添加一个信息，最后大家的信息要能够构成一幅线索完整的作品。

（济南市槐荫区世纪广场幼儿园　李阳　郭牟祎祎）

六、一日生活指导

(一)一日生活中幼儿品格与社会技能培养

友爱是幼儿的重要品格。友爱的行为体现在幼儿一日生活的方方面面，幼儿在交往的过程中能够感受到与同伴之间的友爱的行为给身心带来的愉悦，从而产生积极的情感体验。社会技能"表达烦恼"贯穿着幼儿互动交往的全过程，但是在一日生活环节中的体现略有不同，有的环节需要教师的加入帮助幼儿重点引导，而有的环节则需要教师随机引导，本期主题品格与社会技能在一日生活中的重点培养环节内容见表3-6。

表 3-6　品格与社会技能的日常重点培养环节

生活环节	品格：友爱	社会技能：表达烦恼
入园	√	√
盥洗	√	√
进餐	√	√
饮水	√	√
如厕	√	√
午睡	√	
离园	√	√
集体活动	√	√
户外活动	√	√
区角活动	√	√
过渡环节	√	

(二)一日生活中幼儿品格与社会技能指导要点

本题主题品格与社会技能在一日生活中的指导要点见表3-7、表3-8。

表 3-7　一日生活中友爱品格指导要点对照表

环节	指导要点
入园	1. 教师通过安排值日生，让幼儿商量选择值日内容，引导幼儿互相谦让、一起商量。 2. 教师保持良好的情绪以感染和影响幼儿，引导幼儿主动打招呼、相互打招呼。
盥洗	教师张贴盥洗室规则，引导幼儿遵守规则、互相提醒。
进餐	1. 教师引导幼儿相互照顾，让吃得慢的幼儿先吃。 2. 教师引导幼儿互相分享，知道为后面还没有吃上饭的幼儿留餐。

续表

环节	指导要点
饮水	教师张贴排队接水的路线图，引导幼儿相互谦让、不争不抢。
如厕	1. 教师张贴排队如厕的小脚丫，引导幼儿站在小脚丫上排队如厕。 2. 教师利用图片，引导幼儿在排队时不打闹，不挤不抢。
午睡	教师张贴睡眠室规则，引导幼儿安静午睡，不打扰他人。
离园	1. 教师引导幼儿有序排队收自己的水杯、毛巾，引导幼儿帮助收提前离园幼儿的水杯、毛巾。 2. 教师引导幼儿帮助穿衣较慢的幼儿整理衣物。
集体活动	教师多采用游戏化的活动形式，以单一重复的语言指令、丰富有趣的互动指令为主，引导幼儿熟悉集体活动的规则。
户外活动	1. 教师通过游戏规则，引导幼儿在玩的过程中要互帮互助，团结友爱。 2. 教师引导幼儿排队拿玩具，不争不抢。
区角活动	1. 教师引导幼儿在制作作品过程中与同伴友好相处，对同伴提出的要求或帮助要积极主动地回应。 2. 教师引导幼儿在与同伴共同探究时，要相互谦让。
过渡环节	教师利用餐前时间，开展"手指歌谣"活动，引导幼儿两两相互合作，增强友爱的意识。

表 3-8　一日生活中"表达烦恼"技能指导要点对照表

环节	指导要点
入园	在入园问候环节，教师发现情绪消极的幼儿，要引导幼儿说出自己情绪消极的原因。
盥洗	教师要耐心引导幼儿说出因为什么而烦恼，尝试让他人帮助解决烦恼。
进餐	餐前师幼互动，教师告知幼儿当日食谱，引导幼儿说出自己不能吃的事物，帮助幼儿解决烦恼。
饮水	教师耐心告知幼儿喝水的原因，引导幼儿知道多喝水的好处。
如厕	教师了解幼儿不愿意如厕的原因，如不会掖衣服，要耐心教、好好说。
离园	教师利用离园前的时间，引导幼儿说一说当天有什么不开心的事情，是怎么解决的。
集体活动	教师组织单独的社会技能教学活动，反复多次重复技能，引导幼儿了解表达烦恼的方法。
户外活动	教师给出的游戏规则语言要精准、简单易懂。
区角活动	1. 教师利用区角游戏，引导幼儿简单说一说自己的计划及遇到的问题。 2. 教师利用区角游戏中的幼幼互动，引导幼儿学会向他人表达自己的烦恼。

(三)日常指导策略

1. 友爱品格——手指歌谣

过渡环节是衔接上个活动和下个活动的重要环节。在过渡环节中引导幼儿利用手指歌谣体验友爱，可以非常好地培养幼儿的友爱品格。手指歌谣就是一边说，一边用手指做相关的手势语，其目的是帮助幼儿锻炼口语的表达以及手指的灵活力，引导幼儿在活动过程中学会相互合作、互帮互助完成游戏。教师利用手指歌谣的游戏，既能促进幼儿的语言表达能力，也能够促进幼儿的社会交往能力，增进幼儿之间的情感，帮助幼儿与同伴建立良好的互动关系，具体方式如下。

（1）常规方法

教师示范，幼儿模仿。

（2）两两合作

大班幼儿的合作意识逐步增强，教师借助幼儿的心理特点，组织幼儿两两合作完成活动，以此来增强幼儿的友爱的意识，帮助幼儿感受友爱。

（3）借助动作表演进行手指歌谣

教师引导幼儿对已知的儿歌进行动作创编，在此过程中互帮互助，耐心倾听他人给予的意见。

（4）借助角色扮演方式进行手指歌谣

教师引导幼儿对有互动的手指歌谣进行角色扮演，鼓励幼儿在角色扮演的过程中增进与同伴的关系，同时帮助内向的幼儿大胆表达自己。

（5）借助歌声进行手指歌谣

教师引导幼儿将歌谣创编成一首歌，熟悉自己所创编的儿歌，增强幼儿的想象力及创造力。

手指歌谣的教学方法并不限于上述方法，教师可以根据本班幼儿的特点，进行渐近性、融合性的选取、应用。总之，选择适合幼儿发展特点的，能带动幼儿参与的活动，发展幼儿的能力，能够帮助到幼儿才是根本。

2.“表达烦恼”技能——师幼互动

良好的语言表达能力是社会交往的第一步。培养幼儿表达自己的烦恼，既能够帮助其形成积极的情绪，又能使其具有应对消极情绪的能力。

案例：妍妍是一个性格内向的小女孩，平时爸爸妈妈、爷爷奶奶都会尽力满足她的需求，对她非常宠爱。妍妍早上入园的时间比别的小朋友晚一些，在洗完手去拿毛巾、水杯的时候，发现毛巾、水杯都没有了，就抱着手、低着头站在那里默默地流眼泪。在幼儿园生活的一整天里，妍妍遇到问题和困难时都会站在角落默默地流眼泪，不会向同伴或者老师寻求帮助。

分析：妍妍是家里的独生女，家长的包办代替严重。在家有什么要求不用自己开口，就有人帮助她。进入幼儿园之后，妍妍不会向老师寻求帮助，有什么东西找不到或有事情不会做就站着不动，当没人帮助她时，她就开始哭。

教师指导：早上入园时，教师主动询问幼儿是否需要毛巾、水杯，引导幼儿说出自己的需求，并且及时为幼儿解决困难，让幼儿明白说出自己的需要就能获得帮助。利用过渡环节和幼儿聊一聊在表达了自己的烦恼、获取教师的帮助后，他是什么样的心情，激发幼儿用语言与别人进行沟通的愿望。教师可以与家长进行沟通，建议家长改变教养的方式，多给妍妍说话的机会，耐心倾听妍妍的需求，不要把妍妍的需求提前完成。

（四）生活体验活动

活动案例一：爱心贺卡

1. 设计思路

大班幼儿对如何表达自己的爱有自己的想法，因此我们通过投票选择了一种"表达爱"的方式，那就是送贺卡。幼儿的已知经验停留在"见过"贺卡的阶段，对贺卡的含义、组成部分不太清楚，也不知道在制作贺卡时怎样传递自己的感情。为了帮助幼儿体验主动与同伴交往，主动"表达爱"的感受，教师开展了"爱心贺卡"这一活动。

2. 活动过程

（1）利用已有经验初识贺卡

教师请幼儿说一说自己见过什么样的贺卡，在什么情况下可以给别人送贺卡，回忆见过的贺卡都有哪些内容，是怎样呈现在贺卡上的。幼儿纷纷举手发言，有的说："贺卡上面有图画，有的贺卡能站立在桌子上，有的不能。"有的说："有的贺卡可以唱歌。"还有的说："过年的时候可以送别人贺卡，在大班毕业的时候可以送给好朋友贺卡。"幼儿对新奇有趣的贺卡非常感兴趣。

（2）进一步了解贺卡

教师请幼儿听一段语音，请幼儿说一说在语音中听见了什么。经过提问和反复倾听，幼儿明确了贺卡上的内容。这时，教师出示若干真的贺卡，请幼儿看一看贺卡的内容是怎样分布的，哪些部分不可以省略，引导幼儿进一步了解贺卡的格式（图3-7）。

（3）制作属于自己的贺卡，表达自己对同伴的爱

大班幼儿已经有了一定的动手能力，他们挑选自己喜欢的材料，认真制作属于自己的贺卡。在开始制作之前，教师请幼儿先想一想这张贺卡想送给谁，想对他说什么，把自己想说的话用笔画出来。幼儿完成得很认真（图3-8）。

图3-7 教师讲解爱心贺卡　　　　图3-8 幼儿动手制作贺卡

（4）送贺卡

幼儿在完成贺卡后，需要将贺卡送出去，来表达自己对朋友的爱，也要对朋友说出自己的爱。这可以帮助幼儿主动与朋友交往，并感受朋友对自己的爱。

3. 活动总结

"爱心贺卡"活动不仅帮助幼儿提高了社会交往能力，学会了用贺卡向朋友表达自己的爱，同时也激发了幼儿参与活动的兴趣。在制作贺卡过程中，幼儿感受到贺卡的意义，能够更加认真地设计制作贺卡，增强幼儿的友爱意识。在送贺卡的过程中，能够提升幼儿的社会交往能力和口语表达能力，幼儿在整个过程中学会如何与同伴友好相处，增强了友爱的意识，感受到了与他人友好相处给自己带来的快乐，同时社会交往能力也得到了提升，为今后遇到新朋友，适应新集体打下良好基础。

活动案例二：我的烦恼

1. 设计思路

幼儿在成长的过程中，会因达不到自己的需求而沮丧，会因心爱的玩具丢了而伤心，会因遇到困难而焦虑。不开心的事情在幼儿成长的过程中时有发生，怎样教会幼儿应对自己的情绪呢？怎样能让幼儿知道自己是因为什么而烦恼？又如何让幼儿来尝试面对自己的烦恼？因此，为了帮助幼儿解决自己的烦恼，教师开展了"我的烦恼"活动，通过活动让幼儿明白因为什么而烦恼，用什么方法解决烦恼。

2. 活动过程

（1）绘本阅读《米拉的大烦恼》，激发兴趣

教师带领幼儿阅读绘本故事《米拉的大烦恼》，初步了解什么是烦恼。

（2）回忆绘本故事，进一步了解烦恼

教师带领幼儿阅读绘本故事后，回忆故事中米拉发生了什么，鼓励幼儿回答，抓住契机，告知幼儿这就是米拉的烦恼，并提问幼儿这件事请让米拉的心情变成了什么样子，帮助幼儿感知产生烦恼的心情是伤心、困惑、不知道怎么解决。同时，教师抓住机会举例子，帮助幼儿加深对烦恼的理解。

（3）自我表达烦恼，加深烦恼的含义

通过教师举例，幼儿了解了烦恼。为了让幼儿进一步认识什么是烦恼，教师请幼儿说一说自己的烦恼是什么。同时，教师抓住教育契机，引导幼儿正确面对自己的情绪，告知幼儿产生烦恼的原因。

（4）表达烦恼的口诀

幼儿说出自己的烦恼后，教师引导幼儿尝试说一说自己的解决办法，有的幼儿回答做些其他的事情，有的幼儿说和自己的爸爸妈妈说一说。教师对幼儿的回答进行总结，并根据幼儿的回答组成表达烦恼的口诀："心里有烦恼，不要自纷扰；找人说说话，烦恼就走开；烦恼说出来，心情变愉快。"

3. 活动总结

本次活动以幼儿如何表达自己的烦恼为出发点，以绘本《米拉的大烦恼》为载体，帮助幼儿了解什么是烦恼，有了烦恼之后可以怎样做。活动中幼儿积极参与讨论，思考自己遇到过哪些烦恼，并跟大家说一说，体验烦恼表达出来之后的心情，从而有表达烦恼的意愿。

（北京市大兴区安定镇中心幼儿园　侯爱泽　张佳怡）

七、家园共育指导

(一)品格指导要点

培养幼儿的友爱品格，首先教师要让家长建立科学的育儿观，帮助家长明确友爱对幼儿社会交往乃至其一生成长的重要性。同时，教师要给家长提供一些友爱品格培养的有效策略，让家长的育儿过程有抓手，使家园双方达成共识，从而相互配合，取得教育的一致性。

1. 指导家长形成科学的育儿理念

教师借助问卷调查、发放宣传资料、专家在线指导、家长学校、"星级爸妈"执照考评、个别交流等形式，向家长宣传科学的友爱观，明确友爱品格对幼儿发展的重要性。

教师及时向家长反馈幼儿在幼儿园的表现，让家长及时了解幼儿友爱品格发展情况，并有针对性地提出指导意见，帮助家长更好地引导幼儿形成友爱品格。

2. 帮助家长形成团结友爱的家庭氛围

教师帮助家长创造温暖、关爱、平等的家庭氛围，建立良好的亲子关系，让幼儿在积极健康的家庭关系中获得安全感和信任感，在成人的言传身教中学会尊重他人、友爱待人的道德准则。

(1)创建自由平等的家庭氛围

友爱建立在自由与平等的基础之上，家长在幼儿的日常教育之中要给予充分的自由，在家庭成员之间建立平等关系，不一味地限制与约束幼儿。

(2)维护幼儿的人格和尊严

尊重幼儿的人格，维护幼儿的尊严是家长开展友爱教育的前提。教师引导家长正确了解幼儿的性格，在日常生活中，尊重幼儿的内心想法，重视他们的意见。

(3)发挥家庭成员在幼儿友爱品格形成中的榜样作用

家庭中的家长，不仅是爸爸妈妈，还有爷爷奶奶、姥姥姥爷等，在平时的生活中要以身作则，注重自己的言行举止，用自身的切实行动向幼儿展示什么是友爱，例如，爸爸妈妈之间的互相关爱，照顾生病的家人，爸爸妈妈对爷爷奶奶的关心和照顾等。

3. 鼓励家长给幼儿讲述友爱相关绘本或故事

教师指导家长运用形象的教育手段，如讲故事、看绘本、情境表演等方式，再现一些友爱的情境，让幼儿在倾听故事的过程中，明白友爱的重要性，引发思考，了解别人的感受和需求，不断增强幼儿团结友爱的思想意识，使其萌发关心别人、帮助别人的情感及愿望。例如，绘本《一只奇特的蛋》讲述了一只青蛙和一只"鸡"在日复一日的相处中建立了信任的故事，展示了友情形成的过程，让幼儿感受到友情可以温暖孤寂的心灵，可以带来温暖和喜悦；绘本《我有友情要出租》，讲述了一只大猩猩不知道怎样交朋友，于是想出了出租友情的办法，最终收获了友情的故事。家长可以通过绘本引导幼儿大胆交往，并学习到一些收获友情的办法。

4. 帮助家长在生活中渗透"友爱同伴"的教育

（1）创造交往的机会，鼓励幼儿与他人交往

教师引导家长鼓励幼儿多和同伴一起游戏，邀请同伴到家中做客，鼓励幼儿与他人接触和交谈；和幼儿一起参加集体活动，如爬山、采摘等，引导幼儿感受同伴的关爱，集体的温暖，增强幼儿与人交往、与人为善的能力，养成主动交朋友的行为习惯；多带幼儿参加公益实践活动，如慈善捐款、保护动物、社区公益活动、参观敬老院等，培养幼儿对他人的同情心，帮助他们正确地传达善意与友爱，感受到帮助人的快乐，从小在心中播下"给予"和"帮助"的种子。

（2）鼓励幼儿学会分享、合作、互相帮助

教师鼓励幼儿和同伴交往时，将自己的玩具、书籍或食物分享给好朋友；和好朋友一起分享好点子、自己的想法；鼓励幼儿与同伴合作完成一件事，如合作完成一幅画、收玩具、表演等，感受合作带来的成就感；当遇到困难时，鼓励幼儿和同伴互相帮助，如"××你哭了，别难过了，我把饼干给你吃"，帮助幼儿体验到他人关心自己时的幸福和帮助他人时的快乐。

（3）鼓励幼儿自己解决冲突

教师引导家长在生活中及时发现友爱品格教育的契机。当幼儿与同伴发生冲突时，家长要相信幼儿，让幼儿自己来解决冲突，让幼儿明白朋友之间有矛盾是很正常的，鼓励幼儿站在对方的立场来考虑、处理问题，了解别人的需求和感受。例如，"假如你是那个小朋友，你有什么感受？你会如何解决？"

5. 鼓励家长通过外部激励促进友爱品格的形成

教师鼓励家长对幼儿的友爱行为及时给予表扬和鼓励。当幼儿出现互相帮助、学习同伴的优点、为同伴的进步而高兴、关心他人等行为时，家长给予语言鼓励："你能帮助别人，真是个有爱心的好孩子！""你能看到朋友的闪光点，很棒！"

当幼儿出现推打、辱骂同伴、争抢物品等不友爱的行为时要讲究处理方式，家长要及时准确地给予必要的引导，帮助幼儿改变不良行为。

6. 引导家长鼓励幼儿分享自己的友情故事

教师鼓励家长请幼儿讲一讲自己在幼儿园的朋友是谁，和朋友玩了什么游戏，做了什么事情，做了哪些帮助他人的事情，通过聊天分享的方式帮助幼儿感受友情带来的快乐。家长也可以通过和幼儿交流及时了解幼儿友爱品格的发展情况，以便更好地展开有针对性的教育和引导。

(二)社会技能指导要点

表达烦恼

心里有烦恼，不要纷自扰。家长要时刻关注幼儿的情绪，当发现幼儿有烦恼的事情，主动询问，鼓励幼儿表达出来。家长可以通过讲故事、分享经验的方法引导幼儿深入了解"烦恼"这个情绪，知道每个人都会有烦恼的时候，都会遇到令自己烦恼的事情；同时，让幼儿感受到将烦恼憋在心里会让自己心情不好，长时间如此，会影响身体健康。

找人说说话，烦恼就走开。家长要帮助幼儿回顾自己因为什么事情而烦恼，理清思路，可以找家人、老师、好朋友倾诉，鼓励幼儿大胆讲出自己的烦恼。当幼儿羞于讲出自己的烦恼时，家长可以以朋友的身份，和幼儿聊天，引导幼儿说出自己的烦恼。当幼儿能够大胆表达时，家长要及时给予表扬和奖励，给幼儿提供一些讲述的方法。家长可以引导幼儿将烦恼的事情讲出来，再讲一讲自己现在的心情，以及想要获得怎样的帮助等。例如，"××小朋友说他不愿意和我玩。我的心情很难过，你能帮我想想办法吗？"

烦恼说出来，心情变愉快。家长可以在幼儿将烦恼讲出来后，帮助幼儿解决烦恼，或者引导幼儿发现解决烦恼的方法。当烦恼解决后，家长让幼儿再次感受此刻心情，明白烦恼说出来后，心情会变得愉快。

(三)你问我答

1. 家长更关注幼儿智力发展和开发，对友爱品格的培养不够重视怎么办

首先，教师可以借助家长学校等方式，让家长重视幼儿品格的培养。其次，教师可以分享幼儿在幼儿园友爱行为的典型案例，让家长看到友爱品格教育对幼儿的有益影响。最后，教师可以布置一些"友爱"小任务，让家长和幼儿在共同完成任务的过程中，体会到友爱的重要性。

2. 多胎家庭中，家长应该怎么做，才能让兄弟姐妹友好相处

第一，尊重个体差异，不做比较。有多个孩子的家庭，家长要尽可能减少比较，要懂得欣赏每个孩子的闪光点，不过分表扬和批评某一个孩子。

第二，公平对待每一个孩子，有原则。一部分家长有"长让幼"心理，认为大孩子应该让着小孩子，长此以往，对两个孩子都有不好的影响，大一些的孩子会因为不公平而感到委屈，小一些的孩子会恃宠而骄，形成蛮横、霸道的性格。因此，家长要一视同仁地对待每个孩子。

第三，面对冲突，理性处理。当孩子出现冲突时，家长要相信孩子，不要盲目插手，让孩子自己解决问题，不要刻意去批评某一个孩子。若孩子无法解决时，家长可以适当介入引导孩子回顾事情发生的经过，客观评价，协商解决。

第四，常反思，做改变。若孩子经常出现打闹行为，家长也要反思，要分析是什么导致了孩子间出现不友爱的行为，是家长对待两个孩子不公平引发的，还是孩子感受到被忽视，为了引起重视而引发的？家长可以多从孩子行为表现分析他们的心理，从而有针对性地解决问题。

第五，耐心疏导孩子的情绪和心理，形成"兄友弟恭"的良好氛围。家长有意识地培养孩子之间互帮互助的情感，如哥哥帮助弟弟搬东西，弟弟帮助哥哥擦汗、倒水等；并以积极正向的语言，让孩子感受亲情的美好，例如，"哥哥帮你把玩具收拾好了，你要对他说什么？""弟弟帮你倒水喝，你心情怎么样？"在生活的点滴中，让孩子可以感受到兄弟姐妹之间的亲情联结。

3. 只要不与朋友打架、吵架，就是友爱了吗

这是对友爱品格的片面理解。亚里士多德"在著述友爱论时，将友爱定义为'是一种德性或包含德性'，认为友爱是基于两个人之间的交往和共同生活而产生的相互友好的感情。在古希腊时代，友爱的最初意义可以在人对人之间，人对于其他有生命的物体甚至是人对于某种活动之间发生的一种爱、关心和照料，并且这种情感是出于自愿的、主动的和习惯的"[①]。可见友爱是人际交往的前提和重要品格。当家长有此观点时，教师可以从科学的角度向家长宣传正确的友爱观，让家长明确友爱还应有更高层次的要求，分享、合作、互助等都是友爱的表现。

4. 幼儿缺乏同情心怎么办

有同情心的幼儿往往很善良，更容易共情，会顾及他人的感受，也能更好地与人友好相处，更受同伴的喜爱。当幼儿缺乏同情心时，家长可以这样做。

（1）建立信任

家长可以经常与幼儿沟通，了解其内心，让幼儿感觉到家长对自己的理解和认同，建立家长和幼儿间的信任。

（2）言传身教

家长可以通过故事、图片、讨论等形式让幼儿感受到某个角色的处境和心情，并产生同情。例如，家长可以利用故事《卖火柴的小女孩》，用生动的语言和语气讲述故事，并通过提出引发同理心的问题，帮助幼儿产生同情心，如"小女孩这时候很冷，你很冷的时候有什么样的感觉？这时候你想要得到什么帮助？"同时，家长以身作则，在生活中常常关心家人、邻居，并鼓励幼儿也关心他人，习惯成自然，长时间的培养下，幼儿会逐步养成同情心。

5. 幼儿常常独自玩耍，不愿意与人交往怎么办

第一，合理分析原因。家长可以和幼儿交流，了解幼儿不愿交往的原因，是性格原因还是有过失败经历等。

第二，创设轻松的交友氛围。家长可以邀请同龄幼儿来家中做客，带幼儿多和同龄人玩耍，让幼儿感受和同龄人游戏的快乐。

第三，提供自由交往和游戏的机会。家长鼓励幼儿自主选择游戏、自由结伴，适时放手，不干涉幼儿交友。

第四，避免过度包办代替，让幼儿心理"断乳"。家长引导幼儿从只愿和家人交往到逐

---

① 谢冰：《家庭道德教育中的友爱教育研究》，硕士学位论文，扬州大学，2017。

步与朋友交往，激发幼儿交往的动机。

6. 幼儿与同伴出现冲突后闷闷不乐，不告诉家长怎么办

第一，家长要多关注幼儿，发现幼儿情绪变化。

第二，家长要主动和幼儿及教师沟通，了解具体原因，尽量还原事情原委。

第三，家长鼓励幼儿积极解决问题，如果幼儿不能独自解决，家长可以通过和教师沟通帮助幼儿解决问题。

第四，家长首先要和幼儿一起复盘事件，让幼儿知道每个人想法不同，产生冲突是很正常的；其次要让幼儿了解心情不好时要说出来，不要闷闷不乐，这样对身体不好；最后要帮助幼儿学习一些解决冲突的方法，如语言沟通、冷静处理、转移心情等。

（太原市育华幼儿园　杨英　郭瑶）

第四章　宽容品格：微微一笑不计较

一、主题说明

◎**情境链接**

　　上午小朋友们喝水、小便的时候，暄暄突然跑过来说："洪洪把水倒在周周身上了。"这时周周走了过来，她的裤子湿了一大片。老师生气地赶到杯架处，见洪洪正站在旁边，就大声问了一句："洪洪，是不是你把水倒在周周身上的？"洪洪一听，马上耷拉下脑袋不说话。见状，老师只好转头问周周怎么回事，没想到周周倒很客观地讲述了事情的经过。原来周周解完小便要走出来时，洪洪拿着杯子正在和同伴说笑，一只手兴奋地挥舞着，不巧碰到刚好从身后经过的周周，一下就把杯子里的水泼在了周周的身上。周周说完事情的经过，还补充一句："他没看见，不是故意的。"见周周还为自己说话，洪洪抬起头不好意思地跟周周道歉。

　　周周用自己的宽容打动了洪洪，让洪洪自觉地为自己的过失向对方道歉，相信周周的做法也给身边的小朋友们上了一课：拥有宽容之心，能够化干戈为玉帛。宽容是在法律和道德底线的基础上对异己观念和行为的接纳、包容与理解，体现了一个人的素质、修养，也体现了一个人的生存智慧。神经心理学研究发现，宽容能引起短暂的交叉神经系统兴奋，宽容的人较少表现出愤怒、焦虑、抑郁和敌意等消极情绪，宽容的人更倾向于认同社会赞许的态度和行为，在人际交往中更能够被他人接纳。

　　《3—6岁儿童学习与发展指南》在人际交往目标"能与同伴友好相处"中对大班幼儿提出的发展目标是"知道别人的想法有时和自己不一样，能倾听和接受别人的意见，不能接受时会说明理由""与同伴发生冲突时能自己协商解决"；在目标"关心尊重他人"中提到"接纳、尊重与自己生活方式或习惯不同的人"。这些发展目标都无疑体现了培养幼儿宽容品格的内在要求，引导幼儿用一颗包容的心对待生活中的差异和不同。

　　宽容品格包含"悦己"和"容人"，即接纳自己，对自己建立合理、适当的期待，不求全责备；对他人有包容之心，当他人无意中冒犯自己并向自己表达歉意时愿意原谅对方。社会技能"判断是否公平"将引导幼儿学会在集体中用理性的方式为自己争取应有的权益，让幼儿意识到在集体活动中，虽然偶尔需要适当妥协，要谦让、容忍，但也要勇敢地用公平的方式争取自己的权益。

二、主题目标

第一，知道宽容是一种好的品格，愿意在生活中做一个宽容、大度的人。

第二，意识到不同的人对同一件事会有不同看法，应该尊重与自己不一样的观点。

第三，要做的事情没有做好或未取得理想成绩，能够坦然接受、原谅自己，不过度自责。

第四，接纳自己，能较客观地看待自己的优缺点，对自己的评价是积极、正面的。

第五，与同伴发生矛盾时，能够采用协商的方式和平解决。

第六，当他人无意中影响或给自己带来麻烦时，能够包容、理解，不斤斤计较。

第七，关心爱护小动物，当小动物无意中给自己添麻烦时，能够宽容他们的行为。

三、环境创设

(一)主题墙

主题墙是对本期主题实施框架的梳理，体现教育活动的逻辑，基于宽容品格的内涵以图文结合的方式呈现，确保幼儿也能看懂。宽容品格主要包括悦纳自己、宽容他人，因此主题墙的结构应相应地划分为对应的两个部分。

1. 悦纳自己

悦纳自己首先体现在对自我的喜欢上，如喜欢自己的家庭、身高、长相、性格等。因此，教师可以通过"我的闪光点""可可爱爱的我"帮助幼儿发现自己的优点，全面地认识自己，并以幼儿的绘画作品、活动照片的形式呈现。此外，教师还要引导幼儿学习与自我和解，如"我不是完美的小孩""敢于承认自己的错误"，帮助幼儿认识到每个人都有缺点，都会做错事情，因此，当自己没有把事情做好或没有达到预期目标时，能原谅自己，不长时间地沉浸在自责中。

2. 宽容他人

宽容是人际交往的重要人格特质，体现在幼儿与他人、与小动物的相处之中。因此，在进行主题架构时需要综合考虑这两方面的教育场景。宽容他人是指能够谅解他人的无意之失，呈现为幼儿在语言、行为上的宽容。宽容小动物重在引导幼儿学会爱护小动物，被小动物撞到或冒犯时不生气、不打骂或虐待小动物，小动物调皮弄脏或弄坏了家里的东西时，能耐心引导。

(二)家园共育栏

家园共育栏是幼儿园与家庭连接的重要桥梁，起着家园优势互补的作用，基于关注幼儿、深入幼儿的理念，做好有关宽容品格主题开展前的内容梳理，提前告知宽容主题下的系列活动，做好育儿常识及情感准备。

1. 主题内容告知

由于这部分主要面向家长，可以用文字或图文并茂的方式呈现(图 4-1)，主要呈现三个板块的内容。第一，展示宽容品格的教育计划，如"本月家园共育活动安排""教学活动内容"等，让家长知晓。第二，呈现宽容品格培养目标及幼儿典型行为表现，并为家长提供培养幼儿宽容品格的建议和方法。第三，向家长推荐与宽容品格主题相关的绘本故事、亲子活动，为家长提供亲子教育素材。

图 4-1　宽容品格家长须知

2. 日常亲子陪伴

日常亲子活动展示墙可以设置在家园共育栏下方，记录幼儿和爸爸妈妈一起共读、共识、感受宽容的力量的过程。教师可以通过展示亲子陪伴的照片、全家福、父母寄语等，记录下亲子共读、共识宽容绘本及资料的情境，以时间为线索记录下幼儿成长中的每个宽容瞬间。

(三)幼儿成长(学习)记录墙

幼儿成长(学习)记录墙应展现幼儿的学习过程、学习经验并以学习时间为线索来记录，呈现出幼儿对宽容的理解与感知体会。

1. 尊重、赏识他人

5～6岁幼儿的情绪稳定性进一步提高，这一年龄段的幼儿更加希望引起他人注意，渴望建立良好的同伴关系。教师可以通过在美工区让幼儿画出"不同情绪中的我"引导幼儿对比哪种情绪下的自己更加美丽、帅气。在日常生活中，教师可以每日抽出时间让幼儿来讲述"朋友的'哇'时刻"，从而促进幼儿管理自己的不良情绪，感受到被尊重、被赏识，从而学会尊重、赏识他人。

2. 邀请别人玩

同伴关系在幼儿期尤为重要，随着幼儿年龄的增长，幼儿与成人相处的时间逐渐减少，与同伴相处的时间则逐渐增加。幼儿与同伴的交往往往更加平等化，利于幼儿探索各种社会技能，但如果幼儿缺乏对同伴的宽容心，则会影响幼儿与同伴建立良好关系。因此，在幼儿大班阶段应锻炼幼儿"邀请别人玩"的技能，教师可以鼓励幼儿自己化解与同伴的不愉快，发现同伴的长处，包容同伴的不完美，引导幼儿用"抱一抱，我们和好吧"的方式化解矛盾。

3. 学会宽容，乐享生活

注重幼儿的集体责任感，教师可以通过"合作游戏""我们家的动物朋友"引导幼儿理解班集体和家庭成员的重要性，让幼儿深刻体会互相帮助、互相包容、互相学习的幸福感。

[沈阳理工大学幼儿园(浑南园)　高铭阳　曾旭]

四、教学活动案例及反思

(一)品格绘本阅读活动

1. 宽容品格绘本推介

本期主题主要筛选了 4 本绘本作为教师开展教学活动的载体，所选绘本以幼儿在同伴交往中处理矛盾与冲突为主线，通过不同的故事场景强化幼儿对人际交往中包容、理解与接纳的认识，具体见表 4-1。

表 4-1　宽容品格绘本推荐及解析

绘本名称	主要内容	绘本中的"宽容"
《我的兔子朋友》	故事是以老鼠的口吻讲述自己的兔子朋友经常好心办坏事，虽然老鼠很无奈但还是喜欢他的兔子朋友。	绘本以隐喻的方式告诉幼儿如果你接受一个朋友，就要接受并谅解他的缺点。
《搬过来，搬过去》	小个头的鳄鱼先生爱上了大个头的长颈鹿女士，他们从相识、相知到相爱，最后生活在一起，但彼此的巨大差异给他们带来了许多烦恼。而对彼此的爱与理解，让他们坚定地携手共建幸福生活。	相爱的人为了在一起，互相迁就，互相理解与支持，就像小朋友之间的伙伴情，有矛盾时宽容地对待对方。
《有只青蛙跑调了》	热带雨林里的呱呱合唱团出现了一只跑调的蛙，大家一致认为必须找到这只蛙，不能让他再继续制造噪声，要让他远离合唱团。可最后，大家也没找到这只跑调的蛙，呱呱合唱团还解散了。但是，由于呱呱合唱团的歌声太令人想念了，大家又聚到了一起。当异常的呱呱声再次响起的时候，没有蛙再去纠结这个噪声了，而是尽情地享受美妙的歌声。	故事里的玻璃蛙就像大家一起玩游戏时不小心做错事的小朋友，这个时候，希望我们能够用包容的态度接纳、安慰对方，而不要指责、埋怨或排斥对方。
《咕叽咕叽》	一只叫咕叽咕叽的小鳄鱼，阴差阳错地被一只鸭子妈妈带大了。虽然他长得和小鸭子不一样，但是鸭妈妈仍然十分爱他。一天，咕叽咕叽碰到了三只讨厌的鳄鱼，他才知道自己也是一只鳄鱼。这三只鳄鱼希望咕叽咕叽把鸭子一家带到河边，然后吃掉他们……咕叽咕叽果真把鸭子家人领到了河边，当鳄鱼张大嘴准备吃鸭子时，迎接他们的是硬邦邦的大石头……	我们在这个故事中能够学习包容不同的人与事物，以更宽广的心胸去看待世界，让孩子在咕叽咕叽的世界里，用爱化解矛盾、解决问题。

2. 教学活动案例

接下来我们以语言活动"公主四点会来"为例阐述语言领域教学活动的组织要点，见表 4-2。

表 4-2 宽容品格语言领域教学活动

公主四点会来	
活动环节	活动设计
活动目标	认知目标：感知帽子先生对土狼小姐的关心与包容。 能力目标：能够根据故事情节清楚、连贯地说出自己的想法与感受。 情感目标：懂得宽以待人，愿意包容、体谅别人。
活动准备	经验准备　幼儿有过移情训练，懂得替人着想。 物质准备　1. 绘本课件《公主四点会来》。 2. 幼儿日常生活中与同伴交往的情境照片。
活动过程	**一、出示绘本封面，启发幼儿猜测故事内容** 师：你们在图片上看到了什么？这个男人正在做什么？这个故事会讲一件什么事情呢？ 小结：小朋友们都说出了自己的猜想，到底对不对呢，我们一起来故事里找答案吧！ **二、讲述绘本第 1 至 13 页，引导幼儿了解故事背景** 第 1 至 3 页（此书无页码，作者从环衬开始算第 1 页）： 故事开始了，帽子先生要去哪儿？（教师引导幼儿观察画面上的季节、天气及帽子先生的衣着和随身携带的物品来猜测他会去哪里） 小结：帽子先生看起来特别休闲，随身带着相机，天气看起来风和日丽，他有可能是去公园、动物园等地方。 第 4 至 13 页： 帽子先生在动物园里遇到了谁？你们相信土狼小姐说的话吗？ 小结：帽子先生去动物园见到了一位得了烂眼病的全身脏兮兮的土狼小姐，她说自己是位公主，还让帽子先生邀请她去家里做客。 **（品格元素：教师在这一环节带领幼儿了解帽子先生与土狼小姐见面的背景，土狼小姐孤独又缺少关爱，虽然她身上脏兮兮，但是帽子先生还是愿意相信她，体现了帽子先生善良、对人有礼貌的优秀品质）** **三、阅读绘本第 14 至 17 页，引导幼儿体会帽子先生邀请土狼小姐的态度** 师：帽子先生为了迎接土狼小姐的到来做了哪些准备？你觉得帽子先生是一个什么样的人？ 师幼讨论：(1)如果你们遇到一个又脏又臭还生着病的人，你会邀请他去家里做客吗？为什么？(2)当你邀请别人来家里做客的时候，你会做什么准备呢？(3)如果你去别人家做客，你会做什么准备？ 小结：帽子先生并没有嫌弃土狼小姐，换了干净整洁的衣服、准备了好吃的面包、牛肉和美味的咖啡，还特意从院子里摘下美丽的玫瑰。帽子先生非常用心地为土狼小姐的到来做好准备。 **（品格元素：此环节教师引导幼儿理解故事内容，帽子先生面对土狼小姐如此粗鲁的行为，仍然耐心地招待她，时刻体现着帽子先生对土狼小姐的关心与照顾）**

续表

公主四点会来	
活动环节	**活动设计**
活动过程	**四、阅读绘本第 18 页至结束，引导幼儿感知帽子先生的包容与理解** 第 18 至 25 页： 师：看到土狼小姐吃东西的样子，帽子先生的心情怎么样？ 师：如果你们是帽子先生，你们会怎么做？ 第 26 至 27 页： 师：土狼小姐为什么会突然难过起来呢？ 师：土狼小姐撒谎了，帽子先生会怎么做呢？如果你是帽子先生，你会怎么做？ 第 28 页至结束： 师：为什么帽子先生知道土狼小姐在撒谎，还愿意用心地邀请她到家里做客？ 小结：帽子先生很善良，在土狼小姐生病、缺少朋友关心、非常孤单的情况下，还是愿意盛情邀请她，为她准备咖啡。虽然土狼小姐撒谎了，但是帽子先生并没有生气，反而一直包容她，还愿意与她做朋友。你们喜欢这样的帽子先生吗？ **五、师幼讨论，引导幼儿在生活中要宽以待人** 师：当土狼小姐需要关心时，动物园里的其他动物是怎么做的？他们这样做对吗？ 师：当身边的小朋友需要帮助时，我们应该怎么做？当你的好朋友不小心做错了事情，你会怎么做？你做错事的时候，别人又是怎么对待你的？（教师出示幼儿日常生活中与同伴交往的情境照片） 小结：当别人需要关心照顾时，我们应该及时地帮助别人。生活中我们也会遇到别人做错事的时候，我们要先了解事情的原因，学会宽容地对待别人，当你做错事时，别人也会宽容地对待你。 （品格元素：教师联系生活实际，组织幼儿讨论伙伴之间发生矛盾时你是如何处理的，引导幼儿知道宽容的重要性）
活动延伸	**一、领域延伸** 教师可以通过美术活动鼓励幼儿画出自己与小伙伴之间理解宽容的过程；通过社会活动联系幼儿园生活实际与家庭、小区常见的事件，培养幼儿学会宽以待人。 **二、区角延伸** 教师可以将宽容有关的绘本故事投放在图书区，鼓励幼儿一起再次阅读绘本，感受宽容带来的美好体验。教师还可以引导幼儿在美工区画一画绘本中其他的动物、他们的表情以及同伴需要关心时应该是什么表情，尝试绘编故事并将画面装订成册投放到图书区。 **三、家园共育** 教师鼓励家长多带幼儿在小区与其他幼儿相处交流，将幼儿与伙伴处理矛盾的照片带来幼儿园，引导幼儿与同伴分享交流；家庭成员之间相互包容、理解，努力营造相亲相爱的家庭氛围。教师还可以为家长推荐与宽容品格相关的绘本故事，支持家长与幼儿的亲子阅读。 **四、环境渗透** 教师可以在班级主题墙展示幼儿与同伴交往情境的照片。教师还可以在主题墙内呈现绘本内容，并与幼儿讨论当同伴做错了事情时我们应该如何处理，让幼儿将讨论的结果用绘画的方式表现出来，并张贴在主题墙中上。

3. 活动反思

（1）活动特点

活动通过绘本故事，引导幼儿大胆表达自己的想法，感受宽容品格带来的美好体验的同时，感知宽容在人际交往中的重要作用。教师在引导幼儿观察、体会土狼小姐和帽子先生相处的情境，感知帽子先生包容与理解的基础上，出示幼儿日常生活中同伴间交往的照片，唤起幼儿的生活经验，将故事中的经验迁移到幼儿真实的生活场景中，强化幼儿对故事主题的理解与感悟。

（2）活动实施建议

幼儿需要对绘本故事中土狼小姐、帽子先生的境遇进行移情，想象自己如果是土狼小姐或帽子先生，遇到这样的情况会怎么做。教师在组织活动的时候要通过启发式提问，引导幼儿联系自己的生活实际，将自己代入故事角色从而更好地理解故事内容，体会帽子先生对土狼小姐的理解与宽容。

（青岛市崂山区沙子口街道松山后幼儿园　高瑶瑶）

（二）品格社会领域教学活动

1. 宽容品格的社会领域教学活动设计说明

宽容品格社会领域教学活动可以从"悦己"和"容人"两个角度进行延展，例如，能够接纳自己的不足，客观地看待自己，与人相处时能够对他人的无意之失报以理解，对他人与自己可能发生的冲突采取协商解决。

2. 教学活动案例

接下来我们以社会活动"发生冲突怎么办"为例具体阐述宽容品格社会领域教学活动的组织要点，见表 4-3。

表 4-3　宽容品格社会领域教学活动

发生冲突怎么办		
活动环节	**活动设计**	
活动目标	认知目标：知道同伴之间发生冲突很正常，要有容人之心。	
	能力目标：能够主动讲述用宽容的态度解决矛盾的方法。	
	情感目标：发生矛盾时愿意谅解对方的无意之失，友好相处。	
活动准备	经验准备	幼儿在小中班时经历过各种冲突，能够用自己的语言描述冲突的内容。
	物质准备	1. 幼儿在小班、中班时与同伴发生冲突的三个情境照片。 2. 五张幼儿冲突情境图（用于环节三）。 3. 纯音乐、彩笔、画纸。
活动过程	**一、呈现幼儿与同伴发生冲突的情境，唤起幼儿生活经验** 情境一：几个小朋友抢玩具，互不相让。 情境二：一个小朋友无意中坐了另一个小朋友的凳子，另一个小朋友很生气地推他。 情境三：一个小朋友被另一个小朋友撞倒，站起来后生气地把对方撞倒。 师：这些都是你们在小班和中班时老师抓拍到的你们发生冲突时的照片。 师：你们还记得当时是因为什么事情吗？可以自己说一说。 师：发生冲突的时候，你们的心情怎么样？应该怎么做呢？ 小结：我们在幼儿园中和小朋友发生冲突是很正常的事情，因为每个人对事情的看法和处理的方式都不一样。 **（品格元素：此环节教师以回忆导入，唤起幼儿的情感共鸣，激发幼儿参与活动的兴趣，从而自然地引入本次教学活动）**	

续表

	发生冲突怎么办
活动环节	活动设计
活动过程	二、师幼讨论，鼓励幼儿讲述同伴间经常发生的冲突 师：小朋友们现在都已经是大班的哥哥姐姐了，遇到矛盾的时候，也会用友好的方式来解决。但是小班、中班的弟弟妹妹还会经常发生矛盾，你们觉得弟弟妹妹们一般会因为什么事情发生冲突呢？ 小结：大家说得很好，老师总结了一下，其实冲突主要有无意行为引起的冲突、争抢性的冲突和攻击性的冲突三类。 教师将幼儿的观点分类呈现在黑板上。 无意行为引起的冲突：不小心撞到对方了，不小心拿错东西，不小心摔坏小朋友的玩具…… 争抢性的冲突：抢玩具、抢凳子、抢位置、抢游戏主导权…… 攻击性的冲突：咬人、打人、言语嘲讽…… （品格元素：此环节教师让幼儿感知小朋友间常常发生的冲突有哪几类） 三、基于常见冲突，引导幼儿了解正确解决冲突的方法 （一）情境表演 师：接下来我们一起玩一个表演游戏，老师给每个小组提供一个情境线索，每组的小朋友要来表演两种不同的做法。第一种做法，小朋友之间不会发生矛盾；第二种做法，会导致小朋友之间发生矛盾，看看大家会怎么表现。 情境一（区角游戏时）：一个小朋友想玩另一个小朋友手里的玩具，直接上手去抢。 情境二（晨间用餐时）：一个小朋友无意中坐在另一个小朋友的椅子上。 情境三（户外游戏时）：户外游戏的时候，一个小朋友不小心撞到另一个小朋友。 情境四（区角游戏时）：一个小朋友不小心把另一个小朋友好不容易搭建的房子弄垮了。 情境五（新学期开学时）：班上有个小朋友刚换牙，嘴巴缺了一颗大门牙，另一个小朋友笑话他。 （二）心得分享 师：刚刚这些情境中小朋友的表演哪一种方法更合适？为什么？ 师：从刚刚的表演游戏中，我们发现有什么方法能够避免与同伴发生矛盾和冲突呢？ 小结：大家说得很好，如果是别人无意的行为冒犯了自己，我们要宽容一些，大度一些，礼貌地跟对方沟通；如果对方故意欺负自己，我们一定要告诉对方不能骂人、不能打人，然后可以向老师寻求帮助。 （品格元素：此环节教师通过情境表演与分享讨论，引导幼儿感知宽容、理性地处理同伴冲突的重要性，并在这个过程中逐步梳理出解决冲突的办法） 四、鼓励幼儿用绘画的方式将自己解决冲突的办法告诉小中班的弟弟妹妹 教师播放背景音乐，引导幼儿绘画自己的想法。 师幼分享，结束本次活动。 （品格元素：此环节教师引导幼儿用友好的方式解决冲突）
活动延伸	一、家园共育 教师可以提示家长在家庭中要努力营造温馨、和谐的家庭氛围，家庭成员之间相亲相爱、包容理解；在生活中要给幼儿树立宽容、大度的榜样，不斤斤计较。同时，教师可以引导家长及时表扬幼儿的宽容行为，让幼儿感受到来自家长的认可和肯定。

续表

发生冲突怎么办	
活动环节	活动设计
活动延伸	**二、生活渗透** 教师在日常生活中要有意识地教给幼儿处理同伴矛盾与冲突的办法，引导幼儿与同伴友好相处，发生矛盾时能够相互协商、讨论。例如，当他人无意"损害"到自己的利益时，在对方诚心道歉后，愿意原谅对方；不嘲笑同伴的缺点、做法和想法，能够用宽容的态度与同伴相处。

3. 活动反思

（1）活动特点

活动目标明确，重点引导幼儿能够在冲突发生时想出解决的办法。活动以回忆成长经历的方式导入能够快速吸引幼儿的注意力，激发其参与活动的兴趣。接下来活动以大班哥哥姐姐为小中班弟弟妹妹提建议的基调推进活动，让幼儿自发地树立一种哥哥姐姐的责任意识，从而更愿意积极参与活动，表达想法。情境表演能够让幼儿清晰地感知冲突发生的过程及避免冲突的方法。活动最后设计了一个"写信"的环节，进一步巩固了幼儿对理性解决同伴冲突的认识，从而实现活动目标。

（2）活动实施建议

在教学活动中的情境表演环节，教师在分组的时候要考虑班级幼儿的个性特点、能力水平，例如，性格偏内向和偏外向的幼儿分为一组，能力强的幼儿和能力弱点儿的幼儿分为一组，发挥同伴之间的带动作用。在情境表演环节，教师要以图片的形式帮助幼儿理解每一个情境的含义，并且要讲清楚情境模拟的规则，进而协助幼儿分组讨论，进行展示。在这个过程中，教师只需要提供素材并明确规则，然后将更多的发挥空间留给幼儿，鼓励幼儿自由地展示他们对每个情境的理解及处理方式。

（益阳市赫山区世纪嘉苑幼儿园　邓静萍　贺永宏）

（三）品格综合领域教学活动

1. 宽容品格的综合领域教学活动设计说明

宽容作为一种优秀的人格特质，是幼儿人际交往良性发展的重要保障，因此，教师需要在日常及教育教学活动中强化幼儿对宽容的认知、体验和感受。在健康领域，教师主要通过有趣的体育活动，引导幼儿正确看待输赢，能够积极争取好成绩，也能够真心地为他人的出彩表现鼓掌。在艺术领域，教师可以通过儿歌学习、音乐律动以及美工活动等帮助幼儿直观地了解自己与他人的不同，进而引导幼儿学会接纳与包容。在科学领域，教师重在引导幼儿认识到与小组一起进行合作游戏时，同伴之间出现意见不合是很正常的，要虚心聆听他人的想法，不要把自己的想法强加在对方身上，学会协商、讨论。

2. 教学活动案例

接下来我们以科学领域活动"完美的野餐"为例具体阐述宽容品格综合领域教学活动的组织要点，见表4-4。

表 4-4　宽容品格综合领域教学活动

完美的野餐	
活动环节	活动设计
活动目标	认知目标：知道每个人对事物都有自己的看法，要学会理解与接纳。 能力目标：能够与同伴进行讨论，制订野餐计划。 情感目标：在制订计划的过程中愿意像鼹鼠一样接纳与自己有差异的人。
活动准备	经验准备　幼儿前期已有制订计划的经验；熟悉绘本故事《完美的野餐》。 物质准备　绘本课件《完美的野餐》；纸、笔每组一份。
活动过程	一、出示绘本，谈话引入，激发幼儿的兴趣 师：小朋友们，我们之前阅读了故事《完美的野餐》，松鼠和鼹鼠他们做了一件什么事情？他们在野餐的过程中发生了什么？ 小结：松鼠和鼹鼠一起进行了野餐，在野餐的过程中他们出现了意见分歧，最后找到了合适的野餐地点。 师：鼹鼠和松鼠在野餐中，出现了意见不同的情况，他们是怎么做的？如果是你，你会怎么做？ 小结：鼹鼠愿意尊重松鼠的意见，同时提出了自己的意见，解决了问题。小朋友们在平时的沟通当中，也会有不同的意见出现。我们可以倾听别人的不同意见，表达自己的想法，沟通解决问题。 （品格元素：教师带领幼儿回顾绘本故事，强化幼儿对同伴相处要"求同存异"的理解） 二、创设情境，出示野餐计划元素的图片，引导幼儿思考野餐计划的内容 (一)提出任务 师：松鼠和鼹鼠本来想要一个完美的野餐，但因为没有提前做好准备让野餐变得有点儿糟糕。如果小朋友们要去野餐的话，一定得先做一个野餐计划。今天我们就一起来尝试制订野餐计划吧。 (二)出示图片，讨论计划内容 师：这个计划里面需要包括什么内容？（教师依次出示地点、餐食、其他物品、人员分工等元素图） 师：在选择地点的时候，我们需要注意些什么？ 师：野餐的食物，我们可以选择什么样的食物？ 师：如果准备蛋糕，我们可能遇到什么样的问题？ 师：除了吃的，为了方便我们的野餐进行，还需要准备一些什么东西呢？（地垫、湿巾纸、垃圾袋……） 师：这些东西是我们每个小朋友都需要准备的吗？（理解人员分工） 小结：选择地点时要选择安全、宽阔、干净的地方，在选择食物的时候要考虑食物是否适合野餐食用，是否方便携带。如果在讨论中，有小朋友提出不同的意见，我们也要耐心沟通交流。 （品格元素：教师通过讨论活动引导幼儿学会耐心倾听、接纳他人的想法和意见） 三、分享"计划"样品，启发幼儿分组讨论制订计划 师：我们一起来看看计划可以怎么做。 师：我看见这一组的小朋友在制订计划的时候使用的是表格的方式，这样能够更清晰地了解计划。

续表

完美的野餐	
活动环节	活动设计
活动过程	师：你们在制订计划的过程中有什么问题吗？需要老师帮助吗？ （**品格元素**：在幼儿的实际操作中，会出现意见分歧的情况，教师引导幼儿利用绘本中积累的经验解决分歧问题） **四、引导幼儿分享野餐计划以及出现问题时的解决方法** （一）幼儿分组介绍本组的野餐计划 师：请每一组派一名幼儿来介绍一下你们的计划。 师：你们想要去哪里野餐？准备带一些什么？你们是如何分工的？ （二）集中讨论幼儿在制订计划过程中遇到的问题 师：你们在制订计划的过程中遇到了什么问题？你们有不同的意见吗？你们是如何解决问题的？ 小结：在制订计划的过程中，小朋友们虽然会有一些不同的想法，但通过沟通、商量让大家的意见达成一致，一起分工合作完成了小组的野餐计划，非常棒。 （**品格元素**：教师引导幼儿讲述自己遇到的问题和解决问题的方法，帮助其他幼儿习得解决问题的经验）
活动延伸	**一、领域延伸** 教师可以根据幼儿的计划开展社会领域活动"快乐的野餐"，并记录幼儿在野餐的过程中出现的问题、解决方法和感到开心的瞬间。回到幼儿园后，教师引导幼儿对出现的问题、解决方法和开心瞬间进行分享。 **二、家园共育** 教师可以鼓励家长在家与幼儿共同制订各类的计划，如家务计划、假期计划、旅游计划等。在班级群中，教师也可对幼儿制订计划的过程和结果进行分享，帮助幼儿提升制订计划的能力。 **三、环境渗透** 教师可以记录幼儿在制订计划的过程中出现的问题，结合幼儿在实际野餐过程中遇到的问题和思考，形成墙面环境，帮助幼儿积累制订计划的经验和解决问题的经验。

3. 活动反思

（1）活动特点

本次教学活动是对阅读绘本故事《完美的野餐》的延伸，引导幼儿基于故事情境探索制订"完美的"野餐计划。通过绘本故事幼儿能够体会到对于事情每个人都有不同的看法，并从绘本故事中的"野餐"活动延伸到自己制订野餐计划，能够将体验生活化，通过实际的操作学习接纳他人的不同意见。

在活动过程中，教师创设轻松、自由的讨论环境，鼓励幼儿充分发表自己的意见与看法，引导幼儿学会接纳不同意见，包容他人。在师幼交流、同伴讨论、共同操作的过程中，达成本次教学活动目标。延伸活动通过家园共育，鼓励幼儿与家长共同制订生活中的其他计划，能够进一步提升幼儿制订计划的能力。

（2）活动实施建议

在制订计划的过程中，幼儿会出现一些解决不了的问题，当幼儿与他人意见不同且无法调和时，教师应尊重幼儿的不同想法，引导他们在实践中去论证自己的想法。在计划实施后，教师应引导幼儿讨论各自意见的优、缺点，让幼儿学会接纳、理解他人的想法。

幼儿在制订计划的过程中也会出现某组幼儿不讨论或者讨论的内容偏离"野餐"主题的情况。因此，活动前，教师应根据幼儿的情况，将能力较强和能力较弱的幼儿进行搭配，以强带弱，促进活动的顺利开展。此外，教师也可以参与到幼儿的讨论中，引导幼儿讨论制订计划。

（成都飞机设计研究所幼儿园　王云真　宁娜）

(四)幼儿社会技能教学活动

1.活动设计说明

大班幼儿好胜心强，在同伴交往的过程中，由于看待事物过于片面、没有完全摆脱"自我中心"等，经常出现自认为的不公平。这就需要社会技能"判断是否公平"的培养，即在不公平情况下，能调整自己的情绪，换位想想大家的感觉；想想用什么办法让事情更公平；想好以后就去做。

2.社会技能"判断是否公平"教学活动案例

社会技能"判断是否公平"的技能口诀是：如果觉得不公平；不气恼，不哭闹；想出一个好办法，公平自然会来到。接下来我们以活动"判断是否公平"为例阐述社会技能"判断是否公平"教学活动的组织要点，见表4-5。

表 4-5　社会技能"判断是否公平"教学活动

判断是否公平		
活动环节	**活动设计**	
活动目标	认知目标：知道生活中存在不公平的事情。	
	能力目标：锻炼情绪处理能力，能说出技能口诀。	
	情感目标：遭遇不公平时，愿意积极面对并大胆表达自己的想法。	
活动准备	经验准备	幼儿曾经有不公平的体验或听过相关故事。
	物质准备	1. 一个小熊娃娃。 2. 动画片《小小幼儿园》第37集《这不公平》视频片段。
活动过程	**一、情境导入，激发幼儿的学习兴趣** 师：小朋友们好，今天老师给大家介绍一个新朋友，它是谁呢？（教师出示小熊娃娃） 师：对了，就是它，它的名字叫宝宝熊。宝宝熊今天有点不开心，我们一起来看看它到底怎么了。 **二、播放视频，引导幼儿感知生活中常遇到的不公平情境** 1. 教师播放视频第一段。（宝宝熊玩不到秋千而感到不公平） 师：视频中都有谁？发生了什么事？为什么宝宝熊觉得不公平？ 2. 教师播放视频第二段。（宝宝熊因为个子小而输了游戏，感到不公平） 师：这一次宝宝熊因为什么事情觉得不公平呢？ 小结：宝宝熊认为它遵守了游戏规则却没能玩到秋千，它觉得这很不公平。在玩游戏的时候，由于自己的个子小没有办法赢得比赛，它觉得这也是不公平的。原来生活中存在很多不公平的事情。	

续表

判断是否公平	
活动环节	活动设计
活动过程	**三、师幼讨论生活中不公平的经历，引出技能口诀** 师：刚刚宝宝熊因为没能玩秋千、个子小输了比赛而感到不公平。你们在生活中有遇到过不公平的事情吗？ 师：请小朋友们说一说你遇到的不公平的事情，你当时是怎么做的。（教师引导幼儿分享自己的经历与想法） 师：我们可以通过什么办法来解决自己遇到的不公平的事情？（教师引导幼儿提出商量、征求别人的同意、轮流、抽签、猜拳、投票等方法解决自己遇到的不公平的事情） 小结：小朋友们想出了很多解决不公平问题的办法，因为我们知道"如果觉得不公平；不气恼，不哭闹；想出一个好办法，公平自然会来到"。 **四、创设情境，引导幼儿运用社会技能解决遇到的问题** 师：我们一起结合一些情境来讨论一下，你们觉得遇到这些事情的时候，我们可以怎么做才能更加公平一些？ 师：幼儿园里只有两个秋千，所有小朋友都想玩，但有两个小朋友一直在玩，你等了很久都玩不到。你越等心里越不开心，觉得不公平，这时你可以怎么做？（教师引导幼儿说一说口诀"如果觉得不公平；不气恼，不哭闹；想出一个好办法，公平自然会来到"，想想用什么办法可以解决这个问题。例如，制定新的游戏规则，每人荡5下就轮到下一个小朋友玩等） 师：又到了区角游戏时间，今天你特别想进入建构区，但轮到你选区角的时候，建构区的人数已经满了。你又一次没有办法玩到自己喜欢的搭建游戏，觉得不公平，这时你可以怎么做呢？（教师引导幼儿说一说技能口诀，并思考解决问题的策略，如找同伴协商、猜拳等） 小结：当遇到不公平的事情时，我们就可以默念口诀让自己的情绪得到调整，静下心来思考解决的办法，并和其他小朋友一起商量，让大家都能开心地玩。 **五、师幼总结，鼓励幼儿将学到的社会技能运用在生活中** 今天我们一起学习了一个新技能"判断是否公平"，知道"如果觉得不公平；不气恼，不哭闹；想出一个好办法，公平自然会来到"。小朋友们也想出了很多办法来帮助我们解决自己遇到的不公平的事情，如商量、轮流、抽签、猜拳、投票等。希望下次和小朋友一起玩游戏遇到不公平的事情时，大家能够用今天学到的技能口诀让自己先冷静下来，再想一个好办法来解决问题。
活动延伸	**一、家园共育** 教师可以在班级群中分享当天学习的社会技能，包括技能目标、培养重点、培养方法等；并告诉家长一些体现公平的方法，如轮流、抽签、猜拳、投票、分组等，丰富家长与幼儿在家中进行选择或决定时的方法。 **二、生活渗透** 在日常生活中，教师要注意在幼儿进行规则游戏时，觉得分配不均、机会不均导致不公平的时候，鼓励幼儿稳定情绪，再和同伴一起讨论让游戏变得尽可能公平。 **三、环境渗透** 教师可以根据"判断是否公平"口诀的含义，用图文并茂的方式展示口诀内容，同时还可以呈现幼儿面对不公平事件时的自我情绪管理小妙招，加深幼儿对技能的理解。

3. 活动反思

（1）活动特点

活动目标凸显社会技能的内涵要求，同时符合大班幼儿的学习特点，通过情境再现、话题讨论的方法，幼儿学会了情绪管理的小技巧及解决问题的好方法。教学活动以情境为导入引发幼儿的共鸣，通过讨论的方法引导幼儿理解"判断是否公平"技能的内涵，知道生气、哭闹并不能解决自己遇到的不公平，进而引导幼儿思考让事情尽可能公平的办法，从而实现本次教学活动的目标。

（2）活动实施建议

本次活动中，教师可以尝试将口诀渗透在活动中，让幼儿在潜移默化中熟悉口诀。教师的引导语应以引发幼儿积极表达为主，激发幼儿自主探索的愿望。技能口诀学习环节，教师可以适当添加游戏或创设情境，让幼儿可以在真实的场景中体验社会技能口诀的指导价值。

（东莞市沙田镇第二幼儿园　张文秀　梁俏媚）

五、区角活动案例

宽容是一种良好的具有人道精神品质的人格特征，我们希望幼儿能够拥有这种美好的品德，能够将这种美好的品德流传下去。幼儿园活动中常常出现"争抢玩具等物品"的现象，对于如何培养幼儿的宽容心尤为重要，让幼儿在相处间学会理解和包容。教师要为幼儿创设尊重、赏识的环境，让幼儿懂得多一次原谅就多一次宽容和理解，体现我们的风度，体现我们的价值。只有真正做到宽容才能受人尊重和喜爱，所以一定要让幼儿从小就学会宽容，以一颗宽容的心去面对这个世界。

表演区

活动一：我们一起唱

活动目标： 与同伴发生争抢时能够理智面对，采用协商的方式解决问题。

活动准备： 小舞台、话筒、铃鼓、沙锤、电子琴、鼓等。

活动过程：

1. 教师投放幼儿喜欢的乐器，引导幼儿探索表演区乐器的功能，引起兴趣。

2. 幼儿自主表演，选择喜欢的乐器进行自我展示。

3. 教师引导幼儿进行小组合作表演。

活动建议：

在表演区话筒数量有限，需要幼儿共同分享，出现争抢时，教师要鼓励幼儿宽容，与同伴共同协商、和平地解决问题。

活动延伸：

教师可以在表演区多增加一些话筒，也可以请幼儿分组表演。

活动二：我来做头饰

活动目标：通过表演区与美工区的结合，做喜欢的饰品，当同伴不小心破坏自己的物品时能宽容大度，原谅对方。

活动准备：表演服装，发卡、毛根、彩泥、亮片、彩纸等美工材料。

活动过程：

1. 表演前，教师引导幼儿自主选择喜欢的服装、自主制作饰品装扮自己。

2. 幼儿根据自主选择的服装设计自制头饰。

3. 幼儿选择多种材料制作头饰。

活动建议：

教师应为幼儿提供多种材料，低结构材料应该较多一些，便于充分发挥幼儿的想象力和动手操作能力。

幼儿在活动中发生争抢或不小心碰到对方的作品时，教师要引导幼儿相互理解、包容。

活动延伸：

幼儿自制头饰后，教师可引导其进行表演或继续自制一些表演用的道具。

活动三：换装游戏

活动目标：明确自己在游戏中所承担角色的意识和职责，并能创造性地表现角色的行为和活动。

活动准备：各种样式的裙子、饰品。

活动过程：

1. 教师向幼儿介绍每件服装都有各自的价值和作用。

2. 幼儿相互搭配，装扮后表演。

3. 幼儿相互赞美。

活动建议：

小女孩都比较喜欢漂亮的裙子，经常会出现争抢同一件衣服或饰品的现象，偶尔还会发生肢体冲突。因此，在幼儿的换装游戏中，教师既要鼓励幼儿积极参与、大胆地展示自己，也要引导幼儿遵守规则、学会礼让、相互协商。此外，为了让活动的内容更丰富，教师还可以鼓励幼儿在换装游戏中加入不同的游戏主题，如"服装秀""白雪公主与七个小矮人""老鼠娶亲"等，充分发挥游戏材料的教育价值。

活动延伸：

基于"服装秀"活动，教师可以组织幼儿表演与宽容、谦让主题相关的儿童剧，帮助幼儿养成良好的宽容品格。

角色区

活动一：爱心医院

活动目标：学会用协商、轮流等策略分配角色，共同解决游戏中出现的问题，学会宽容、包容同伴。

活动准备：药瓶、病历卡、听诊器、去针的针筒、压舌板、白大褂、护士服等。

活动过程：

1. 教师在谈话中引导幼儿回忆看病的生活经验，了解医院工作人员的职责。

2. 教师在游戏中引导幼儿认识、了解医院标识、医院物品。

3. 教师引导幼儿协商、轮流扮演角色，如谁看病，谁护理病人等。（幼儿自主交换角色，轮流进医院游戏）

4. 游戏结束，教师引导幼儿养成整理物品，摆放整齐的好习惯。

活动建议：

教师引导幼儿根据自己的兴趣自由选择角色进行扮演，可以按看病顺序排列流程图看病，出现分歧时锻炼解决问题的能力，拥有包容同伴的宽容心。

活动延伸：

医院道具要定时更换，教师还可以通过混龄混班的方式帮助幼儿认识更多小朋友，在区角游戏中增强幼儿对疾病的了解，增强锻炼身体、多吃水果蔬菜的意识；让幼儿学会尊重他人工作，包容同伴，培养幼儿遇到困难或问题能积极思考合作协商的能力。

活动二：水果超市

活动目标：能够在游戏中大胆表达自己不一样的想法，学会用礼貌、文明的方式解决冲突和矛盾。

活动准备：秤、葡萄、草莓、柠檬、西红柿等水果店的必备物品。

活动过程：

1. 幼儿按照自己的意愿自由选择角色进行游戏，教师适当调整幼儿的人数。

2. 教师引导幼儿按照水果的种类、大小、价签有序摆放水果。

3. 水果店开门营业啦。教师以售货员或顾客的身份与幼儿一起玩买水果的游戏，游戏中要引导幼儿根据日常生活经验积极交流，例如，大胆地跟店员说自己想买的水果，想买的数量，并根据数量计算应当支付的金额。

4. 游戏结束后，教师引导幼儿分享自己在游戏中遇到的问题及解决方法。

活动建议：

教师鼓励幼儿积极参与售卖水果的游戏，引导幼儿学会在游戏中"讨价还价"，锻炼幼儿与人沟通、大胆表达的能力。在结账环节，教师鼓励幼儿根据价签自己想办法计算购买水果的金额，但价签数额的大小应符合《3—6岁儿童学习与发展指南》大班幼儿数学领域的要求，即通过实物操作，学习10以内数的加减运算。

活动延伸：

随着游戏的开展，教师可以适当丰富售卖的物品，让幼儿在多样化的游戏情境中获得更多能力的发展。例如，教师可在"超市"添加玩具、零食、小发卡等，鼓励幼儿根据对真实超市中物品的观察，一起讨论想要添加的"货物"。

活动三：小小理发店

活动目标： 主动与"顾客"交流，学会用友好的方式处理自己与"顾客"之间的问题。

活动准备： 围巾、梳子、电吹风、玩具剪刀、毛巾、假发等。

活动过程：

1. 游戏开始前，教师肯定幼儿在理发区学会的技能，如学会跟"顾客"交流的方法，掌握剪头发的技巧；然后引导幼儿说一说他们在游戏中遇到的"人际交往"的问题以及解决办法。

2. 教师提出新需求："小朋友们，上次的顾客反映理发师只会简单的理发，今天能不能增加一些编辫子的项目？"

3. 教师以"指导者"的身份加入幼儿的游戏，教幼儿简单的编辫子的方法，然后鼓励幼儿大胆尝试，给"顾客"设计不同的发型（图4-2）。

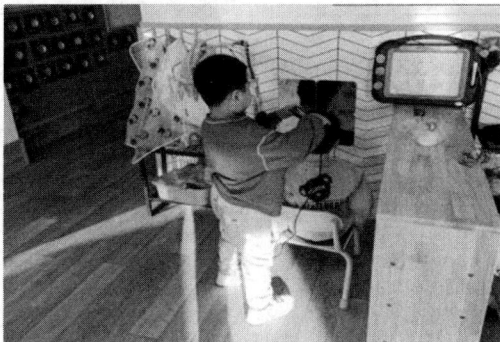

图 4-2　小小理发师在设计发型

活动建议：

1. 教师要为幼儿提供丰富、多样的游戏材料，让幼儿能够玩起来。

2. 教师可以为幼儿提供简单的发型设计图，特别是女生编头发的流程图，锻炼幼儿的读图和操作能力。

活动延伸：

教师鼓励幼儿大胆设计有创意的发型，开展"我型我秀"展示活动，比一比谁的发型最特别。

语言区

活动一：好故事一起讲

活动目标：能够大胆地、语言流畅地跟大家分享自己喜欢的或听过的与宽容相关的故事。

活动准备：故事剧场或小舞台。

活动过程：

1. 师幼共同布置故事剧场，并设计海报展板，用来介绍(或预告)每天讲故事的小朋友以及他带来的故事。

2. 班上幼儿一起抽签，明确自己讲故事的时间，然后回家和爸爸妈妈一起准备自己要讲的故事。

3. 教师将幼儿每周讲的故事以图文并茂的方式逐一呈现在幼儿成长记录墙，帮助幼儿回顾本周听过的有趣故事，并且说一说自己最喜欢的故事及原因。

活动建议：

故事的海报展板应设计为可以随时替换的样式，幼儿的照片和故事只需要每天替换即可，不需要每天都设计展板。另外，教师可根据班上幼儿的表现，评选出最喜欢的故事，还可设立不同的奖项，如勇敢奖、自信奖、认真奖、幽默奖等，尽可能涵盖所有幼儿的特点，引导幼儿善于发现同伴的优点。

活动延伸：

教师可以将语言区与表演区、角色区进行联动，鼓励幼儿将自己听过的、看过的和宽容主题相关的故事大胆地演绎出来，使班级的区角活动更加生动、活泼、丰富。

活动二：续编故事

活动目标：理解绘本故事《公主四点会来》的内容，并根据自己的理解续编故事。

活动准备：彩笔、画纸、绘本《公主四点会来》。

活动过程：

1. 师幼共同阅读，理解故事内容，体会帽子先生和土狼小姐在故事里的情绪变化。

2. 幼儿互换角色，以帽子先生和土狼小姐内心独白的方式说一说各自内心的想法，并用绘画的方式表示出来。

3. 教师引导幼儿开动脑筋，续编故事结尾，想一想帽子先生和土狼小姐会去哪里，接下来又会发生哪些事情。

活动建议：

理解故事主题是续编故事结尾的重要前提，因此，在活动前，教师要给予幼儿充足的时间，带领幼儿熟悉故事内容，鼓励幼儿分别站在帽子先生和土狼小姐的角度分析各自行为背后的原因。在续编环节，教师可以鼓励幼儿根据自己的理解大胆创作，只要言之成理即可，教师不做过多的干预和限定。

活动延伸：

教师引导幼儿制作宽容清单，请每名幼儿把自己认为可以被原谅以及坚决不能原谅的事情或行为用绘画的方式呈现出来，然后大家一起说一说各自的理由，帮助幼儿建立宽容品格的基本边界和规范意识，明确知道什么事情能做，什么事情不能做。

活动三：朋友，我来帮帮你

活动目标： 知道好朋友之间要相互帮助，相互包容，不能求全责备。

活动准备： 绘本故事《我的兔子朋友》、好朋友的照片、彩笔、画纸。

活动过程：

1. 师幼共读绘本《我的兔子朋友》，引导幼儿思考"兔子总是走到哪里，麻烦就会跟到哪里，为什么老鼠还愿意跟兔子做朋友呢?"，通过提问启发幼儿认识到"因为兔子是老鼠最好的朋友呀!""兔子虽然总是惹麻烦，但是他们在一起很开心"。

2. 教师引导幼儿跟好朋友一起分享故事中的有趣情节，并说一说有趣的原因。

3. 教师鼓励幼儿说一说自己和同伴在一起发生过的"麻烦"，说一说好朋友身上的"缺点"以及自己喜欢和他在一起玩的原因，想一想用什么办法帮好朋友改掉他的"缺点"，并把自己想到的办法画下来。

活动建议：

活动前，教师可以鼓励幼儿自主阅读绘本故事，理解故事主题，让幼儿和同伴一起分享故事中的有趣画面，特别是要分别站在兔子和老鼠的角度分析这些场景给老鼠带来的麻烦，帮助幼儿认识到"朋友要相互理解和包容"。教师还可以鼓励幼儿和好朋友一起想一个要帮助对方的地方，并且要身体力行地去做。

活动延伸：

活动后，教师引导幼儿记录、分享自己帮助好朋友改掉"缺点"的效果。

（沈阳市浑南区第四中学附属幼儿园　卞起霞　刘伟丽）

六、一日生活指导

(一)一日生活中幼儿品格与社会技能培养

宽容需要贯穿大班幼儿一日生活的方方面面，每个环节都是在引导幼儿如何处理与小朋友之间的交流，学会宽容，乐享生活。社会技能"判断是否公平"贯穿同伴交往、师幼互动的全过程，但在一日生活各环节的体现略有不同，如有些环节需要重点指导，有些环节则可随机引导。本期主题品格与社会技能在一日生活中的重点培养环节见表4-6。

表4-6　品格与社会技能的日常重点培养环节

生活环节	品格：宽容	社会技能：判断是否公平
入园	√	√

生活环节	品格：宽容	社会技能：判断是否公平
盥洗	√	√
进餐	√	√
饮水	√	√
如厕	√	√
午睡	√	
离园	√	√
集体活动	√	√
户外活动	√	√
区角活动	√	√
过渡环节	√	

(二)一日生活中幼儿品格与社会技能指导要点

本期主题品格与社会技能在一日生活中的指导要点见表4-7、表4-8。

表 4-7　一日生活中宽容品格指导要点对照表

环节	指导要点
入园	1. 教师引导幼儿喜欢老师和同伴，愿意并开心、快乐地上幼儿园。 2. 教师通过教学活动"排队，我知道"、图片标识展示和言语引导，引导幼儿有序排队入园和耐心依次放物品。
盥洗	1. 教师通过幼儿自己设计与张贴盥洗排队图，引导幼儿有序排队、耐心等待，对不小心碰到自己的小朋友说"没关系"。 2. 教师利用"帮帮我"游戏，引导幼儿互相帮忙挽袖子、垫汗巾等。
进餐	1. 教师通过观看用餐礼仪视频，引导幼儿有序排队不推挤、细嚼慢咽不挑食、安静进餐整理好，同时理解与包容有不良进餐习惯的幼儿，并给予时间改正。 2. 教师通过地面箭头指示引导幼儿掌握取餐的路线，取餐时耐心等待，不推不挤，对不小心撞到自己的同伴说"没关系"。 3. 教师通过环境创设图片与幼儿互助的方式，引导幼儿互相帮忙分类收拾餐具，清理干净桌面。
饮水	教师利用言语指示与环境创设图片，引导幼儿双手端水，对不小心洒出水的小朋友说"没关系，慢慢走"。
如厕	1. 教师利用言语引导和共情的方法，让着急的幼儿先如厕，不着急的幼儿耐心等待。 2. 教师利用专门的教学活动，鼓励幼儿同伴间互助，如帮忙拿纸巾等。
午睡	教师通过环境创设图片，引导幼儿互相帮助穿衣服、穿鞋子、叠被子等，互相检查与整理衣物。

续表

环节	指导要点
离园	1. 教师通过提供自主交流谈话的机会，鼓励幼儿分享感受、尝试解决与同伴的纠纷。 2. 教师借助离园游戏，引导幼儿互相检查与整理衣物。
集体活动	教师采用游戏化的活动形式，在活动中引导幼儿认真倾听、尊重他人的意见和劳动成果，愿意与同伴一起协商解决问题。
户外活动	1. 教师通过开展"钻山洞"活动引导幼儿积极参与活动，与同伴活动方式不一致时，能接纳同伴的想法，与同伴一起协商解决办法。 2. 教师引导幼儿不小心碰到或伤到同伴时主动向同伴道歉并请求同伴原谅自己的过失。 3. 教师引导幼儿自己主动整理器械或与同伴协作收拾器械。
区角活动	1. 教师引导幼儿在与同伴发生争抢材料或游戏意见不一致时，冷静、理智面对，采用协商的方式和平解决问题。 2. 教师引导幼儿充分肯定同伴的游戏方式与想法，激励幼儿主动和同伴合作、分类整理材料。 3. 教师引导幼儿对同伴不小心影响到自己或不小心碰倒自己的材料并向自己道歉时，宽容、大度地原谅。
过渡环节	教师利用餐前时间，开展宽容小故事的讲述活动，鼓励幼儿大胆表达自己的感受，分享与同伴友好相处的方法。

表 4-8　一日生活中"判断是否公平"技能指导要点对照表

环节	指导要点
入园	教师引导幼儿自己的事情自己做，将物品有序摆放在自己的柜子里，不推不挤，有序排队，依次摆放。
盥洗	教师引导幼儿不推不挤，先来后到，依次排队有序盥洗。 教师指导女孩学习梳头发的基本方法。
进餐	教师引导幼儿餐前洗干净双手，并且做到独立进餐。 教师根据幼儿自身情况进行分餐，多吃多打不浪费、多吃菜饭不挑食。
饮水	教师引导幼儿要喜欢喝水，培养幼儿独立喝适量的水。 教师引导幼儿用自己的水杯接水，并且有序排队，不推不抢慢慢来，多喝多接不浪费。 教师引导幼儿按时喝水，遇到特殊情况能及时喝水。
如厕	教师引导幼儿按需如厕不争抢，同伴互助欢乐多。 教师组织男孩、女孩轮流如厕，有序做好脱裤子、排便入池、便后自理、提裤子及洗手等工作。
离园	教师引导幼儿依次排队不推挤，先来先接不气恼，尝试解决情绪。
集体活动	教具准备要充分，保证每名幼儿分到同样多的教具。教师关注到每名幼儿，引导幼儿安静举手回答问题，在活动中尊重他人的意见和劳动成果，能和同伴协商完成活动。
户外活动	教师引导幼儿运用协商的方式解决问题，遇到不公平的事情，要冷静处理，理智解决。
区角活动	教师引导幼儿和同伴商量游戏规则，主动参与同伴发起的游戏，游戏后主动和同伴一起分类整理材料。

(三)日常指导策略

1. 宽容品格——情境案例

教师要培养幼儿宽容别人的能力,当同伴影响自己时能大度地原谅。

案例1:诗诗是一个特别小气又爱告状的孩子,每天都能听到她说:"老师,蒋蒋把我玩具碰掉了。""老师,轩轩撞到我了。"……在一次游戏活动中,诗诗和其他小朋友玩起了检票员的游戏。诗诗拿了一些水彩笔和小乐一起画电影票。小乐拿水彩笔的时候不小心将水彩笔画到了诗诗的衣服上,诗诗马上开始大声呵斥小乐:"你看你,把我的衣服弄脏了。"小乐连忙道歉说:"对不起,我不是故意的,你可以原谅我吗?"诗诗生气地说:"我不和你做朋友了,不跟你一起玩了。"小乐伤心地跑过来求助老师。

分析:诗诗的心思比较敏感,自尊心很强,平时在幼儿园和小朋友相处时什么都要小朋友听她的,如果谁不听她的,她就会不高兴。诗诗是独生子女,爸爸妈妈都非常溺爱她,非常关注她的身体和心理,基本上不管她做得好不好都会一味地表扬她,所以她不能接受批评,也不愿意去宽容谅解自己的同伴。

教师指导:在一次游戏活动中,教师组织小朋友玩呼啦圈,诗诗在玩呼啦圈的时候不小心甩到了教师的肚子上。教师一看教育契机来了,假装肚子很痛,捂着肚子蹲在地上。诗诗一看教师这样就着急了,跑过来说:"老师,对不起,我不是故意的。"教师故意生气地说:"你怎么这么不小心啊,都砸到我了,好痛啊!"听到教师大声地呵斥,她的眼泪马上就流出来了,伤心地大哭了起来。教师把她拉到一边,轻轻地问她:"你为什么要哭呢?"她小声地说:"因为我砸到老师了。"教师告诉她已经不痛了,原谅她了,她渐渐地平复了情绪。教师问她:"老师不原谅你,还大声责怪你的时候,你的心情怎么样?"她说:"我很难过。"教师说:"对呀,那你还记得上次小乐不小心把水彩笔画到你身上吗?你就是这样大声呵斥她的,小乐也告诉老师她很难过。她当时的心情和你现在是一样的,老师原谅了你,你是不是心里好受多了。"诗诗说:"老师,我知道错了。"于是诗诗找小乐道了歉,她们重新成了好朋友。我们可以让幼儿感同身受,这样幼儿就能明白为什么要宽容他人。

案例2:大班有两位小朋友一个叫"天天",一个叫"六六"。六六和天天一直都是好朋友。在一次玩玩具的时候,天天委屈地过来找老师说:"老师,我不开心。你可不可以帮我批评六六哥哥?他说我是胆小鬼。"老师轻轻地摸了摸他的头安慰道:"那你有没有问过六六哥哥为什么说你呀?"于是老师陪着天天一起过去找六六,让他们把事情的过程告诉老师。天天:"六六哥哥嘲笑我是胆小鬼,老师说过不能嘲笑别人。"六六:"因为你每次去户外都不敢过那个小桥,我每次都敢过去。你很胆小!"老师:"六六,天天在玩独木桥时不敢过去,我们可以帮助他,让天天能勇敢地去过独木桥。你说天天胆小,天天会很难过。"六六也不好意思地点点头说:"天天,对不起!我不应该说你是胆小鬼,不应该嘲笑你。下次我们去户外的时候你不要害怕,我牵着你的手一起过去！"天天笑了笑："没关系，六六哥哥，我原谅你。"不一会儿，六六放下手中的玩具，拥抱了天天，两个人重归于好，又玩了起来。

分析：天天的自尊心很强，遇到什么事情都会坐在那里说"我不开心"。一日生活中，教师要注重培养幼儿学会表达，学会分享和宽容。天天能够表达出来自己的想法是一种进步。两名幼儿能够彼此理解和给予尊重是一种宽容的体现。宽容是一种美德，宽容的幼儿能给自己赢得更多的朋友，在人际交往上能更加得心应手。而幼儿间的宽容也能让整个班集体更团结，能更好地促进幼儿与教师间的互动，使每名幼儿在这一集体中都能获得发展。

教师指导：在幼儿之间发生矛盾的时候，教师要先了解过程，再让他们想一下自己的问题。在此案例中，六六嘲笑天天是胆小鬼，天天觉得很委屈也很生气。教师提醒六六不能嘲笑别人，六六主动向天天道歉，天天也觉得自己不应该那么小气，要宽容别人。于是两个人互相拥抱对方，又成了好朋友。

2. "判断是否公平"技能——情境案例

教师要培养幼儿在遇到不公平的事情时，学会调节情绪，并想出解决办法。

案例1：小美是一个聪明的孩子，她很喜欢表演，但有时候也会有点儿害羞。在家里，爸爸妈妈总是告诉她做任何事情都要在第一个，因此如果她在幼儿园里没有排第一，她就会问老师："为什么不是我第一？"在幼儿园里，小美喜欢和小朋友争第一，排队、打饭、上厕所等；表演节目如果她没有站第一排，小美也会说"为什么我不在第一排"，并回家告诉妈妈，让妈妈告诉老师给她排第一的位置；放学时排队，她会使劲往前挤，站在第一排，如果小朋友不让她，她会瞪别人。在一次午饭后，小朋友们给珍惜粮食的好宝宝分发机械齿轮。小美因为老师没让她发而生气，并反复说为什么她吃得快却不让她发，考虑到幼儿具有差异性，在此之前班级制定了按顺序轮流发放机械齿轮的规则，就是为了保证每个孩子都有机会参与其中。但是小美并没有按照制定的规则进行。

分析：小美父母觉得小美比较敏感，不自信，容易心灵受伤，因此不会拒绝她的任何要求，也经常告诉老师在幼儿园多保护她的自尊心。再加上小美是家里的独生女，家人也很溺爱。家里是和爷爷奶奶、爸爸妈妈一起生活，在家时家里人都围着她转，什么都满足她。这样的生活环境让她觉得在幼儿园也像家里一样，做什么事情都要在第一，若是教师和小朋友没有立刻关注到她，她就会有明显的情绪表达。

教师指导：教师可以在班级进行谈话活动中，请幼儿来说一说，如果每一次都是吃得快的小朋友来给珍惜粮食的好宝宝发放机械齿轮，大家是什么感受。幼儿七嘴八舌讨论，因为有些小朋友吃得慢就不能参加，不公平，会很伤心。因此，制定按顺序轮流发放机械齿轮的规则，能保证每个小朋友都能参加，也调动了幼儿的积极性，更加公平，并让小美学会判断自己的做法是否公平，不能用哭闹的方式解决问题。

案例2:在活动室里,萱萱翻看着新到的绘本,与伙伴们一起分享快乐的同时,还接受她们的称赞。"萱萱,可以借给我看一下吗?"薇薇拨开人群,向萱萱问道。萱萱说:"不行,我们还没看够呢!"薇薇被拒绝了,说:"哼!有什么了不起的,我叫我爸爸买,买很多!"紧接着,随着"呼、嘶"的响声,书烂了。"老师,萱萱她欺负我,不跟我分享新书,还说是我撕烂了她的书。"薇薇冲出人群,跑来先向老师告状。

分析:教育家陈鹤琴先生指出,幼稚期0～7岁是人生最重要的一个时期,一些习惯、语言、技能、思想、态度情绪,都要在此时期打下基础,若基础打得不牢固,健全的人格就不容易建造。3～6岁幼儿有一定的自尊心与攀比心理,看到别人有比自己好的方面,不是通过努力去缩小距离,而是通过告状贬低他人,进而抬高自己。这种行为如果缺乏正确的引导,就会失去积极意义,从而走向消极的一面。

教师指导:对于自尊心与攀比心强的幼儿,教师平时尽量不去批评他们,应该给予更多的表扬与鼓励。对于幼儿的错误不要过分关注,可以先行淡化,等幼儿气消了再慢慢与其交谈,分析对错。另外,教师要多与幼儿沟通,引导幼儿正确对待做错的事,以及下次怎么去做,培养幼儿正确应对事情的能力。在幼儿园一日活动中,教师可通过组织幼儿看视频、听故事的形式,让他们展开讨论,评价其中人物的行为,丰富其是非问题的感悟经验,提高幼儿辨别是非的能力,培养幼儿独立解决问题的能力。幼儿在遇到冲突时,教师要有意识地引导他们相互沟通与商量,通过多次锻炼,幼儿自觉掌握合作、协商、分享和轮流等社会技巧,从而减少告状行为的发生。

(四)生活体验活动

活动案例:钻山洞

1. 设计思路

游戏活动是大班幼儿日常活动中的主要活动,它有利于促进大班幼儿的智力发展,但在具体的组织过程中,常常出现一些因不遵守秩序而产生的冲突,不利于大班幼儿身心的健康发展。为了尽量减少或避免大班幼儿出现此类冲突,帮助大班幼儿健康全面发展,教师开展了"钻山洞"活动,通过亲身体验让幼儿明白谦让、有秩序会关系到事情最终的成败;生活中许多事情都需要排队,讲秩序才能把事情做得又快又好,也能够给人带来一个愉快的心情。

2. 活动过程

(1)引导幼儿通过游戏"钻山洞"体验没有秩序带来的不愉快

活动需准备三个山洞,两名幼儿组成一个山洞门,其他幼儿自由地钻山洞。教师:"看谁能又快又安全地钻过每一个山洞,不能漏掉一个山洞。"由于幼儿自由地钻山洞,游戏过程中出现了拥挤,还有幼儿说"老师,她撞到我了""他踩到我的鞋子了""他一直在挤我"等现象。幼儿之间也闹得不愉快。

（2）引导幼儿讨论安全"钻山洞"的办法

教师让幼儿和同伴之间互相讨论，最后得出结果：钻山洞时，大家要从同一个山洞出发，排好队，一个跟着一个，不推不挤不掉队，这样就可以又快又安全地钻过每一个山洞了；如果不小心伤害到小朋友时，应及时道歉，获取他人的原谅。

（3）播放背景音乐，引导幼儿再次玩"钻山洞"的游戏

幼儿还是自由游戏，教师及时表扬幼儿排队的行为，当大家都在做同一件事情的时候，只要排好队、守秩序，就会很快、很安全、很开心地把事情做好，并且不会伤害到其他的小朋友，能和同伴一起愉快地玩耍。

3. 活动总结

幼儿意识中都知道在幼儿园或者公共场所时需要排队，但是幼儿园的一日工作中需要幼儿排队的时间很多，喝水排队，如厕排队，取餐排队，游戏时也需要排队。大部分幼儿做得不错，但是有一小部分幼儿还是不能很好地克制自己，总想第一个就完成任务，所以插队影响了整个班的秩序。活动利用幼儿犯错的契机，使幼儿明白人人都有可能犯错误，培养幼儿的宽容心。幼儿一日生活中难免会有过失，这时，教师要善于把握时机，循循善诱，不仅使犯错误的幼儿改正错误，同时也诱导其他幼儿正确对待同伴的错误，学会原谅、宽容同伴的过失。

（成都市武侯区第二十四幼儿园　王季军　姜溱）

七、家园共育指导

（一）品格指导要点

对于宽容品格的家庭教育指导，重点在于帮助家长明确宽容教育的价值、具体内容及方法、家园配合的具体途径等方面的准备，并在一定程度上为家长提供可参考的教育思路，保障家园品格教育的一致性，有效提高品格教育质量，同时解决家长常见的一些困惑或问题。

1. 案例分享以帮助家长明确宽容教育的魅力

宽容的人，时时处处都会受到人们的拥戴，因为他们能够处理好各种人际关系，能够很快地适应各种不同的环境，能够融合地与人合作，充分发挥自己的潜能。而案例分享的形式，则能将经典的宽容教育案例自然地呈现，对相关问题进行深入的研究分析，从中寻找案例中与自身经历的相似事件，产生思想共鸣，对宽容有更加深入的理解与认识。借助案例分享，可以培养幼儿自主地接纳他人与自己不同的地方，在人际交往中通过协商、交谈等方式处理同伴之间的矛盾与冲突等，以此来培养幼儿宽容的品格。教师还可以向家长分享陶行知先生《四颗糖》的故事。

2. 绘本亲子共读以鼓励家长规划宽容教育的内容

在对幼儿进行宽容教育时，家长往往无从入手，或以随机式的教育为主，缺乏系统性的宽容教育，使幼儿很难获得持续性的发展，家长更看不到教育成效。教师可通过对品格绘本的深入解析，根据幼儿年龄特点、发展水平以及宽容教育特点，将绘本进行排序，同

时明确各绘本宽容教育的主题:《公主四点会来》讲不完美;《嘘!》讲理解他人;《我的兔子朋友》讲换位思考;《搬过来,搬过去》讲善待他人。为帮助家长了解宽容教育的切入点,教师可提供与幼儿生活或兴趣相联系且蕴含宽容品格教育的内容,加深对绘本情节、情绪情感等多角度的理解,系统性感知宽容内涵,使家长初步形成绘本对接生活的意识。在绘本主题内容的启发下,教师可以鼓励家长规划宽容教育的内容,对幼儿进行循序渐进且持续的宽容教育。

3. 建议家长学会榜样示范与心理换位

家长可依托绘本,提供适宜实施宽容教育的方法——换位情境体验。在阅读绘本中,通过模仿、想象进行"情境体验",不仅会把自己想象成里面的角色,还能联想到现实的生活,提出更多有趣的话题。在情境体验中,家长先体验宽容处理问题的一方,自然地起到示范作用,在游戏状态下,潜移默化地使幼儿了解更多宽容处理的方法。教师可建议家长根据幼儿的感知情况,为幼儿提供亲身实践的机会,在多角度的体验理解下情感升华,初步学会心理换位,助力幼儿真正习得宽容处理事情的方法。

4. 创造交往条件以配合家长定位宽容教育的途径

宽容是一种非常珍贵的感情,它主要表现为对别人过错的原谅。这种感情对于幼儿个性的健康发展,尤其是情感的健康发展,以及良好人际关系的建立都非常重要。宽容品格的养成,不只需要具体的内容及适宜的方法,更重要的是需要创造交往条件,依托园级或班级活动,拟定宽容家园共育活动。例如,幼儿园可以依托"六一"儿童节庆祝活动,开展家园共育活动"假如我是你",让幼儿根据自己的想法进行换位体验,在与人交往的过程中,体会宽容的意义。在这样的活动下,在实践应用过程中,教师要向家长强调为幼儿提供宽松的心理环境,允许幼儿不断试错,感受身边人的宽容带给自己的情感体验,从而努力做一个宽容的人。

(二)社会技能指导要点

判断是否公平

如果觉得不公平。家长要告诉幼儿,在与别人相处的过程中,经常会出现各种不公平的事情,我们要接受并积极面对。家长可以和幼儿讨论自己遇到的各种不公平事情,请幼儿说一说这是否公平,哪里不公平,你是如何判定的。

不气恼,不哭闹。家长要告诉幼儿自己不要生闷气,也不要当着别人做出失分寸的行为,尝试换位思考,学会调节情绪。家长可以和幼儿讨论自己遇到的某件不公平事情,请幼儿猜一猜换作对方,自己的想法会有哪些改变,引导幼儿感受换位思考的作用,加深对情绪调节的认识和理解。

想出一个好办法。家长要告诉幼儿,想想用什么办法让事情在原有基础上更公平;想好的办法要去尝试做,在做的过程中,可以多次尝试。同样地,家长可以继续围绕自己遇到的某件不公平的事情和幼儿一边模拟,一边讨论,请幼儿说一说自己会用什么办法让事情公平;家长说出自己用的办法,在模拟体验下说出自己的真实感受,帮助幼儿深入理解这句儿歌的意思。

公平自然会来到。家长要告诉幼儿，想出解决办法后，原本不公平的事情自然就会变得公平了。家长在幼儿模拟体验下说出真实感受后，说出自己用的办法起到的作用，强调办法用对了，问题自然就会消失。

(三)你问我答

1. 要做的事情没有达到预期目标，幼儿长时间沉浸在自责中，怎么办

发现幼儿有这样的情况时，教师要及时与家长沟通反馈，了解家长对幼儿日常的具体要求及培养方向。首先，教师要建议家长调整对幼儿的期望和要求，站在幼儿的角度适宜定位，使幼儿感到被尊重。其次，教师要建议家长通过评价过程来及时肯定幼儿在学习或活动过程中所付出的艰辛和取得的进步，不断发现自己身上独有的优势，正确看待自己。最后，教师要建议家长告诉幼儿，自责解决不了任何问题，结果也不是最重要的，因为结果的好坏受到很多因素的影响，当做的事情没有达到预期目标时，应及时调整，宽容自己。

2. 幼儿知道很多宽容相处的方法，但交往过程中还是以自我为中心，怎么办

大班幼儿还没有完全摆脱"自我中心"，对宽容的理解与认识非常浅表，只有在实践的锻炼中才能不断产生和巩固。实施宽容教育的前提，必须是幼儿对自己的错误已经有了认识，并深感内疚、悔恨。家长要积极面对、耐心等待，抓住这些宝贵的教育契机进行宽容教育。

3. 游戏中不小心被同伴毁坏了作品，幼儿会用同样的方式还击，怎么办

模仿是幼儿学习的主要方式。教师、家长要统一教育思想，以成人的宽容感动幼儿的心，在日常生活中从原谅幼儿的错误开始为幼儿树立榜样，帮助幼儿理解谁都会犯这样的无心之错，只要下次小心就可以避免；让幼儿知道解决问题的方法除了批评、惩罚以外，还有宽容，在正面引导下学习宽容待人接物的方式。

4. 在小组竞赛游戏中，出现集体排斥某名幼儿的尴尬局面，怎么办

大班幼儿的合作行为越来越多，教师要善于抓住合作中的小纠纷、小惊喜，引导幼儿发现金无足赤，人无完人，每个人都有自己擅长做的事，同样也有自己不擅长做的事，慢慢地意识到在合作中每个人都会起到不同的作用，让幼儿在尊重的基础上，接纳不擅长游戏的同伴并宽容理解他人。

5. 幼儿认为自己遇到了不公平的事，家长如何正面引导

第一步，家长必须先做好心态调适，不要否定幼儿的情绪，也不可一听完幼儿的描述，就气冲冲去帮幼儿找公平。第二步，家长要站在幼儿的角度了解更多的细节，如具体经过、事情的标准等，理智地做出分析，为后面的引导做好准备。第三步，家长要请幼儿把自己的做的经过和结果呈现出来，关注并赞美幼儿做得好的地方。第四步，家长要请幼儿回想其他人是怎样做的，受到了怎样的优待或更高评价，引导幼儿欣赏他人的长处与优点。第五步，家长要在宽松的氛围下与幼儿继续讨论、思考"下一次你可以做出哪些具体的努力"，以此来协助幼儿正确看待公平。

6. 怎样引导幼儿区分宽容与懦弱

理论为依据，横向引导。首先，教师要明确宽容与懦弱的区别即：宽容者是有底线的，一旦对方突破底线，宽容者会通过权利和能力停止克制，强力地反制；而懦弱者之所以克制是因为胆怯或无能，所以只能永远克制、逃避。其次，教师可为家长推荐宽容与懦弱主题鲜明的绘本，在横向对比感知下了解宽容与懦弱行为的区别。最后，教师建议家长与幼儿聊一聊在以往的生活中，做过哪些自己认为是宽容或懦弱的事情，说出自己的理由，引导幼儿发现宽容与懦弱行为带来的因果关系的不同，发现宽容的魅力。

（北京市大兴区第六幼儿园　韩晶晶　杨国辉）

第五章　积极品格：阳光开朗少烦恼

一、主题说明

◎**情境链接**

　　老师最近开展了"我要上小学"的活动，班上的青青似乎对这个主题并不感兴趣，她也不想跟大家谈论与小学相关的话题。老师耐心引导后才知道，她的爸爸妈妈打算让她幼儿园毕业后去另一个地方上小学，这也就意味着她要去一个全新的、不能遇到好朋友的学校，因而一直闷闷不乐。

　　青青的状态是典型的入学焦虑，可以看出她对未来的小学生活是比较排斥的，和好朋友分开以及对小学生活的不确定让她害怕，进而导致心情不好。教育部《关于大力推进幼儿园与小学科学衔接的指导意见》的附件《幼儿园入学准备教育指导要点》在"身心准备"方面强调教师要引导幼儿"建立积极的入学期待"，"发现每个幼儿对小学学习生活的兴趣点，多从正面引导，减少幼儿对小学学习生活的压力和负面感受"。

　　《3—6岁儿童学习与发展指南》在健康领域明确提出大班幼儿要"经常保持愉快的情绪"；在社会领域强调大班幼儿要"在群体活动中积极、快乐"。随着幼儿年龄的增长、经验的丰富，他们接触的事物会越来越多，在这个过程中会有"风调雨顺"的时候，也有遭遇"毛毛雨"或"倾盆大雨"的时候，那么幼儿该以怎样的心态面对遇到的困难或挫折呢？这是我们在教育过程中需要关注和重视的。成人既要鼓励幼儿以积极的态度应对挑战，"争当第一"，也要能够用正确的方式来"消除烦恼"；要培养幼儿正向看待问题，遇到困难善于从实践中发现"重生"的契机，学会用乐观、阳光的心态处理与他人、环境的关系。

二、主题目标

　　第一，愿意在生活中做一个积极、阳光的人，不开心的时候能够想办法调节情绪。

　　第二，意识到积极是一种好的生活方式和情绪状态，应该提倡和保持。

　　第三，知道遇事抱怨、退缩或逃避都是没用的，要用积极的心态来面对。

　　第四，知道事物有两面性，挑战与机遇并存，从不同的角度思考，就会有不同的结果。

　　第五，在集体生活中，能够保持积极、乐观的心态，情绪稳定、快乐。

第六，做事积极主动，追求进步，一件事情做好还想做得更好，不安于现状。

第七，对小学生活有好奇和向往，愿意为成为一名合格的小学生而努力。

三、环境创设

(一)主题墙

《幼儿园教育指导纲要(试行)》明确指出，"环境是重要的教育资源，应通过环境的创设和利用，有效地促进幼儿的发展"。主题墙作为一门"隐性课程"，不仅体现幼儿生活学习的日常，还能作用于幼儿，促进幼儿身心、社会化、个性化发展。积极品格主要包括情绪状态、情绪调节、行为表现三个维度。基于幼儿年龄特点，积极品格主题墙以图文结合的方式呈现，主题墙的结构相应地划分为对应的三个部分：阳光的我、怎么战胜坏情绪、积极的日常。

1. 阳光的我

这部分主要让幼儿感受积极情绪的状态，在幼儿园一日生活、游戏、集体活动、劳动等环节中，拥有爱、快乐、幸福感等积极情绪体验，做到情绪稳定，例如，每天开心入园和老师打招呼；在游戏中享受与同伴在一起合作的快乐；在集体活动中积极发言、劳动，感受丰收的快乐等，并以活动图片的形式进行梳理和展示。

2. 怎么战胜坏情绪

积极品格的发展主要体现在情绪调节方面，情绪调节是对情绪的内在过程和外部行为所采取监控与调节，以适应外界环境和人际关系需要的动力过程。学前阶段是幼儿情绪发展的重要时期，幼儿在一日生活中产生一些不良情绪时需要合理宣泄和正确调节。教师有意识地培养幼儿对情绪的自我认识，让幼儿学会正确的调节方法，如通过音乐、绘画、阅读绘本、运动等途径进行宣泄和调节，对于幼儿心理健康的维护具有极其重要的意义(图5-1)。

图 5-1　怎样战胜坏情绪

3. 积极的日常

这部分展示在本主题下幼儿园开展的系列活动"积极的一天"，以及幼儿在活动"我们的运动会"中的表现。例如，愿意参与集体活动，并在活动中主动献计献策；在户外活动中，遇到困难时和同伴合作；当接到有难度的任务时，愿意尝试；有计划地安排自己的活动和生活。以上环节都以图片的形式进行直观的展示（图5-2）。

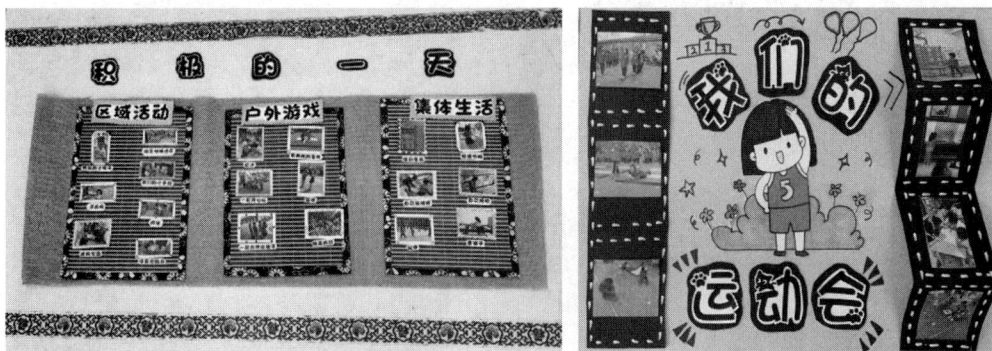

图 5-2 积极的日常

（二）家园共育栏

本期家园共育栏要重点向家长传递培养积极品格的重要性，鼓励家长相互分享自己对积极品格的理解和感悟等。此外，教师要用心记录幼儿在各类活动中的积极表现，并引导家长分享幼儿在日常家庭生活中的积极行为、情绪等，用图文并茂的方式让家长掌握培养幼儿积极品格的方法。

1. 主题内容告知

这部分主要向家长介绍积极品格主题相关内容，让家长知晓本期主题活动安排，因此，可以用文字或图文并茂的方式呈现。此外，教师还可以向家长推荐适应品格相关的绘本，展示家长学习品格课堂的感悟（图5-3）。

图 5-3 家园联系栏

2. 日常亲子陪伴

日常亲子活动展示墙可以设置在家园共育栏下方的位置，记录幼儿日常或与家人及他人在一起积极相处的时光，可以展示亲子共同参与的各项活动，亲子完成的本月品格任务，体现积极向上家庭氛围的画面等，营造积极乐观的生活氛围(图 5-4)。

图 5-4　温暖的亲子时光

(三)幼儿成长(学习)记录墙

1. 我爱劳动

这部分环境创设主要以幼儿为主，用来记录幼儿积极品格的发展过程，帮助幼儿直观地看到自己从消极地面对人和事到能积极看待问题、努力解决问题，用乐观、阳光的心态处理与他人、环境的关系的成长过程(图 5-5)。

图 5-5　我爱劳动

2. 遇到困难我不怕

这部分主要用来集中展示幼儿积极品格的发展过程，内容可以以幼儿具有冒险精神、不怕困难、遇到问题会主动想办法；能主动探索、主动做事；拥有正向、阳光的精神状态为主。例如，遇到困难了，我们一起想办法；主动承担家务；今天我很快乐；你好，小学等(图 5-6)。

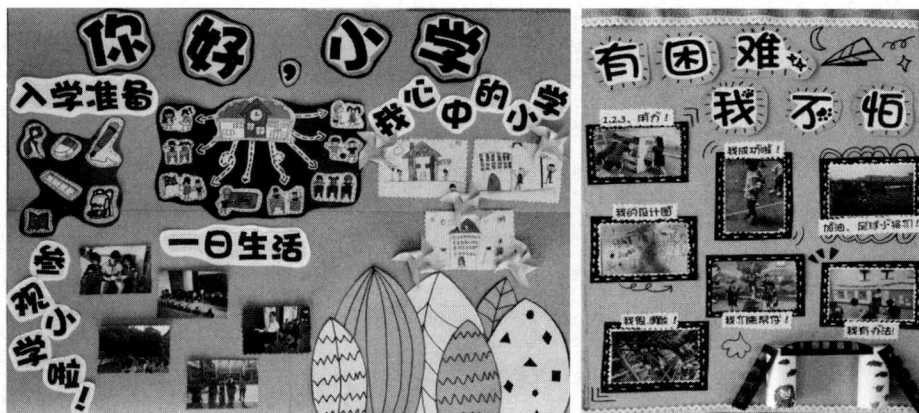

图 5-6　遇到困难我不怕

（石家庄市直机关第一幼儿园　李娜　孙兴）

四、教学活动案例及反思

(一)品格绘本阅读活动

1. 积极品格绘本推介

从心理学的角度来讲，积极是一种正向愉悦阳光的情感体验。积极的情感，有利于激发积极向上的动力，尤其是幼儿，所以积极往往跟热情、乐观是联系在一起的。一个积极阳光的人更容易被群体接纳，更容易融入新的集体，对于即将进入小学的幼儿来说显得尤为重要。本期主题主要筛选了 4 本绘本推荐作为教师开展教学活动的载体，让幼儿在一日生活过程中培养和形成积极的品格，具体见表 5-1。

表 5-1　积极品格绘本推荐及解析

绘本名称	主要内容	绘本中的"积极"
《好消息坏消息》	在这个绝妙故事的开头，我们看到了两个性格截然不同的小伙伴。故事则紧扣着"好消息"和"坏消息"这两个全书中仅有的词语，不断切换着各种出乎意料的有趣场景，交替上演着这场野餐之旅的悲喜剧……	在生活中总有这样那样的突发情况，让幼儿不知所措，让幼儿学会处理朋友之间的矛盾，学会换个角度看问题，培养幼儿乐观的心态。
《爱抱怨先生》	爱抱怨先生平时看什么都不顺眼，出门他嫌高山挡了他的路，吃饭他怪菜不合胃口，逛商店他觉得衣服款式不好看，又嫌鞋店的鞋子不合他的脚，还怪菜店的萝卜太辣不好吃……总之，他觉得一切都糟透了。	生活中总会遇到困难、不如意的事，与其消极抱怨、发脾气，不如用积极的心态，专注于事情好的方面。

绘本名称	主要内容	绘本中的"积极"
《熊瞎子掰苞米》	这本绘本改编自东北家喻户晓的熊瞎子掰苞米的故事。深秋的夜晚熊瞎子溜进苞米地，一路掰，一路丢，最后只抱着一个苞米回家，而故事里的孩子和妈妈看到一地的苞米笑得合不拢嘴。院子里的家畜们有的赶紧趁机开吃，有的开始窃窃私语，有的在帮主人捡，场面好不热闹……	故事里的熊瞎子虽然最后只拿着一个苞米回家，但它似乎非常开心，也许它在这趟冒险中得到了无与伦比的快乐体验。这不再是一个劝导孩子"不要丢三落四"的故事，而是一个鼓励我们乐观豁达、积极应对一切的开心故事。
《水獭先生的新邻居》	刚搬到湖心的水獭先生正在收拾自己的新家，住在湖边的邻居们先后带着礼物来拜访：河狸先生扛来适合做床的木板，犬羚夫妇搬来刚做好的圆桌子，绵羊一家带来刚丰收的棉花，鹅宝宝们送来织坐垫用的蒲草……最后熊先生也来了，这一次会发生什么意料之外的事情呢？	绘本中水獭先生搬新家，遇到了自己未预料到的事。水獭先生和邻居们展现了强大的心理素质，以乐观、积极的态度面对被神秘访客无意中造成的残局。故事散发了浓浓的人情味，同时也让每个人感受到了平静、和谐，以及人与人之间的相处之道！

2. 教学活动案例

接下来我们以语言活动"好消息坏消息"为例阐述积极品格语言领域教学活动的组织要点，见表 5-2。

表 5-2　积极品格语言领域教学活动

好消息坏消息	
活动环节	**活动设计**
活动目标	认知目标：理解故事内容，知道同一件事不同的人、不同视角看到的结果是不一样的。 能力目标：能根据线索猜想故事情节并较完整地讲述。 情感目标：愿意用积极、乐观的心态面对遇到的问题。
活动准备	经验准备：幼儿具备一定的读图能力，能够联系多幅图串联故事情节。 物质准备：1. 绘本课件《好消息坏消息》。 2. 幼儿一日生活中糟糕的情境照片；生活中既是坏消息又是好消息的图片，如下雪的场景、高个子和矮个子的对比图片、午饭有幼儿不喜欢的一种蔬菜等。
活动过程	一、谈话导入，引导幼儿感知同一件事可以从不同视角来看待 师：小朋友们，生活中有各种各样的消息，有好消息也有坏消息，那什么样的是好消息，什么样的是坏消息呢？ 小结：好消息就是听到后让你感觉很开心的事，坏消息听了很难过或者不开心。 师：老师给大家带来了几幅图片（下雪的场景），你们觉得是好消息还是坏消息呢？ 小结：下雪了路上变得很滑很危险，但是下雪的时候可以和好朋友一起打雪仗，还可以欣赏雪景。所以下雪既可以是好消息也可以是坏消息，看问题的角度不同，同一件事给我们的感受也会不一样。 （**品格元素**：教师让幼儿明白出现问题后尝试用不同的角度看待问题，会有不一样的发现）

好消息坏消息	
活动环节	活动设计
活动过程	**二、出示封面、环衬与扉页，激发幼儿对故事内容的兴趣** 封面：这是一个关于谁和谁的故事？ 环衬：这张图里有什么？你们刚刚说的都会出现在故事里，大家猜一猜这会是一个什么故事。 扉页：小兔子和小老鼠的心情怎么样？他们打算去做什么呢？为什么这个故事的名字叫《好消息坏消息》？带着这些问题，我们一起去故事里找答案吧！ **三、引导幼儿分组自主阅读绘本，了解故事梗概** 1.教师引导幼儿带着问题分组自主阅读。 师：请大家和自己小组的小朋友一起打开绘本故事，看一看故事里发生了什么。 师：看故事的时候，大家要留意一下故事里的好消息、坏消息分别是什么。 2.教师出示图片，引导幼儿将故事里的好消息、坏消息分类。 师：老师将小兔子和小老鼠的图片贴在黑板上。接下来老师要将小朋友们分为好消息组和坏消息组，看看哪一组小朋友能够在最短的时间内把故事里的消息贴到正确的位置。 师：好消息组的小朋友要从老师准备的图片里找到好消息，然后贴在小兔子的位置；坏消息组的小朋友要将坏消息的图片贴到小老鼠的位置。 小结：小兔子认为的好消息有可以野餐、下雨有伞、伞挂在大树上、树上掉下来苹果可以吃、有蛋糕吃、有苍蝇拍可以打蜜蜂、果酱好甜、有一个山洞可以藏起来、可以爬上旗杆躲避大熊、大熊被闪电击中。小老鼠认为的坏消息有下雨了、自己被风吹到天上、树上掉下来苹果砸到头了、苹果里面有虫子、蜜蜂趴在蛋糕上、果酱溅在身上、一群蜜蜂追来、山洞里有一头大熊、被闪电击中等。 **四、出示环衬页，鼓励幼儿看图简要讲述故事内容** 师：小朋友们对故事里发生的好消息、坏消息已经非常熟悉了，接下来老师要考考小朋友们能不能根据这幅图里的线索跟大家讲一讲这个故事。（环衬页） 师：我们还是分为两组小朋友来比赛，每个小组选出一个小朋友来讲故事，当他忘记的时候，小组内的其他小朋友可以提醒他。最后看看哪个组讲的故事最完整、最准确。 **五、师幼完整讲述故事内容，加深幼儿对故事主题的理解** 师：为什么同一件事，小兔子和小老鼠的心情不一样呢？ 师：如果你是小老鼠，你会用什么办法把自己遇到的坏消息变成好消息呢？（教师引导幼儿观察黑板上小老鼠遇到的坏消息图片，启发幼儿思考如何将坏消息变成好消息） 师：听了这个故事，你有什么想对小老鼠说的吗？ 小结：在生活中我们也会像小兔子和小老鼠一样，遇到一些糟糕的事情让自己不开心。但是，我们也可以在这些糟糕的事情里发现好玩的、有趣的地方，小兔子和小老鼠看待事情的角度不一样，所以心情就会不一样。只要我们能够像小兔子一样积极、乐观，就会把坏消息变成好消息，就会更开心、快乐。 **六、引导幼儿观看生活中的情境照片，尝试不同角度看待问题** 教师出示一日生活中糟糕的情境照片，引导幼儿说一说是好消息还是坏消息，引导幼儿以积极的心态面对生活中的任何事情，相信方法总比困难多。 师：个子矮是好消息还是坏消息？怎样能把它变成好消息呢？今天的午饭有小朋友不喜欢的一种蔬菜，这是好消息还是坏消息呢？怎样能把它变成好消息呢？（教师出示生活中既是坏消息又是好消息的图片）

续表

好消息坏消息	
活动环节	活动设计
活动过程	小结：个子矮拿高处的东西不方便，这是坏消息，可是个子矮拿平地上的东西就会很容易。午饭有小朋友不喜欢吃的蔬菜，这是坏消息，可是多吃蔬菜对我们的身体有益处，这样想就可以把它变成好消息。在生活中，有许多这样的情境，只要我们积极面对，相信方法总比困难多。
活动延伸	**一、领域延伸** 教师可以鼓励幼儿活动后和好朋友分享一件自己印象最深的坏事变好事的事情，说一说自己当时是怎么做的；也可以回家后和爸爸妈妈分享当天学到的故事，问一问爸爸妈妈有没有坏事变好事的经历，当时是怎么做的，心情怎样等。 看待问题的角度不同，心情也不同，悲观消极的心情对身心健康有非常大的负面影响，结合本次教学活动，教师可以有针对性地开展健康领域保持好心情或情绪相关的教学活动。 **二、区角延伸** 教师可以在图书区投放绘本故事和头饰，鼓励幼儿和好朋友一起阅读绘本并表演出来。 教师可以在美工区引导幼儿根据生活中发生的各种困难，创编属于自己的好消息坏消息锦集，画出来并装订成册。 **三、家园共育** 教师可以通过家长课堂和家园联系栏，向家长宣传积极心态的重要性。在生活中遇到糟糕的事情时，家长要用积极的态度引导幼儿处理生活中糟糕的事情。例如，家长用乐观的生活态度，营造和谐的家庭氛围，使幼儿的心态在潜移默化中受到影响，引导幼儿大胆地表达自己的情绪情感；同时引导幼儿控制情绪情感，可以多进行一些控制情绪的训练(拒绝幼儿的要求、延迟幼儿的需求等) **四、环境渗透** 教师以自身积极的情绪感染幼儿，使其形成和保持积极的情绪。幼儿年龄小，模仿性、受暗示性强，教师的一言一行、一举一动对幼儿都有影响。因此，教师要保持积极的情绪，对保持幼儿的积极性带来潜移默化的作用。

3. 活动反思

(1)活动特点

活动目标清晰，难度适宜。教师注重幼儿的主观思考和语言力的表达，让幼儿能仔细地倾听和观察画面，从而引导幼儿根据看到的画面来大胆表达自己的想法和猜测。活动环节层次分明，教师通过引导幼儿自主阅读绘本故事，感知小兔子始终保持的积极心态，让幼儿通过观察画面和提供的信息来讨论和表达自己的观点，猜一猜和想一想，到底是好消息还是坏消息，以及为什么。在这一目标中，更多的是幼儿与幼儿之间的讨论和思考，看图来表达自己的想法。活动总结能够结合幼儿的生活实际，实现故事与生活的衔接，发挥故事对生活的指导意义，让幼儿在面对同一件事情中，尝试从不同角度来看待问题，从而初步感受以乐观积极的心态去面对生活。

(2)活动实施建议

由于故事情节复杂，教师可以在活动时准备充分的图片，帮助幼儿记忆故事情节，学会换个角度看问题，培养幼儿乐观的心态。教师要鼓励幼儿大胆表述自己对故事的看法，注意积极倾听，肯定幼儿看待事物的不同角度。

（济南市槐荫区腊山南苑幼儿园　李丽　郑晓倩）

（二）品格社会领域教学活动

1. 积极品格的社会领域教学活动设计说明

积极品格主题下的社会领域教学活动主要以积极的情绪状态和积极的行为表现为切入点。对于大班幼儿来说，他们能够主动承担任务，遇到困难能够坚持而不轻易求助，往往成功之后还想做得更好。在理解积极意义、体验积极行为方面，教师要通过集体教学活动的形式，集中地通过绘本、视频、做计划等形式帮助幼儿理解积极的意义及具体的行为表现，通过游戏的方式激发幼儿积极参加集体活动、努力争当第一的情绪情感，鼓励幼儿遇到困难时积极想办法解决，不轻言放弃。在一日生活方面，教师要通过各种竞赛类的活动、口诀，帮助幼儿将积极的情绪、行为迁移到一日生活中。

2. 教学活动案例

接下来我们以社会活动"我想赢，也不怕输"为例阐述积极品格社会领域教学活动的组织要点，见表5-3。

表 5-3　积极品格社会领域教学活动

我想赢，也不怕输	
活动环节	**活动设计**
活动目标	认知目标：感知积极的重要性，初步了解积极的典型表现。
	能力目标：能够主动地分享自己面对输赢时的心态及调节的办法。
	情感目标：愿意参加集体活动，努力争取好成绩。
活动准备	经验准备：1. 幼儿熟悉绘本故事《我想赢，也不怕输》。 2. 幼儿在生活和游戏中有成功和失败的经历。 3. 幼儿学过社会技能"争当第一"，能够熟练地说出技能口诀"做事情，要努力；有信心，争第一；没当第一别放弃；当了第一更努力"。
	物质准备：1. 视频：片段一——面对失败（一个小朋友在跳绳比赛中未获得名次）；片段二——不轻言放弃（这个小朋友每天在户外活动中坚持练习跳绳）；片段三——努力获得成功（这个小朋友最后在班级运动会跳绳项目中获得第一名）。 2. 奖章、纸、笔、豆子、筷子、一次性碗、投壶用的小桶、彩笔。 3. 音乐《加加油》。
活动过程	**一、回顾故事《我想赢，也不怕输》，唤起幼儿的学习经验** 师：小朋友们，大家还记得这个故事讲了一件什么事情吗？ 师：小女孩参加了哪些比赛，结果怎么样？当比赛输了的时候，她是怎么做的？ 小结：积极的情绪和行为能让我们面对挑战充满信心。所以，我们不管输赢都要积极面对，不退缩。

续表

活动环节	活动设计
	我想赢，也不怕输
	（**品格元素**：此环节教师通过回忆故事，唤起幼儿对积极的学习经验，有助于幼儿了解积极的行为表现）
	二、小组分享：自己参加比赛的经历
	师：你们参加过哪些比赛？结果怎么样？（户外游戏、运动会、对战游戏等）面对比赛结果，你们的心情怎么样？请小朋友们三人一组，和好朋友一起分享自己参加比赛的经历。
	教师请幼儿进行小组分享。
	小结：大家的分享内容真有趣，有的小朋友说×××，有的小朋友说×××。其实，我们发现每个小朋友都在比赛活动中尽了自己最大的努力去争取最好的成绩，但只要是比赛就会有输、有赢的时候，关键在于我们怎样面对输和赢。
	（**品格元素**：此环节教师组织幼儿进行小组讨论、回忆并分享自己有关输赢的经历，进一步感知积极品格的重要性）
	三、播放视频，引导幼儿体会积极面对困难与挑战的重要性
	视频片段一——面对失败：一个小朋友在跳绳比赛中未获得名次。
	师：她怎么了？如果是你，你接下来会怎么办？
	视频片段二——不轻言放弃：这个小朋友每天在户外活动中坚持练习跳绳。
	师：失败后她是怎么做的？你觉得她这样做会成功吗？
	视频片段三——努力获得成功：这个小朋友最后在班级运动会的跳绳项目中获得第一名。
活动过程	小结：大家在比赛中都想做到最好，这能让我们心情愉快、有自豪感，但失败了也没关系。失败后，我们要想一想失败的原因以及避免再次失败的办法。
	（**品格元素**：教师分段播放视频，在每一段视频的结尾引导幼儿认识到要想成功就要坚定目标，即使暂时遇到失败也不轻易放弃）
	四、游戏：我来挑战
	材料：音乐、奖章、纸、笔、筷子、豆子、碗、投壶用的小桶和彩笔。
	规则：当音乐响起时，幼儿自由选择游戏和对手。音乐停止即游戏结束。挑战成功后赢得一枚奖章。
	游戏一：石头剪刀布
	玩法：两名幼儿玩游戏"石头剪刀布"，并记录结果。音乐停止时，赢的次数最多的幼儿获胜。
	游戏二：夹豆子
	玩法：两名幼儿比赛用筷子将豆子夹到碗中。在音乐停止后，数出自己夹了多少豆子，豆子数量多的幼儿获胜。
	游戏三：投壶
	玩法：两名幼儿用彩笔进行投壶游戏。音乐停止时，投进彩笔最多的幼儿获胜。
	教师组织幼儿分组，与同伴分享自己挑战的经历。
	小结：在活动中，要认真地朝着一个目标努力，对自己有信心。
	（**品格元素**：教师让幼儿在游戏中再次体会努力争取好成绩，以及勇敢面对失败的经历，并通过互动总结强化幼儿积极向上的品质）

续表

我想赢，也不怕输	
活动环节	活动设计
活动过程	**五、回顾社会技能"争当第一"，引导幼儿学会胜不骄败不馁** 师：小朋友们，我们要对自己有信心，在游戏中要尽最大的努力争取做到最好，取得好成绩要不骄不躁，没取得好成绩也不要放弃，要继续努力。就像我们之前学习的社会技能"争当第一"说的那样："做事情，要努力；有信心，争第一；没当第一别放弃；当了第一更努力。" （**品格元素**：教师通过社会技能"争当第一"引导幼儿进行积极的自我暗示）
活动延伸	**一、区角延伸** 教师可以在益智区投放五子棋及五子棋挑战记录单，鼓励幼儿与同伴一起挑战，创设"五子棋明星榜""我的好方法"两个展示板，展示幼儿的比赛成绩与方法；还可以创设"拼插小能手"展板，展示幼儿拼插的作品。教师基于各类益智挑战游戏，在幼儿之间形成互帮、互助、互欣赏的积极乐观的活动氛围。 **二、生活渗透** 首先，教师在生活中要树立积极、乐观的榜样，减少抱怨、责备和训斥等负面情绪与行为。其次，教师在日常生活中可以创设条件，让幼儿有机会参与一些竞赛互动活动，在活动中锻炼幼儿勇于拼搏、不轻言放弃的品质，如跑步、跳绳、踢球、拍球等体育运动。最后，当幼儿遇到问题时，教师要鼓励幼儿主动想办法，尝试自己解决，减少成人的包办代替。

3. 活动反思

（1）活动特点

活动目标明确。本次教学活动旨在引导幼儿感知积极的含义及行为表现，进而剖析面对输赢时的不同心态及调整心态的办法。活动准备充分，确保了活动的趣味性，并促进了活动目标的达成。在充分考虑幼儿经验准备的基础上，教师提供了幼儿熟悉的绘本、来自幼儿生活的视频以及幼儿熟悉的游戏活动。丰富的准备能够调动幼儿参与活动的兴趣，让幼儿将注意力持续地聚焦在活动中，有助于活动目标的实现。活动过程轻松、有趣。教师以绘本回顾导入，引出主题；进而请幼儿自主分享，回顾自己的活动经历；又用视频的形式，帮助幼儿理解积极的内涵；最后通过游戏的方式，让幼儿在操作、体验中领会积极面对挑战与失败的意义。

（2）活动实施建议

首先，准备的活动视频要具有典型性。活动的第三个环节以跳绳为抓手，引导幼儿观察、讨论，教师也可以选用其他场景的素材，图片或视频均可，但素材必须紧扣活动目标。

其次，做好活动规划。本次教学活动中涉及互动游戏，因此，在活动之前，教师需仔细梳理游戏环节的组织，如分组安排、材料提供等，以确保该环节能够顺利进行。

最后，需灵活应对活动重难点。本次教学活动的重点在于通过绘本阅读、小组分享自己参加比赛的经历引导幼儿感知积极品格；难点则是在视频讨论、游戏互动中激发幼儿积极面对困难与挑战的品质。基于这两点，教师在活动中可以根据本班幼儿的兴趣与发展特点，在教学方式与策略上进行有针对性的调整。

（北京市大兴区礼贤镇中心幼儿园　柴娜　桂潇飞）

（三）品格综合领域教学活动

1. 积极品格的综合领域教学活动设计说明

教师在实施教育活动中，应将品格课程与综合主题课程等多种课程资源相渗透相融合，以形式多样、全面渗透的实施原则，促进幼儿品格教育的深入开展。积极品格中的健康领域活动会涉及幼儿情绪方面的内容，教师可针对性地开设心理健康教育活动，如战胜困难、积极乐观的情绪、消除坏心情等；也可针对性地开展增强体质，培养积极勇敢、团结合作精神的体育游戏活动，如运动技能训练、竞技性比赛等。科学领域活动可以结合大班年龄特点与学习特点，通过直接感知、亲身体验、实际操作，引导幼儿积极探索材料、探究科学现象，如科学小实验、数学探究活动等，使幼儿在积极探索中感受科学活动的神奇与有趣。艺术领域活动则可以通过绘画艺术创作、音乐动作创编等多元化艺术表达形式，引导幼儿积极参与到艺术活动中，激发幼儿大胆想象、自由创作。

2. 教学活动案例

接下来我们以科学领域活动"量量谁跳得远"为例阐述积极品格综合领域教学活动的组织要点，见表5-4。

表5-4　积极品格综合领域教学活动

量量谁跳得远	
活动环节	**活动设计**
活动目标	认知目标：尝试利用自然物测量跳远的距离，感知测量工具与测量结果之间的关系。
	能力目标：掌握首尾相接的测量方法。
	情感目标：与同伴乐于探索，积极合作、分享交流。
活动准备	经验准备：1. 幼儿进行过户外跳远游戏，明确跳远的规则。（站在起跳线后，脚尖紧对着起跳线，向前起跳、落地。跳远距离是指脚后跟与起点线的直线距离） 2. 幼儿有用自然物测量的经验。
	物质准备：1. 户外场地、已画好跳远线、垂直测量线。（数量为幼儿人数的一半） 2. 小筐（数量为幼儿人数的一半）。 3. 小筐内有粉笔一支、积木两块、废旧毛巾两条、吸管或一次性筷子两根、记录笔一支、记录单一张（数量为幼儿人数的一半）。
活动过程	**一、户外跳远游戏，引出测量任务** （一）游戏：我们来跳远 教师鼓励幼儿自由结伴，两人一组练习立定跳远1～2次，引导幼儿观察并说一说自己和同伴谁跳得更远。 （二）引出问题"我跳了有多远" 师：刚才我们用目测的方法，知道了谁跳得远，谁跳得近。你们能说出自己跳了多远的距离吗？怎样才能知道呢？（幼儿自由交流讨论，引出测量话题） **（品格元素：此环节教师以跳远游戏导入，引导幼儿在游戏活动中积极体验数学的有用与有趣）**

续表

量量谁跳得远	
活动环节	活动设计
活动过程	二、引导幼儿学习"首尾相接"的测量方法 (一)示范跳远,量一量跳得有多远 1. 教师站在起跳线后立定跳远。 2. 教师强调动作要领与要求:脚尖紧挨起点线;跳出后,脚不能挪动;沿脚后跟处做记号。 3. 教师引导幼儿思考可以用什么自然物来代替尺子进行测量。 4. 教师引导幼儿运用积木测量跳远距离,学习首尾相接的测量方法。 (二)强调测量要求 1. 第一块积木从起点线开始,第二块积木紧接第一块的尾部。 2. 两块积木交替,强调首尾相接。 3. 边移动积木边数出移动积木的次数。 4. 为最后余出部分做记号。(余出部分特指不够一个完整积木的长度距离) (三)幼儿两两合作,用积木量一量跳得有多远 1. 幼儿两两合作比赛跳远,并用粉笔在跳的终点处做记号。 2. 幼儿用积木进行测量,并记录测量结果。 教师强调"首尾相接"的正确测量方法,指导幼儿用相应的符号记录测量结果,最后统计积木测量结果。 (品格元素:此环节教师组织幼儿两两进行比赛,测量比出跳得最远的幼儿,请幼儿积极参与争当两人小组的第一,大胆探索尝试测量方法) 三、两两幼儿再次合作,用其他物品量一量跳得有多远 1. 幼儿选取两种自然物分别进行测量,并记录测量结果。 教师强调"首尾相接"的正确测量方法,指导幼儿用相应的符号记录测量结果。 2. 教师引导幼儿从数据结果中,比一比谁跳得远。 四、引导幼儿统计记录的结果 (一)引导幼儿对比不同测量工具测量出的结果 教师引导幼儿数一数并对比不同测量工具测量出结果。例如,幼儿用绳子和纸盒分别测量了同一段距离,分别数一数用到的绳子和纸盒的数量并进行比较。 (二)引导幼儿发现问题 测量结果为什么有的数大,有的数小?和测量工具的长短之间的关系?(测量工具长,测量距离的数字小;测量工具短,测量距离的数字大) (品格元素:此环节教师引导幼儿通过记录、统计测量结果后,在比较数据中积极思考,发现测量工具的长短与测量距离的数据之间的互逆关系)
活动延伸	一、区角延伸 教师可以创设"投掷沙包""我的影子"等体育游戏,鼓励幼儿尝试运用多种工具、探索多种测量方法进行测量。 二、家园共育 教师可以鼓励幼儿在日常生活中积极测量各种物品,探索新的测量方法,并大胆清楚地表达测量方法与测量结果。

3．活动反思

（1）活动特点

教师借助大班幼儿户外开展的跳远游戏活动为数学知识的探索元素，结合大班年龄特点与学习特点，设计了关于自然测量的户外数学活动。活动目标清晰，目标难度适宜，重点明确，符合大班幼儿数学能力发展水平，引导幼儿通过直接感知、亲身体验、实际操作掌握正确的测量方法，尝试运用多种常见的自然物为测量工具测量跳远距离，积极探索快速准确的测量方法并记录，从中感受自然测量的方便与有趣。幼儿两两合作的组合探索方法，激发幼儿积极相互研讨，在思想的相互碰撞中，积极运用数学的方法来解决，体验解决问题的乐趣。活动的环节层层递进，通过游戏导入、教师示范、幼儿操作、两两比赛等教学策略，引导幼儿积极思考，两人合作测量并记录。

（2）活动实施建议

教师提供的自然测量工具可以根据教学活动需要进行调整，充分利用身边的、随手可得的自然物作为测量工具。同时，测量工具的材质、软硬、长短要有差异性，以便使测量中不同方法的测量结果的数据出现不同。

（中国人民解放军战略支援部队信息工程大学第四幼儿园　叶争艳　毛梦雅）

(四)幼儿社会技能教学活动

1．活动设计说明

主动性是幼儿的重要学习品质之一，主动地去挑战事物是大班幼儿的特点之一。大班幼儿的竞争意识较强，他们在活动中非常享受成功带来的喜悦感，但消极情绪往往不利于幼儿的身心发展，因此，学会向积极情绪转化是一项重要技能。对大班的幼儿来说，积极品格中最重要的社会技能就是"争当第一"和"消除坏心情"，即保持良好的情绪状态，培养成就动机和自信心，端正求进步、不服输的精益求精的做事态度。

2．社会技能"争当第一"教学活动案例

社会技能"争当第一"的技能口诀是：做事情，要努力；有信心，争第一；没当第一别放弃；当了第一更努力。接下来我们以活动"努力拼搏不松懈"为例阐述社会技能"争当第一"教学活动的组织要点，见表 5-5。

表 5-5　社会技能"争当第一"教学活动

努力拼搏不松懈		
活动环节	活动设计	
活动目标	认知目标：初步理解"争当第一"口诀的含义，知道做事情要认真对待、全力以赴。	
	能力目标：能够大胆说出自己对技能的理解以及为了"争当第一"要付出的努力。	
	情感目标：端正求进步、不服输的做事态度，萌发愿意把事情做到更好的意识。	
活动准备	经验准备	班级准备召开挑战赛。
	物质准备	幼儿男女比赛和练习的视频，背景板，技能口诀音频。

努力拼搏不松懈	
活动环节	活动设计
活动过程	**一、出示本班幼儿男女比赛视频，引发幼儿讨论，激发幼儿兴趣** 师：小朋友们，你们还记得这场比赛吗？你们还得这场比赛为什么能获胜吗？ 师：你们心里还有没有想争第一的想法？ **二、播放幼儿练习视频进行话题讨论，引导幼儿感受取得好成绩需要付出努力** 师：小朋友们，我们一会儿又要进行班级挑战赛了，你们觉得自己会取得什么成绩？为什么？ 师：小朋友们很多都说，希望自己能取得好成绩，那我们光靠说是不能取得好成绩的。我们可以做哪些努力呢？ 师：如果没有获得第一名，你会怎么想呢？ **三、学习"争当第一"口诀** 师：刚才小朋友们都说参加比赛之前需要付出很多努力，才能获得我们理想的第一名，那老师今天教大家一个口诀，一会儿参加比赛的时候可以用这个口诀给我们自己加油打气。 师：我们的口诀就是："做事情，要努力；有信心，争第一；没当第一别放弃；当了第一更努力。" 师：一会儿挑战赛的时候请小朋友们一起说一说这个口诀，看看哪个队伍说得有气势！ 教师引导幼儿参加障碍接力跑，总结口号，并尝试每队创编新口号。 师：接下来，我们分成男女两队，进行障碍接力跑，先到达终点的队伍获胜。让我们一起喊口诀，一起出发吧！ 师：我们小朋友做事情要努力，要有信心争第一，没当第一的队伍别放弃，当了第一的队伍要再努力，我们再来玩一次！现在请小朋友们为自己的队伍编一个响亮的口号吧！看看口号可以怎样更加有气势，帮大家增加信心。（教师引导加入特点、信息以及争夺第一的信息） 师：哪位小朋友想好了可以来说一说。 师：（再次游戏）男生女生一起喊出你们编的新口号，开始吧！ 师：接下来，我们要进行"口诀拼图"赛跑，小朋友跑到背景板前拿掉一块金牌，然后迅速跑回来。金牌拿掉后背景板上就会露出拼图，下一个小朋友按同样方法拿掉金牌。哪个队伍的拼图最快全部露出来，队伍就获胜了，接下来让我们喊着响亮的口号出发吧。 **四、教师总结** 师：恭喜我们今天最棒的小朋友们！你们都取得了不错的成绩！每个小朋友都得到了一块金牌。小朋友们在之后的生活中，会遇到很多比赛，大家也要像今天一样，让我们一起喊出今天学会的口诀。
活动延伸	**一、区角延伸** 教师可以鼓励幼儿画一画自己在比赛活动中的精彩表现，并且可以和自己的好朋友一起分享自己的体会和感受。教师可以帮助幼儿用文字的方式简单备注画面信息，鼓励幼儿围绕社会技能"争当第一"的口诀设计加油海报，强化幼儿对技能内涵的理解。 **二、家园共育** 教师可将幼儿在活动中的精彩表现分享给家长，同时附上社会技能"争当第一"的意义、培养的策略与方法等，让家长在日常生活中多鼓励幼儿以积极的态度应对困难和挑战。此外，教师还可以提示家长主动跟幼儿分享他们在生活中、工作中参与应对比赛、竞争的态度，重点要传递积极参与、勇敢拼搏、全力以赴的态度。

3. 活动反思

（1）活动特点

活动目标清晰，重在引导幼儿感知、体会、理解全力以赴的做事态度。本活动将社会技能的学习融入幼儿的比赛活动，激发幼儿不畏困难、勇敢争取好成绩的毅力和决心，使幼儿在活动中真切地领会技能口诀的内涵，从而达成活动目标。除了参加比赛的幼儿，为了让更多幼儿参与到活动中，教师将技能口诀改为加油口号，不仅强化了幼儿对口诀的记忆，也能活跃比赛氛围，增强幼儿参与活动的积极性。

（2）活动实施建议

社会技能"争当第一"体现的是一种积极面对竞争的态度，因此，在组织该技能教学活动时，教师要有意识地营造竞赛氛围，让幼儿在比赛中奋力拼搏，争取好成绩。教师还可以在户外开展本次社会技能教学活动，借助体育器材，设置有趣的比赛项目，增强活动的趣味性。

（北京儿童品格教育研究院）

4. 社会技能"消除坏心情"教学活动案例

社会技能"消除坏心情"的技能口诀是：心里不高兴，自己要明白；说出烦恼做点儿事；心情放松变愉快。接下来我们以活动"消除坏心情"为例阐述社会技能"消除坏心情"教学活动的组织要点，见表5-6。

表 5-6　社会技能"消除坏心情"教学活动

消除坏心情	
活动环节	**活动设计**
活动目标	认知目标：知道坏情绪会影响人的健康，心情不好的时候要想办法调节。
	能力目标：能够运用技能口诀创编消除坏心情的方法。
	情感目标：心情不好的时候愿意主动用适宜的方式调节。
活动准备	经验准备：幼儿能分辨常见的情绪，知道每种情绪都能代表自己的一种心情。
	物质准备：1. 故事《阴天转晴天》(教师自编)。 2. 四张引起幼儿坏心情的场景图，一张影响教师心情的情境图，下雨天、幼儿和妈妈去商场买东西、幼儿带到幼儿园的绘本被撕破的情境图。
活动过程	一、情境故事导入，引出社会技能主题 师：各位听众，大家好！我是主持人小桃，欢迎收听今天的故事《阴天转晴天》。今天森林里的大部分动物心情是晴天，只有小松鼠的心情是阴天，并伴有八级大脾气。兔妈妈赶紧叮嘱小兔子："你千万不要惹小松鼠生气，小心他挠你。"小兔子想不明白："小松鼠的心情为什么会不好呢？"小兔子和其他小动物来到小松鼠的家一看，原来小松鼠在花园里拔草，因为杂草太多拔不完，他又累又热，心情很烦躁！小动物们见状赶紧上前一起帮忙拔草，小松鼠看到有这么多朋友来帮他，心情一下就变好了，慢慢由阴天转成晴天，拔完草后还和小动物们一起玩起了游戏。今天的故事结束了，谢谢大家的收听！ 师：今天森林里大部分小动物的心情是怎样的？晴天表示心情如何？ 师：小松鼠的心情怎样？什么事情让他感到很烦躁？他一烦躁就会做什么不好的事情？

消除坏心情	
活动环节	活动设计
活动过程	师：小动物们知道小松鼠今天不开心后是怎样做的？ 小结：有的小朋友心情不好时会大哭大闹，有的会摔东西，有的会还会打人，这些行为都是不对的。当我们看到朋友心情不愉快时，我们可以想办法去帮助他消除坏心情，一起开开心心地玩游戏。 **二、出示引起幼儿坏心情的场景图，引导幼儿讨论"消除坏心情"的技能方法** 师：你们知道坏情绪对我们的身体健康有什么影响吗？ 师：你们心情不好的时候会做点儿什么事情让自己的心情变好呢？ 师：看来每个小朋友都有过坏心情，也有很多消除坏心情的办法。接下来我们一起来想想，怎样才能帮助下面的小朋友消除坏心情。 场景一：小朋友犯错误被老师批评 场景二：玩具被小朋友抢走 场景三：最喜欢的玩具被弟弟弄坏了 场景四：逛超市的时候，妈妈不肯给小朋友买最喜欢吃的巧克力 师：图中的小朋友为什么心情不好？ 师：图中的小朋友心情不好时是怎样做的？你更喜欢哪种做法？ 小结：在心情不好时，可以用一些办法来调节，如运动、唱歌；可以做自己喜欢做的事；可以打一个枕头或者"小怪物"；可以出去走走，散散步；也可以和好朋友一起聊天；等等。心里不高兴，自己要明白；说出烦恼做点儿事；心情放松变愉快。（教师引导幼儿复述口诀） **三、结合情境，创编"消除坏心情"口诀，拓展消除坏心情的方法** 1. 教师示范。 教师出示影响自己心情的情境图，示范运用"心里不高兴，自己要明白，我会说出烦恼做点儿事，×××，心情放松变愉快"的口诀消除自己的坏心情。例如，心里不高兴，我会说出烦恼做点儿事，踢踢球，心情放松变愉快。心里不高兴，我会说出烦恼做点儿事，画幅画，心情放松变愉快。 2. 幼儿创编。 师：如果你也遇到了让自己心情不好的事情，会怎么做呢？我们一起来想想办法吧！ 教师引导幼儿结合教师出示的情境图，尝试用"心里不高兴，自己要明白，我会说出烦恼做点儿事，×××，心情放松变愉快"的句式创编自己消除坏心情的口诀。 情境一：（教师出示下雨天的情境图）今天是周末，妈妈答应要带你出去玩，但是外面突然下起了大暴雨，不能出去玩了，你很难过。你可以怎么办？ 教师引导幼儿尝试用"心里不高兴，自己要明白，我会说出烦恼做点儿事，×××，心情放松变愉快"的句式创编自己消除坏心情的口诀。（教师引导幼儿说出可以在家玩、可以用自己的任务卡片盒转移注意力等） 情境二：（教师出示幼儿和妈妈去商场买东西的情境图）你和妈妈去商场，你很想要一个玩具，但是妈妈拒绝了你想买玩具的要求。你很难过，要怎么办？ 教师引导幼儿尝试用"心里不高兴，自己要明白，我会说出烦恼做点儿事，×××，心情放松变愉快"的句式创编自己消除坏心情的口诀。（教师提示幼儿知道有时候不是所有的需求都会被满足，不能发脾气，可以尝试和妈妈商量） 情境三：（教师出示幼儿带到幼儿园的绘本被撕破的情境图）你带到幼儿园和小朋友一起分享的绘本不小心被别的小朋友弄坏了，你很难过，也有一点儿生气。你可以怎么做？

续表

消除坏心情	
活动环节	活动设计
活动过程	教师引导幼儿尝试用"心里不高兴，自己要明白，我会说出烦恼做点儿事，×××，心情放松变愉快"的句式创编自己消除坏心情的口诀。（教师引导幼儿知道生气后要控制自己的情绪，不能打人、骂人，当知道别人是不小心弄坏时，要学会原谅，可以和朋友一起修补好） 3. 教师整理幼儿创编的口诀，并请配班教师现场把幼儿创编的口诀制作成口诀卡展示出来。 4. 教师提炼幼儿创编的口诀，师幼一起念读。 小结：我们今天学习了很多缓解情绪、消除坏心情的方法，自己心情不好时，可以用自己创编的口诀提醒自己消除掉坏心情哟！大家切记，自己心情不好的时候，不能把自己的情绪通过打人、哭闹等方式发泄。我们可以通过放松、表达、恰当宣泄等方式让自己的心情恢复平静。
活动延伸	**一、区角延伸** 教师可以引导幼儿讨论创建一个"心情角"，让心情不好的幼儿在这里能够做一些自己喜欢做的事情，调整心情。教师还可以鼓励幼儿分工创建班级"心情角"，投放可以用于宣泄情绪的材料，如沙袋、皮球、有趣的玩偶等；还可以在区角的小角落放一个帐篷作为幼儿的隐蔽角落，提供电话或毛绒玩具作为倾诉的工具。 **二、生活渗透** 教师在一日生活中要注意用积极的方法引导幼儿宣泄情绪，当幼儿提出不合理的宣泄方法时，要帮助幼儿分析为什么不合理。 **三、环境渗透** 教师可以在班级创设"心情涂鸦墙"，及时知道幼儿的心情变化，适时进行疏导。

5. 活动反思

（1）活动特点

在本次社会技能活动中，教师在开始部分通过故事的形式引起了幼儿的注意，在第二个环节引导幼儿讨论"哪些事情会影响我们的心情？可以做点什么事情让我们的心情变好？"的话题，学习了消除坏心情的技能方法。最后，教师引导幼儿结合具体情境，创编了自己"消除坏心情"的口诀，并拓展了幼儿"消除坏心情"的方法，很好地促进了幼儿对"消除坏心情"这一技能的发展。

在活动中，教师要让幼儿成为主动学习者、建构者，就应该为幼儿创设敢说、愿说、会说的环境和交流与表达的机会，所以幼儿在创编社会技能口诀时的学习兴趣是很高的。通过此次教学活动，幼儿学会了用合理的方法来调节自己的情绪。

（2）活动实施建议

社会技能"消除坏心情"主要是帮助幼儿学会正确处理自己的负面情绪，运用情绪自我调节的方法，放松心情。因此，在教学活动和一日生活中，教师都要善于观察幼儿的情绪变化，尤其是当幼儿出现消极情绪时，要引导幼儿运用技能口诀，尝试调节自己的消极情绪，如把坏心情说出来，转移注意力等。

（连州市第一幼儿园　曾婷　樊睿）

五、区角活动案例

《3—6岁儿童学习与发展指南》提出大班幼儿要"经常保持愉快的情绪"，"表达情绪的方式比较适度，不乱发脾气"，"喜欢并适应群体生活"，"在群体活动中积极、快乐"。随着幼儿年龄的增长和经验的丰富，他们接触的事物越来越多，遇到的困难和挑战的难度系数也在不断增加，因此，要进一步强化大班幼儿的积极品格，教师在区角活动中就要为幼儿营造宽松、自由的生活、探究环境，为幼儿提供情绪疏导、发泄的正确渠道，让幼儿在游戏中学会正向看待问题，努力解决问题，学会用乐观、阳光的心态处理与他人、环境的关系。

图书区

活动一：我和好朋友的故事

活动目标：

1. 知道朋友相处要坦诚，懂得即使好心做了错事也要道歉的道理。

2. 知道与朋友相处的方法，感受朋友间浓浓的情谊。

活动准备：绘本《我们和好吧》；自制图画书材料：水彩笔、画纸等（图 5-7）。

活动过程：

1. 幼儿自主阅读绘本《我们和好吧》，感受故事中好朋友之间友好相处的方法。

2. 教师引导幼儿回忆自己与好朋友之间的印象深刻的故事。

3. 教师引导幼儿自主选择材料自制图画书《我和好朋友的故事》（图 5-8）。

4. 教师引导幼儿把故事讲给小伙伴听，比一比谁讲得生动、有趣。

图 5-7　水彩笔、画纸

图 5-8　幼儿自制图画书

活动建议：

1. 幼儿自主阅读图画书的时候，部分幼儿不能专注，对故事的理解不深刻，因此，教师可以先组织绘本阅读活动"我们和好吧"，将图书区的讲述、分享活动作为集体教学活动的延伸与拓展。

2. 分享环节，教师可以增添一些仪式感，如"我是小小演说家（提供话筒）""我是分享小达人(提供大屏幕设备)",激发幼儿表达的兴趣。

活动延伸:

教师可以将自制绘本通过一页书、手卷书等方式展示在阅读墙面上,引导幼儿通过小组分享讲述的方式进一步知道朋友间相处的方法。

活动二:我的书签

活动目标:

1. 对制作书签感兴趣,喜欢动手尝试。

2. 了解书签的作用,能自己制作不一样的书签。

3. 增进参与环境的布置的兴趣和能力,体验成功的快乐。

活动准备: 卡纸、彩色笔、剪刀。

活动过程:

1. 问题导入,教师通过创设情境的方式提问,引出书签主题,激发幼儿的兴趣。

师:昨天老师看了一本书,睡觉的时候把书合起来了。今天我找不到昨天看的那个故事了,谁有好办法能帮帮我?

2. 教师出示各种各样的书签图片,便于幼儿认识书签。

3. 教师讲解书签的作用,激发幼儿想要制作书签的意愿。

4. 幼儿自主选择材料制作自己喜欢的书签(图 5-9)。

图 5-9 幼儿自制书签

活动建议:

1. 在提供材料的时候,教师可以多准备一些不同种类的材料,如木片、卡纸、不织布、彩纸、刮画纸、太空泥、彩笔、细彩绳等,供幼儿进行自主创作;也可以在图书区投放各种各样的书签,供幼儿欣赏。

2. 教师可以将书签的照片换成真实的书签,便于幼儿在真实的触摸、观察中较全面地了解书签的形状、材质等特点。

活动延伸：

1. 教师可以将幼儿制作好的书签投放到图书区，供幼儿在区角活动中使用。

2. 教师可以引导幼儿在幼儿园里将制作好的书签送给好朋友，增进和好朋友之前的感情。

3. 教师可以让幼儿选择绘本中的人物、场景等作为书签创作的线索元素。

活动三：我爱阅读

活动目标：

1. 喜欢阅读，拥有良好的阅读习惯，愿意与同伴分享书中的故事。

2. 掌握读书的方法，看图讲述的方法及初步续编故事的方法。

活动准备：

1. 教师投放与积极品格相关的各类图书，如《妈妈的红沙发》《红帽子艾米莉》《爱抱怨先生》《一只很饿很饿的小猪》。

2. 各类笔、纸等前书写的材料。

3. 供幼儿分享故事的小演讲台。

活动过程：

1. 教师通过晨间谈话、区角活动前的介绍、区角活动后的分享等环节介绍图书区新增的关于积极品格的绘本。

2. 以绘本《爱抱怨先生》为例，在日常生活中的过渡环节，教师与幼儿一起讨论绘本里的故事情节，并使用开放性的问题进行提问：走着这样弯弯曲曲的小路，说些什么样的话会让我们开心一些？下次来到小镇上，看到橱柜里面的肉，他可能会说些什么呢？引导幼儿将后续故事的内容进行创编。

3. 教师鼓励幼儿将续编的故事内容与同伴分享。

活动建议：

1. 教师在图书区投放积极品格类书籍，引导幼儿在区角时间自主阅读，也可和同伴一起阅读分享。

2. 教师引导幼儿在图书区将故事内容以自己喜欢的方式绘画记录下来。

3. 教师将正确看书的图片张贴在图书区里供幼儿欣赏学习。

活动延伸：

1. 教师利用晨间入园、午睡前故事分享等一日生活的过渡环节播放积极故事音频，让幼儿加深印象。

2. 教师在表演区投放爱抱怨先生头饰、大山、弯曲的小路、小鸟头饰、服装店、帽子店招牌等道具，鼓励幼儿进行部分故事情节的表演。

益智区

活动一：沉浮小实验

活动目标：

1. 大胆探索操作，了解物体沉浮的特性和相对性。

2. 能够动手进行实验操作，体验成功的快乐。

活动准备： 各种做沉浮小实验的材料，如瓶子、硬币、木块、回形针、塑料玩具、泡沫、纸杯等；记录纸、笔。

活动过程：

1. 教师将准备好的材料拿出，引导幼儿猜一猜哪些能浮在水面上，哪些会沉在水底。

2. 教师引导幼儿根据猜想自由探究物体的沉浮，记录哪些物体会沉在水底，哪些能浮在水上面。

3. 教师引导幼儿将探究出的能浮在水面上的材料及下沉的材料进行分类，观察其异同。

活动建议：

1. 活动后，教师可以鼓励幼儿借助木片、水瓶盖、石头、小铁块等材料，想办法让沉下去的物体浮起来，或者让浮在水面的物体沉下去。

2. 教师可以多准备一些实验材料，供几组幼儿同时进行实验，并让幼儿在实验后相互交流自己的探索结果，对比分析记录表，了解物体的形状、材质、重量与沉浮的关系。

活动延伸：

教师可以投入更多的材料让幼儿进行沉浮小实验。

活动二：去旅游

活动目标：

1. 了解地图方位、箭头标识及数字符号标识的意义。

2. 会看路线图，根据路标寻找起点到终点的相应路线。

活动准备： 方格底板、箭头标识、旅游景点图片、人物(男孩女孩)图片、起点终点标识等。

活动过程：

1. 教师选择一块方格底板、一张人物图片、2～3张旅游景点图片。

2. 教师和幼儿一起在底板上设定出起点、终点、景点的位置后，粘贴箭头标识，通过箭头的上下左右来制订旅行路线，并约定好幼儿行走旅行路线时必须经过景点后才可走向终点(图 5-10)。

3. 幼儿自主游戏。

活动建议：

教师可以引导幼儿自主选择起点、景点、终点及人物形象，使用箭头设计出旅行路线。

图 5-10 "去旅游"样本图

活动延伸：

教师可以提供不同颜色的箭头，将游戏转变成两人使用不同颜色的箭头同时游戏，方法同上。

活动三：水果喜乐会

活动目标：

1. 能够细致观察、发现并说出事物排列的规律。
2. 能够自主创编或合作创编两种或两种以上的模式进行排序。
3. 感受和同伴一起竞争游戏的乐趣。

活动准备： 游戏底板、水果蔬菜卡片若干（图 5-11）。

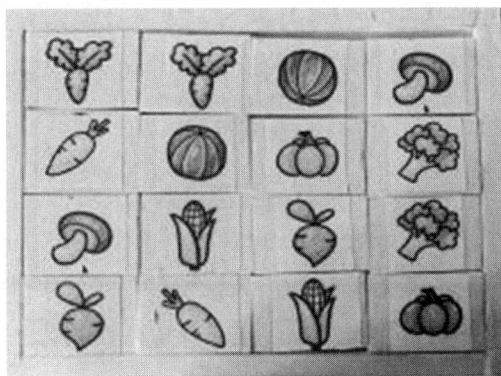

图 5-11 游戏底板及水果蔬菜卡片

活动过程：

1. 教师介绍游戏材料，让幼儿猜一猜游戏材料的玩法。
2. 教师认真反馈幼儿的想法并介绍游戏的玩法，提供 ABAB/AABAAB/ABBABB 等不同形式的水果规律排序卡片,如下。

ABAB 模式:

AABAAB 模式:

ABBABB 模式:

......

3. 幼儿根据给定的卡片规律,在底板上进行拼摆,看谁摆得又快又准确。

4. 教师鼓励幼儿两人一组,利用水果蔬菜的卡片积极探索新的排列规律。

活动建议:

1. 教师可以多准备几组难易程度不同的底板,每块底板上分别提示用 2 种、3 种、4 种水果进行规律排序。

2. 教师要用心发现幼儿游戏过程中创编的排列规律,并以拍照的方式记录下来,在活动结束时经验总结环节,鼓励幼儿分享自己创编的规律,激发幼儿主动探索的积极性。

活动延伸:

1. 教师可以将幼儿创编的规律贴在主题墙面上供幼儿观察分享交流。

2. 教师可以鼓励一物多玩,除了可以进行顺序排列外,还可以将游戏材料投放到图书区,与故事里人物相结合创编出新的故事内容;或者改变游戏规则,将规律排序的游戏改变为记忆游戏;或者可以改为连连看或者消消乐。

表演区

活动一:拉拉钩

活动目标:

1. 能大胆地用好听的声音演唱歌曲。

2. 能用声音、动作、乐器等不同的方式表现歌曲的内容及人物情绪的变化。

3. 享受和同伴一起表演的乐趣。

活动准备: 歌曲《拉拉钩》;各种乐器,如摇铃、手鼓、沙锤等。

活动过程:

1. 教师引导幼儿听歌曲《拉拉钩》,理解歌词的含义,感受两段式乐曲,体会歌曲中四二拍的节奏。

2. 教师引导幼儿学唱歌曲,唱好休止符,知道唱歌要用好听的声音去唱,不大声喊,保护好嗓子。

3. 教师引导幼儿分组对唱，熟悉歌曲，根据歌词创编不同的表情、动作表现歌曲中人物情绪的变化。

活动建议：

1. 活动过程可采用师幼或幼幼对唱的方式演唱，一组一句歌词，每句歌词结束时可自由创编表情动作，如"你也生气了(哼，手叉腰、皱眉头)，我也生气了(哈，握拳头，手高举)"。当幼儿熟悉节奏与歌词后，教师引导幼儿在演唱中加入乐器演奏，如"你也生气了(拍鼓一下)，我也生气了(摇铃一下)"等。最后，教师鼓励幼儿自由结伴，两人一组，同时提高乐器表演的难度，跟着音乐节奏敲击乐器，如"你也生气了(拍鼓两下)，我也生气了(摇铃两下)"。教师可以与幼儿一起共同创编演奏。

2. 教师要引导幼儿边演唱边用乐器表现歌曲的内容，鼓励表演组和乐器组合作表演，并邀请同伴观看。

活动延伸：

除了在区角活动时间进行表演，在一日生活的过渡环节也可以进行表演游戏。例如，幼儿在走廊散步时，可以玩游戏："你也生气了(拍手)，我也生气了(哼哼)"，或敲打身体进行表演。同时，任何歌曲或是儿歌均可采用"断句＋动作"或"断句＋声音"的形式表演，进行游戏延伸。

活动二：我做小记者

活动目标：

1. 了解小记者的主要工作是什么，并掌握采访的基本方法。

2. 能运用互相提问的方式发现、收集信息。

3. 知道当别人不想被采访的时候，要尊重对方的选择。

活动准备：游戏前通过问卷调查、观察视频、电台体验等多种方式了解记者工作，摄影机、麦克风的玩具或替代物(图 5-12)。

图 5-12　采访需要的设备

活动过程：

1. 游戏开始前，教师以提问的方式带领幼儿回顾小记者的主要工作是什么。

2. 教师引导幼儿做计划，想好要采访的对象，并且用自己的方式记录要提问的问题。

3. 幼儿两人或三人一组，分别扮演摄影师和记者，去找被采访者进行游戏。

活动建议：

1. 在游戏前，教师可以给幼儿播放一段记者进行采访的视频，与幼儿一起梳理采访游戏的思路，帮幼儿了解采访流程。

2. 游戏中，"记者"缺少记录信息的环节，教师可提供便签本，请扮演记者的幼儿以自己的方式进行有效信息记录。

活动延伸：

教师可以将采访这种方式应用到课程或者其他游戏上，有效锻炼幼儿的口语表达及社会交往能力。例如，小值日生采访保健医、营养师，了解幼儿餐点的营养成分；小播报员轮流通过幼儿园广播站进行播报。同时，活动要充分利用家长及社区资源，结合活动需要，如让幼儿调查"寒风中的人"，采访、调查他们的工作内容和工作时间等。

活动三：猪八戒吃西瓜

活动目标：

1. 能自主选择游戏，根据协商分配角色进行表演。

2. 用夸张、幽默的动作表现人物的特征。

3. 喜欢和同伴进行角色扮演游戏。

活动准备： 幼儿熟悉《猪八戒吃西瓜》的故事角色和情节；小书包，纱巾，西瓜道具，猪八戒、孙悟空、沙僧等角色头饰（图5-13），话筒等。

图5-13 角色头饰

活动过程：

1. 幼儿三人一组，自由讨论选择想要表演的桥段，自主分配故事角色和旁白角色。

2. 根据角色分配，幼儿搜集各自需要的表演材料，进行形象装扮。例如，可将书包放置肚子处，当八戒的大肚子；将纱巾围在腰上，当悟空的虎皮袍。

3. 幼儿按故事情节设计对话，进行表演练习。

4. 幼儿集中布置台下座位，吸引小观众。

活动建议：

1. 教师可以区角联动，请美工区的幼儿帮忙制作海报，吸引"小观众"。

2. 教师可增设摄影师角色，用手机拍摄表演视频，在家长群进行分享，做好家园共育。

活动延伸：

教师可以给故事表演增加律动音乐《猪八戒吃西瓜》，开展大型音乐故事剧表演，还可以开展学期展演。教师组织全班幼儿进行角色商讨、分工，共同制定剧本，创设表演场地，设计制作个性邀请卡，制作座位号等准备工作，并邀请家长来观看演出。

（威海市环翠区望岛幼儿园　肖静　于泉）

六、一日生活指导

(一)一日生活中幼儿品格与社会技能培养

积极是一种具有正向价值的情绪情感，与某种需要的满足相联系，通常伴随着愉悦的主观体验，并能提高人的积极性和主动性。幼儿在行为上，主要表现为愿意尝试新事物，具有冒险精神，不怕困难，遇到问题会主动探索、想办法；在情绪上，主要表现为正向、阳光的精神状态，较少出现消极、悲观的情绪，即便偶尔低落也会及时调整心态。社会技能"争当第一"是引导幼儿在挑战做一些事情的时候，要对自己有信心，在必要的时候能给自己加油打气，有勇气去夺第一。"消除坏心情"是引导幼儿在集体生活中，能够保持积极、乐观的心态，情绪稳定、快乐，在不开心的时候能够想办法调节情绪。社会技能的培养贯穿同伴交往、师幼互动的全过程，但在一日生活各环节的体现略有不同，如有些环节需要重点指导，有些环节则可随机引导。本期主题品格与社会技能在一日生活中的重点培养环节见表5-7。

表5-7　积极品格与社会技能的日常重点培养环节

生活环节	品格：积极	社会技能：争当第一	社会技能：消除坏心情
入园	√	√	√
盥洗			
进餐	√	√	
饮水		√	
如厕			
午睡			√
离园	√	√	√

续表

生活环节	品格：积极	社会技能：争当第一	社会技能：消除坏心情
集体活动	√	√	√
户外活动	√	√	√
区角活动	√	√	√
过渡环节			

（二）一日生活中幼儿品格与社会技能指导要点

本期主题品格与社会技能在一日生活中的指导要点见表5-8、表5-9、表5-10。

表5-8　一日生活中积极品格指导要点对照表

环节	指导要点
入园	教师引导幼儿每天按时来幼儿园，热情地与同伴、老师打招呼。
进餐	教师营造安静、愉悦的饮食环境，树立光盘榜样，鼓励幼儿争做光盘小明星。
离园	教师鼓励幼儿回家与家长分享在幼儿园的趣事，家长要给予积极的肯定。
集体活动	教师开展与情绪相关的集体教学活动，鼓励幼儿遇到困境从积极、好的方面思考。
户外活动	教师鼓励幼儿积极面对挑战，不逃避，不退缩。
区角活动	教师鼓励幼儿在区角活动中遇到问题不抱怨，不灰心，能积极勇敢面对。

表5-9　一日生活中"争当第一"技能指导要点对照表

环节	指导要点
入园	教师引导幼儿有积极的入园情绪，做到不睡懒觉，准时入园。
进餐	教师鼓励幼儿节约粮食，争当光盘第一名。
饮水	教师利用环境创设与区角材料等，提示幼儿喝足量水，学会记录自己的饮水量。
离园	教师引导幼儿快速整理自己的衣物，站队时做好小排头。
集体活动	教师组织专门的社会技能教学活动，培养幼儿的自信心。
户外活动	教师鼓励幼儿和同伴一起进行竞技比赛，在活动中尽最大的努力争取做到最好。
区角活动	教师利用区角结束后的点评环节，鼓励幼儿大胆积极地讲述区角成果。

表5-10　一日生活中"消除坏心情"技能指导要点对照表

环节	指导要点
入园	1. 教师热情接待幼儿及家长，了解幼儿的身体、情绪情况，安抚、疏导有不良情绪的幼儿。 2. 教师引导幼儿有礼貌地与老师、同伴打招呼，主动接受晨检，心情愉悦。
午睡	教师随时巡视，全面掌握幼儿的睡眠情况，观察幼儿面色、体温等，对于出现做噩梦等现象的幼儿及时给予安慰。

环节	指导要点
离园	教师及时引导出现消极情绪的幼儿用正确的方式宣泄情绪，避免离园后幼儿的情绪得不到宣泄。
集体活动	教师积极关注情绪低落的幼儿，及时给予正确引导。
户外活动	教师引导幼儿遵守游戏规则，尝试解决游戏中出现的问题和冲突。
区角活动	教师引导幼儿运用"剪刀石头布""拉拉钩"的方式解决争执问题。

(三)日常指导策略

1."争当第一"技能——师幼互动

积极是一种具有正向价值的情绪情感，在幼儿的行为上主要表现为愿意主动探索、主动做事、争当第一。

案例：今天值早班的老师早早地就来到幼儿园，收拾教室开窗通风，等待幼儿入园。老师刚打开窗户就听到一个响亮的声音在身后响起"老师早上好！"，回头一看，原来是班里的大起啊。老师也微笑着对他打招呼："早上好，大起今天来得这么早啊，真棒，你可是我们班的第一名呢！"听到老师说他是第一名，大起高兴极了。

接下来的一天无论干什么，大起都抢在最前面。第一个去拿小杯子喝水；第一个去排队洗手；第一个上床躺好午睡……准备放学时，他又第一个跑去站队。老师就问他："跑那么急干吗？小心，不要摔倒了。"他站在排头高兴地对老师说："我可是'第一名'"。老师恍然大悟，原来他是一直记着老师表扬他的那句话。

分析：如今家庭中大多只有一个或两个孩子，在平日里各个活动中不能形成对比，导致幼儿没有相互比较的意识。而在幼儿园中，多人做一件事情自然就会有比较，而且往往得到第一的幼儿会得到教师的夸奖甚至奖励。幼儿有了荣誉感，自然便会努力争当第一了。

教师指导：教师应当注重通过积极引导和鼓励，培养幼儿的自信心，引导幼儿在各种活动中尽最大的努力争取做到最好，即使得到第一名，也要戒骄戒躁，继续努力。

2."消除坏心情"技能——我的心情我做主

幼儿从出生后，每天都要面对家长、同伴以及其他人，还要面对生活和学习，面对各种各样的人和事，难免会遇到不满意、不顺心的事。对幼儿来说，他们很难像成人那样自我调节。如果引导不及时会使幼儿苦闷和烦恼。因此，帮助幼儿掌握正确的调节情绪的方法是尤为重要的，具体方法如下。

教师设立"和平桌"，在桌子上摆放镜子、气球、拳击手套、泡沫玩具、音乐、布偶、敲打玩具等。当幼儿出现坏心情时，便可到和"和平桌"上，选择可以宣泄情绪的材料，积极地进行自我调整。教师可以引导幼儿想象把所有不开心都吹进气球里，然后踩爆它或者放掉里面的气。教师可以引导幼儿给自己一个大大的微笑，扮扮鬼脸，对镜子中的自己说出烦恼，并对自己说"没什么大不了的"。教师可以引导幼儿戴上拳击手套，击打泡沫玩具，进行适当宣泄。教师可以引导幼儿欣赏优美舒缓的音乐，放松心情。

当同伴之间发生矛盾时，幼儿也可以在"和平桌"上解决。教师鼓励幼儿积极思考"和平桌"的规则，例如，通过"剪刀石头布"的方式决定谁先玩某一玩具；一方阐述自己的意见时，另一方要耐心倾听，不插话。教师引导幼儿站到对方的角度考虑问题，从而和平解决问题。

3. "消除坏心情"技能——情绪宣泄游戏

幼儿情绪积极主要表现为正向、阳光的精神状态，较少出现消极、悲观的情绪，即使偶尔出现消极、悲观的情绪也会及时调整心态。通过游戏可以培养幼儿的情绪调节能力，使其能经常处于积极的情绪状态之中，有助于幼儿人际交往和社会性发展。

(1)心情日历

游戏目标：能够正确表达自己的情绪。

游戏玩法：用笑脸和哭脸等情绪贴纸表示自己的心情，贴在每日的日历格上，表达自己当天的心情。

(2)情绪桶

游戏目标：能够分析出导致自己开心或不开心的原因。

游戏玩法：幼儿开心时，把开心的事情画下来贴在小球上，投进开心桶里；不开心时，将不开心的事情画下来贴在小球上投进不开心桶里。

(3)抢板凳

游戏目标：发现游戏可以缓解不开心的情绪，学会自己消除坏心情。

游戏玩法：摆放比人数少的凳子，让幼儿听到口令后，立即寻找就近的凳子坐下来。

(四)生活体验活动

活动案例一：今天我来当班长

1. 设计思路

山东省教育厅发布的《关于规范幼儿园一日活动的指导意见》中指出："生活活动蕴含着丰富的教育契机和教育价值，是促进幼儿生长发育，养成良好的生活卫生习惯，形成积极稳定的情绪情感，养成终身受益的生存生活能力和文明健康生活方式的重要途径。"大班幼儿处于责任心产生的重要时期，做事积极，能对集体负责任，能认真完成别人交给自己的任务。《幼儿园教育指导纲要(试行)》社会领域中也明确指出："能努力做好力所能及的事，不怕困难，有初步的责任感。"大班面临幼小衔接这一重要环节，开设一日班长活动，能够调动幼儿参与活动的积极性。幼儿在一日活动中增强责任感，良好行为习惯得以养成，从而能更积极地完成自己分内的事情。

2. 活动过程

(1)班长评选，讨论班长职责

教师通过班级集小印章活动，每周推选出 5 名印章最多的幼儿担任班长职务。教师与幼儿讨论：什么是班长？班长的职责是什么？怎样能做好班长？引发幼儿积极讨论，激发参与活动的兴趣。

(2)设立班级公约，明确班长职责

教师将幼儿分成四组，每组设定一条班长职责，要求幼儿从一日生活中需要经常提醒的问题入手。幼儿完成后请每组推选一名代表来讲解，如"我们组设立的是检查今天午餐的光盘情况，吃完饭后的地面和桌面是否保持干净"。通过幼儿自己选择、制订计划、设立班级公约，让幼儿负责到底，来提高幼儿的积极性和责任心。

(3)一日班长初体验

一日活动中班长履行责任时，教师不要干涉，充分放手让幼儿大胆体验"班长"这一赋予更多责任的角色。一日活动中对于胆小、内向的幼儿，教师要多鼓励，多给予肯定。离园前，教师请班长与小朋友们沟通从班长视角发生的问题，教师对班长发现的问题进行巩固提升，如"××在下午加餐时忘记摆餐花了"。教师在此就可以再次明确值日生的任务和职责，要求值日生努力做好自己分内的事情。班长可以对一日活动中有良好行为的小朋友颁发小印章，同时也请全班小朋友针对班长的表现决定是否颁发小印章。通过双向的约束能使幼儿在行为规范方面有进一步提升，也进一步深化幼儿的责任意识。

3. 活动总结

幼儿作为独立的个体，到了大班以后，自我意识明显增强，主动性也逐步提升。教师应为幼儿创造条件和机会，培养他们的积极性，提供主动参与的机会，鼓励幼儿做好自己力所能及的事情，培养独立思考的习惯，使他们积极参与到集体活动来，逐步在日常生活中发展社会适应性。

活动案例二：环卫工人真辛苦

1. 设计思路

利用"五一"劳动节让幼儿关注最接近自己生活的劳动者——环卫工人，了解环卫工人的工作内容，培养幼儿从小懂得关心身边为我们舒适生活付出的人，提高幼儿的社会责任感和社会适应能力，从而萌发幼儿热爱劳动、珍惜劳动成果的情感。

2. 活动过程

(1)走进社区，了解环卫工人的工作内容

教师带领幼儿一起走进社区，观察社区环境，邀请环卫工人讲述一天的工作内容。

(2)知识讲解

教师带领幼儿了解环卫工人一天的工作内容：环卫工人需要凌晨三四点钟就起床开始打扫街道，其中最重要的一个环节就是对垃圾进行分类回收，一天当中要时时刻刻关注到马路上、社区里的垃圾，及时清理。为了让大家有一个舒适的生活环境，环卫工人的工作非常辛苦。

（3）手工制作宣传报并大胆宣传

为了让幼儿能与环卫工人产生共情，教师邀请幼儿在了解环卫工人的需求和工作的前提下，请幼儿制作环保宣传报，其中包含垃圾分类投放、拒绝车窗抛物、给环卫工人一杯热水等内容。制作结束后，教师请幼儿走进社区，大胆与社区中的路人以及自己的家人宣传"关爱环卫工人、珍惜劳动成果"的相关知识。

3. 活动总结

节日主题教育是幼儿园不变的主旋律。此次活动结合了幼儿的年龄特点，选用亲身体验的方式，将"五一"劳动节的内容更加的具体化，加深了幼儿对劳动这一词汇的了解，从而让优良的文化传统在幼儿的心里扎根，同时进一步提升幼儿的社会责任感。

（青岛市崂山区沙子口街道岭西幼儿园　王康　王琳）

七、家园共育指导

(一)品格指导要点

积极品格的家庭教育指导重点在于帮助家长培养幼儿正向看待问题，努力解决问题，遇到困难善于从实践中发现"重生"的契机；学会用乐观、阳光的心态处理与他人、环境的关系。

1. 引导家长注意对幼儿的态度

3 岁以后幼儿情绪产生的原因与社会性需要是否被满足相关，其中 3 岁的幼儿喜欢身体接触，希望家长和教师能够和自己抱一抱、摸一摸、亲一亲等；4～6 岁幼儿希望家长和教师重视、注意、表扬自己。大班幼儿最高兴的事情就是受到成人的表扬、喜欢，最难过的事情莫过于成人的批评、不喜欢。所以家长要敞开心扉，多向幼儿表达"爱"，正向表达自己的情感，避免给幼儿造成误解。

幼儿最忌讳被拿来和别的幼儿做比较，如"你看人家孩子的学习成绩比你好多了，你咋这么笨呢"。这样的话对幼儿的伤害很大，暴力式的沟通方式，对幼儿的身心健康有很严重的影响，会使他们失去信心。作为家长，我们应该了解，每名幼儿都有不同的个性，耐心期待幼儿的每一点进步。

2. 帮助家长接纳幼儿的不良情绪

当幼儿出现不良情感反应，如大喊大叫、易怒、烦躁、破坏行为等，家长应注重挖掘背后的原因，将幼儿的这种表现看作正常的情绪表达；同时引导幼儿用正确的方式来发泄自己的不良情绪，如告诉家长、老师或好朋友，玩娃娃家，运动一会儿，听听音乐等。这样不仅能得到别人的理解，而且很快能获得快乐体验。

3. 指导家长以积极、阳光的情绪与幼儿相处

成人对待幼儿的态度影响了幼儿对家庭和班级产生的归属感。因此，教师和家长在日常生活中都应以亲切和蔼的态度与幼儿相处，让幼儿在鼓励、表扬、自信、期待中参与活动，积极和成人互动，使之获得美好的情感体验。

4. 指导家长多对幼儿进行有内容的反馈

幼儿的身心发展特点决定了他们的自我评价往往建立在成人评价的基础上。所以家长要注意自己和幼儿互动时给幼儿的反馈应是有内容的，即真实的、具体的、有针对性的，具体表现在以下几个方面。

(1)夸具体，不夸全部

笼统地表扬幼儿，会让幼儿无所适从。当幼儿为妈妈端饭时，与其兴高采烈地说："好孩子，你真棒!"不如告诉他："谢谢你帮妈妈端饭，妈妈很开心。"有针对性地具体表扬会让幼儿更容易理解，并且知道今后应该怎么做，如何努力。

(2)夸努力，不夸聪明

美国的研究人员进行了一项实验，在幼儿园中让幼儿解决一些难题后，对一半幼儿说："答对了 8 道题，你们很聪明。"对剩下的一半幼儿说："答对 8 道题，你们很努力。"接着给他们两种任务选择：一种是可能出一些差错，但最终能学到新东西的任务；另一种是有把握能够做得非常好的任务。结果 2/3 的被夸聪明的幼儿选择了容易完成的；90% 被夸努力的幼儿选择了具有挑战性的任务。被夸聪明的幼儿会因为一句评价而逃避有挑战的任务，被夸努力的幼儿会把成功归因于主观努力而接受挑战。

(3)夸事实，不夸人格

"你真是个好孩子""你真懂事"这样的话语经常成为家长对幼儿的评价挂在嘴边。"好孩子"这样的话是典型的"夸人格"，人格是相对稳定的，并不是从某件事情上就可以下定义的。如果幼儿总被扣上这样的一顶大帽子，对他反而是种压力，不利于幼儿的身心健康发展。相反，如果我们就事实进行夸奖，"谢谢你帮我端了杯水"，幼儿就明白这样关心别人是好的。

5. 鼓励家长多与幼儿进行与"积极"相关的绘本或故事的阅读等活动

幼儿都爱听故事，在听故事时，他们与故事中的人物一起体验喜怒哀乐及情感。成人可以经常利用听故事、角色扮演等活动，让幼儿在体验中学习、感悟积极乐观的情感。例如，《好消息坏消息》这本绘本让幼儿知道事物有两面性，挑战与机遇并存，从不同的角度思考，就会有不同的结果；《爱抱怨先生》这本绘本让幼儿理解抱怨没用，鼓励幼儿用积极乐观的心态看待问题；《妈妈的红沙发》这本绘本让幼儿感受积极面对困难、不放弃的精神，知道积极是一种好的做事方式和情绪状态，应该提倡和保持；《一颗种子掉下来》这本绘本让幼儿愿意在生活中做积极、阳光的孩子，不开心的时候能够想办法调节情绪。还有司马迁狱中著《史记》、勾践卧薪尝胆等故事，都传达出坚韧、积极的精神品质，让幼儿能够保持积极、乐观的心态，情绪稳定、快乐。

(二)社会技能指导要点

1. 争当第一

做事情，要努力。家长可以通过阅读勇于坚持、追求卓越的绘本故事，如《大脚丫学芭蕾》《鸭子骑车记》《勇敢的心》等，和幼儿讨论"做事态度"的话题，如要怎样才能把一件事做好，做事情的时候自己应该用怎样的心态来对待。

有信心，争第一。家长可以教给幼儿一些树立自信心的口号，在必要的时候给自己或者给他人加油打气；也要注意在幼儿努力过程中给予支持、鼓励、表扬，帮助幼儿树立自信心；在重大活动的时候，可以设定一些集体的标语、口号等，引导幼儿在增加信心的同时提升成就动机和自信心。

没当第一别放弃，当了第一更努力。家长可以利用一些优秀的名人事迹，如奥运冠军坚持努力的故事；也可以通过一些"做计划"的方式，引导幼儿在获得胜利之后，继续为下一个目标持续努力；还可以通过一些如"胜不骄败不馁""持之以恒"等成语故事引导幼儿理解努力、坚持的重要性，同时融入一些幼小衔接的教育内容。

2. 消除坏心情

心里不高兴，自己要明白。家长帮助幼儿识别心里不高兴的时刻，受到批评、冷落、拒绝、嘲笑、不公平对待时都有可能让心情不好，同时心情还会表现在表情和行动上。家长要及时观察幼儿的情绪状态，帮助幼儿理解心情不好是人们正常的情绪状态，坏情绪不但有害身体健康，还不利于做事，需要及时调整。

说出烦恼做点儿事。家长教给幼儿一些常见的放松心情、平缓情绪的方法，通过表情连线、谈话、故事、案例分析等方式让幼儿感受他人心情不好的表现以及形成的原因；还可以通过一些小故事、小案例等方式与幼儿一起讨论，如"如果你是他，你会怎么做?"，通过整合幼儿的想法帮助他们掌握适合自己的调节情绪的多种方法。

心情放松变愉快。家长鼓励幼儿使用掌握的适合自己的调节情绪的方法，如选择暂时离开、画画、听音乐、跳舞、唱歌、跑步、找好朋友聊天、慢速数数、吃甜食等方式释放坏心情，转换好心情。在日常生活中，家长可以提醒幼儿利用"消除坏心情"口诀技能保持心情放松、愉快、稳定。

(三)你问我答

1. 早上赖床让爸爸妈妈手忙脚乱不说，到幼儿园还总是迟到，教师该怎么办

教师发现幼儿迟到后不着急批评，先和幼儿确认迟到的原因，再引导幼儿知道赖床是不好的习惯，要努力避免自己总是因为赖床而迟到的事情发生，引导幼儿感知迟到会给自己和他人带来不便。在幼儿多次因为主观原因迟到后，教师要尝试和幼儿说明要按时来幼儿园。

2. 进餐时总是左顾右盼或者发呆，进餐时间无限延长，怎么办

幼儿的注意力集中时间短且易分散，要允许幼儿慢慢改变。首先，家长可以记录幼儿的进餐时间，把时间具象化，提醒幼儿应该注意这个问题。其次，家长观察幼儿进餐时间长的原因，是食物不合胃口、心情不好、有其他事物吸引或是其他原因。最后，家长让幼儿明白进餐时间长对身体健康是有影响的，根据具体问题有针对性地进行解决，帮助幼儿养成良好的进餐习惯。

3. 玩游戏时"输不起"，怎么办

常言道"胜败乃兵家常事"，但幼儿由于经历有限，未必明白这个道理。如果是成人和幼儿游戏，建议成人适当"示弱"，培养幼儿的自信心，保护幼儿的游戏兴趣。如果是同龄对决，可以提醒幼儿只有继续对决才有赢的机会，赢得比赛是有方法的，总结失败经验，总结战术，才能接近胜利。

4. 听到别人说自己不好就会很沮丧，甚至认同别人的观点，怎么办

帮助幼儿进行正确的自我评价是帮助幼儿树立自信的重要途径。首先，家长要和幼儿共同分析别人这样说的原因。如果是主观因素，确认是否属实；如果是幼儿自身原因，引导幼儿调整；如果并非事实，一定要解释清楚。其次，如果是客观原因，家长要引导幼儿理解每个人都是独一无二的，都有优点和缺点，努力做好自己就是最棒的。

5. 美术活动中，总有幼儿对我说"我不会画"，该怎么办

幼儿是很喜欢用画笔表达自己的想法的。如果幼儿说"不会画"，可能是幼儿没有信心画出最好的状态，或是成人强加的激励和评价问题造成了干扰。所以教师要调整幼儿周围"画得像才是最好"的氛围，鼓励幼儿先想好布局，设计好后再空手起画，有把握了再拿起画笔，从自己最有信心的地方着手，也可以向同伴学习。如果幼儿开始着笔，教师就及时表扬，鼓励幼儿作画，画作完成后根据优点进行针对性的表扬。

6. 心情不好时极度愤怒，做出破坏性行为，不听劝，怎么办

幼儿情绪得以发泄并非坏事，成人要引导幼儿用合理的方式发泄情绪。有些幼儿心情不好时需要独处，有些幼儿心情不好时需要陪伴，而精力充沛的幼儿心情不好时往往需要发泄。教师可以引导幼儿用跑步、拳击等体力游戏加以发泄，当（情绪）舒缓时，提供更多的如表达、画画、听轻音乐等方式缓和情绪。

（郑州航空港区航南幼儿园　阴于芳　李瑞）

第六章　合作品格：团结就是力量

一、主题说明

◎情境链接

　　幼儿自由分组表演故事《母鸡萝丝去散步》。当其他组已经分配好角色、选好道具进入表演时，沐沐所在的组还没开始，原来他们在角色分配上发生了争执，大家都想演优雅的"母鸡萝丝"，没有人愿意演倒霉的"狐狸"。老师问沐沐："你们怎么还没开始呢？"沐沐说："他们都要扮演母鸡，没人演狐狸，没法开始。"听后，老师跟这一组的幼儿说："一直争执的话就没办法表演了，你们再想一想可以用什么办法来决定谁扮演母鸡，谁扮演狐狸。"

　　这是一个典型的合作中角色分配的问题，也是培养大班幼儿合作品格时要特别关注的。我国学者通过研究发现，大班幼儿尚未达到组织化的协作水平，也就是说在共同活动中，幼儿还不能完全地以集体利益为中心，有组织有计划地依据客观需要分工、配合，以达到合作的目的。因此，教师在大班幼儿已经具有较成熟的合作意识、合作经验的基础上，应进一步引导幼儿感知合作的重要性，锻炼合作的计划性和组织性。

　　1932年，美国心理学家帕顿通过观察研究，发现幼儿在游戏过程中的社会化发展水平可以大致分为6个阶段。水平1是无所事事（偶然的行为），此时幼儿缺乏目标，东游西逛，注视引起自己兴趣的事或摆弄自己的身体，严格意义上来说不属于游戏。水平2是旁观（游戏的旁观者），表现为大部分时间在观看他人游戏，偶尔与人交谈，提供建议或提出问题，但行为上不介入他人游戏。水平3是单独游戏（独自游戏），独自玩自己的玩具，不注意别人在干什么，在其他幼儿活动时也只是旁观，并没有参与的意向。水平4是平行游戏（3～4岁幼儿），表现为幼儿玩着和附近同伴相同或相近的玩具，但各玩各的，互不影响，互不干预，他会觉察到其他伙伴的存在，但没有交流，没有一起玩的倾向，也无意去影响或干预别人的游戏活动。水平5是联合游戏（协同游戏）（4～5岁幼儿），表现为在一起玩同样的或类似的游戏，彼此之间分享玩具、交换材料，但每个人按照自己的意愿玩，追求自己的目标，没有明确的分工和组织，没有真正的互动或合作。水平6是合作游戏（5岁之后），幼儿为了共同的目标而组织起来，各成员的行为服从共同的团体目标，从而实现真正的互动，如角色游戏中有人当医生、有人当病人等，角色相对稳定，且能互相协调。[1]

---

　　① 刘焱：《儿童游戏通论》，182～183页，北京，北京师范大学出版社，2004。

本期主题将进一步引导幼儿理解合作的内涵与要求、合作的策略以及合作的意义，在此基础上可以拟定"我眼中的合作""我会合作"和"合作真快乐"三部分逐一实施教育教学活动。社会技能"加入"将重点引导幼儿学会加入他人或其他群体游戏的方法；"接受拒绝"则帮助幼儿认识到在合作活动中，有时候自己的想法、建议或请求不能被对方接纳是很正常的，遇到这种情况时要坦然面对。

二、主题目标

第一，在活动中进一步理解合作的意义及重要性。

第二，愿意参与或发起合作活动，在合作中有积极的情绪体验。

第三，知道合作时大家需要相互协调、配合，有时甚至需要做出一点儿让步。

第四，知道大家合作完成任务的时候，合作的行为要始终围绕目标不偏离。

第五，在老师的引导下，能够根据合作的任务简单制订"分工安排计划"。

第六，能在老师的引导下，采用商量、帮助、建议等亲社会策略解决合作中出现的问题。

三、环境创设

(一)主题墙

主题墙是对本期主题实施框架的梳理，体现教育活动的逻辑，基于"合作"品格的内涵，用图文结合的方式呈现，充分体现幼儿的参与过程，让环境记录幼儿生活成长，影响幼儿品格养成，也让幼儿感受到充分的参与感与成就感。合作品格主要包括主动配合、分工合作、相互沟通和协调关系，因此主题墙的结构应相应地划分为对应的部分。

1. 主动配合

小组合作过程中，能够接纳、倾听他人意见，能够用恰当的方式加入他人活动是大班幼儿合作能力发展的重要体现。因此，这部分主要梳理幼儿在小组内主动配合、相互讨论、协商以解决问题的过程。

2. 分工合作

分工合作包含各司其职、共同完成任务。因此这部分包含这两个板块内容，从各司其职地承担各自的任务到共同完成任务的成果展示，可以同时看到合作的过程与合作的成果，更能增加幼儿对于合作的成就感。

3. 相互沟通和协调关系

相互沟通包含彼此之间的倾听、了解；协调关系是指创造良好和谐的条件和环境，促进任务完成或目标实现。在相互沟通和协调关系的过程中难免会出现被拒绝的情况，因此接受拒绝也是相互沟通这一板块中的重点。在环境创设中，教师要引导幼儿用多种方法来进行相互沟通和协调关系，如谈话、投票等形式，引导幼儿在相互沟通的过程中求同存异，在协调关系的过程中感到公平与尊重，从而更好地接受拒绝。

(二)家园共育栏

合作不仅是幼儿阶段重点培养的亲社会行为,更是幼儿社会性发展的必然要求。因此,本期的家园共育栏可以呈现关于合作的名人名言,并将幼儿园教师培养幼儿合作意识、合作能力的方法告知家长,引导家长关注幼儿合作品格的发展情况。教师要鼓励家长以照片、文字的方式分享幼儿合作时的表现,帮助家长看到幼儿的发展和需求,为家长提供有针对性的家教指导。

1. 主题内容告知

这部分与家长沟通班级中关于合作品格的相关活动安排,同时向家长分享合作品格相关的绘本故事。重视家园共育栏的作用发挥,重点强调家园共育中需要家长配合的内容,例如,在家庭中家长可以在哪些具体的事情上与幼儿合作、在与幼儿合作过程中的语言表达方式等,帮助家长成为幼儿心中愿意进行平等、友好合作的"伙伴",家园共育,共同促进幼儿合作品格的养成。

2. 日常亲子陪伴

这部分在班级中显眼的位置布置环境,记录幼儿与家长针对合作品格进行亲子互动的精彩瞬间,主要展示内容为家园共育中亲子共同完成的成果记录单、共同合作探究过程中的照片。教师通过这些温馨的内容和有成就感的记录,让幼儿感受到品格养成过程中的归属感与成就感,在安全、舒适的心理环境下潜移默化地养成合作的品格。

(三)幼儿成长(学习)记录墙

在班级的主题墙上设有幼儿每次品格活动留痕的记录墙,把每一次的记录串联起来,一个学期下来就能够看到幼儿的成长轨迹和收获,幼儿也对此很有成就感、参与感。在合作品格的记录墙上,教师可以记录下幼儿共同合作的过程,从只考虑自己到主动配合,从自己的事情自己做到分工合作,从各持己见到相互沟通,从拒绝他人到协调关系,呈现幼儿的成长过程。在此次的合作品格环境中展示了幼儿通过合作学习的丰富成果,以及小组合作竞赛的过程和结果。

1. 合作学习

在活动的开展中,幼儿通过小组合作,一起分享自己的智慧,共同讨论问题的解决办法,共同思考,通过合作的方式进行同伴学习。

2. 合作比赛

幼儿在和他人一同进步的同时也萌生了竞争的意识,因此,教师可以结合幼儿感兴趣的内容开展"我是小擂主"的活动,让幼儿以小组为单位开展小组式的合作,共同参与此次竞赛。在活动过程中,幼儿与同组的幼儿一起参与、积极贡献自己的力量,感受合作的意义,同时体验合作取得成功的喜悦。

3. 一日生活中的合作

这部分环境创设为幼儿与他人一同合作的照片展示,记录幼儿通过合作取得的成果,以及一日生活中值日生工作的分工合作内容(图 6-1),为激发幼儿尝试在生活中进行各种合作提供了经验参考。

在这一阶段的主题活动开展中，大部分幼儿的合作能力有了很大的提高，从最开始的需要教师引导和鼓励去和他人合作到逐渐能够有意识地尝试主动和他人合作完成任务。在合作的过程中幼儿也遇到很多小问题，他们改变了从前依赖教师帮忙的方式，而是尝试自己想办法与同伴协商、沟通解决问题。

图 6-1　我可以合作

（北京市海淀区富力桃园幼儿园　沈旭　范丽娟）

四、教学活动案例及反思

(一)品格绘本阅读活动

1. 合作品格绘本推介

合作是一种社会互动和学习的主要形式与途径，是幼儿社会性发展的重要内容，是否具备良好的合作意识及能力将决定幼儿能否顺利融入同伴群体之中。大班幼儿合作的意识逐渐增强，合作动机强烈，但是幼儿合作行为发展不明显。在合作的过程中需要分工、协商、团结、互相理解等方法，这些都需要幼儿从经验中获取。本期主题主要筛选了 4 本绘本推荐作为教师开展教学活动的载体，涵盖了合作中所需要的沟通、分工、合作、团结等方法，具体见表 6-1。

表 6-1　合作品格绘本推荐及解析

绘本名称	主要内容	绘本中的"合作"
《蚂蚁和西瓜》	四只蚂蚁发现了一块大西瓜，想搬回洞穴里分享给洞穴里所有的蚂蚁，可是它们四个怎么也搬不动。于是一只蚂蚁跑回洞穴，叫上所有的蚂蚁一起来运西瓜。蚂蚁们都出动了，然后有条不紊地分工合作，把大西瓜运了回去，把洞穴填得满满的。剩下的西瓜也没有浪费，大家吃饱后，还动脑筋把西瓜皮做成了滑梯来玩耍。	几只蚂蚁的力量很小，但大家齐心协力，力量是无穷的。蚂蚁们靠合作和集体的智慧解决了难题，这就是"众人拾柴火焰高"的道理。

续表

绘本名称	主要内容	绘本中的"合作"
《南瓜汤》	三个好朋友刚生活在一起的时候，他们会一起煮世界上最美味的南瓜汤，松鼠搅拌、猫咪切南瓜、鸭子撒盐。但是在一起的时间长了之后，鸭子开始不甘心于煮汤时放盐的工作，他们因此闹得不愉快。鸭子还生气地离开了家。当大家都冷静后，才发现朋友的珍贵和分工的重要，几个好朋友又开始合作，认真地完成自己的任务，做着世界上最好喝的南瓜汤。	几个小动物分工明确，配合默契，才能做出世界上最好喝的南瓜汤。小朋友们在生活中、游戏里也需要分工合作，大家才能又快又好地完成任务。
《100只兔子想唱歌》	100只兔子因为受到天生的嗓音缺陷限制，白兔只会唱"1"，黑兔只会唱"2"，棕兔只会唱"5"……眼看就要与森林歌唱比赛无缘，聪明的胖河马却想出妙招，帮助了他们……胖河马究竟想出了一个什么样的妙招呢？	倘若无法独立完成自己想做的事情，多找几个小伙伴总可以做成，小伙伴多到100个也没关系。故事里的主角就是100只兔子，100只兔子宛如一个整体，爱好一致，目标也一致，才能一起唱出动听的歌曲。
《滚雪球》	故事讲述了四个小伙伴在雪地里滚雪球，先是各自滚一个雪球，然后变成两个小伙伴滚一个雪球，再是四个小伙伴滚一个雪球，后来发现，大家齐心合力可以滚一个超级大雪球。	所有的困难在合力的推动下，都有可能迎刃而解。在游戏中习得人生哲理的孩子们，长大更有机会变成坚韧的人。简单的小故事让孩子直接了解和感受到团队合作的快乐。

2. 教学活动案例

接下来我们以语言活动"蚂蚁和西瓜"为例阐述语言领域教学活动的组织要点，见表6-2。

表6-2　合作品格语言领域教学活动

蚂蚁和西瓜	
活动环节	活动设计
活动目标	认知目标：理解故事内容，感知蚂蚁们分工合作的特点。 能力目标：能够根据画面提示，用自己的语言大胆、清楚地描述故事情节。 情感目标：萌发在生活中主动与他人合作的意愿。
活动准备	经验准备：幼儿有过合作完成任务或游戏的经历。 物质准备：绘本课件《蚂蚁和西瓜》；绘本《蚂蚁和西瓜》两人一本。
活动过程	一、出示蚂蚁和西瓜的图片，唤起幼儿对故事的兴趣 师：蚂蚁和西瓜有什么特点？这会是一个什么样的故事呢？（教师引发幼儿兴趣，引导幼儿感知蚂蚁与西瓜的大小差异） （品格元素：教师从蚂蚁和西瓜的外形特征，引导幼儿发现差异，唤起阅读兴趣，为后面理解合作的意义埋下伏笔） 二、阅读绘本第1至12页，引导幼儿感受小蚂蚁发现大西瓜的激动和快乐 第1至4页： 师：发现一块又大又红的西瓜，小蚂蚁们的心情怎么样？你从哪里看出来的？

续表

蚂蚁和西瓜	
活动环节	活动设计
活动过程	师：他们会说什么？他们会怎么做呢？ 第 5 至 8 页： 师：小蚂蚁们在做什么？ 师：小蚂蚁尝试用什么办法搬西瓜？ 师：如果你是小蚂蚁，你会怎么做？那只跑开的小蚂蚁想去做什么？ 第 9 至 10 页： 师：小蚂蚁的家是什么样的？大家正在做什么？ 师：告诉大家好消息的蚂蚁会怎么跟大家说呢？（教师引导幼儿观察图片的细节，如蚂蚁的表情、动作等） 第 11 至 12 页： 师：小蚂蚁们在做什么？他们要去哪？他们现在的心情怎么样？你是怎么看出来的？ （**品格元素**：教师鼓励幼儿通过重点提问和细致观察绘本内容，如蚂蚁们的表情，感受蚂蚁们爱动脑筋、团结合作的特点） **三、引导幼儿共同阅读绘本第 13 至 24 页，观察画面，感知蚂蚁团结一心搬西瓜的精神品质** 教师引导幼儿与同伴在共同阅读时间，分享与同伴的发现。 师：下面的故事我们需要两个小朋友一组来阅读绘本，请你们找一找以下问题的答案。 第 13 至 24 页： 师：小蚂蚁们尝试了哪些方法来搬西瓜？最后用的什么方法？他们把搬来的西瓜放在哪儿？ 师：老师前面有提示问题，有 5 分的时间，咱们计时开始！（教师请幼儿以两人一组的方式进行查找，并分享交流） （**品格元素**：教师请幼儿通过两人讨论、观察绘本的方式体会合作，同时在绘本中找到蚂蚁们合作的方式。教师鼓励幼儿在交流中大胆表达自己的想法，并在分组合作时关注幼儿的合作方式及遇到的问题） **四、阅读绘本第 25 至 30 页，引导幼儿感受蚂蚁们合作、爱动脑筋的特点** 第 25 至 28 页： 师：外面还有很多西瓜，但是家里放不下了，小蚂蚁们会想出什么样的方法解决呢？ 师：从哪里可以看出来蚂蚁们吃得太饱了？ 师：剩下的西瓜皮像什么？小蚂蚁们打算把西瓜皮搬回家做什么呢？ 第 29 至 30 页： 师：小蚂蚁们把西瓜皮当作什么？你们玩过这样的游戏吗？ 师：他们的心情怎么样？你觉得它们是一群什么样的蚂蚁？ （**品格元素**：教师引导幼儿通过观察绘本内容，知道完成一件事情需要大家共同协商、分工合作，遇到问题要想办法解决，感受小蚂蚁们合作的精神） **五、师幼讨论，结束本次活动** 师：小朋友们，你们喜欢这个故事吗？你最喜欢故事中的哪一部分内容？为什么？你们喜欢这群小蚂蚁吗？为什么？ 小结：一只蚂蚁很小，一块西瓜很大，但很多很多的蚂蚁团结在一起，他们就能把巨大的西瓜搬回家。他们遇到困难会一起动脑筋、想办法，有好玩的大家一起玩。我们也需要向小蚂蚁学习。小朋友们，在生活中有没有需要我们一起合作才能完成的事情？我们下次来分享。 （**品格元素**：教师和幼儿一起回顾故事情节，帮助幼儿提升经验，进一步强化幼儿感知合作的意义和价值）

续表

蚂蚁和西瓜	
活动环节	活动设计
活动延伸	**一、区角延伸** 教师可以在班级区角游戏中增添适合本班幼儿年龄特点的合作类游戏，让幼儿在游戏中学习合作的方法，在实践中学会解决问题，如棋类游戏、多米诺骨牌等。教师可以在美工区投放绘本故事，尝试合作用泥工的方式表现故事内容；还可以在角色区进行《蚂蚁和西瓜》等绘本的演出，让幼儿通过分工、协商的方式进行游戏。 **二、家园共育** 教师可以建议家长为幼儿创设更多的合作机会，例如，让幼儿多与同伴游戏，在游戏的过程中增加合作的经验；通过推荐小游戏的形式，将适合亲子合作的游戏分享给家长，让家长在家里和幼儿共同合作完成。 **三、生活渗透** 教师可以在幼儿的一日生活中如区角游戏、值日生值日、体育游戏环节等鼓励幼儿大胆合作，对于个别幼儿给予帮助。 **四、环境渗透** 在一日生活中，教师要有意识地发现幼儿合作过程中的亮点或者问题，并能及时给予回应。在班级环境中，教师可以创设"合作之星"的互动墙，记录幼儿一日活动中关于合作的精彩瞬间，帮助幼儿直观地看到、感知到生活中的合作。

3. 活动反思

(1)活动特点

首先，活动目标清晰，难度适宜。教师能够紧密围绕故事情节设计重点问题，引发幼儿对蚂蚁们分工合作情境的观察、感知与体验。教师选择重点章节设计同伴共读，在培养幼儿自主阅读能力的同时，让幼儿感受和同伴一起看书的快乐。

其次，活动准备绘本课件有删减、放大，使幼儿观察更细致。课件设计突出蚂蚁和西瓜的大小对比，吸引幼儿阅读兴趣。教师将蚂蚁运西瓜的各种办法进行突出呈现，让幼儿发现蚂蚁团结合作办法多。教师引导幼儿用语言和肢体来表现故事情节，促进了幼儿的阅读与理解。活动环节层次分明，教师以启发性的提问自然地推动活动进程，让幼儿感受蚂蚁们遇到问题时积极想办法的态度和团结合作的品质。

最后，活动总结环节提炼了合作的基本要素，即分工、协商、倾听、沟通、听指挥等。教师将幼儿在绘本故事中获得的经验和认识迁移到幼儿日常生活，启发幼儿思考，为下一次活动奠定基础。

(2)活动实施建议

在本节活动中，教师在幼儿合作阅读的时候要关注幼儿的合作情况。幼儿会出现争抢图书；一个人思考，另一个人等待等问题，教师要及时地进行引导。在讨论交流时教师要包容幼儿不一样的想法。合作阅读时，如果课件有 5 分倒计时提示，时间停止时能发出提示音，教师能更好地把控时间。此外，如果在课件上呈现三个重点问题的图示，幼儿在绘本中查找问题时如果有遗忘，可以帮助幼儿回忆。在活动的最后教师要帮助幼儿梳理合作的步骤和方法，以促进幼儿在生活中尝试和运用。

（北京市东城区新中街幼儿园　马元圆　梁雨晴）

(二)品格社会领域教学活动

1. 合作品格的社会领域教学活动设计说明

合作是指两个或两个以上的个体为实现共同的目标而相互协作的过程，合作品格的培养需要依托具体的活动情境。《3－6岁儿童学习与发展指南》指出大班幼儿"活动时能与同伴分工合作，遇到困难能一起克服""能与同伴协商制定游戏和活动规则""能倾听和接受别人的意见"。因此，基于合作品格的内容及大班幼儿能力发展水平，教师可以通过情境创设、社会问题讨论、共同完成任务等方式设计专门化的社会领域教学活动，强化幼儿对合作的认知、理解与体会。

2. 教学活动案例

接下来我们以社会活动"合作真好"为例阐述合作品格社会领域教学活动的组织要点，见表 6-3。

表 6-3　合作品格社会领域教学活动

合作真好	
活动环节	**活动设计**
活动目标	认知目标：理解合作的内涵，知道生活中处处有合作。
	能力目标：能够使用协商、分工等合作方式共同完成任务。
	情感目标：乐意与同伴合作，感受合作带来的成功和快乐。
活动准备	经验准备：幼儿在生活中有与人合作的经历和经验。
	物质准备： 1. 消防员灭火的视频。 2. 成人合作的图片（千手观音舞蹈、篮球比赛、交响乐团演奏、赛龙舟等）。 3. 超市货物大挂图或电子图片、超市货物图片人手一份、记号笔每组一支、统计表每组一张。 4. 超市货物图片中的货物实物。
活动过程	**一、讨论分析，感知合作及合作的基本要求** 师：在《蚂蚁和西瓜》的绘本中，我们认识了一群团结友爱的小蚂蚁，小小的蚂蚁合作搬走了大大的西瓜，合作使他们完成了不可能完成的任务。合作的时候，我们需要注意什么呢？ 小结：不是一群人在一起就是合作，合作需要大家一起商量，互相配合，齐心协力。 师：合作的好处是什么？ 小结：生活中有许多事情需要我们合作来完成。合作会让我们把事情做得又快又好，更容易成功；合作会让我们解决自己解决不了的问题；合作还会让我们战胜强大的敌人。合作的好处太多了，今天我们也来合作完成一项有趣的任务吧！ （**品格元素**：本次教学活动是绘本阅读《蚂蚁和西瓜》的拓展与延伸，因此教师以故事回顾为切入点，自然地引出合作主题，在分析、讨论中引导幼儿感知、理解合作的内涵） **二、情境游戏"超市统计员"，探究合作的方法** （一）创设情境，提出任务 师：幼儿园的"小小超市"要开业了，购进了许多的货物，我们一起来看看有哪些货物。 师：货物太多了，我们需要统计每种货物的数量并做记录。我们要怎样合作才能又快又准确地完成这项任务呢？（教师引导幼儿讨论、小结合作的方法：先协商选出组长；然后组长

合作真好	
活动环节	活动设计
活动过程	负责分工,如记录员、计数员;最后,计数员负责点数货物数量,将结果告诉记录员,由记录员记录在统计表上) (二)引导幼儿分组协商、分工,进行统计及记录 教师引导幼儿在组内分工、合作进行统计及记录。教师观察活动情况,鼓励幼儿探究、试错,同时给予必要的支持。 (三)引导幼儿对照答案检查结果 教师将幼儿完成的统计表呈现在移动黑板上,同时将"小小超市"里的物品按类型全部呈现在一张桌子上(桌子放在教室中间,确保所有幼儿都能看到)。接下来,教师拿着幼儿的统计表说出一类物品的统计数据,让幼儿一起数一数,确认是否统计准确,依次完成所有物品数量的核对。 (四)引导幼儿分享经验和感受,学习合作方法 教师引导幼儿从正确率和用时两个方面判断预计货物的任务幼儿是否成功完成,为合作成功的小组鼓掌,并请合作成功的小组分享成功的经验和感受。 师:你们组是如何合作完成任务的? 如果有统计错误或用时较长的小组,教师引导幼儿分析没有成功的原因。 师:他们为什么没有数对(用的时间较长)? 小结:大家合作的时候,每个人都很重要,有时候一个人的失误会让整个团队的合作失败。所以合作时每个人需要明确自己的职责,快速、认真地做好,这样就能又快又准确地完成任务,取得成功。 **(品格元素:情境游戏"超市统计员"让幼儿在实践中探究合作的方法,学会用协商和分工等方法进行合作,促进了与同伴合作的能力,感受到了合作成功的喜悦。教师在分享环节和幼儿共同分析团队合作没有成功的原因,通过反思,帮助幼儿梳理合作方法,积累经验,再次升华对合作的理解:在合作完成任务的过程中每个人要明确自己的职责,还需要认真、细致和快速地做)** **三、感受合作的重要性,知道生活中处处有合作** (一)引导幼儿观看消防员灭火的视频,分析、讨论,感受合作的重要性 师:小朋友们做事情需要合作,大人们做事情需要合作吗?下面请小朋友们看一段视频。 师:大火被扑灭了,消防员们太棒了,让我们为他们鼓掌吧!他们在灭火的过程中有合作吗?是怎样合作的? (二)出示成人合作的图片,引导幼儿进一步感受生活中处处有合作 师:除了消防员要合作,还有哪些人需要合作? 师:我们看一看,他们在做什么?是怎样合作的?(教师出示千手观音舞蹈、篮球比赛、交响乐团演奏、赛龙舟等图片,引导幼儿观察) 小结:生活中处处有合作,我们的衣食住行都是合作的结果,我们的生活离不开人与人之间的合作。 **(品格元素:教师通过消防员灭火的视频及成人合作的图片帮助幼儿了解成人的合作,从而感受到生活中合作无处不在)** **四、结束活动,拓展知识** 师:合作在我们的生活中无处不在,如小朋友们一起做×××(简要列举幼儿日常生活中的合作场景)。除了人与人之间会合作,动物之间会合作吗?它们会一起合作做些什么事情呢?请小朋友们回家和爸爸妈妈一起找一找小动物合作的故事,带到幼儿园和大家一起分享吧! 教师鼓励幼儿回家通过书籍、网络、电视等渠道和家长共同探索,拓展知识的同时进一步感受合作的重要性。

续表

合作真好	
活动环节	活动设计
活动延伸	**一、领域延伸** 合作意识和合作能力的培养可渗透到各个领域中。例如，在艺术领域，教师可以引导幼儿合作演奏打击乐、表演集体舞；在科学领域，教师可以鼓励幼儿合作完成科学小实验，引导幼儿了解自然界中动、植物的合作；在健康领域，教师可以在体育活动中提供团队比赛、小组及团队合作的机会，让幼儿在各领域丰富的活动中不断积累合作经验，提高合作能力。 **二、家园共育** 教师基于幼儿在本次教学活动中获得的经验，可以引导家长围绕"自然界的共生关系"与幼儿一起收集动物之间、动物与植物之间典型共生关系的案例。教师组织分享讨论会，鼓励幼儿将自己与爸爸妈妈一起收集到的案例以海报的形式向同伴展示、分享，加深幼儿对合作重要性的理解，如犀牛与犀牛鸟、鳄鱼与牙签鸟等。 **三、生活渗透** 教师可以鼓励幼儿在一日生活中多和同伴合作，例如，值日生的分工值日，有的发餐具，有的检查洗手、漱口，有的擦桌子，有的扫地等；还有的整理玩具、叠被子、照顾植物等。 **四、环境渗透** 教师可以让幼儿与同伴合作共同参与到班级环境创设中，例如，在主题墙创设"我的合作故事"，鼓励幼儿把自己印象最深的合作小故事画出来，展示并分享讲解；开展"我的合作计划"，引导幼儿尝试制订合理的合作计划，学习在合作中分工；开展"有问题不吵架"，用绘画的形式表现处理合作中的冲突和矛盾的方法，让幼儿在环境潜移默化地影响下，学会正确处理矛盾和冲突。

3. 活动反思

(1)活动特点

活动目标准确、具体且符合大班幼儿能力发展水平。目标中的"能够使用协商、分工等合作方式共同完成任务"既满足了幼儿的需求，又具有一定的挑战性。

活动过程环环相扣，衔接自然，重难点突出，同时体现了幼儿学习的主体性。首先，教师通过谈话讨论让幼儿理解合作的内涵。其次，教师利用情境游戏让幼儿在实践中探索合作的方法。此环节有两个亮点，一是给予了幼儿充分实践操作的时间和空间，不断地探索、试错，并通过教师适时的引导，让幼儿找到方法，自我纠错，从而习得和掌握合作的方法；二是合作方法的具体化，合作的方法有很多，不同的情境需要用不同的方法来解决，本次活动将合作方法的学习定位为学会协商和分工，不是泛泛了解，而是真正让幼儿掌握一种合作的方法。最后，教师拓展成人合作的内容，让幼儿体会到生活中合作的重要性及合作无处不在。

(2)活动实施建议

在开展本次教学活动之前，教师应了解班级幼儿的合作能力发展水平，并在日常生活中为幼儿提供合作的机会，让幼儿有一定的合作经历和经验。在环节二的情境游戏中，可能会出现个别幼儿不接受分配或因意见不统一而发生争执的情况，教师要根据实际情况适时介入指导。另外，在此过程中，教师应给予幼儿充分合作探索、相互讨论、纠错的时间和空间，鼓励幼儿自己想办法解决合作中的冲突，不要把自己的想法直接强加给幼儿。整个活动中有多个讨论环节，为避免形式的单一性，教师可尝试让幼儿进行多种形式的交流，如讨论"生活中还有哪些人需要合作"时，可集体讨论，也可分组讨论再分享。

（沈阳市皇姑区英蓓儿幼儿园　刘明慧　答隽）

（三）品格综合领域教学活动

1. 合作品格的综合领域教学活动设计说明

在日常活动中，教师可以将合作品格的元素融入健康、科学、艺术领域中。例如，在健康领域，教师可以组织小组竞赛类的游戏，让幼儿感受团结合作的力量；在科学领域，教师可以引导幼儿根据感兴趣的问题自由结伴，运用不同的方法寻找问题的答案，感受集体的智慧；在艺术领域，教师可以引导幼儿结合绘本内容，小组共同创作一幅作品、合作分工演绎童话剧等，体验共同创作的快乐。

2. 教学活动案例

接下来我们以科学领域活动"认识蚂蚁"为例阐述合作品格综合领域教学活动的组织要点，见表 6-4。

表 6-4　合作品格综合领域教学活动

认识蚂蚁		
活动环节	活动设计	
活动目标	认知目标：知道同伴合作能够更全面地了解蚂蚁的特点和生活习性。	
	能力目标：能够与同伴分工合作制作蚂蚁调查海报。	
	情感目标：愿意分享自己的想法并接纳他人的建议。	
活动准备	经验准备	1. 幼儿了解《蚂蚁和西瓜》绘本故事情节。 2. 幼儿对宣传海报的作用和结构有初步的了解。 3. 幼儿提前收集有关蚂蚁的问题及答案。
	物质准备	四张不同颜色的海报底纸（4 开）、黑板一个、四张桌子、四把剪刀、四个胶棒、四盒彩笔、针对本组蚂蚁问题找来的答案（图片、手工、绘画、标本）等。
活动过程	一、引导幼儿回顾调查过程并介绍自己寻找答案的方法 师：还记得你们组要研究的关于蚂蚁的问题吗？ （蚂蚁的种类、蚂蚁的分工、蚂蚁的食物、蚂蚁的天敌） 师：你们从哪里找到问题答案的？ （图书、博物馆、电脑、手机、有经验的成人等） 小结：小朋友们非常聪明，人多力量大，知道运用不同的方法去寻找问题的答案，以后再遇到不知道的事情，也要学会动脑筋想办法。 （品格元素：此环节教师引导幼儿感受人多力量大，只要共同为一件事情努力，大家就会有很多收获） 二、引导幼儿通过讨论了解制作海报的要素并确定分工 教师出示制作海报的底纸（4 开），每组一种颜色。	

续表

认识蚂蚁	
活动环节	**活动设计**
活动过程	师：我们要把大家找到的答案制作成宣传海报，海报上应该有什么呢？（教师引发幼儿讨论，如需要有标题、不同内容之间可以有花边装饰、把找来的素材分类贴上去等） 师：我们怎么才能知道每个人找来的答案是什么呢？（教师引导幼儿每个人把自己找到的介绍给大家，再把一样的内容放在一起） 教师请幼儿在小组内分享自己寻找到的答案并进行分类，利用这一环节，巩固和丰富幼儿对蚂蚁的认识。 师：下面我们就要开始制作海报了，该怎么分工呢？ （讨论版面、装饰标题、装饰分割栏、张贴内容、向大家介绍） 教师引导幼儿了解制作海报的要素，并和同伴共享答案，进行海报制作的分工。 （**品格元素**：教师设计讨论分享环节为幼儿的合作提供机会，感受好的合作一定要认真地倾听和合理地分工） **三、引导幼儿制作蚂蚁海报，亲身体会与同伴合作** 教师对各小组的合作过程进行观察，在他们遇到问题时不要急于介入，看看幼儿能否自主解决。对幼儿想出的好的解决办法，教师要及时给予肯定和鼓励。 如果发现一些需要成人介入的情况，如幼儿过于强势、过于隐忍、不能用与人商量的语气交流等，教师就要及时介入，用问题引发幼儿思考，改变交流的方法。 （**品格元素**：此环节教师通过实际的感受、体验，让幼儿发现合作中遇到的问题，并积极想办法解决） **四、展示海报，总结幼儿的调查结果并提炼合作经验** 师：通过小朋友们的共同努力，我们完成了蚂蚁海报。下面请每个小组来讲给大家听。 幼儿介绍的过程中，教师要重点关注如下两方面。 (1)幼儿介绍的内容是否与本组问题相符，表达是否清晰。 (2)幼儿在制作过程中有哪些突出的亮点是否分享出来了。 小结：今天我们了解了那么多关于蚂蚁的知识，这要感谢每个小组小朋友们的团结合作。在制作的过程中虽然遇到了一些困难和争论，但大家互相帮助、互相谦让，都为制作蚂蚁海报贡献了力量，才让我们的蚂蚁海报这么好看，这么有意思。 （**品格元素**：此环节教师通过分享，让幼儿发现每个人在小组中的作用，激发幼儿愿意与人合作，愿意在集体中贡献自己力量的积极情感）
活动延伸	**一、家园共育** 教师可以鼓励家长积极支持幼儿的主动学习，例如，根据幼儿感兴趣的问题，亲子一起查阅相关资料并进行深入探讨。教师还可以鼓励幼儿与班里的其他幼儿分享，展示自己和爸爸妈妈一起搜集的资料；还可以在班级群中分享幼儿与家长一起查阅资料的精彩视频或者照片。 **二、环境渗透** 活动激发了幼儿关于蚂蚁的更多探究兴趣，因此，教师可以以小组的方式引导幼儿继续深入探讨。例如，结合本次活动继续开展小的主题探究活动，教师可以将幼儿提出的问题进行分享交流，引导幼儿用合作的方法去解决问题，寻找答案。此外，教师可以创设"蚂蚁问题交流墙"，鼓励幼儿在日常过渡环节中与同伴分享自己的调查结果，逐渐丰富关于蚂蚁的知识经验。

3. 活动反思

（1）活动特点

活动目标清晰，让幼儿在与同伴一起制作、分享蚂蚁调查海报的过程中体会合作的意义，学会合作的方法，如分工、协商、谦让等。目标难度适宜，重难点明确，易于实施。活动过程轻松、活泼。虽然这是一次科学活动，但教师没有使用以往讲述式的教学方法，而是在活动之前明确幼儿感兴趣的问题，鼓励幼儿自主寻找答案，并通过活动中的讨论与分享，来支持幼儿的自主学习，从而使整个活动变得更加童趣化、直观化、生活化。活动的环节层层递进，为幼儿创造了充分合作互动的机会，让幼儿在分享学习蚂蚁知识的同时，在实践中增长了合作的经验，体会了合作的成就感，增强了合作的意义。在活动后，教师能够与家庭密切配合，更好地促进幼儿自主学习，培养幼儿积极主动寻找问题答案的学习品质。

（2）活动实施建议

此活动需要幼儿做好充分的前期经验准备，如对故事《蚂蚁和西瓜》要熟悉，了解海报的制作要求等；同时需要家长的大力支持，家庭参与的程度对本次活动的效果起着比较重要的作用。在此次活动中从幼儿的反馈来看，幼儿之间的差异较大。因此，教师要结合班级幼儿的实际经验储备，帮助幼儿在活动前逐渐丰富经验，同时向家长介绍支持幼儿学习的指导方法，形成教育合力。

（北京市东城区新中街幼儿园　周笑妍　赵昱菁）

(四)幼儿社会技能教学活动

1. 活动设计说明

大班幼儿的交往能力较中小班幼儿有了一定的提高，但人际交往中的基本规则和要求还需要继续学习。因此，大班幼儿要强化的社会技能就是"加入"和"接受拒绝"，即在人际交往中要能够礼貌地表达自己的需求并融入他人的游戏，即使被拒绝，也要学会坦然接受，不强求别人。

2. 社会技能"加入"教学活动案例

社会技能"加入"的技能口诀是：别人玩时耐心看；玩得好时给点赞；再求加入也不晚。接下来我们以活动"我会加入别人的游戏"为例阐述社会技能"加入"教学活动的组织要点，见表6-5。

表6-5　社会技能"加入"教学活动

我会加入别人的游戏	
活动环节	活动设计
活动目标	认知目标：知道要用正确的方法加入同伴的游戏。
	能力目标：能够理解并运用加入他人游戏时"耐心看""点赞"的方法。
	情感目标：体验成功加入同伴游戏的快乐。

我会加入别人的游戏		
活动环节	活动设计	
活动准备	经验准备	幼儿有加入同伴游戏的经验。
	物质准备	1. 社会技能"加入"口诀提示图。 2. 歌曲《找朋友》。 3. 课件《幼儿的游戏》。
活动过程	一、音乐游戏导入，激发幼儿学习的兴趣 教师引导幼儿玩游戏"找朋友"，请幼儿认真听并做出相应的动作。 玩法：教师播放歌曲《找朋友》，带幼儿随意做动作。每当歌曲停时，教师任意说出"1"或"2"。教师说"1"时，幼儿两臂抱胸；教师说"2"时，两名幼儿抱在一起。 师：小朋友们，一个人拥抱和两个人拥抱，你们更喜欢哪一种方式呢？为什么？ 二、播放课件，激发幼儿帮助妞妞解决烦恼的意愿 师：这个小女孩叫妞妞，她也喜欢和小朋友们一起玩。可是她有个烦恼，她看到其他小朋友玩游戏时非常想加入，可是总是被拒绝。你们知道玩游戏的时候小朋友们为什么会不喜欢和她玩吗？（教师请幼儿说说，回忆平时玩游戏时一些小朋友不礼貌的行为） 师：我们来听听小朋友们怎么说的。（教师播放课件） 凡凡：我们正在搭高架桥，妞妞说"我要和你们一起玩"。她直接就拿起积木搭在我已经搭好的桥上，根本没有征得我们的同意。 豆豆：我正在给娃娃做饭，她说我做的饭不香，娃娃不喜欢吃。她抢过我的勺子就要给娃娃做饭。 凡凡、豆豆：我们都不喜欢和她玩。 师：为什么小朋友们不喜欢和妞妞一起玩游戏？（教师请幼儿说一说） 小结：妞妞直接和别人说"我要和你们一起玩""你们应该这样做""应该那样做"，有时候她都没有问别人，就直接抢来别人正在用的玩具，就要一起玩，所以大家都不愿意和她一起玩游戏。妞妞听到小朋友们的话很难过。我们一起来帮帮妞妞吧，让她可以顺利地加入别人的游戏！ 三、引导幼儿学习"加入"技能的口诀，理解"加入"技能的内涵 1. 教师引导幼儿学习口诀"别人玩时耐心看"。 师：（教师出示幼儿在表演区游戏的图片）小朋友们在干什么？妞妞很想加入他们，妞妞本想拿起他们的玩具和他们一起玩，可是她想起小朋友们说的话，不知道该怎么做了。你们觉得妞妞应该怎么做？ 师：当看到其他小朋友玩游戏，自己也想要加入的时候，要先安静地在一旁观察一下别人在做什么，说什么，玩什么。 师：老师把这个做法编成一句小口诀，一起来告诉妞妞吧！"别人玩时耐心看"。（教师引导幼儿齐声说） 2. 教师引导幼儿学习口诀"玩得好时给点赞"。 (1)教师带领幼儿观看妞妞被拒绝的情节。 师：妞妞听了小朋友们的话，耐心地站在旁边看别人玩。但是一直这样看，也不能加入呀，这该怎么办？（教师请幼儿说说） 师：妞妞听了小朋友们的建议。我们看看妞妞是怎么做的。（教师播放课件） 妞妞：我可以加入你们吗？我想和你们一起玩，可以吗？（礼貌询问） 师：妞妞特别有礼貌地询问小朋友们的意见，不像以前霸道地说"我要和你们玩"，小朋友们同意了吗？（教师播放课件）		

活动环节	活动设计
	我会加入别人的游戏

活动环节	活动设计
活动过程	凡凡：我们人已经满了。 (2)教师引导幼儿安慰妞妞，让幼儿懂得拒绝是每个人的权利。 师：凡凡拒绝了妞妞，玩游戏时可以拒绝别人吗？小朋友们，你们在玩游戏的时候，有时是不是也会拒绝别人的请求呢？拒绝是我们每个人的权利，既然凡凡拒绝了妞妞，我们应该尊重凡凡的想法。 师：你们看妞妞更难过了，我们来安慰一下妞妞吧！(教师请幼儿说说) (3)教师带领幼儿复习口诀"别人玩时耐心看，玩得好时给点赞"。 师：虽然妞妞被表演区的小朋友拒绝了，但是小朋友们刚才的话又给了她信心，让她加入其他小朋友的游戏。妞妞来到了建构区，这时小朋友们正在搭城堡。妞妞应该先怎么做呢？(别人玩时耐心看) 师：她害怕自己再被拒绝，那她接下来应该怎么做呢？你们有什么好办法？ 小结：别人玩游戏时，如果他们玩得很好，我们可以大胆地给他们鼓掌，夸他们做得好。这样，正在游戏的小朋友就会觉得你想一起玩，或许会邀请你一起玩哟。 师：这次我们可以运用哪句口诀呢？(玩得好时给点赞) 3. 教师引导幼儿学习口诀"再求加入也不晚"。 师：我们听听妞妞怎么说的。(教师播放课件)妞妞说"你们搭的城堡太酷了"。小朋友们听见了妞妞的话，很开心。现在妞妞想告诉他们，自己想加入一起玩，她应该怎么做呢？ 师：她可以礼貌地跟小朋友们提出自己的请求，问问他们"请问我可以和你们一起玩吗？""我想和你们一起玩，你们愿意吗？" 师：还有别的更好的办法吗？让小朋友们更乐意妞妞加入他们的游戏？(教师引导幼儿，鼓励幼儿动脑筋结合自己游戏的经验大胆表达自己的想法) 小结：她可以给小朋友们提供想法，让他们的游戏更好玩，然后礼貌地请求一起玩；还可以告诉他们，自己能做什么，扮演什么角色，有什么玩具加进来一起玩。这些好办法，都可以让小朋友们同意妞妞加入游戏。(教师可以通过列表的方式，用图像、符号来记录幼儿的想法) 师：老师又编了一句小口诀，我们一起来告诉妞妞吧！"再求加入也不晚"。(教师引导幼儿齐声说) 师：妞妞听了我们的口诀，我们来看看妞妞是怎么做的。(教师播放课件) 妞妞：如果在城堡旁边搭个花园就更好了，我们可以用半圆形的积木和雪花片来搭，我能和你们一起搭吗？ 师：你们觉得小朋友们会同意妞妞一起玩的请求吗？(教师播放课件)瞧，妞妞和小朋友们正一块搭积木呢。 4. 教师引导幼儿回顾"加入"口诀，牢记口诀。 师：刚才我们告诉妞妞三句口诀，小朋友们同意和她一起玩啦！我们也来记一记口诀，以后想加入别人游戏的时候使用吧！ 师幼根据技能口诀提示图，一边说"加入"口诀，一边做出动作，巩固幼儿对口诀的记忆。 (别人玩时耐心看，玩得好时给点赞，再求加入也不晚) **四、创设情境，让幼儿体验"加入"技能** 教师请三名幼儿扮演搭积木的游戏情境，一起搭一栋房子，请一名幼儿扮演想要加入游戏的小朋友，大家一起来告诉这名幼儿加入这三个小朋友的游戏的办法。(教师鼓励幼儿用刚

续表

	我会加入别人的游戏
活动环节	**活动设计**
活动过程	学习的"加入"口诀和方法，还可以增加其他情境，请别的幼儿来演练） 小结：小朋友们，今天我们学习的口诀你们还记得吗？以后我们想要加入别人的游戏时，就可以按照口诀教给我们的办法，加入小朋友们的游戏中。
活动延伸	一、家园共育 教师在班级群中分享当天学习的社会技能，包括技能目标、培养重点、培养方法等；家长与幼儿一起时也会面临一些情境需要幼儿"加入"，请家长牢记"加入"口诀，了解该技能的基本内涵，一方面便于指导和观察幼儿的行为，形成家园合力，另一方面可以从自身做起，与幼儿共成长。 二、生活渗透 在日常生活中教师要有意识地关注幼儿游戏时对"加入"技能的运用，例如，在进行区角游戏、户外活动时，要能够随时关注幼儿的状态，并且可以提前设计一些能够吸引幼儿参与的环节，逐步培养幼儿的"加入"技能。 三、环境渗透 教师可以根据"加入"口诀的含义，用图文并茂的方式展示口诀内容；同时还可以呈现幼儿主动加入的情境，加深幼儿对技能的理解。

3. 活动反思

（1）活动特点

活动目标体现了大班幼儿自主游戏能力的发展要求，一方面让幼儿认识到加入同伴的游戏需要审时度势，否则容易被拒绝；另一方面，帮助幼儿在情境中理解"耐心看""点赞"在加入同伴游戏时的重要性。活动以游戏"找朋友"的形式导入，让幼儿体验到与同伴一起游戏的快乐，充分调动了幼儿参与活动的兴趣，同时以妞妞的烦恼自然地引出"加入"的主题。活动最后通过创设情境，让幼儿初步掌握加入同伴游戏的方法。

（2）活动实施建议

大班幼儿以具体形象思维为主，但有了初步的抽象逻辑思维特征，同时也具备了一定的表演技巧和表演意识，因此，在学习"加入"口诀时，教师可适当增加体验和表演的环节。例如，教师可以根据课件中的情节，将社会技能"加入"的三句口诀，依次贴在对应的情节中，让幼儿发挥自己的想象创造性地进行表演，充分体验和感受，进一步理解"加入"口诀的含义。

（济南市槐荫区西城实验幼儿园　苗淼　崔玉婕）

4. 社会技能"接受拒绝"教学活动案例

社会技能"接受拒绝"的技能口诀是：想和同伴一起玩；别人却说不愿意；坦然接受别生气。接下来我们以活动"被拒绝时不生气"为例阐述社会技能"接受拒绝"教学活动的组织要点，见表6-6。

157

表 6-6　社会技能"接受拒绝"教学活动

被拒绝时不生气	
活动环节	活动设计
活动目标	认知目标：知道被人拒绝是一件很正常的事情，被拒绝后不能哭闹、发脾气。 能力目标：能记住技能口诀，并能够在实际情境中尝试运用。 情感目标：在人际交往中能乐观面对被他人拒绝的场景。

活动准备	经验准备	幼儿有拒绝过别人或者被别人拒绝的经验。
	物质准备	1. 故事课件《金色的房子》。 2. 小鸟、小狗、小猴、小羊、小姑娘的头饰。

活动过程	**一、播放故事课件，激发幼儿学习的兴趣** 师：请小朋友们仔细观察图片，你们在图上看到了什么？（房子、大树、花草） 师：谁能来说一说房子有什么特点？（金色的房子有红的墙、绿的窗） 师：今天老师给大家带来的故事叫《金色的房子》，关于这个房子会有一个怎样有趣的故事呢？我们一起来听听！ **二、讲述故事开头至小姑娘拒绝小动物们的请求，体会被拒绝的心情** 师：小姑娘有一幢什么样的房子？（红的墙，绿的窗，金色的屋顶亮堂堂） 师：小鸟、小狗、小猴、小羊想去小姑娘家玩，小姑娘是怎么做的？（教师出示故事图片和头饰，引导幼儿表演故事场景） 师：小姑娘拒绝了小鸟、小狗、小猴、小羊的请求，小动物们的心情怎么样？小动物们会怎么做呢？如果是你，你会怎样做？（教师鼓励幼儿情境演绎自己的做法） 小结：仔细观察小动物们的表情，我们发现被拒绝之后，大家看起来都有点儿不开心。有的小朋友说，小姑娘不让大家去她家玩，那以后大家也不跟小姑娘玩；有的小朋友说如果小鸟不扑棱翅膀，小狗不汪汪地乱叫，小羊、小猴不啪嗒啪嗒地乱跑，也许小姑娘就愿意让大家去她家玩了；还有的小朋友说，小动物们可以自己在草地上玩。我们一起来看看小动物们是怎么做的吧！ **三、继续讲述故事至小姑娘打开窗子看到小动物们玩得正热闹，引出"接受拒绝"口诀** 师：被小姑娘拒绝后，小动物们是怎么做的？ 师：虽然被小姑娘拒绝，但小动物们很快就调整心情，开心地在草地上玩游戏了。你们觉得小动物们的做法好不好？ 小结：小朋友们都非常赞同小动物们的做法，虽然被拒绝的时候会难过，但是如果别人实在不能答应我们的请求，那就只能坦然接受。小动物们也把自己被拒绝的经验分享给大家，我们一起来说一说"想和同伴一起玩，别人却说不愿意，坦然接受别生气"。（教师引导幼儿复述技能口诀） **四、联系生活经验，强化幼儿对技能的理解** 师：生活中我们常常会遇到一些被拒绝的情况，例如，在幼儿园，老师告诉你到停止游戏的时间了，你不能再玩了；爸爸妈妈在玩具店不同意给你买玩具；同伴告诉他不想跟你玩，或不愿意让你玩他的玩具。那在这些情况下你们是怎么做的呢？（教师鼓励幼儿充分表达） 小结：听完今天的故事，我们都知道了加入别人的游戏之前要先用正确的方式取得别人同意，如果被别人拒绝也要坦然接受，因为被拒绝是一件很正常的事情。就像我们学到的口诀一样，"想和同伴一起玩，别人却说不愿意，坦然接受别生气"。下次当我们被别人拒绝的时候，想到这个口诀，我们就不会那么难过啦！

续表

被拒绝时不生气	
活动环节	活动设计
活动延伸	**一、家园共育** 教师在班级群中分享当天学习的社会技能，包括技能目标、培养重点、培养方法等；在沟通时，提醒家长换位思考，自己可以拒绝孩子，孩子也可以拒绝自己；提醒家长也需要适度思考自己的请求是否能够被幼儿接受，如果幼儿拒绝，家长也需要理解。 **二、生活渗透** 被拒绝带给幼儿的情绪比较负面，因此，教师可以在日常生活中多观察。发现幼儿有交往问题时，看到幼儿有使用技能困难时，教师应及时提醒、引导，帮助幼儿更好地做好自我情绪处理，提升共情能力和问题处理、与人合作的能力。 **三、环境渗透** 教师可以根据"接受拒绝"口诀的含义，用图文并茂的方式展示口诀内容，融入幼儿园环境创设中，在日常生活中加深幼儿对技能的理解。

5. 活动反思

（1）活动特点

活动目标凸显社会技能的内涵要求，符合大班幼儿的年龄特点，运用情境表演让故事动起来、活起来，使幼儿参与其中，深化对"接受拒绝"口诀的理解。教师把口诀的学习巧妙融入故事讲述，支持幼儿主动学习，灵活改编故事内容，增强了活动过程的趣味性，同时也能更好地帮助幼儿理解"接受拒绝"技能的内涵。

（2）活动实施建议

教师可以结合具体案例进行分析，引导幼儿自由讨论，强化社会技能在生活中的实际应用。该社会技能具有非常明显的情境性，因此在活动过程中，教师要结合大班幼儿的生活经验和认知水平，创设或提供幼儿日常生活中同伴交往的情境或素材，通过具体的案例强化幼儿对技能的理解与运用。

（济南市槐荫区第三实验幼儿园梦世界园 张倩 李霖）

五、区角活动案例

《幼儿园教育指导纲要（试行）》指出"幼儿与成人、同伴之间的共同生活、交往、探索、游戏等，是其社会学习的重要途径。应为幼儿提供人际间相互交往和共同活动的机会和条件，并加以指导"。合作是人际交往必不可少的技能之一，需要从小培养。大班幼儿语言上的合作交流增多，能够和同伴一起合作完成一个任务，但任务的随机性、偶发性多，缺少计划性和组织性；能够围绕目标一起努力，但往往因为缺乏"领导者"而影响活动过程的组织效果。因此，在大班区角活动中，教师要引导幼儿尝试解构任务，学会分工，在活动中逐步了解团队成员的责任；创设条件开展集中性的小组活动，引导幼儿选出负责人（小组长），明确负责人的任务；同时还要引导幼儿尝试制订小组合作的任务计划，按照计划逐步完成任务。

表演区

活动一：短剧表演

活动目标： 在与同伴共同完成小短剧制作的过程中，体验团结协作、战胜困难带来的快乐，进一步增强合作的意识。

活动准备： 图卡、彩笔、白纸。

活动过程：

1. 教师出示图卡若干，讲解图卡内容。(如《西游记》《999个青蛙兄弟大搬家》《14只老鼠大搬家》等故事片段图卡)

2. 师幼互动，协商确定短剧表演的内容、角色、分工，用纸自制角色头饰或手偶。

3. 幼儿合作表演，教师以平行者介入游戏，指导幼儿扮演角色的语气、相互配合等。

4. 幼儿与同伴分享情绪感受，体验合作带来的快乐。

活动建议：

1. 游戏结束后，教师可以利用区评或者集体教学活动引导幼儿全面理解作品含义，并一起讨论如何表演，丰富表演内容，增加表演经验。

2. 教师和幼儿共同讨论制订出一周排练计划表和节目单。

活动延伸：

1. 在美工区，教师可以引导幼儿根据短剧排练计划表的需要，制作需要的道具或者角色头饰。

2. 后期教师可以鼓励幼儿通过制作宣传海报、自制门票等方式，大胆邀请班级其他幼儿参与活动。

活动二：接种疫苗

活动目标：

1. 了解协商、分工、谦让等不同的合作方法，懂得合作的重要性。

2. 愿意积极参与合作游戏，感受合作带来的快乐。

活动准备： 服装(安保人员、保健医、医生)；头饰(孩子、家长、老师、医生、保健医)；玩具针头、棉球、仿制手机。

活动过程：

1. 教师设置接种疫苗的流程场景(测温处、签到处、接种处、留观处)，在场景中回顾自己接种疫苗时的先后顺序是什么及注意事项有哪些。

2. 幼儿协商分工，自由游戏，体验合作。

3. 教师小结，鼓励幼儿分享心得。

活动建议：

1. 活动前期，教师可以以谈话或观看视频(图片)的方式，引导幼儿回顾或观察接种疫苗的过程，为活动的顺利开展奠定经验基础。

2. 活动过程中，教师可以以游戏者的身份平行参与到幼儿游戏中，如扮演医生、护士或需要接种的人等。

3. 教师可以将接种疫苗的流程以及角色的分工进行环境创设，后期可以鼓励幼儿进行角色、情境的拓展（如预防接种宣传）。

活动延伸：

1. 教师可以以"为医护人员献礼物"为主题，鼓励幼儿进行分组协商，共同制作礼物，体验分工合作的乐趣。

2. 教师可以与"感恩"主题融合，通过共情，让幼儿了解医护人员、公共场合安保人员工作的不易，从而在生活中能够主动配合，完成接种疫苗的工作。

活动三：14 只老鼠挖山药

活动目标： 知道表演时需要大家相互协调、配合，在表演过程中感受 14 只老鼠团结协作带来的快乐和成就感。

活动准备：

1. 绘本故事《14 只老鼠挖山药》。

2. 道具（山药棍、挖掘工具），头饰（老鼠宝宝、老鼠妈妈）。

活动过程：

1. 故事导入，教师带领幼儿回顾《14 只老鼠挖山药》的故事情节。

2. 幼儿协商分工，合作表演。

3. 师幼互动总结。教师基于问题如"当挖到山药之后，你的心情怎么样？""挖山药之前，你们都做了哪些工作？"等，鼓励幼儿自信、大胆地分享自己的表演感受。

活动建议：

1. 教师可以与幼儿一起商讨表演程序、场景的布置，确保游戏的顺利进行。

2. 在表演的过程中，教师可以以观众的身份提出问题或建议，引导幼儿完善故事表演。

活动延伸：

教师可以投放 14 只老鼠系列绘本，如《14 只老鼠洗衣服》《14 只老鼠大搬家》《14 只老鼠吃早餐》《14 只老鼠种南瓜》，巩固幼儿对小老鼠们团结协作、一起战胜困难的合作精神的认识。

语言区

活动一：蚂蚁与西瓜

活动目标： 理解合作的意义，通过分工、协商、合作，完成绘本制作。

活动准备： 卡纸、彩纸、彩笔、颜料等材料。

活动过程：

1. 幼儿小组成员一起讨论，确定好创编绘本的故事主题"蚂蚁与西瓜"。

2. 小组成员分工制作绘本，一个人将想要创编的内容用图画的形式记录下来，一个人选择合适的材料(如卡纸)进行装裱，一个人做辅助工作(图 6-2)。

3. 每个小组派出代表讲解制作完成的绘本故事。

活动建议：

1. 教师可以引导幼儿分步完成一个主题的内容。(如第一天完成封面和扉页的制作，第二天完成主题下内容的制作)

2. 制作绘本需要较长时间，为了保证幼儿思路的完整性，教师可以将游戏时间根据实际情况进行适当的延长。(例如，教师带领其他幼儿利用走评的形式先去点评其他区角，给语言区幼儿更多的时间去完成作品)

活动延伸：

1. 教师可以请小组幼儿在过渡环节分享他们完成自制绘本活动的具体分工和合作情况，以及在制作过程中出现的问题和解决方法，其他幼儿可以提出更好的建议。

2. 教师可以引导幼儿经过头脑风暴确定其他创编故事主题，分组进行再制作。

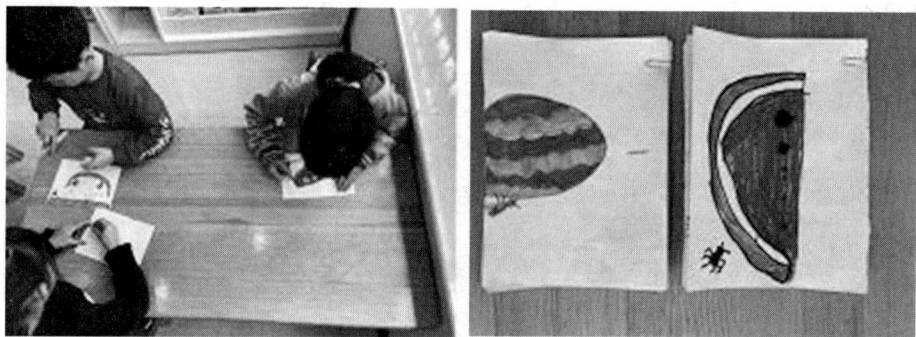

图 6-2　自制绘本《蚂蚁与西瓜》

活动二：小小演说家

活动目标：利用指偶进行演讲，展示自己所理解的"合作真快乐""有问题不吵架"的内容。

活动准备：

1. 幼儿提前将生活中与小伙伴合作的故事，用图画的形式记录下来。

2. 指偶、演说小舞台(图 6-3)。

活动过程：

1. 教师召开"小小演说家"说明会，说明演讲内容和开展形式。

演讲的内容是生活中幼儿与小伙伴之间发生的合作故事，或者小伙伴之间有分歧的时候，解决问题的方法。开展的形式是在幼儿提前一天制订区角计划的时候，选择"小小演说家"活动，每天两人，月末班级幼儿进行投票，选出三名优秀的"小小演说家"，并进行金话筒颁奖仪式。

2. "小小演说家"利用指偶，在小舞台上出示自己记录的图画，针对图画内容进行演讲

（图 6-4）。

3. 教师在月末组织幼儿用投票的形式评选出"小小演说家"，并进行金话筒的荣誉颁奖。

图 6-3　指偶、演说小舞台

图 6-4　"小小演说家"演讲

活动建议：

1. 教师可以将此活动作为语言区的整月主题活动，在语言区持续开展。

2. 幼儿准备期间，可以请教师和家长帮忙组织语言。

活动延伸：

1. 教师可以将幼儿画下来的合作故事、解决问题的故事装订成册，作为自制图书进行投放。

2. 教师在其他月份可以针对不同的社会技能，在离园前、午饭前等过渡环节开展"小小演说家"的活动。

活动三：盲盒讲话

活动目标：幼儿通过盲盒中的图片引导，交替扩充语句，最后创编一个完整的故事。

活动准备：

装有图片的盲盒 3 个（图 6-5）。盲盒 1：故事角色图卡——各种小动物；盲盒 2：活动地点；盲盒 3：各类活动主题。盲盒内的物品数量可以由少到多进行添加。例如，在盲盒 1 中投入 3 个小动物，即小猫、小狗、小刺猬；在盲盒 2 中投入 3 个活动地点，卧室、客厅、户外广场；在盲盒 3 中投入 3 个主题，即踢球、看书、唱歌。

活动过程：

1. 幼儿 A 从盲盒 1 中抽取一个小动物，简单描述小动物的样子。

2. 幼儿 B 从盲盒 2 中抽取一个地点，幼儿 B 在幼儿 A 讲述的内容基础上扩充句子，句子中要包含抽到的地点。

3. 幼儿 C 从盲盒 3 中抽取一个活动，幼儿 C 在幼儿 B 的基础上扩充句子，句子中要有抽到的活动内容。

4. 最后，参与活动的幼儿一起再次扩充句子，以形成一个完整的故事。

图 6-5　盲盒及图片

活动建议：

1. 随着幼儿游戏熟练程度逐渐提升，教师可以继续增添游戏盲盒 4、5、6，增加的盲盒内容可以是时间、天气状况、交通工具等。

2. 幼儿人数可以是两个人，也可以是多个人，抽盲盒的顺序也可以是随机的，以增强游戏活动的趣味性和灵活性。

活动延伸：

活动内容可以在过渡环节，由一名幼儿发起，其他幼儿进行填词扩句游戏。例如，在午饭前，由一名幼儿发起一句简单的话，如"我喜欢小猫"，其他幼儿进行填词扩句，如"我喜欢黄色的小猫""以前的我喜欢黄色的小猫""以前的我喜欢爱玩球的黄色的小猫"……

益智区

活动一：老狼老狼几点了

活动目标： 在合作操作牵引绳的游戏中，进一步理解合作的意义及重要性，感受合作的过程带来的快乐。

活动准备：

1. 幼儿知道如何用数字表示整点和半点，并且能够认识整点、半点的钟表图示。

2. 杯底上贴有钟表图示的纸杯、操作底板、细弹力绳、小羊和老狼的角色头饰（图 6-6）。

活动过程：

1. 游戏之前，教师要组织幼儿一起复习钟表的整点与半点。

2. 教师创设情境，引导幼儿回忆户外游戏"老狼老狼几点了"。教师以平行介入的方式参与到幼儿游戏中，再次引导幼儿熟悉游戏的规则。

3. 游戏开始时，"小羊"问："老狼老狼几点了？""老狼"回答："10 点了。"两只"小羊"操作手中的细弹力绳，把代表 10 点的纸杯放在对应的位置上（图 6-7）。（幼儿放置纸杯时间为 10 秒，也可以由"老狼"数 10 个数，待幼儿熟悉之后可以缩短放置时间）

4. 如果"小羊"没有在限定的时间内将正确的纸杯准确放置于对应的位置上，则"老狼"获胜。

图 6-6 "老狼老狼几点了"活动材料　　图 6-7 "老狼老狼几点了"游戏

活动建议：

1. 建议三名幼儿一起玩，其中一名幼儿扮演老狼，两名幼儿扮演小羊。

2. 根据幼儿认识钟表的程度，教师可以逐步增加难度，如整点、半点、一刻等。

3. "小羊"在操作的时候，可以限时投放倒计时器，如没有在规定时间内放置好纸杯，"老狼"获胜。

活动延伸：

1. 教师可以利用纸杯上的钟表图示让幼儿给时间排序，如整点排序、半点排序。

2. 教师可以更换纸杯图示，结合大班幼小衔接进行设计。例如，在操作板上出示"3个桃子＋5个桃子"，相对应的纸杯贴图为8个桃子；或操作板上为图片，相对应的纸杯贴图为汉字。

活动二：翻花绳

活动目标： 学习花绳传统翻法，尝试和小伙伴合作翻花绳，体验合作完成传统游戏的快乐。

活动准备：

1. 10根长一米左右的各色线绳。

2. 翻花绳的动作示范图片（图6-8）。

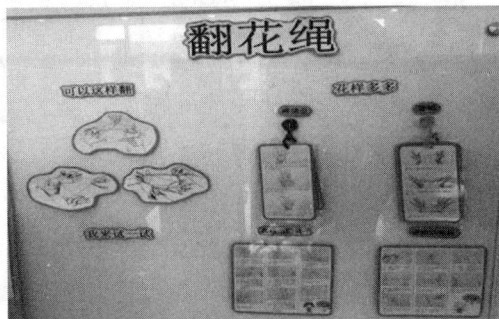

图 6-8　翻花绳的动作示范图片

活动过程：

1. 教师运用示范法、讲解法，进行翻花绳的动作示范。

2. 幼儿动手操作，教师个别指导。

3. 幼儿自由搭配，与小伙伴一起协商，合作挑战翻花绳。

活动建议：

1. 教师可以提前投入花绳和翻花绳的动作示范图片，幼儿自由探索。

2. 幼儿探索出新花样的翻法。教师拍照留存，鼓励幼儿不断探索创新游戏玩法。

3. 教师可以引导幼儿在单位时间内进行翻花绳挑战。（如 1 分内能翻出的种类或同一种翻花绳用时最短等）

活动延伸：

1. 教师可以鼓励幼儿和家长互动，向家长请教或与家长合作翻花绳；还可以在班级内开展家长幼儿组队翻花绳竞赛。

2. 教师可以鼓励幼儿在班级中介绍自己喜欢、熟练的传统游戏，可以将游戏材料带到班级跟其他幼儿分享，一起体验传统游戏的乐趣。

活动三：叠叠高

活动目标：通过小组合作，共同协商叠高的形式，在有限的时间内完成叠高任务。

活动准备：

1. 幼儿有过叠高纸杯的游戏经历，知道杯口朝下为"盖"，杯口朝上为"开"。

2. 相同数量的两份纸杯（如一份 30 个）、时间提醒器 1 个、平整的地面或桌面（图 6-9）。

活动过程：

1. 幼儿分成两组，每组一份杯子。教师讲解游戏规则，杯子需要"盖""开"交替进行。

2. 幼儿小组成员间协商叠高杯子的方法，确保杯子能够搭得又高又稳。

3. 限时 3 分，幼儿两组之间进行比赛，时间到，叠高者胜；相同高度则用时短者胜（图 6-10）。

4. 幼儿分享总结，教师协助提炼游戏的经验和方法。

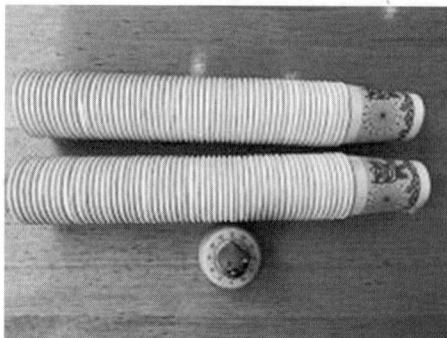

图 6-9 "叠叠高"活动材料

图 6-10 叠叠高游戏

活动建议：

1. 教师提前做好游戏铺垫，使幼儿明白"盖""开"的叠放方式。

2. 教师根据幼儿对游戏掌握的程度来调节时间的长短。当幼儿已经能够熟练进行游戏的时候，可以适当缩短游戏时间；当投入的杯子数量增加时，可以适当延长游戏时间。

活动延伸：

1. 教师可以增加杯子数量、增加幼儿人数，进行叠高的比赛。当幼儿人数和杯子数量增加时，一旦出现混乱状况，教师要及时叫停比赛，请幼儿一起商讨有序的游戏规则。

2. 教师尝试增加小组内放置最高处的幼儿为最佳叠手的环节，使幼儿通过游戏明白虽然自己是最佳叠手，但这份荣誉离不开队员的支持、帮助和奉献。

（北京市昌平区北郡嘉源幼儿园　王東荣　赵娜）

六、一日生活指导

（一）一日生活中幼儿品格与社会技能培养

培养幼儿的合作能力是我们早期教育中必不可少的一项内容，对幼儿今后能否取得成功相当重要。大班幼儿面临幼小衔接，更需要尝试在一日生活中对幼儿交往技能和合作行为进行培养，为其进入小学与合作学习打下基础。社会技能"加入"和"接受拒绝"贯穿同伴游戏、师幼互动、同伴交往的全过程，但在一日生活各环节的体现略有不同，如有些环节需要重点指导，有些环节则可随机引导。本期主题品格与社会技能在一日生活中的重点培养环节见表 6-7。

表 6-7　品格与社会技能的日常重点培养环节

生活环节	品格：合作	社会技能：加入	社会技能：接受拒绝
入园	√	√	
盥洗	√	√	√
进餐	√	√	√
饮水	√	√	
如厕		√	
午睡	√		
离园	√	√	√
集体活动	√	√	√
户外活动	√	√	√
区角活动	√	√	√
过渡环节	√		

（二）一日生活中幼儿品格与社会技能指导要点

本期主题品格与社会技能在一日生活中的指导要点见表 6-8、表 6-9、表 6-10。

表 6-8　一日生活中合作品格指导要点对照表

环节	指导要点
入园	教师引导幼儿积极与老师配合，完成入园相关"工作"。
盥洗	教师张贴"七步洗手法"流程图，提醒幼儿合作挽袖子及用七步洗手法洗手。
进餐	1. 教师通过"我是值日生"活动引导幼儿学会分工合作发放餐巾、勺子等餐具。 2. 教师通过儿歌《合作来值日》，引导幼儿学会与同伴合作收拾餐具、清扫地面等。
饮水	1. 教师引导幼儿与同伴合作制定喝水流程图，合理安排喝水时间及饮水量。 2. 教师通过游戏"水杯碰碰碰"引导幼儿合作倒水、碰杯喝水，养成良好的饮水习惯。
午睡	1. 教师通过"我是值日生"活动，引导幼儿合作进行值日生工作，帮助老师铺床及摆放鞋子等。 2. 教师通过张贴"我会梳头发"步骤图，引导小女生合作互相梳头发。
离园	1. 教师引导幼儿合作整理区角物品及有序地取放、管理自己的物品。 2. 教师借助品格绘本阅读、幼儿交流、整理衣物的过程，和幼儿进行语言、肢体互动，促进幼儿交往合作能力的发展。
集体活动	1. 教师通过设计合作性的游戏，鼓励幼儿参与合作性的活动。 2. 教师依据品格绘本，设计有趣的故事情境，引导幼儿用商量、帮助、建议等亲社会策略解决合作中出现的问题。
户外活动	1. 教师通过"我们的户外活动计划"，尝试以小组的形式鼓励幼儿制订户外活动计划，进而学会相互合作摆放器械等。 2. 教师设计合作性的游戏，鼓励幼儿参与合作性的游戏，进一步提升幼儿的合作能力。
区角活动	1. 教师为幼儿投放适合多人共同操作的材料，引导幼儿合作完成作品。 2. 教师鼓励幼儿根据"我的区角计划"以合作、小组的形式进行游戏。
过渡环节	教师通过"我是演说家"活动，鼓励幼儿分享自己日常生活中的合作经历以及发生矛盾、冲突时的解决方法。

表 6-9　一日生活中"加入"技能指导要点对照表

环节	指导要点
入园	教师引导幼儿主动完成入园程序，如问好、晨检、放置物品、洗手等。
盥洗	教师鼓励幼儿在与同伴盥洗过程中大胆说"请让个位置给我""可以帮我挽袖子吗"等。
进餐	1. 在"我是值日生"活动中，教师要引导幼儿尝试用合作、协商的语言与同伴合作进行值日生任务。 2. 教师引导幼儿在进餐遇到困难时，主动寻求同伴、老师的帮助并学会表达感谢。
饮水	1. 教师与幼儿一起观察图片并讨论。 2. 遇到幼儿没有同伴碰杯时，教师提醒幼儿要耐心地等待，寻找同伴进行碰杯。
如厕	1. 幼儿在如厕环节出现整理衣物、冲水、擦拭等方面的问题时，教师提醒幼儿委婉地请求同伴及老师的帮助并学会表达感谢。 2. 幼儿遇到困难时，教师要引导幼儿大胆地说清楚自己的需求。

续表

环节	指导要点
离园	教师鼓励幼儿之间合作、协商整理区角物品。
集体活动	1.教师组织专门的社会技能教学活动，反复多次重复技能，引导幼儿了解"加入"的方法。 2.教师通过有趣的故事情境鼓励幼儿尝试不同的"加入"方法。
户外活动	教师引导幼儿用正确的方法表达想要加入游戏的意愿。
区角活动	1.教师利用区角游戏的计划、分享时间引导幼儿简单合作讲述自己的计划、活动的过程。 2.教师利用区角游戏中的幼幼互动，引导幼儿学会和同伴合作开展游戏。

表 6-10　一日生活中"接受拒绝"技能指导要点对照表

环节	指导要点
盥洗	幼儿被同伴拒绝时，教师引导幼儿要坦然接受、不生气。
进餐	1.教师引导幼儿当同伴拒绝其加入值日生活动时，要学会接受、等待、不生气。 2.当幼儿被拒绝时，教师引导幼儿去做其他的事情。
离园	在欣赏绘本、与幼儿交流的过程中，教师要引导幼儿学会坦然接受他人的拒绝。
集体活动	教师引导幼儿通过故事情境学会接受他人拒绝的方法。
户外活动	当幼儿被人拒绝时，教师可以引导幼儿寻求他人合作。
区角活动	1.教师提示幼儿要坦然面对拒绝。 2.教师引导幼儿耐心观看他人的合作游戏。

(三)日常指导策略

1. 合作品格——建构游戏"蚂蚁的家"

区角游戏是幼儿社会性交往的主要场所。结合大班幼儿的年龄特点、合作意识增强、幼小衔接等内容，教师可以在区角活动中合理投放绘本来支撑幼儿的合作游戏及品格的培养。

案例：乐乐在建构区搭建蚂蚁家的通道时，圆柱体支撑的长木板总是倒塌，他想要邀请琪琪和他一起合作把它搭建好，但是又不好意思开口，就来寻求老师的帮助。老师带着他一起向琪琪说："可以和乐乐一起搭建蚂蚁的通道吗?"琪琪开心地点了点头。这时，一旁的凡凡对灰灰说："围墙的木块不够了，我们一起去运木块吧!"(图 6-11)

分析：乐乐比较内向，不敢向同伴发出邀请，而凡凡的学习能力较强，在观察别人的做法下能够借用同样的方法邀请同伴合作运木块。

教师指导：区角游戏前，教师可以引导幼儿合作制订计划，顺利地合作开展区角游戏，用榜样示范的方法鼓励幼儿邀请他人合作完成作品。

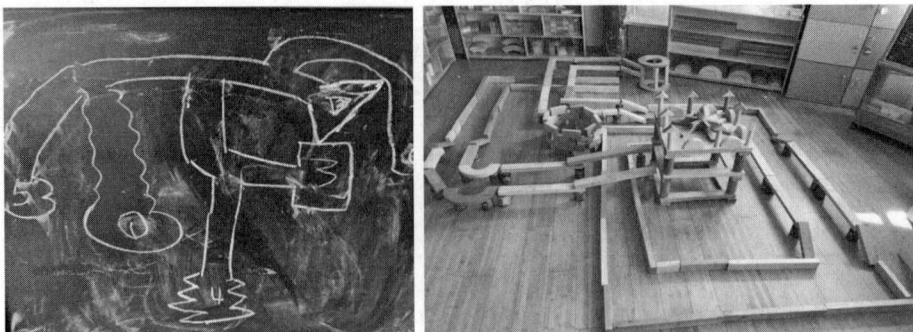

图 6-11　"蚂蚁的家"设计图、完成后的作品

2. 合作品格——科教活动"挖地瓜"

幼儿的合作行为往往体现在与同伴的交流、交往之中，尤其在幼儿独立完成不了任务的时候，往往需要同伴合作去完成任务。

案例：天气明朗的一天，小朋友们在老师的带领下手拿小桶和小铲子开始挖地瓜，土壤表面的地瓜很快就被挖干净了。小朋友们开始进攻土壤里面的地瓜，费了九牛二虎之力，也只看到地瓜的"小尾巴"。一旁的琪琪对凯凯说："凯凯，我们两个合作吧！你挖这一边，我挖这一边。"凯凯点头答应。这时，合作效应产生，小朋友们纷纷寻找合作伙伴，没找到的小朋友也尝试进行三人甚至更多人的合作。在小朋友们的合作、呐喊声中，地瓜几乎被小朋友们挖干净了（图 6-12）。

分析：大班幼儿的合作能力、交往能力进一步提升。琪琪本身能力比较突出，总是能够大胆地表达自己的想法，喜欢与小朋友合作。在她的带动下，小朋友们都学会了加入同伴之间的合作游戏，当遭到拒绝时能够转移对象，加入其他同伴之间的合作。

教师指导：教师要做幼儿活动的指导者、观察者、引领者。当幼儿能够主动合作时，教师要及时发现、及时表扬，鼓励幼儿不断地提升合作能力。

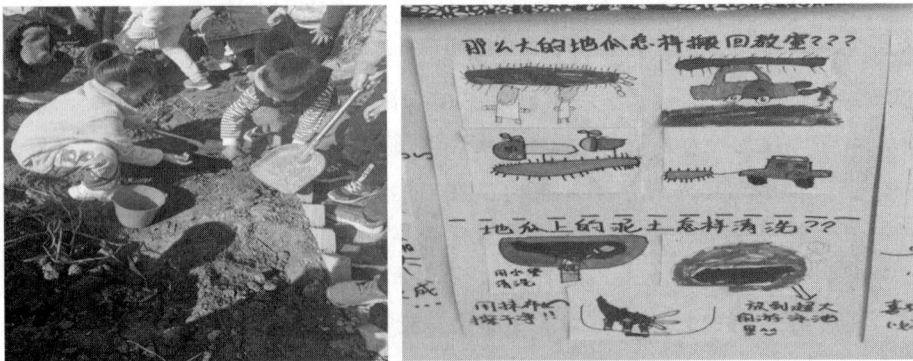

图 6-12　挖地瓜、运地瓜、清洗地瓜

3.“加入”技能——师幼互动

人际交往和社会适应是幼儿社会学习的主要内容，是其社会性发展的基本途径。幼儿自我调节能力的培养，能够很好地帮助幼儿处理好同伴交往过程中遇到的问题。

案例：小涵是一个活泼淘气的小男生，平常都由奶奶一个人看他，很少和同龄小朋友玩。做早操时，别的小朋友都找好了同伴一起玩“石头剪刀布”的游戏，只有小涵没有受到邀请，他就生气地甩着手跑到其他地方坐着；区角活动时，小朋友们在玩磁力片，小涵也想加入，结果被小朋友拒绝了，他生气地扔掉手中的磁力片哭了起来。

分析：小涵由于父母太忙，总是由奶奶陪着他，很少和其他小朋友一起玩耍，缺乏社会交往技能。当他想加入其他小朋友的活动时，不能很好地运用交往性的语言去请求，遭到别人的拒绝时就会生气、发脾气。

教师指导：当发现幼儿被忽视、拒绝时，教师要及时询问幼儿被忽视的原因，了解幼儿此时的心情，指导幼儿转移注意力向其他小朋友重新发出邀请，或引导幼儿参与其他活动来调节自己的负面情绪。

4.“接受拒绝”技能——绘本故事

丰富的区角活动为幼儿提供了很多学习的机会，其中图书区是最受幼儿欢迎的区角之一，教师可以在图书区中有针对性地投放绘本故事，引导幼儿自主解决自己遇到的问题。大班幼儿在交往过程中，往往会遇到被人拒绝的情况，这时如果幼儿不能很好地锻炼自己“接受拒绝”的能力，往往会感觉受挫，甚至会心灵受伤。《3—6岁儿童学习与发展指南》中指出5~6岁幼儿要“能与同伴友好相处”，“知道别人的想法有时和自己不一样，能倾听和接受别人的意见”。绘本故事是幼儿最喜欢的文学形式，故事中的榜样作用以及成人的讲解，能够及时地帮助幼儿解决日常交往中碰到的问题。

（1）你想和同伴一起玩

绘本推荐：《我有友情要出租》

推荐理由：《我有友情要出租》讲述了孤单寂寞的大猩猩不知道该怎样交朋友，于是想到了出租友情的点子，逐渐找到真正的友情的故事，让我们领悟了友情的真谛，明白了友情是不能用金钱买卖的。友情，从分享开始……

（2）别人却说不愿意

绘本推荐：《被拒绝也没关系》

推荐理由：《被拒绝也没关系》讲述了小熊一路上邀请大家一起游戏但是都被拒绝，慢慢地他了解到别人拒绝他有时候不是因为不喜欢，只要笑一笑，被拒绝也没关系的故事。

（3）坦然接受别生气

绘本推荐：《没有人喜欢我》

推荐理由：巴迪第一次来到这个村子，每个动物都躲着他，他以为大家都不喜欢他，很伤心。后来他逐个去询问原因才明白：自己要先主动表示善意，才能化解陌生与羞怯，即使遭到拒绝，也可以问问原因，不要因此丧失自信，误会别人。

(四)生活体验活动

活动案例一：包饺子

1. 设计思路

为增强幼儿的合作意识，丰富幼儿饮食文化生活，培养幼儿的动手操作能力，教师特此举办"包饺子"活动，邀请个别家长参与，通过此次活动引导幼儿分工合作包饺子，培养幼儿耐心、合作的优秀品格。

2. 活动过程

(1)设计宣传画——合作描绘活动宣传图

教师请幼儿5人一组合作完成宣传图，教师记录幼儿分工、合作绘画的过程，以及在合作的过程中出现的问题。作品完成后，教师请幼儿介绍自己的作品，并分享自己和同伴是如何分工合作及解决合作中遇到的问题的。

(2)活动规则我来定

大班幼儿已有基本的解决问题的能力，所以在活动之前教师可以组织幼儿展开谈话，就活动中容易出现的问题进行集体讨论并合作制定活动规则，例如，包饺子过程中不同的环节应该怎样分工，怎样邀请同伴和自己合作，如果同伴拒绝合作怎么办，等等，引导幼儿集思广益找到解决方法，进而引导幼儿在交往过程中主动发出邀请，并坦然接受拒绝。

(3)我们一起包饺子

教师为幼儿介绍包饺子的方法及步骤，引导他们自由组成小组并进行分工合作，例如，有的人负责擀皮，有的人负责包，有的人负责摆放，让幼儿在活动中感受与同伴合作的乐趣。

3. 活动总结

吃饺子是我们中国的传统习俗。"包饺子"活动锻炼了幼儿的动手能力，增强了幼儿的合作精神，让幼儿在实践中练习了合作的技能。教师通过合作绘制宣传册、共同讨论规则、小组合作包饺子等活动，抓住教育契机、适时地培养幼儿的合作行为，塑造幼儿的合作品格，引导幼儿自己寻求解决办法，或两人合作，或多人协作，逐渐养成合作解决问题的意识和能力。

活动案例二：中秋月圆，情满人间

1. 设计思路

悠悠中秋风，浓浓亲子情，为了弘扬中国传统文化，让幼儿更好地感受传统节日气氛，培养幼儿的动手操作能力，增进亲子之间的情感，教师举行了"中秋月圆，情满人间"亲子游园活动。

2. 活动过程

(1)师幼共同绘制活动宣传海报

教师和幼儿共同绘制各自场馆的宣传海报并确定场馆名称。

(2)设置九大场馆

九大场馆为："中秋月饼品尝会""团团圆圆卷寿司""中秋酸奶盆栽""玉兔风铃""五彩沙画绘中秋""花样馒头迎中秋""中秋水果拼盘""八月十五玉兔灯""五彩糯米包团圆"。

(3)亲子凭券入场

每个家庭选择两张不同的入场券，凭券参加活动。

(4)亲子入馆体验

①各个场馆有专人负责，材料充足。

②教师带领入馆家庭了解中秋节的来历及相关知识，并介绍各自场馆的活动内容。

③教师示范制作过程并鼓励家长与幼儿合作完成。

(5)成果展示与品尝

亲子合作制作完成后，每个家庭手拿自己制作的手工、食品，摆出自己喜欢的姿势进行合照留念，然后进行品尝，进一步加深了亲子之间的情感以及中秋节浓厚的节日气氛。

3. 活动总结

此次中秋节游园活动，亲子相伴游走在不同的场馆，深入地参与场馆的活动，聆听嫦娥奔月的故事，制作中秋美食，分享团圆月饼，绘制玉兔灯笼等，既了解了中秋节传统文化和习俗，又体验了中国多元的饮食文化，感受了浓厚的节日氛围，同时增进了亲子情感。教师们也在活动中收获了快乐，积累了经验。

（青岛市崂山区中韩街道张村幼儿园　王亚梦　马聪聪）

七、家园共育指导

(一)品格指导要点

对于合作品格的家庭教育指导，重点在于引导家长重视合作的价值，抓住幼儿合作能力发展的关键期，激发幼儿与人合作的欲望，利用好生活教育的契机，做好幼儿的引导，帮助幼儿提升合作能力。

1. 指导家长借助绘本等多种形式激发幼儿合作的欲望

在探索和学习中，兴趣才是原动力。有了兴趣，幼儿才能以更加轻松、愉快的心情去合作。究竟怎样才能激发幼儿对合作的兴趣呢？教师可指导家长通过对绘本故事的讲解和图文的阅读让幼儿产生情感共鸣，引发其合作的兴趣，提升合作意识。例如，《999个青蛙兄弟大搬家》让幼儿了解青蛙一家在搬家过程中遇到的困难并感受青蛙一家团结一心、不离不弃的情感；《邻居》为我们描绘了一个可能会发生在任何人身上的生活哲理，在日常生活中，无论是大人还是幼儿，都可能会为一些小事闹矛盾，然而，当外敌来袭时，大家会联合起来，一致对外；《月亮的味道》讲述了小动物们要相互合作才可以尝到月亮味道的故事。除了利用绘本外，教师还要重视家长的榜样作用，引导幼儿观察家人的合作，激发幼儿合作的欲望。

2. 指导家长教给幼儿灵活有效的合作方式

在幼儿教育中，教会方法比传授知识更重要。在幼儿具备了一定的合作兴趣后，家长要抓住重要时机，教给幼儿合作的方式。首先，家长要引导幼儿以良好的态度与人进行交流，让其知道只有态度端正才能与其他小朋友好好玩游戏，勇敢地向别的小朋友发出活动邀请。其次，家长要引导幼儿用正确的语言表达自己的需求或想法。在活动的过程中应用诸如"这个玩具我也想玩一玩，你不玩的时候能不能借给我玩玩呢？""我们一起完成这个任务好吗？""我们可以交换吗？"这些礼貌性的话语。合理应用这些语言，能进一步提高幼儿的表达能力，还能增强其问题解决的能力。

另外，幼儿在生活中遇到无法解决困难的情况时，家长要适当引导幼儿学会寻求大人或同伴的帮助，但不能直接包办代替。例如，幼儿玩拼图游戏遇到瓶颈的时候，家长可引导幼儿主动寻求帮助，与大人一起寻找缺失的部分，不仅让幼儿学会与人合作的技巧，还让幼儿明白合作可以让事情完成得更有效率。

3. 引导家长创造合作契机以培养合作能力

教师要有意识地让合作精神走进幼儿的家庭，让家长也充分参与进来，帮助幼儿体会到合作的价值。例如，幼儿园可以借助"废物利用活动"，让家长与幼儿利用家里的废旧物品携手完成一个手工制品，并带到幼儿园，这样不仅可以培养幼儿的合作意识，还有利于其勤俭节约好习惯的养成。再如，在幼儿园元旦系列活动中，教师可以让家长和幼儿一起在家动手制作精美作品并将作品带来幼儿园。这些活动都可以让幼儿充分体会到合作所带来的成就感和幸福感。

日常生活中，家长要多为幼儿创造与他人合作的机会和条件，激发幼儿合作的动机，让幼儿在实践中逐渐学会相互协商、配合以及友好合作。家长在日常生活中可以适当"示弱"，引导幼儿主动来帮助自己。例如，家长拼装小型橱柜时，可以让幼儿帮忙找找螺丝或递递零件；家庭大扫除时，家长可以邀请幼儿扫扫地、擦擦桌子，一起配合完成大扫除；家长还可以利用"蚂蚁搬豆""接力游戏""传皮球"等各种家庭版的亲子游戏来培养幼儿的合作精神。

4. 指导家长让幼儿感受到合作的快乐

如果做某件事能让我们快乐，那我们往往愿意继续去做这件事。同样，如果幼儿从合作中感受到了快乐，那么他会产生继续与人合作的动力，表现出积极的合作态度。所以，家长应有意识地引导幼儿感受合作的成果，体会合作的快乐，激发幼儿进一步合作的内在动机，促使幼儿把合作变成一种习惯。

另外，当幼儿做出合作行为，能较好地与同伴或与家人一同合作学习或游戏时，家长要及时给予肯定、鼓励。家长可以经常对幼儿说："你能商量着、合作着搭积木，真好！""咱们俩配合得真好！"家长肯定的语言、赞许的目光、微笑的面容，以及轻抚幼儿的肩膀、对幼儿亲切地点头、竖起大拇指等行为，都会让幼儿逐渐产生合作的意识，感受到合作的快乐，初步萌发合作交往的内在动机。

（二）社会技能指导要点

1. 加入

别人玩时耐心看。家长要告诉幼儿别人在玩的时候，无论多想立刻加入，都要克制住自己，先做一个耐心并且有礼貌的旁观者。家长可以教给幼儿细心观察别人在玩什么、如何玩的、玩得怎么样。

玩得好时给点赞。每个人都期望得到别人的赞许，幼儿更是如此。家长要告诉幼儿除了耐心观察别人游戏，还要适时并真诚地给别人以夸赞，表示对别人的尊重和认可。家长可以教授幼儿如何赞赏别人，如"你的速度真快""你拼得好用心啊"等，一方面可以提升幼儿的社交技巧，赢得对方好感；另一方面也可以让幼儿体会夸赞的魅力。

再求加入也不晚。在耐心观看别人游戏并真诚地给别人夸赞后，再提出加入游戏，对方会更容易接受。家长可以引导幼儿学习"我们一起玩吧""我可以加入你们吗"等礼貌的话语来融入他人的游戏。

2. 接受拒绝

在人际交往中，往往会出现这样一种情况：一群幼儿在玩时，有其他幼儿想要加入，但想加入的幼儿是总被拒绝。被别人拒绝是一件很让人沮丧的事情，有时候甚至会让幼儿产生否定自我的想法，对幼儿影响很大。"接受拒绝"技能的口诀是"想和同伴一起玩，别人却说不愿意，坦然接受别生气"。这一技能的培养重点旨在引导幼儿认识到在同伴交往中被拒绝是很正常的，被拒绝并不代表自己不好，不要因为被拒绝而否定自己。因此，当幼儿被拒绝时，成人可以和幼儿讨论被拒绝的原因，例如，发出请求的方式不对；别人正在玩不想被打扰；小伙伴的游戏人数已经足够，不能再加人了。如果是发出请求的方式不对，家长就可以和幼儿讨论如何礼貌地发出请求才能最大限度避免被拒绝。如果是其他原因，家长可以告诉幼儿被拒绝后可以去做点其他的事情，不必耿耿于怀。

想和同伴一起玩。幼儿在玩时，很想加入小伙伴们一起游戏，这是典型的亲社会行为。幼儿游戏时和小伙伴自由地沟通和交流可以提升幼儿的社交能力，以帮助幼儿更好地适应社会。

别人却说不愿意。当请求加入别人的游戏时，别人可能会出现阻止加入、不同意的情况，这是很正常的现象。

坦然接受别生气。家长要让幼儿明白人与人之间有不同想法是很正常的事情，要学会以平和的心态接纳不同意见。因此，加入别人被拒绝后要想一想原因是什么，自己应该怎么做。

（三）你问我答

1. 幼儿拒绝听取别人建议，协作能力差怎么办

家长要引导幼儿慢慢理解就事论事的概念，即别人挑出自己的问题，并不是否定自己，只是针对这件事情本身。家长可以鼓励幼儿试着给家长提意见，并示范对意见接纳、尊重的态度；鼓励幼儿表达看法，引导幼儿理解人与人有不同看法是很正常的，并且求助是不丢人的，反而有别人帮助自己是一件令人开心的事情。

2. 家长要求幼儿做一件事情的时候，幼儿总会唱反调怎么办

幼儿是不同于成人的独立的存在。幼儿做与不做源于他感受的好与坏，而他的感受直接受到家长对他说话的态度及语气的影响。幼儿不配合家长，家长要反思自己是否做到真正尊重幼儿，态度是否温柔而坚定。当幼儿不愿合作时，他们往往期待被理解、被关爱，他们需要的可能仅仅是一个拥抱。

3. 幼儿不合群怎么办

家长要鼓励幼儿积极参加体育活动，在活动中结交更多爱运动、体能好的小伙伴，让幼儿在他人的带动下提高参与锻炼的主动性和积极性。同时，家长要引导幼儿学习谦让、分享、及时道歉、提前征求意见等，这些都有利于他更好地融入同伴之中。

4. 幼儿总生闷气该怎么引导

幼儿生闷气时，家长要注意不要和幼儿硬碰硬，也不能打他，要先让幼儿冷静冷静；过段时间后再心平气和地和幼儿说话，告诉幼儿生气就不说话是不对的，什么事情我们都要说出来，寻求别人帮助才好解决，闷在心里是没有办法解决的，还会让自己不开心。幼儿的这种问题是没有办法一下就改掉的，所以家长们还是要耐心地去教育。

5. 幼儿明显做错了，不肯认错怎么办

幼儿犯错是常见的事情，犯错后不认错的幼儿一般比较在意自己在别人心目中的看法。当幼儿犯错时，家长不要大惊小怪，引导幼儿明白人人都会犯错误，出现问题并不可怕，有什么问题爸爸妈妈会和你一起解决。当幼儿说出真相后，家长首先给予表扬，肯定幼儿的诚信，其次询问幼儿的感受，最后分析问题，指出幼儿的错误。只要幼儿能充分认识到自己的错误所在，一定能承认并改正。

6. 幼儿"人来疯"怎么办

幼儿"人来疯"很大一部分原因可能是幼儿有极强的自我表现欲望，希望得到别人的关注。为了避免幼儿因被忽视而捣乱，家长可以适当让幼儿参与招待活动，如让幼儿帮忙摆碗筷、分水果等。即使幼儿的闹腾影响了主客之间的交流，也不要当面惩罚和训斥幼儿，以免幼儿因自尊心受伤而大哭大闹，采取转移注意力等比较缓和的方法更为可取，如借机让幼儿给客人表演个节目或者搭个积木给客人看。

7. 幼儿不愿和比他小的幼儿一起玩该怎么引导

幼儿大都不喜欢和比自己小或者能力差的幼儿合作。一个人协作能力的好坏，往往就体现在如何对待比自己差的人。能够用平和的心态去接纳或改变比自己差的人，才是协作能力的最好体现。因此，家长要让幼儿在活动中接纳比自己小或者能力差的幼儿，让幼儿明白任何人都是有长处的，与人合作要有包容心和同理心。

（济南市历下区育德幼儿园　裴兆芳）

第七章　创意品格：我的想法不一样

一、主题说明

◎**情境链接**

　　下午美术活动的时候，老师让小朋友们一起画一画自己喜欢的小动物。大家都在认真画的时候，婷婷看了一眼山山的画，然后小声地说："山山，你画错了，狮子是棕色的，不是黑色的。"山山不理婷婷，继续给自己的狮子涂色。见老师走过来，婷婷赶紧说："老师，山山把狮子画成了黑色的，他画错了。"我示意婷婷认真画自己的，不要管别人，但也很好奇山山为什么把狮子画成黑色的。作品分享的时候，山山说，他在画一只晚上正在睡觉的狮子，因为晚上看不清，所以是黑色的。

　　绘画是幼儿表达自己想法的一种方式，我们不能用美丑、对错来评价，更要看到幼儿在作品中想要表达的意思。就像案例中的山山一样，虽然狮子不是黑色的，但山山的解释却也合情合理，这就是幼儿创意品格的体现。什么是创意？创意是创造意识或创新意识的简称，它是指对现实存在事物的理解以及认知所衍生出的一种新的抽象思维和行为潜能。创意是一种通过创新思维意识，从而进一步挖掘和激活资源组合方式进而提升资源价值的方法。生活中具有创意的存在比比皆是：创意广告、创意视频、创意写真、创意店铺、创意教学……我们追求创意，鼓励创新，努力创造，为生活增添无限可能与生机。

　　《3—6岁幼儿学习与发展指南》明确指出在日常生活中，教师要有意识地引导幼儿达到如下目标："亲近自然，喜欢探究"；"具有初步的探究能力"；"在探究中认识周围事物和现象"。大班幼儿对创意已经有了一定的经验积累，能够发挥自身特长展示创意。本期主题将从创意认知、创意情感、创意行为三个方面激发和培养幼儿的创意品格，鼓励幼儿自由表达自己独特的想法；同时通过社会技能"感到被忽视"和"了解自己的情绪"引导幼儿积极地看待自己的创意想法、作品不被大家接纳的情况，鼓励幼儿勇敢表达自己的想法。

二、主题目标

第一，做事情愿意积极动手动脑，不拘泥于既定的答案。

第二，探索或解决问题的过程中，有所发现时能够表现出兴奋和满足的状态。

第三，能够从不同角度挖掘同一物品的功能和用途。

第四，对于同一个话题，能够从不同角度思考，表达自己的想法。

第五，喜欢自由想象，对生活中的事物有好奇心和探究欲望。

第六，对创造性的活动感兴趣，愿意用自己喜欢的方式表达自己对事物的独特认识。

三、环境创设

(一)主题墙

大班幼儿已经积累了比较丰富的生活经验，随着认知能力及动手操作能力的不断发展，幼儿统筹调取已有经验来创造性地解决实际问题的能力不断提高，而创意品格的培养就是要进一步激发幼儿创造、想象的潜能。因此，创意品格的主题墙将围绕幼儿的生活经验从我的想象、一物多玩与变废为宝、寻找生活中有趣的创意三个方面进行梳理，帮助幼儿在创意认知、创意行为、创意情感上得到进一步的发展和提升。

1. 我的想象

此部分以创意品格绘本故事为出发点，通过创意品格故事《点》的创作思路，让幼儿利用豆类、坚果类等点状物品进行创意制作；从《跑跑镇》的故事情节中，让幼儿理解到两种物品碰撞在一起会出现新的创意点，如纸杯和绳子进行创意操作就变成了传声筒；通过阅读绘本故事《小真的长头发》，让幼儿感受对身体的某一部位进行想象后发生的变化，例如，假如我的手臂变得很长很长，就可以去到发生火灾的地方进行救援，用绘画、剪纸等不同的形式进行想象创作。绘本故事可以让幼儿切身感受创意的神奇，感知创意的魅力。教师基于故事情节激励幼儿大胆想象，尝试利用多种材料进行操作，体现创造与表现的乐趣，并根据每周绘本阅读情况，分时间段用图片的形式进行梳理和展示。

2. 一物多玩与变废为宝

这部分围绕一物多玩、变废为宝两个板块呈现创意品格，利用身边常见物品培养幼儿的创造力，鼓励幼儿自由想象、大胆创造。教师根据活动内容有序呈现活动图片，分层次展示于主题墙上。

(1)一物多玩

一物多玩不但可以充分利用已有资源，开发和挖掘现有材料的多种玩法，还可以很好地提高幼儿的探索性和创造性，让已有资源发挥最大价值。例如，"有趣的呼啦圈"让幼儿通过自由探索，创新出不同玩法，如快乐跳圈圈、猫捉老鼠、一传到底、转转乐、旋风转、分组运粮食、快乐传球等；"神奇的绳子"通过一人玩、双人玩、多人玩、集体玩，让幼儿感受绳子的神奇，体验多种创意玩法，如螃蟹走、乌龟爬、袋鼠跳、模特步、开合跳、拔河、花样跳绳等。

教师收集幼儿在探索各种玩法时的照片，进行分类和梳理，最后将活动成果以图片的形式展示于主题墙上。

（2）变废为宝

教师让幼儿收集家中的废旧材料，引导幼儿进行想象创意制作。例如，创意手工类：创意纸盘、光盘吊饰、纸杯动物、饮料瓶民族娃娃等；动感乐器类：锅盖架子鼓、玻璃瓶编钟、易拉罐沙锤、奶粉罐皮鼓、啤酒盖响板等；科学小制作：创意飞行器、自制天平、水轮车等；体育器械：易拉罐灵敏杯、易拉罐小马蹄、保龄球、纸箱钻钻乐等。教师将作品展示于"变废为宝"板块之中，以图片形式分类展示于主题墙上。

3. 寻找生活中有趣的创意

生活中的创意随处可见，幼儿独特的视角会发现生活中许多有趣的创意，如有趣的广告、不同风格的建筑和奇特的服装设计等。教师及时收集创意相关的图片并进行梳理，展示于主题墙上，引导幼儿观察和交流，促进幼儿的想象力和创造能力。

（二）家园共育栏

家园共育栏是增强家庭与幼儿园沟通交流的桥梁，根据幼儿年龄特点和家长的育儿需求进行梳理呈现。此栏目可告知本月家长课堂、亲子活动、开放日等活动的相关信息，同时展现创意主题中亲子活动的快乐时光。

1. 主题内容告知

首先，这部分呈现创意品格培养目标、教学计划以及亲子活动安排，让家长对幼儿园创意品格教育的开展情况保持知晓。其次，这部分为家长推荐与创意品格相关的经典故事，如《这是苹果吗 也许是吧》《跑跑镇》《小真的长头发》《点》，每个故事都需要用50～100个字提炼出创意品格的内涵，帮助家长有重点地进行亲子阅读。最后，这部分为家长提供培养幼儿创意品格的基本策略与方法。

2. 日常亲子陪伴

首先，教师通过家长课堂调动大家的积极性，让家长了解陪伴的重要性。其次，教师组织亲子阅读有关创意品格的绘本，在阅读中体会到创意带来的冲击，从而激发幼儿大胆想象，勇于创作的欲望。最后，教师组织有关创意品格的亲子活动，如"创意空间站"亲子手工活动、"好玩的纸芯"亲子创意活动，将作品分享在班级微信群内，并在班级中展示亲子的创意作品，供幼儿欣赏。

（三）幼儿成长（学习）记录墙

幼儿成长（学习）记录墙设置在幼儿最喜欢的墙上，要宽敞开阔，便于幼儿随时赏阅，展示幼儿创意品格学习以来的所得所感，呈现幼儿的心理变化与个人喜好的成长，反映幼儿的认知与体验。

1. 百变的我

这部分引导幼儿正确认识自己的情绪并做出适宜的行为，此部分由两个板块构成，即"我的不同情绪"和"我要这么做"。教师通过集体教学活动拓展幼儿对情绪的认知，将不同的情绪图片展示于墙面。教师通过画一画、说一说、唱一唱等方式梳理宣泄不良情绪的方法，并以图文并茂的形式呈现在"我要这么做"中，让幼儿学会正确的自我调节方式，做快乐自信的孩子。

2. 创意时光机

教师开展创意主题活动，精心记录幼儿创意的精彩瞬间，如一幅创意画、一个创意游戏、一个创意动作、一句创意话……教师将幼儿在创意活动中的表现及时拍照，进行梳理，以作品、图片或者文字记录等形式展示于墙面上。

3. 创意宝典

教师将每名幼儿在日常生活中具有创意创新的照片收集在一起(标注具体时间及具体行为)，装订成《小小创意宝典》，分别悬挂展示在不高于1.5米的墙角，便于幼儿翻阅。通过翻阅，让幼儿知道每个人的创意思维各有不同。教师要及时给予评价与鼓励，鼓励幼儿相互学习，愿意用欣赏的眼光看待他人，从而推动幼儿创造思维的发展。

(长治市上党区韩店幼儿园　张海芬　王园园)

四、教学活动案例及反思

(一)品格绘本阅读活动

1. 创意品格绘本推介

在大班下学期，幼儿社会性显著发展，表现出其独有的个性特征，随着抽象逻辑思维的发展，幼儿善于观察并乐于探究，能够以各种形式表达自己独特的想法，同时幼儿即将迈入崭新的小学阶段。以下所选绘本涵盖了幼儿对自我的认知、对伙伴关系的认识、对具体事物的探索和对校园事件的思考等元素，全方位覆盖幼儿生活中的关键点，为小学生活做好准备，具体见表7-1。

表 7-1　创意品格绘本推荐及解析

绘本名称	主要内容	绘本中的"创意"
《跑跑镇》	这是一本有魔力的绘本，整本书充满了创意和趣味性，跟着哒哒哒的脚步声，把两个不相关的东西快跑、碰撞在一起后，变成新事物。	幼儿从两个不同的事物观察趣味性的元素，联想事物碰撞后可能产生的新变化。
《这是苹果吗　也许是吧》	有一天，男孩放学回家看到桌上放着一个苹果，突然冒出一个念头："也许这不是苹果。"由这个疑问开始，男孩的想象力无止境地膨胀开来……	不要小看一个苹果，它能让牛顿恍然大悟，也能让幼儿变得特别爱思考。
《小真的长头发》	留着妹妹头的小真，在有着漂亮长头发的两位好朋友面前一点儿也不服输。她描述着当自己的头发变长的情景，那些奇特的用途让原本有着长头发的朋友也开始羡慕起小真的"长头发"来。	绘本中的画面，现实是单色的，想象是彩色的，幼儿在现实与想象的切换中，开启充满创意的头脑风暴。

续表

绘本名称	主要内容	绘本中的"创意"
《点》	故事讲的是一个小孩就是不会画画，老师鼓励他画点儿什么。于是他画了各种各样、不同颜色的点，老师为他的点组织了一个展览，他的点轰动了全校……	只要心中有爱，总会想到把缺点变成优点的好办法。

2. 教学活动案例

接下来我们以语言活动"跑跑镇"为例阐述创意品格语言领域教学活动组织要点，见表 7-2。

表 7-2 创意品格语言领域教学活动

跑跑镇		
活动环节	**活动设计**	
活动目标	认知目标：理解故事内容，感受故事富有创意的特点。	
	能力目标：能根据故事画面大胆地猜测、表达、记录。	
	情感目标：体验讲述故事的乐趣，萌发大胆创想的愿望。	
活动准备	经验准备	幼儿已有对两种事物结合能产生新事物的经验，如事物上下、左右、内外的结合，颜色的结合，属性的结合等。
	物质准备	1. 绘本课件《跑跑镇》。 2. 记录单每组一份，记录笔每组一盒。
活动过程	一、出示绘本扉页，提问激发幼儿兴趣 师：小朋友们，今天我们要去一个神奇的小镇旅行，这个小镇上住了很多居民朋友，所有的居民都爱做一件事情，你看出来了吗？ 小结：原来，这里的居民都喜欢跑跑跑，跑快了就容易撞在一起，撞一起之后会发生什么呢？我们一起来看一看吧。 （品格元素：教师引导幼儿通过观察画面中人物共同的动作特征，生成问题的答案，顺利地进入活动情境中，开启充满创意的跑跑镇之旅） 二、阅读小猫和小鹰的碰撞至汽车与梯子的碰撞，引导幼儿感知碰撞的基本特点 (一)小猫和小鹰的碰撞 师：小猫和小鹰"咣"地撞到一起，会发生什么？ 师：变出了新朋友猫头鹰，他们是怎样组合的？ 师：小猫在上半部分，变成了猫头鹰的头，小鹰在下半部分，变成了猫头鹰的身体和尾巴。除了身体部位的变化可以变出其他动物，还可以怎么组合呢？ (二)黑熊和白熊的碰撞 师：一只白色的熊，一只黑色的熊，会变出什么呢？ 师：变出新朋友熊猫，原来他们身上的颜色互相组合，就能有新变化。 (三)仙人球和小鱼的碰撞 师：看，谁跑来了？这一次他们会怎么组合呢？ 师：原来，仙人球和小鱼跑跑跑，撞到一起，仙人球在里面，小鱼在外面，变成了新朋友刺豚。		

跑跑镇	
活动环节	活动设计
活动过程	(四)卡车和梯子的碰撞 师：他们碰到了一起会发生什么？ 师：卡车和梯子跑跑跑，撞到一起变成了消防车。消防车既有汽车的本领，又有梯子的本领，他们的本领变大了。 小结：跑跑镇上的居民撞到一起的时候，可以从身体部位、身体颜色、里外位置还有本领等方面结合变出新的事物。 **(品格元素：**教师引导幼儿解读画面，理解故事内容，逐渐捕捉到事物的特点，根据自己的经验展开组合；通过将组合成的新事物展开剖析，引导幼儿建构事物组合方式的经验，上下组合、颜色组合、里外组合等，为接下来的环节做好铺垫) **三、出示跑的图片，启发幼儿发挥想象继续猜测** 图片内容：公主和海豚；红宝石和苹果；扫帚和老奶奶；荷叶和拐杖 师：猜一猜他们撞到一起会变成什么。(教师将幼儿分组，并发放记录单和记录笔，让幼儿将猜测的结果画到记录单上) 师：红宝石和苹果跑跑跑，撞在一起，变成了石榴。荷叶和拐杖跑跑跑，撞在一起，变成了雨伞。扫帚和老奶奶跑跑跑，撞在一起，变成了巫婆。公主和海豚跑跑跑，撞在一起，变成了美人鱼。 **(品格元素：**教师激发幼儿的想象力，鼓励幼儿大胆表达) **四、小组合作，创意集合** (一)幼儿自由结组，教师介绍操作规则 操作规则：班级幼儿自由分为4组，每组一张记录单，记录单上随机有4张图中的1张(图1：蓝色和黄色；图2：肉丸和馒头；图3：房子和轮子；图4：喷火龙和大山)，各组根据拿到的图片，讨论其变化并进行记录。 (二)幼儿分组操作，教师巡回指导 教师要从两种事物的外形特征、颜色、本领等方面启发幼儿思考其变化。 (三)教师预设参考 1.黄色和蓝色，可以变出不同的混色状态。 2.肉丸和馒头，可以变出包子、饺子、馅饼等。 3.房子和轮子，可以变出火车、房车、摩天轮、缆车等。 4.喷火龙和大山，可以变出火山、山火、火烧石等。 (四)幼儿分组讲述，教师给予鼓励与肯定 (五)教师讲述故事结尾 师：爸爸和妈妈，撞到一起，会有什么变化呢？ 师：这次他们没有变成一个新事物，而是变多了一个小朋友。小朋友和爸爸、妈妈在一起，好开心呀！ **(品格元素：**教师引导幼儿以小组为单位，根据记录单上的事物，将绘本中的经验进行整合，集思广益，展开一场创意的集合) **五、回归生活，发现创意** 师：生活中还有哪些物品也可以变出新的物品呢？活动结束后，请小朋友们一起玩一玩"跑跑镇"的游戏，想一想你们经常玩的玩具如果撞在一起会变成什么呢？把你们的发现记录下来然后和大家一起分享吧！ **(品格元素：**教师鼓励幼儿在生活中继续探究、想象，继续拓展绘本故事的经验和趣味体验)

跑跑镇	
活动环节	活动设计
附：记录单样式	
活动延伸	**一、领域延伸** 绘本故事《跑跑镇》充满了创意，教师可与艺术领域相融合，鼓励幼儿用美工创作的方式，画一画跑跑镇中发生的其他有趣故事。 **二、区角延伸** 教师可以在图书区投放《跑跑镇》系列绘本故事，如《超级跑跑镇》《睡睡镇》《神奇的英文跑跑镇：超级市场》等，支持幼儿深度阅读绘本；可以鼓励幼儿基于故事经验在美工区制作独一无二的创意小书，将自己的创意小书与朋友、老师、家人分享；还可以在科学区开展色彩混合实验，进行实验记录。 **三、家园共育** 以亲子阅读为依托，教师可以请家长和幼儿共同感受绘本故事的乐趣，根据幼儿对故事情节的疑问，如"面团和肉丸还能制作什么好吃的面食？"开启美妙的亲子制作活动。 **四、环境渗透** 教师可以在主题墙展示幼儿的美工作品；在幼儿成长（学习）记录墙展示幼儿活动的情境照片，记录幼儿的奇思妙想；在家园共育栏展示亲子活动的精彩剪影。

3. 活动反思

（1）活动特点

活动目标清晰，重在引导幼儿感知跑跑镇上事物创意变化的有趣，能够找到不同事物之间相互组合的"秘诀"，进而在趣味"碰撞"中激发幼儿的想象力。活动环节层层递进，首先通过师幼讲述，感知"碰撞"的原理；然后，通过图片启发幼儿思考，验证猜想；最后，通过小组合作，强化幼儿对故事主题"碰撞"的理解。活动组织环环相扣，最大限度地支持了幼儿的创意表达。

（2）活动实施建议

教师在前期的准备过程中，要丰富自己对绘本中事物属性的认识，合理地进行整合，基于此才能给予幼儿有效的引导与支持。教学过程中，教师要营造一种自由、轻松的氛围，鼓励幼儿大胆表达。此外，在小组合作环节，每组的难易程度不同，例如，馒头和肉丸组、蓝色和黄色组较简单，而其他组的任务略难，教师要鼓励小组之间相互帮助，使幼儿在和谐有序的状态中达成活动目标。

（保定市定兴县幼儿园　李湘灵　王来平）

（二）品格社会领域教学活动

1. 创意品格的社会领域教学活动设计说明

创意品格主题下的社会领域教学活动主要从喜欢思考、大胆表达不一样的想法为切入点。大班幼儿经常会谈论上小学的话题，会关注同伴升入的小学，也会担心自己升入小学与好朋友分开，还会为交不到新朋友、没有新朋友而焦虑。因此，为了激发幼儿思考与表达的愿望，解决不会交朋友、交不到新朋友的担心，为帮助幼儿获得入小学前社会准备中交友方面的认知与经验，建立对小学生活的积极期待和向往，创意品格的社会领域活动将凸显幼小衔接中交友准备的要点。

2. 教学活动案例

接下来我们以社会活动"朋友，你好"为例阐述创意品格社会领域教学活动的组织要点，见表 7-3。

表 7-3　创意品格社会领域教学活动

朋友，你好		
活动环节	**活动设计**	
活动目标	认知目标：知道有朋友是件幸福的事情，要用正确的方式主动交朋友。	
	能力目标：能够与同伴协商交流，大胆探索不一样的交友方法。	
	情感目标：体验分享多样交友方法的乐趣。	
活动准备	经验准备	1. 幼儿有自己较固定的朋友。 2. 幼儿有初步的与朋友交往的经验。
	物质准备	1. 交朋友问题情境图片和解决问题空白卡。 2. 大卡纸(或黑板)、笔。
活动过程	一、引导幼儿介绍"我的朋友" 师：小朋友们，你们有朋友吗？你们的朋友是谁呀？来跟大家介绍一下你的朋友吧！(教师引导幼儿从朋友的姓名、性别、爱好等方面进行介绍) 师：和朋友在一起是一种什么感受呢？ 幼儿自由表达，教师根据幼儿的表达进行小结。 小结：噢(惊喜的)，大家在介绍自己朋友的时候，都好开心，好幸福！原来有朋友是一件这么让人高兴的事情。 (品格元素：此环节师幼以交谈的形式展开对朋友的谈论，理解朋友的意义，调动幼儿与朋友交往的经验，为后续探索创意交友方法做铺垫) 二、师幼分享，共同记录结交新朋友的方法 师：你们最喜欢和自己的朋友一起做什么事情？你们在一起做过最有意思的事情是什么？ 师：你用了什么方法交到现在的朋友？愿不愿意把你的方法说给大家听呢？(教师结合幼儿讲述的内容提炼并记录不同幼儿结交朋友的不同方法) 小结：你的这个交朋友的方法很好；×××交朋友的方法和×××的不一样；他这个交朋友的方法很有创意……小朋友们交朋友的方法都不一样，都很有自己的想法，老师也感受到了你们交朋友和有朋友的幸福。 (品格元素：教师在分享中帮助幼儿感受与朋友不同的交往方法，初步感知多样的交友方法，激发幼儿探索更多不一样、有创意的交友方法) 三、创设情境，激发幼儿思考更多交朋友的方法 师：小朋友们都有自己的朋友，交朋友的方法也很多。如果在交朋友过程中遇到下面的问题，你会怎么解决呢？	

续表

朋友，你好	
活动环节	活动设计
活动过程	情境一：想和他成为朋友，不知道他叫什么名字 情境二：朋友遇到困难，手工不会做了 情境三：朋友受伤了 情境四：朋友不小心弄坏你的东西 情境五：朋友忘带东西 教师引导幼儿分小组，每组自选一个情境，根据情境内容说一说交朋友过程中遇到问题的解决方法，简单绘画并粘贴解决问题的相关策略图片。 每组发言人分享小组的交友方法，组内其他小朋友补充。 小结：想交到朋友要主动认识朋友，了解朋友；朋友有困难主动关心、照顾；朋友之间还要相互包容，相互理解，互帮互助……小朋友们太厉害了，找到了这么多不一样的、有创意的交朋友方法，相信一定会交到很多朋友的。 （**品格元素**：教师引导幼儿在感知多样交友方法后进一步探索有创意的交友方法，丰富幼儿交友方法认知，解决幼儿的交友问题） **四、师幼总结，畅想与小学的好朋友可以做的事情** 师：我们有这么多不一样的、有创意的交朋友方法，你们到了小学会和朋友做哪些事情呢？ 教师引导幼儿自由表达自己在小学与朋友在一起的畅想，与老师、朋友说一说，或试一试。 师：小朋友们通过自己的努力找到了许多不同的、有创意的交朋友方法，相信这些方法能帮助你在小学交到更多的朋友。你们也会与新朋友一起开心、快乐地学习和生活。让我们一起期待有朋友的、美好的小学生活吧！ （**品格元素**：教师总结梳理幼儿创意的交友方法，直观地感受方法的多样，感知创意品格）
活动延伸	**一、区角延伸** 在美工区，教师可以引导幼儿用绘画的方式记录交朋友的方法和在小学与朋友一起的畅想，丰富交友方法，提高对小学的期待；还可以在图书区投放有关交朋友的书籍，丰富幼儿交朋友的认知，如《一起来玩吧！》《我想和你做朋友》《小乌龟交朋友》等。 **二、生活渗透** 教师鼓励幼儿在生活中尝试自己探索出的交朋友方法，在实践中掌握、内化交朋友的方法，丰富交朋友的经验。教师鼓励幼儿到平行班级实践自己找到的不同交朋友的方法，鼓励家长给予幼儿在社区等公共场所交朋友的机会，并鼓励幼儿尝试不同交朋友的方法。 **三、环境渗透** 教师将幼儿的交朋友方法呈现在环境中，鼓励幼儿添加更多有想法、有创意的交朋友的方法。

3. 活动反思

（1）活动特点

活动目标明确，目标设定具体可实施，重点引导幼儿感受有朋友的幸福和探索有创意的交友方法。活动过程层层递进，从谈论、分享自己与朋友的故事入手，从幼儿的分享中提炼交友的方法，帮助幼儿感知交友方法；在感知后引导幼儿结合图片情境想一想与朋友交往的方法，在倾听、探讨中获得更多不一样、有创意的交友方法，解决幼儿的交友担心。同时，本次活动能将幼儿的问题还给幼儿，引导幼儿运用已有经验并加以思考获得新经验，既有经验的迁移，也有新经验的获取，在不断地深入、探索中解决幼儿交友过程中遇到的实际问题。

（2）活动实施建议

在幼儿分享交友方法时，教师要及时、清楚地进行记录，记录方式最好以简单的图画或图示为主。因为记录的目的是让幼儿看懂，大班幼儿识字不多，因此，教师不能全部写文字。教师在利用情境帮助幼儿思考、丰富交友方法时，问题要明确具体，让幼儿有针对性地进行思考，找到适合且遇到此类问题能实际应用的交友方法。

（北京市大兴区亦庄镇中心幼儿园　刘冬雨　张蔷）

（三）品格综合领域教学活动

1. 创意品格的综合领域教学活动设计说明

创意品格体现了个体思维发展的变通性和独特性，即思考问题的时候能够打破常规，不受思维定式的影响，面对同一个问题能够有不同寻常或独具一格的想法。因此，教师在组织教学活动的过程中，要尽可能设置开放性、体验性、探究性的活动，以启发性的提问引导幼儿思考，并鼓励幼儿开动脑筋，发表自己独特的观点，分享自己不一样的探索与发现。例如，在健康领域，教师在开展与情绪相关的活动时，可以鼓励幼儿基于不同的情绪带给人的感受进行创意联想；在锻炼幼儿动作协调性、灵活性时，可以鼓励幼儿用不同的方式钻爬、跑跳、躲闪……在生活自理能力方面，可以引导幼儿用不同的方式对自己的物品进行整理归类。在科学领域，教师在开展探究活动时，可以鼓励幼儿大胆猜测问题的答案，引导幼儿用不同的表征符号记录自己的验证结果，在感知物体形状及空间关系时，可以提供不同的几何形体，鼓励幼儿摆弄出不同的造型。在艺术领域，教师可以提供各种形式的音乐作品，鼓励幼儿大胆表现对作品的理解；还可以提供丰富的自然材料，如石头、贝壳等，鼓励幼儿用自己喜欢的方式创作美术作品。

2. 教学活动案例

接下来我们以音乐活动"戏说西游"为例阐述创意品格综合领域教学活动的组织要点，见表7-4。

表7-4　创意品格综合领域教学活动

戏说西游		
活动环节	活动设计	
活动目标	认知目标：了解京剧表演中的演唱风格，愿意学习。	
	能力目标：能根据自己的知识经验创编不同的歌词。	
	情感目标：体验音乐创编活动带来的快乐。	
活动准备	经验准备	1. 幼儿听过《西游记》的故事，或看过《西游记》的电视剧、动画片。 2. 幼儿熟悉歌曲《说唱脸谱》。
	物质准备	歌曲《说唱脸谱》及伴奏或钢琴1架、锣1个。

	戏说西游
活动环节	**活动设计**
活动过程	**一、播放电视剧《西游记》片头节选，引入主题** 师：这部电视剧的名字叫什么？故事里讲了谁和谁的故事？他们都有哪些本领？ 小结：师徒四人去西天取经，三个徒弟各显神通，一路上克服了九九八十一个难关，最终帮助唐僧实现了愿望。 （品格元素：教师通过直观的视频巩固幼儿的知识经验，为幼儿创编活动做准备） **二、引导幼儿创编歌词，学唱创编歌曲** （一）复习歌曲《说唱脸谱》 师：今天老师请小朋友们来当小编导，把西游记里的人物故事像《说唱脸谱》一样唱出来。我们先听音乐一起表演歌曲《说唱脸谱》。 （二）引导幼儿创编前两句歌词 师：《说唱脸谱》中主要唱了哪几个人物（窦尔敦、关公、典韦、曹操、张飞）。现在我们把西游记里面的人物跟他们换一下，你想换成谁呢？（孙悟空、猪八戒、蜘蛛精、海龙王等） 师：你想让孙悟空戴上什么颜色的脸谱？孙悟空喜欢做什么事情呢？（如花脸的孙悟空翻跟头。） 教师请幼儿大胆说出来。当幼儿说出任意一个人物故事时，教师都要及时肯定幼儿的想法。集体选择幼儿讲述的内容唱进歌曲里。 （三）创编中间两句歌词 师：除了刚才所说的人物，你认为还有谁？你想让他戴上什么面具？（教师小结提炼幼儿的表述内容，如蓝脸的哪吒、黑脸的妖怪等） （四）创编最后一句 师：黑脸的张飞叫喳喳，可以怎么改？ 教师带领幼儿按音乐的节奏齐念最后一句。 （品格元素：教师引导幼儿围绕熟悉的故事人物、情境创编出不同的歌词，激发幼儿的创造力） **三、引导幼儿表演歌曲** （一）带领幼儿以清唱的方式演唱，演唱的时候教师在重拍上敲一下锣 （二）鼓励幼儿给歌词配上简单动作，如猪八戒走路、孙悟空翻跟头的动作等 （三）听音乐集体表演歌曲 （品格元素：教师通过表演为幼儿提供展现自我的舞台，提升幼儿的创编经验） **四、引导幼儿为大家共同创编的歌曲起名字** 师：今天的"小编导"表现很出色，创编了一首新歌曲。我们一起给歌曲起个名字吧。 （品格元素：此环节每个人都有自己不同的想法，教师要引导幼儿学会尊重他人，协商出大家都满意的歌曲名字。）
活动延伸	**一、区角延伸** 教师可以在美工区提供多种废旧材料及空白面具，让幼儿为《西游记》里的人物设计面具和道具，如胡须、芭蕉扇、帽子等；还可以在表演区鼓励幼儿大胆创编歌曲，并利用道具进行创意表演。 **二、家园共育** 教师可以鼓励家长为幼儿提供丰富的文学作品，如绘本故事、诗歌、儿童散文等，引导幼儿进行改编或创编。此外，教师还可以鼓励家长和幼儿基于生活情境进行亲子表演。

3. 活动反思

（1）活动特点

目标清晰，主题明确，以幼儿熟悉的京剧《说唱脸谱》和幼儿喜欢的故事《西游记》片段为载体，让幼儿在情境中进行创作表达。活动准备充分，为幼儿积累了丰富的前期经验。在之前开展艺术活动"说唱脸谱"的过程中，教师发现幼儿对京剧表演中的唱腔非常好奇且喜欢模仿这种演唱方式。而《漫画西游记》是图书区翻看频率最高的绘本，幼儿对此故事情节内容非常熟悉。因此，活动以此为切入点，更容易提升幼儿创编的意识与能力，为幼儿的创造性发展提供有力支撑。

（2）活动实施建议

部分幼儿对《西游记》故事中的人物、情节不是很熟悉，因此，教师可通过课件的方式把主要人物形象呈现给幼儿。创编的内容亦可根据本班幼儿的生活经验确定。例如，教师在班中开展"能干的小手"主题活动，可引导幼儿创编出刷牙、吃饭等内容。

（阳江市第一幼儿园　施锦媛　许妹琼）

（四）幼儿社会技能教学活动

1. 活动设计说明

自我意识能够指导幼儿适应社会并对周围环境产生积极的影响。大班幼儿的自我意识增强，对于他们来说，最重要的社会技能是"感到被忽视"和"了解自己的情绪"，即在与同伴交往时，具有解决问题及关心、同情他人的情绪的能力，能够友好地和他人相处。

2. 社会技能"感到被忽视"教学活动案例

社会技能"感到被忽视"的技能口诀是：如果觉得被忽视；不生气，不失望；做点儿事情来摆脱。接下来我们以活动"当我被忽视"为例阐述社会技能"感到被忽视"教学活动的组织要点，见表7-5。

表 7-5　社会技能"感到被忽视"教学活动

当我被忽视		
活动环节	**活动设计**	
活动目标	认知目标：知道在生活中有时被忽视并不是自己的错，但要想办法缓解情绪。	
	能力目标：能在老师的引导下简要分析自己被忽视的原因并能正确对待。	
	情感目标：当感到自己被忽视时，愿意积极地想办法调节自己的负面情绪。	
活动准备	经验准备	幼儿有感到被忽视的前期经验。
	物质准备	1. 视频《当我被忽视》（阿宝的好朋友在选择区角活动的时候没有邀请他一起参与，而是和其他小朋友一起玩）。 2. 三张技能口诀情境图。
活动过程	**一、播放视频《当我被忽视》，引起幼儿共情，激发幼儿参与活动的愿望** 师：小朋友们，前几天我收到了一个小朋友阿宝发给我的视频，想请我们来帮帮他，那让我们来看看到底发生了什么事吧！ 师：阿宝为什么伤心呢？发生了什么事？	

续表

当我被忽视	
活动环节	活动设计
活动过程	小结：原来，阿宝的好朋友没有邀请他参加游戏，他感觉被忽视了，所以才伤心。 **二、引导幼儿了解生活中常遇到的被忽视的场景，并分析原因** 师：小朋友们，你们有没有遇到和阿宝一样的情况？在生活中你什么时候有过这种被忽视的感觉？为什么会被忽视呢？ 小结：其实在生活中我们经常会碰到被忽视的时候，例如，好朋友们约着去拍球，没有约你；你非常想回答老师提出的问题，老师却没有叫你……如果这时你感到被忽视了，其实并不是因为你不好。但如果因为你伤害了朋友而使他们忽略了你，那就需要你勇于承认自己的错误，并主动改正自己的问题，相信他们很快就能原谅你的。 师：小朋友们刚刚有提到，被人忽视之后，会感到失望、生气、痛心、沮丧。如果长时间把这种不开心藏在心里，我们的身体会怎么样？ **三、出示技能口诀情境图，引导幼儿学习调节自己被忽视后带来的负面情绪的方法** 师：遇到被忽视的情况，我们该怎么办呢？请小朋友们说一说。 师：有小朋友说吃自己喜欢的东西，有小朋友说玩一点儿自己喜欢的玩具，有小朋友说会安静地待一会儿。大家的方法都很好。老师把大家想到的办法总结成了一句话，"如果觉得被忽视；不生气，不失望；做点儿事情来摆脱"。（教师出示技能口诀情境图，请幼儿根据口诀找到对应的图片，并看着图片完整复述口诀，帮助幼儿加深理解和记忆） **四、情境讨论，巩固幼儿对技能的理解** 师：你们学会了"感到被忽视"的口诀，如果遇到下面这些情况，你们会怎么做呢？ 情境一：自己的好朋友过生日，却没有邀请自己参加他的生日聚会。 情境二：爸爸妈妈因为工作忙，没有陪自己玩。 情境三：幼儿园户外活动时，好朋友没有邀请我和她在同一组玩游戏。 总结：在生活中，我们经常会遇到被忽视的情况，这个时候可能会难过、生气。不过今天我们一起学习了"感到被忽视"这个社会技能，大家也想到了消除我们负面情绪的办法。希望小朋友们以后感到被忽视时，就用这个口诀，做做其他的事情，做一个开朗快乐的小朋友吧！
活动延伸	**一、家园共育** 教师在班级群中分享当天学习的社会技能，包括技能目标、培养重点、培养方法等；同时鼓励幼儿回家后和爸爸妈妈说一说当天学到的新本领。第二天晨间活动时，教师要引导幼儿集体分享他们回家后教爸爸妈妈学习社会技能的心得。 **二、生活渗透** 首先，教师在日常生活中要减少幼儿感到被忽视的现象。例如，教师提问幼儿问题时尽可能给每名幼儿创造更多自我展示的机会，要能够随时关注幼儿的状态，确保教育过程的公平。其次，教师要增强幼儿情绪调节的能力，教给幼儿更多的消除负面情绪的方法，例如，可以找自己喜欢的事情或游戏玩一玩；当别人不小心忽视了自己，也可以自己主动加入；或者邀请其他小朋友一起参与。 **三、环境渗透** 教师可以根据"感到被忽视"口诀的含义，用图文并茂的方式展示口诀内容，同时还可以呈现幼儿消除被忽视时的负面情绪的办法（如自己玩玩具、看图书、做游戏的情境图片，主动邀请他人玩的情境图片等），加深幼儿对技能的应用。

3. 活动反思

(1)活动特点

本次教学活动的目标从认知、能力、情感三个维度来制定,符合大班幼儿的认知理解水平,具有可操作性。准备的活动材料是根据各个环节的内容来确定的,符合大班幼儿的兴趣需要。活动内容贴近幼儿生活,是大班幼儿普遍面临的急需解决的社会交往问题。活动过程环环相扣,层层递进,从情感的启发到技能的掌握,循序渐进地展开,有效地突破重难点。

导入环节中,教师以播放视频《当我被忽视》的方式,激发了幼儿的情感共鸣,然后通过分析这个案例引发出多个案例,使幼儿在教师的引导下能正确对待自己被忽视的原因,较好地体现了师幼互动。在技能的学习中,教师运用视频、图片等形式较为直观形象地引导幼儿完成对技能口诀的理解和掌握,从而帮助幼儿学会适时地调整情绪。

(2)活动实施建议

在教学环节的设计上,我们还可以通过绘画、口诀接龙游戏等多种创新方式来加深幼儿对"感到被忽视"社会技能口诀的理解和掌握。从幼儿学习人际交往的整个过程来看,本次教学活动只是初步的认知"被忽略",学习遇到此类问题的解决方法。但更多的还需要教师及时关注幼儿在日常生活中的表现,及时地鼓励和引导幼儿去正确使用"感到被忽视"口诀,从而调节自己的情绪,更好地掌握人际交往技能。

(济南市槐荫区机关幼儿园　池晶　王真真)

4. 社会技能"了解自己的情绪"教学活动案例

社会技能"了解自己的情绪"的技能口诀是:一件事情发生后,喜怒哀乐心里明;还要知道为什么。接下来我们以活动"了解自己的情绪"为例阐述社会技能"了解自己的情绪"教学活动的组织要点,见表7-6。

表7-6　社会技能"了解自己的情绪"教学活动

了解自己的情绪		
活动环节	**活动设计**	
活动目标	认知目标:知道每一种情绪背后都有一个原因。	
	能力目标:能根据故事线索找出正确的情绪图并理解技能口诀的含义。	
	情感目标:在生活中遇到高兴、快乐或难过的事情愿意跟自己喜欢的人说一说。	
活动准备	经验准备	幼儿能够分辨喜、怒、哀、乐四种常见情绪。
	物质准备	1. 自编故事《小熊墩墩买冰激凌》。 2. 常见表情卡通图:开心笑、难过哭、焦虑着急、崩溃大哭、嘬嘴不开心、愤怒生气、微笑。 3. 移动黑板、吸铁石。
活动过程	**一、创设情境,唤起幼儿快乐情绪体验** 师:小朋友们,快到我身边来。今天我请来了一位神秘的小客人,你们猜猜是谁呢。到底是谁呀?我们一起来看看。是小熊,和他打个招呼吧!(小熊,你好) 小熊墩墩(教师扮演):小朋友们好,我是心情播报站的小熊墩墩,见到小朋友们很开心。我能邀请你们跳一支舞吗?	

了解自己的情绪	
活动环节	活动设计
活动过程	师：小朋友们请坐，说说看，跳完舞后你们现在的心情怎么样？为什么？ 小结：认识新朋友，和新朋友一起跳舞让我们感到开心。 **二、讨论常见表情，引出活动主题** 小熊墩墩：其实，我们每天都会有不同的情绪。一起去我的播报站里看看吧！ 师：这代表什么情绪？什么事情让大家伤心生气呢？你们还知道哪些情绪？你最喜欢的情绪是什么呢？ 小结：小朋友们真是太棒了！其实，我们的心情有很多种。我们在一天中就会经历很多种情绪变化。有的情绪是高兴的，有的是难过的，有的是生气的，甚至有的时候我们心情不好，也不想说话。不过我们还是要努力让自己每天都开开心心的。老师教给大家一个认识自己情绪的小诀窍，就是"一件事情发生后，喜怒哀乐心里明；还要知道为什么"。 **三、讲述故事《小熊墩墩买冰激凌》，引导幼儿理解"了解自己的情绪"的技能口诀** 1. 教师讲述故事，引导幼儿根据故事线索找出故事中的情绪。 师：接下来，老师要给大家讲一个关于小熊墩墩买冰激凌的故事，在这个故事里小熊墩墩的心情就像坐过山车一样，有高兴、有着急、有难过。小朋友们要认真听，当你们听到与情绪有关的地方时，就从黑板上把对应的表情图片找出来，一会儿看看谁找的表情图片最多。我们一起帮小熊墩墩找一找他今天情绪变化的原因。 故事第一段：小熊墩墩是森林里最受朋友们欢迎的小伙伴之一，在一个炎热的夏天，他决定给小伙伴们送冰激凌解暑。小熊墩墩跑到冰激凌店买了许多特大号的蛋卷冰激凌，他舔了舔其中一个，开心地说："炎热的夏天，小伙伴们最喜欢吃冰激凌了，我也喜欢！" 师：小熊墩墩为大家买冰激凌的时候心情是怎样的？请小朋友们从这些表情里找到适合小熊心情的表情图片。 故事第二段：小熊墩墩一边嘟囔一边沿着小路往回走，一块软软的奶油冰激凌顺着他的胳膊流下来。小熊墩墩说："冰激凌在太阳底下融化了，我得快点儿走。"说着，他加快了步伐往前走，可是冰激凌越化越多，有的溅到半空中，有的飞到他的脸上，有的滴到衣服上……最后小熊墩墩不禁大喊："糟糕！我的冰激凌都化了！"一他边喊边哭…… 师：当小熊墩墩发现冰激凌一点点慢慢融化的时候，他的心情怎么样？看看哪个小朋友能够用最快的速度找到适合墩墩现在心情的表情图片。 故事第三段：小熊墩墩一边跑一边崩溃大哭，当他来到小伙伴们身边时，已经难过说不出话来。小伙伴们知道后，都来看他，一起帮助他，可是怎么帮呢？小猪给他带来了可口的饭菜，小鸟为他唱歌，大象邀请他出去做游戏。慢慢地，小熊墩墩又变得快乐起来。小伙伴们看到小熊墩墩开心的样子，也甜甜地笑了。不久，小熊墩墩收到了小伙伴们陆续送来的冰激凌，收到冰激凌的小熊墩墩开心极了！ 师：在这一段故事里，小熊墩墩出现了哪些情绪？请小朋友们把适合墩墩的表情图片找出来并说一说你的判断。 2. 教师引导幼儿基于找出的表情图，按线索简要复述故事内容，了解技能口诀。 师：小朋友们特别认真地听故事，才能快速地从那么多的表情图中找到适合小熊墩墩今天情绪的表情。现在老师要考一考小朋友们，看看你们能不能看着表情图片跟大家讲一讲《小熊墩墩买冰激凌》的故事。 小结：小朋友们不仅能清楚地记得小熊墩墩今天心情变化的顺序，还能告诉大家小熊墩墩每一个表情背后的原因，真不错。相信小朋友们自己心情发生变化的时候，也一定能像今天讲小熊墩墩的故事一样，大声地说出自己心情背后的原因。我们要做到"一件事情发生后，

了解自己的情绪	
活动环节	活动设计
活动过程	喜怒哀乐心里明；还要知道为什么"。 **四、师幼讨论，加深幼儿对社会技能的理解** 师：在这个故事里，小熊墩墩都出现了哪些情绪？说一说在这些情绪中，你们每天出现得最多的情绪是什么。 小结：小朋友们，今天我们在小熊墩墩的故事里认识了好多情绪，我们每个人每天都会有各种各样的情绪。小朋友们都要记得老师刚刚告诉大家的口诀，"一件事情发生后，喜怒哀乐心里明；还要知道为什么"。这样的话，我们跟别人说的时候，别人才能了解我们的心情，知道怎么帮助我们。
活动延伸	**一、区角延伸** 教师可以在图书区投放有关情绪管理的绘本读物，如《我的情绪小怪兽》《菲菲生气了》《糟糕，身上长条纹了!》《请不要生气》《天空在脚下》《野兽国》《威力和一朵云》《生气的亚瑟》《我变成一只喷火龙了!》《生气汤》等。师幼共同制作关于情绪管理的绘本《情绪精灵》，引导幼儿自主阅读、观察画面，讨论自制的绘本，说出自己管理情绪的方法及技能口诀"一件事情发生后，喜怒哀乐心里明；还要知道为什么"。教师还可以在美工区开展"情绪精灵变形记"的活动，鼓励幼儿自选材料制作情绪精灵，并向同伴讲述自己与情绪精灵的故事。教师要关注幼儿的绘画过程，并及时询问幼儿画的是哪种情绪，这种情绪出现后我们可以怎么做，鼓励幼儿运用技能口诀解决问题。 **二、家园共育** 教师可以在班级群中建立"品格共育——社会技能直播间"板块，将技能(了解自己的情绪)口诀、指导要点、训练方法等传至群中，方便家长了解社会技能"了解自己的情绪"的指导策略。教师还可以发布温馨小贴士，提醒家长可以在家中与幼儿分享有关认识情绪的绘本，帮助幼儿了解自己的情绪，丰富幼儿对情绪的感受。教师还可以开展品格共育家长沙龙活动，邀请家长分享在家庭中运用社会技能训练方法的心得体会。

5. 活动反思

(1)活动特点

活动目标符合大班幼儿的身心发展特点及规律，运用《小熊墩墩买冰激凌》的故事情境，萌发了幼儿的参与意识，凸显了社会技能"了解自己的情绪"的内涵要点。活动将社会技能"了解自己的情绪"口诀巧妙融入故事情境，引发幼儿积极参与，主动思考，乐于表达的意识。《小熊墩墩买冰激凌》的故事生动有趣，幼儿根据故事线索找出正确的情绪图并理解技能口诀的含义，增强了活动的趣味性。

(2)活动实施建议

根据大班幼儿爱学、好问、求知欲强等特点，在进行理解"了解自己的情绪"技能口诀的环节，教师可增加幼儿自主操作的环节，让幼儿根据故事情节，人手一份操作卡，用最快的速度找到适合小熊墩墩现在心情的表情图片，让幼儿充分体验和感受小熊墩墩的心情，帮助幼儿理解口诀要点与技能内涵。

(济南市历下区大明湖幼儿园　刘欣娜　王迎)

五、区角活动案例

《3—6 岁儿童学习与发展指南》明确指出："要充分尊重和保护幼儿的好奇心和学习兴趣，帮助幼儿逐步养成积极主动、认真专注、不怕困难、敢于探究和尝试、乐于想象和创造等良好学习品质。"在幼儿的一日活动中，无时无刻不体现着想象、创新与创造，尤其是大班的幼儿，已经具备一定的创新思维，对于创造活动也已积累一定的经验，他们能够发挥自身的特长在活动中大胆地展示自己的创造性。因此，在班级环境与区角创设中，教师要尽可能鼓励幼儿收集各种开放性、低结构的材料，鼓励幼儿大胆想象与创作，引导幼儿创造性地表现自己的奇思妙想，如一个创意动作、一句创意话、一幅创意画、一个创意游戏等。

建构区

活动一：妙趣横生玩迷宫

活动目标： 在搭建迷宫场景的活动中促进自我逻辑思维能力及创造力的提升。

活动准备： 积木若干，小动物玩偶若干，各类迷宫路线图。

活动过程：

1. 设计迷宫路线图。

教师引导幼儿根据生活经验，自由设计迷宫图，基本要求：起点、终点及中间行走路线清晰、准确（图 7-1）。

2. 教师引导幼儿根据图纸选择合适的积木进行搭建。

3. 教师引导幼儿标明入口和出口以及道路的主线。

4. 教师引导幼儿根据主线设计一些岔路，有些岔路可以绕远到达终点，有些岔路设成死路。

5. 教师引导幼儿加入小动物玩偶，适当设计游戏场景（图 7-2）。（例如，帮动物找家："小兔子"迷路了，幼儿要根据迷宫图，帮"小兔子"找到回家的路。规则：前面有石头、有小河的路是走不通的）

6. 幼儿尝试走迷宫，发现问题，及时修正。

图 7-1 迷宫线路图

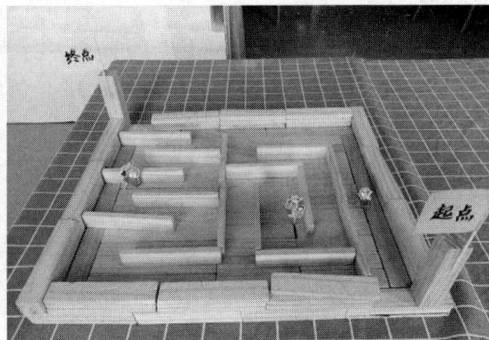

图 7-2 加了小动物玩偶的迷宫游戏场景

活动建议：

1. 教师可以根据迷宫的大小、幼儿的兴趣，设置更具挑战性的难度。

2. 幼儿可以独自闯关，也可以和小伙伴们一起比赛。

活动延伸：

教师可以分层次投放不同的辅助材料(例如，不同的小动物玩偶、玩具小汽车，不同的图形、图案，由幼儿自由选择材料用于设置游戏障碍)，丰富游戏情节，引导幼儿进一步深入游戏，让迷宫游戏更加丰富。

活动二：玩转创意纸杯

活动目标：

1. 探索纸杯搭建的方法，大胆尝试用不同的技巧进行建构。

2. 提高手眼协调能力以及空间感知能力。

活动准备： 一次性纸杯若干，开阔的室内场地。

活动过程：

1. 教师以谈话的形式引导幼儿说一说自己的搭建主题，然后根据预先的设想选择一次性纸杯进行自由搭建。

2. 教师引导幼儿尝试运用搭建的基本技能，如垒高、搭桥、围合、延长、盖顶、连接等进行纸杯搭建(图 7-3)。

3. 教师引导幼儿在搭建过程运用"尝试—发现问题—解决问题—再尝试"的循环方法，充分了解纸杯的特性后再进行搭建，从而获得成功的体验。

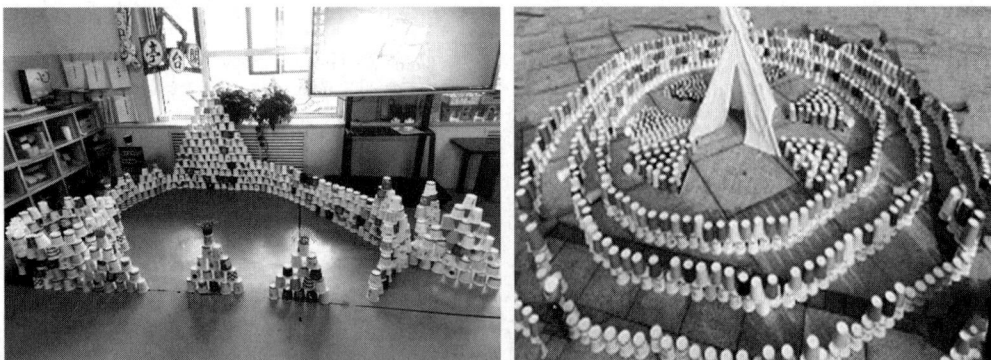

图 7-3　创意纸杯搭建

活动建议：

1. 活动前教师要注意引导幼儿明确搭建主题，同伴间分工明确、配合默契地进行搭建，让幼儿从浅层学习走向深度学习。(例如，在搭建城墙时，可以一起观看长城、故宫等典型建筑的墙，了解墙面的基本特征)

2. 优化材料——多元化辅助物支持。

在纸杯建构游戏中，纸杯是主体材料，同时还需要丰富合适的辅助材料，只有这样才能让幼儿的建构有更多的情节表现和创意表达。教师可以提供建构作品图给幼儿观察，引导幼儿关注并发现增加了什么新的材料(纸板、卷筒等)，可以让墙面更加稳固。这不仅可以解决墙面容易倒塌的问题，还能激发幼儿的搭建兴趣。

活动延伸：

1. 教师可以选择把活动放在室外进行班级主题创意搭建，进一步提高同伴间的合作能力。

2. 教师尝试加入游戏情境，不断丰富游戏，发展幼儿的创造性。例如，搭建篝火主题后，教师可以举办一场"篝火晚会"，使游戏更加具有趣味性。

活动三：积木区里的皮影戏

活动目标：

1. 感受搭建游戏与角色游戏相互结合的乐趣，发展动手操作与语言表达能力。

2. 感受中华经典传统文化的魅力。

活动准备：不同形状的积木、白纸、玩具手偶、卡纸、手电筒等。

活动过程：

1. 教师引导幼儿用积木搭建一个舞台。

2. 教师引导幼儿将一张 A4 左右大小的白纸固定在舞台中央。

3. 教师引导幼儿制作人偶，可以选择班级现有的玩具或手偶，也可以用卡纸裁剪出自己喜欢的卡通人物。

4. 教师引导幼儿将制作好的人偶固定在木棍(或筷子)上。

5. 教师引导幼儿选择熟悉的故事情节进行表演(图 7-4)，如《小红帽》《三只小猪》《龟兔赛跑》等。

图 7-4 积木区里的皮影戏

活动建议：

1. 教师引导幼儿打开手电筒(或手机手电筒功能)，看看能否看到人偶的影子，做好灯光调试。

2. 教师鼓励幼儿自由发挥,同伴间友好合作。

3. 用来当"幕布"的白纸一定要固定牢固,不能松动(可以提供双面胶进行粘贴固定)。

4. 游戏时可以拉上窗帘,或者选取室内光线较暗的空间开展游戏,使投影效果更好。

活动延伸:

1. 教师可以引导幼儿了解我国传统艺术皮影戏的表演方法以及皮影戏的经典表演故事。

2. 教师可以引导幼儿选择晚上在自己的房间和爸爸妈妈一起玩"皮影戏"游戏,熄灯后效果会更好。

表演区

活动一:家乡餐厅家乡味

活动目标:

1. 了解几种家乡美食的名称与特点,尝试运用彩泥等材料进行制作。

2. 象征性地进行角色扮演,了解餐厅中厨师、服务员、收银员、客人等角色的行为特点。

活动准备: 餐厅的角色场景以及游戏操作工具(如灶台、餐具、收银台、材料柜、菜单等)。

活动过程:

1. 教师引导幼儿把提前收集的家乡特色美食的相关资料与同伴一起分享。

2. 教师引导幼儿进行角色分配:餐厅里都有哪些人,分别负责哪些工作,进行合理分工。

3. 教师引导幼儿一起讨论:餐厅里面吃什么?根据所提供的材料进行菜品制作。

4. 幼儿明确分工后,开始尝试进行游戏。

活动建议:

1. 幼儿选择的美食要突出"家乡美食",并且选择自己熟悉的美食进行制作。

2. 教师追随幼儿的兴趣,引导幼儿发现问题、解决问题,并生成新的游戏主题。例如,当"客人"在点餐环节不清楚点哪些更合适,"服务员"便可以设计"特色菜品介绍",说一说特色菜的特点,给"客人"适当的建议;当点餐超量时,"服务员"要提醒适量点餐等。通过这样的问题,幼儿便可以生成新的游戏主题,"菜品推荐""光盘行动"等,以此推进游戏深入开展。

活动延伸:

教师可以发放调查问卷,调查身边人最爱吃的家乡菜是什么以及各种菜品的适宜人群,例如,老年人喜欢吃什么?小孩子喜欢吃什么?爸爸们喜欢吃什么?妈妈们喜欢吃什么?同时,还要了解每种菜品的价格,为下一次活动奠定生活经验。

活动二：我为餐厅打广告

活动目标： 与材料进行有效互动，通过与同伴协商相互合作设计，促进创造性及动手能力的发展。

活动准备： 日常绘画展架、展板（可以是绘画小白板或日常作品展示的活动宣传板）、彩泥等。

活动过程：

1. 教师引导幼儿制作广告牌并进行装饰（注意：设计的创意性体现在色彩运用、图案标识上）。

2. 教师引导幼儿把共同设计好的广告牌摆放在合适的位置以便吸引更多顾客（图7-5）。

3. 教师引导幼儿进行"特色菜品"推荐。（例如，家乡特色菜：莜面栲栳栳的原粮是莜麦，也称"油麦""玉麦"，莜面可制作十几种花色品种供食用。莜面栲栳栳是十几个品种中的一种，是山西北部高寒地区百姓主要的家常菜。食用时，倒入蒜汁或醋味道更佳）

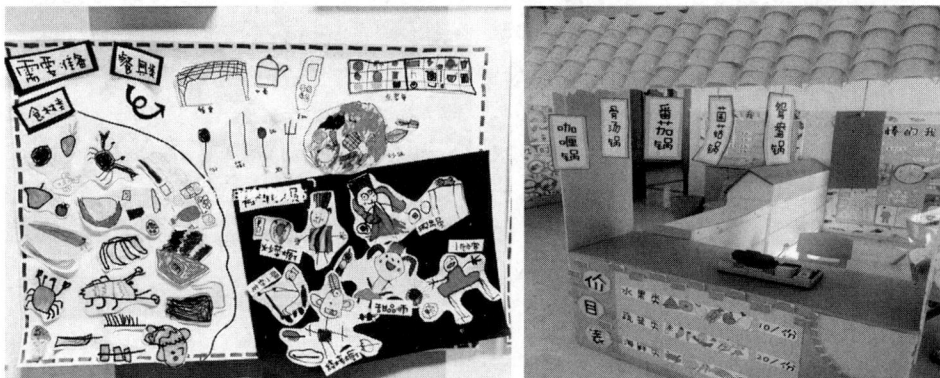

图 7-5　设计餐厅广告

活动建议：

游戏开展过程中，幼儿通过与同伴、材料进行互动，不仅可以发展其社会交往能力，更主要的是当遇到问题时，他们会主动寻找解决的办法，产生新的兴趣与需要，在此过程中，可以激发幼儿进行创意思考。通过自己的创意解决问题，幼儿会获得更大程度的满足感。因此，教师应当在尊重幼儿的兴趣和需要的前提下，积极地理解幼儿的想法，敏感地发现其中的意义或价值，并及时调整自己的计划，帮助幼儿实现他们的"奇思妙想"。

活动延伸：

教师鼓励幼儿和家长一起收集电视上看到的广告内容，了解不同广告的特点，帮助幼儿获得创意经验，以此设计出更别具特色的广告牌。

活动三：创意美食街

活动目标：

1. 自觉按要求归类、摆放和收纳区角材料。

2. 愿意与同伴协商角色，并运用不同的动作、语言表现角色，体验共同游戏的快乐。

3. 懂得基本的餐桌礼仪，能运用礼貌用语进行交往。

活动准备：布置"美食街"场景，可以选择室内较大的空间，用长方形桌子摆放成空间较大的方形，上面铺好看的花布，周围做一些美食标志牌，即可成为简单的"美食街"。

活动过程：

1. 幼儿向客人介绍"美食街"的创意美食（图7-6）（前期已经准备好的家乡特色菜，如莜面栲栳栳、灌肠、武乡枣糕等）。

2. 幼儿讨论分工：厨师、服务员、收银员，分工明确，为营业做准备。

3. 区角联动：教师引导美工区幼儿进行美食创意制作，角色区幼儿则负责推荐美食、招待客人，使游戏持续进行。

图7-6 "美食街"的创意美食

活动建议：

1. 活动中，教师注意观察扮演各角色的幼儿之间的交往互动，并及时给予适当引导和支持。

2. 区角之间要做到自然、有效地互动，及时支持幼儿生成新的主题。例如，活动时美工区的幼儿需要将做好的食物送到角色区，并且要说清楚自己做的是什么菜以及菜的特点；角色区的幼儿需要关注当食物不足时，可以向美工区幼儿提出要求，以便及时做好需要的菜品等。

活动延伸：

1. 教师可以引导幼儿讨论：如何做个文明小顾客。

2. 教师可以引导幼儿和爸爸妈妈共同设计创意菜品（该内容突出"创意"，自由创作），并给自己的菜品取创意有趣的名字，如鱼——"年年有鱼"，丸子——"团团圆圆"等。

美工区

活动一：物尽其用，绿色再生

活动目标：尝试用多种废旧材料制作作品，体验创造的乐趣，培养节俭品质。

活动准备：

1. 教师提前制作废旧材料回收箱（图7-7）。

2. 手套、纸盘、纸杯、瓶罐等各种废旧材料；胶带、彩笔、彩泥等多种美工工具。

图7-7 废旧材料回收箱

活动过程：

1. 教师鼓励幼儿利用收集来的各种废旧材料，进行奇思妙想。

2. 教师引导幼儿利用拼搭、粘贴、裁剪、装饰、涂色等多种方式进行创作。

活动建议：

1. 开学初，教师可布置废旧材料倡议书，并将回收来的各种废旧材料进行分类整理与收纳。

2. 教师可以根据幼儿的个体差异情况适当投放一些半成品，让动手能力弱的幼儿在操作的过程中也能产生成功的喜悦和挑战的欲望。

3. 教师可以启发幼儿大胆想象，创作出与别人不一样的作品。

活动延伸：

教师可将该活动延伸至建构区，鼓励幼儿综合运用多种形式的废旧材料进行搭建、组合，从而创新出独具特色的物体和玩具；也可延伸到科学区，设计"废旧物品调查表"，引导幼儿尝试给废旧物品分类，培养其探究能力和环保意识，或进行废旧材料科技小发明等创意活动；还可鼓励幼儿用自己创作的作品布置班级环境。

活动二：创意环保时装周

活动目标：

1. 综合运用裁剪、粘贴、拼搭、装饰、上色等技能，将各种废旧材料设计成各具特色的时装。

2. 能大胆创新，建构多元思维，有一定的合作意识和创造能力。

活动准备：

主要材料：各种颜色的塑料袋、废报纸、废纸箱、包装袋；废弃的光盘、扑克牌等废旧材料；制作好的环保时装作品。

辅助材料：即时贴、零散卡纸、糖果纸、毛根等多种装饰材料；剪刀、双面胶等美工工具；适合服装表演的音乐。

活动过程：

1. 教师引导幼儿欣赏用废旧材料制作的服装，激发幼儿创作的兴趣，感受作品的艺术美。

2. 教师鼓励幼儿发挥想象，利用拼搭、粘贴、裁剪、装饰、上色等多种方式进行时装设计。

3. 与表演区联动，教师鼓励幼儿大胆展示自己的作品(图7-8)。

图7-8　服装作品展示

活动建议：

1. 教师提供的材料要丰富，并鼓励幼儿从不同的角度细心观察"变废为宝的作品"，为后面的创造活动积累丰富的经验。

2. 教师要支持幼儿有独特的想法，允许幼儿用自己喜欢的方式去设计与创作，不做过多的干预或把自己的意愿强加给幼儿，在幼儿需要时再给予具体的帮助。

活动延伸：

教师可将此活动延伸至各种游戏活动中，让幼儿进行绘画设计、手工制作、音乐表演，或者将幼儿的作品投放于表演区，让幼儿感受创作的快乐与成就感。

活动三：颜色创想

活动目标： 喜欢大自然与生活中的各种色彩，乐意用绘画的方式表达自己的感受与想象。

活动准备：

1. 生活中各种色彩图片。

绿色系：蔬菜绿、小草绿、荷叶绿、青蛙绿、毛毛虫绿、恐龙绿、军人绿、坦克绿等。

红色系：灯笼红、红包红、口红红、火焰红、消防车红、糖葫芦红、苹果红、辣椒红等。

黄色系：落叶黄、月亮黄、星星黄、沙漠黄、灯泡黄、小黄人黄、长颈鹿黄、菠萝黄等。

蓝色系：星空蓝、海军蓝、天空蓝、宝石蓝、口罩蓝、鲨鱼蓝、大海盗等。

2. 生活中常见的各种有色彩的物品。

不同颜色的彩笔、颜料、彩泥，彩色纸杯、彩纸，各种颜色的积木、雪花片、玩具等（图 7-9）。

图 7-9　美工区环境布置

活动过程：

1. 教师让幼儿通过观察各种色系的图片，欣赏与感受大自然与生活中各种美丽的色彩，丰富幼儿的想象力和创造力。

2. 教师将各种色彩的物品进行分类、排序，发现色彩的规律与不同（图 7-10）。

3. 教师鼓励幼儿进行色彩创想，并用绘画的方式去表现和创造美。例如，看到黄色让我联想到……看到蓝色让我联想到……看到绿色让我联想到……看到红色让我联想到……

4. 教师引导幼儿逆向思考：假如世界没有颜色，会是什么样子的？用绘画的方式表达自己的想象。

活动建议：

1. 活动中教师引导幼儿认识各种颜色的名称时，可以让幼儿用自己的方式认识颜色，如香蕉黄、辣椒红、橘子橙、小草绿等。

2. 教师可以引导幼儿将同一色系的颜色按深浅顺序排列，并尝试用语言描述对这些色彩的感受。

3. 幼儿进行颜色创想时，教师可以鼓励幼儿大胆表达自己与别人不一样的想法，例如，看到黑色我就感到很困，很想睡觉；看到红色，我就感觉很热等。教师支持和允许幼儿用不一样的绘画方式或绘画工具表达自己的感受，如用彩笔画、颜料画、彩铅画等不同方式。

活动延伸：

该活动在美工区除了进行颜色创想画，也可以利用各种色彩装饰作品进行扎染等创作，还可以延伸至建构区进行自由创意拼搭、组合；在益智区可以按颜色多角度分类、统计、排序等；在科学区可以进行各种好玩的颜色小实验，如颜色变变变、彩虹桥、彩虹喷泉、彩色吸水实验等。

图 7-10 分类、排序后的各种色彩的物品

（长治市武乡县机关幼儿园 赵雪丽 张瑜）

六、一日生活指导

(一)一日生活中幼儿品格与社会技能培养

创造性是幼儿学习品质的重要内涵，也是幼儿入学准备的重要议题，其发展水平的高低将直接影响幼儿的终身发展。激发幼儿的创意品质，可以使他们更加自信、阳光和心态积极。社会技能"感到被忽视"和"了解自己的情绪"贯穿同伴交往、师幼互动的全过程，但在一日生活各环节的体现略有不同，如有些环节需要重点指导，有些环节则可随机引导。本期主题品格与社会技能在一日生活中的重点培养环节见表 7-7。

表 7-7 品格与社会技能的日常重点培养环节

生活环节	品格：创意	社会技能：感到被忽视	社会技能：了解自己的情绪
入园	√	√	√
盥洗	√		√
进餐	√	√	√
饮水	√		√
如厕	√	√	√
午睡	√		
离园	√	√	√
集体活动	√	√	√
户外活动	√	√	√
区角活动	√	√	√
过渡环节	√		

（二）一日生活中幼儿品格与社会技能指导要点

本题主题品格与社会技能在一日生活中的指导要点见表 7-8、表 7-9、表 7-10。

表 7-8　一日生活中创意品格指导要点对照表

环节	指导要点
入园	1. 教师营造温暖、轻松的心理环境，提供丰富多彩的晨间活动供幼儿选择。 2. 在保证安全的情况下，教师支持幼儿按自己的想法活动。
盥洗	1. 教师张贴有趣的盥洗流程图，引导幼儿学会正确的七步洗手法。 2. 教师创编"洗手操"让洗手变得形象、简单。 3. 师幼共同创设"公约"，探讨保持盥洗室卫生的方法和规则，并监督实施。 4. 教师为幼儿洗手提供不同花色、不同香型的"魔法"香皂，激发幼儿认真洗手的兴趣。 5. 教师设置"检查官"监督伙伴洗手的方法、时间等，并用耳边摇铃的方式对玩水幼儿进行提醒。
进餐	1. 教师每天进餐前用不同的方式对食物和厨师进行感谢，如歌曲《谢饭歌》、餐前感恩儿歌等。 2. 教师让幼儿根据个人需求自主取餐和搭配饭菜。 3. 教师开展食育课程，和幼儿一起探讨食物：用食物元素进行的五感教育；认识自然生物生长的知识；认识营养食物，远离垃圾食品；增进同伴关系，学会分享；锻炼和培养进餐习惯；学会尊重食物，热爱劳动和保护环境。
饮水	教师愿意对生活中的事物产生好奇心和想象力，喝水时间能大胆对水杯和水进行想象。
如厕	1. 教师利用环境创设、教师示范等方式，引导幼儿学会正确如厕的方法。 2. 教师创设隔板上的小口袋，引导幼儿自主取纸，知道短的纸用来擦鼻涕，长的纸用来擦屁股。 3. 教师引导幼儿观察、认识尿液、粪便的颜色和类型，告诉幼儿这些所对应的身体情况和变化，可结合绘本《糊糊·臭臭·便便·球球》。
如厕	4. 教师将女孩蹲坑两侧合适的位置贴上"小脚丫"，便于女孩调整蹲立的位置，避免将大小便弄在外边；在男孩便池贴上小花，鼓励男孩给小花浇浇水，使小便有弧度，避免小便弄湿裤子。 5. 教师张贴如厕文明创意画，引导幼儿学会文明如厕。
午睡	1. 教师编故事录音频，择优为幼儿进行睡前故事播放。 2. 教师带领幼儿做幼儿养生起床操，通过 5 分的音乐操，给身体一个健康指令。 3. 教师鼓励幼儿起床后创意讲述自己的梦境。 4. 教师尝试给幼儿梳不同造型的头发。 5. 教师结合吃水果环节做各种有关数学或者拼摆的游戏。
离园	1. 快乐分享美好回忆，教师引导幼儿尝试按时间先后、重要程度等进行叙事。 2. 教师留给幼儿自由支配的时间开展自己喜欢的离园活动，如"一物多玩"，创造性地玩各种纸张、易拉罐等，有意识地引导幼儿进行合作游戏。 3. 教师引导幼儿绘制整理图册，对照图册收纳整理自己的物品，不落东西。 4. 教师引导值日生创设任务牌把任务清楚列出，并自由讨论、结对同伴协商制定规则（时间安排、人员安排）进行班级卫生清理。 5. 每周五离园进行周奖励，教师设计"我是最棒的""我的进步""优秀的我"展示优秀品格和激励幼儿进步。

续表

环节	指导要点
集体活动	1. 教师创造宽松自然的教育环境，培养幼儿自主思维。 2. 当幼儿遇到感兴趣的事物或问题时，教师为幼儿提供探索机会。 3. 教师支持和鼓励幼儿在探索的过程中积极动手动脑寻找答案或解决问题，多用"头脑风暴法"。
户外活动	1. 教师多元利用、一物多玩，提供丰富多彩的材料开展活动。 2. 幼儿与家长和教师创造性自制户外活动用具。 3. 教师把户外活动与主题活动进行整合，集知识性、趣味性和游戏性于一体。
区角活动	1. 教师经常带幼儿接触大自然，激发其好奇心和探索欲。 2. 教师多为幼儿提供一些能操作、多变化、多功能的玩具材料，鼓励幼儿探索。 3. 教师真诚地接纳、多方面支持和鼓励幼儿探索行为。
过渡环节	教师利用碎片时间进行话题讨论：如来幼儿园路上有趣的事情，自己的家庭、祖国、城市、家长的职业，当季的天气、花朵、鸟类、动物等；也可以玩"我来做你来猜"等趣味游戏。

表 7-9　一日生活中"感到被忽视"技能指导要点对照表

环节	指导要点
入园	1. 教师能以平等的态度对待幼儿，使幼儿切实感到自己被尊重。 2. 教师可以通过带动幼儿的情绪、多种形式的入园活动激发并帮助幼儿学会控制自己的情绪。
进餐	1. 教师稳定幼儿情绪，用环境的暗示指导帮助幼儿进餐，鼓励幼儿自己愉悦进餐。 2. 教师能有礼貌地接纳、尊重与自己生活方式不同的人，尊重为我们提供服务的人。
如厕	1. 教师培养幼儿独立自主的能力，遇到困难能够想办法解决，不会的愿意学，而不是轻易放弃。 2. 教师提醒幼儿能遵守如厕规则，有疑惑能主动寻求帮助。
离园	1. 教师要积极引导幼儿学习控制自己的情绪和行为，不断提高幼儿的交往技能和合作能力。 2. 教师引导幼儿为自己的好行为或活动成果感到高兴，取得成果后还想做得更好。
集体活动	1. 教师利用相关的图书、故事，与幼儿讨论什么样的行为受大家欢迎，想要得到别人的接纳应该怎样做。 2. 教师结合实际情境提醒幼儿注意别人的情绪，多发现同伴的优点、长处，给予适宜的指导和帮助。
户外活动	1. 教师要了解幼儿的想法，从幼儿的兴趣出发，为幼儿营造和谐、轻松的户外环境，同时也为幼儿户外活动提供一定的物质支撑。 2. 教师注意调整游戏难度让幼儿感受经过努力获得的成就感。
区角活动	1. 教师亲近和关心幼儿，经常和有不良情绪的幼儿一起游戏或进行其他活动。 2. 教师对幼儿的行为表现给予具体、有针对性地肯定和表扬，增强幼儿的自尊心和自信心。 3. 教师多为幼儿提供需要大家齐心协力才能完成的活动，让幼儿在具体活动中接纳内向和孤立的幼儿。

表 7-10　一日生活中"了解自己的情绪"技能指导要点对照表

环节	指导要点
入园	在点名游戏、入园打招呼中，教师引导幼儿学会用语调、动作，表达自己的心情。
盥洗	教师通过创造适宜的环境，让幼儿缓解活动中带来的消极情绪。
进餐	1. 进餐时，教师通过观察幼儿的语言、动作，了解幼儿的情绪，主动询问帮助他们化解消极情绪。 2. 教师用恰当的方式表达情绪，为幼儿做出榜样。
饮水	教师通过创设喝水小奖贴，激发幼儿喜欢喝水的积极情绪。
如厕	教师通过《我会拉臭臭》《我会上厕所》等绘本故事，缓解幼儿在如厕时的紧张情绪。
离园	教师鼓励幼儿在离园时与家长分享自己在幼儿园的心情。
集体活动	1. 教师通过集体教育活动，让幼儿增强了解自己情绪的能力，如阅读绘本《今天心情的颜色》，表演手指操《我的表情变变变》。 2. 教师引导幼儿经常保持愉悦的情绪，知道引起自己某种情绪的原因，并努力缓解。
户外活动	教师创设合适的游戏，让幼儿通过游戏的方式把自己的情绪表达释放出来。
区角活动	教师在区角活动时间，通过讲故事、听音频等方式，让幼儿学会理解自己的情绪和情感；通过戏剧表演方式，让幼儿在表演台词的过程中感受人物的情绪，帮助幼儿增强了解自己情绪的能力。

(三)日常指导策略

1. 创意品格——入园游戏

"一年之计在于春，一日之计在于晨"。每日的入园环节是幼儿一日愉悦情绪开启的重要时机，也是师幼个别化互动以及养成教育的好契机。在入园环节中，幼儿的语言表达能力、独立性、交往能力、控制力得到了很好的发展，但是创造力培养涉及不多。教师积极探索新奇创意的晨间游戏，让入园变得更轻松、活泼和趣味性十足，让幼儿在与周围环境相互作用中获得发展。

第一，教师引导幼儿采用自己喜欢的方式与老师、同伴打招呼(拥抱、碰臀、击掌、鞠躬、比心、问好、使用创意祝福语等)。

第二，教师通过每周创意变化不同签到方式(如印章签到、小石头签到、贴上名字的乐高摆造型签到)，引导幼儿认识自己与集体的关系，学会关心缺勤幼儿，并知道谁也不是孤独的，付出关心也会被别人惦记。

第三，教师引导幼儿入园后在"情绪调节板"上添上代表自己情绪的图案(开心、沮丧、自信、放松、平静、无助、孤单等)，正视自己的情绪并尝试情绪管理，在安静或独立区以静坐等方式调节情绪。

第四，教师引导幼儿设计自己的衣橱标记(拼豆图案、粘贴图案或者自画像等)，并学会整理归纳。

第五，教师引导幼儿创意"整理菜单"，掌握口诀步骤，熟练整理衣服，可用军训的方式进行衣物穿脱、整理比赛。

第六，教师创设宽松氛围，引导幼儿自由选择晨间活动，室内的小桌板游戏或室外的晨练活动均可。

2."感到被忽视"技能——友好合作

教师应关注被忽视幼儿在幼儿园生活的状态，及时采取教育措施进行干预，让幼儿体验到安全感和归属感，树立信心，培养幼儿遇到社交挫折时的应对能力和情绪调节能力，为发展良好的社会性交往和同伴关系提供前提条件。

案例：奇奇经常游离于群体之外，行为表现通常不具攻击性，性格循规蹈矩、内向羞涩、顺从沉默，从不做出格的事情，也不主动参与任何集体活动或在公众场合发表自己的观点，有时甚至会逃避与他人的交流。

分析：受欢迎的幼儿能够很自信地加入群体，交往自然，能够有效地协调处理与同伴的关系；受忽视的幼儿则表现得自卑、不自信，更多地呈现出以自我为中心的言语行为，常常是呆呆地站在远处观望群体活动。

教师指导：《3—6岁儿童学习与发展指南》中指出："结合具体情境，指导幼儿学习交往的基本规则和技能。如：当幼儿不知怎样加入同伴游戏，或提出请求不被接受时，建议他拿出玩具邀请大家一起；玩或者扮成某个角色加入同伴的游戏。对幼儿与别人分享玩具、图书等行为给予肯定，让他对自己的表现感到高兴和满足。当幼儿与同伴发生矛盾或冲突时，指导他尝试用协商、交换、轮流玩、合作等方式解决冲突。利用相关的图书、故事，结合幼儿的交往经验，和他讨论什么样的行为受大家欢迎，想要得到别人的接纳应该怎样做。幼儿园应多为幼儿提供需要大家齐心协力才能完成的活动，让幼儿在具体活动中体会合作的重要性，学习分工合作。"

3."了解自己的情绪"技能——情绪游戏

教师应当充分认识情绪情感在幼儿学习与发展中的重要性，并在日常保教工作中始终关切幼儿情绪情感的反应与表现，注重营造良好的活动情境与人际氛围，支持和回应幼儿的兴趣与心理需求，激发和培育幼儿积极的情绪情感，培养幼儿了解和调节自己情绪的能力，鼓励幼儿快乐学习，支持幼儿健康成长。

(1)雨点变奏曲

游戏目标：感受不同节奏对情绪的影响，学会调节自己的情绪。

游戏玩法：全体幼儿快速搓手，鼓嘴吹气，表示起风了；变搓手为右手食指和中指轻拍左手手心，嘴里发出"滴答滴答"的声音，表示下小雨了；用右手四个手指慢拍左手手心，嘴里发出"嗒、嗒"的声音，表示下中雨了；双手快速拍，嘴里发出"啪啪"的声音，表示下大雨了；在表示大雨的动作中加入跺脚，表示暴雨；再加入声音模仿狂风。

（2）刮大风

游戏目标：培养观察力，增进对同伴的了解。

游戏玩法：教师说口令"刮大风，刮大风，刮到东，刮到西，一刮刮到……（具有相同特征的幼儿，如穿红衣服的或梳小辫子的）"，具有相同特征的幼儿根据教师的口令自由换位置，没有相同特征的幼儿则不动。

（3）猜拳接龙

游戏目标：体验与同伴游戏、交往的快乐。

游戏玩法：幼儿自由找同伴握手问好，问好的指令是"原来不（就）认识，今天才（再）见面，相互问个好"；接着再用剪刀、石头、布来猜拳，赢的人当龙头，输的人当龙尾，组成的龙再找别的龙握手问好、猜拳、接龙，一直到接成一条长龙，最后围成圆圈相互拍背、捏肩等。

（四）生活体验活动

活动案例一：名字创意画

1. 设计思路

为了能让幼儿大胆准确地书写自己的名字，教师设计了此次活动，让幼儿从自己名字的笔画特征出发，对自己的名字进行装饰和笔画延伸，绘画出美观的创意名字，从活动中提升想象力、创造力和审美能力，感受自己名字的独特性。

2. 活动过程

（1）我的名字有故事

师：小朋友们，向大家分享你们自己名字背后的故事，说说自己名字所包含的期待与希望。每个人都有一个属于自己的名字，你们都会写自己的名字吗？你们的名字又会创造出什么样的作品？

（2）引导幼儿设计创意名字

教师引导幼儿欣赏艺术字的图片，通过看图片猜测什么是艺术字（根据字体特点和文字含义演变的一种具有图案或装饰的字体）。

师：请小朋友们自己书写名字，互相帮助一起开动脑筋，用一些好看的图案装饰彼此的名字。

（3）幼儿创作

师：小朋友们都会书写自己名字了。今天我们也开始打扮自己的名字，把自己的名字变成一幅画吧！

教师在指导过程中给予恰当的反馈，如"你的想法很好""我喜欢你设计的颜色""颜色搭配鲜艳些会更好了"，不断激发幼儿多方面地考虑设计方法。

（4）评价作品，展示作品

教师引导画完的幼儿给同伴看，让同伴猜猜是什么名字，最后把自己的作品张贴在展示墙上。

3. 活动总结

"名字创意画"活动不仅能让幼儿爱上名字，愿意书写名字，更能让幼儿了解名字的来历，挖掘名字背后的意义，感受家庭之间的情感联系，知道名字的有用之处。在活动开展过程中，教师和幼儿一起欣赏自己独特的名字，让幼儿自由想象，对生活中的事物产生好奇心和探究欲望，一起沉浸在美好的名字探秘之旅中。大班幼儿从具体形象思维逐渐过渡到抽象思维的特征。教师要充分发现和挖掘幼儿的创造能力，以增强幼儿的创新意识。

活动案例二：相约冬奥，一起向未来

1. 设计思路

2022 年 2 月 4—20 日，中国举行了冬季奥运会。为弘扬奥运精神，倡导小朋友们强身健体，陶冶情操，结合 3 月份创意的品格主题，教师邀请爸爸妈妈和幼儿一起制作冬奥会吉祥物冰墩墩和冬残奥会吉祥物雪容融。

2. 活动过程

（1）律动暖场

大家一起唱歌表演律动冬奥会主题曲《一起向未来》。

（2）知识讲解

教师带领大家了解冬奥会和残冬奥会小知识，并观看图片，了解冰墩墩和雪容融的外形特点。

（3）亲子手工制作

本次活动不限材料、不限形式（绘画、黏土、废旧物品、果壳、豆类等），充分发挥幼儿的想象力，献礼奥运，为奥运会喝彩，为奥运健儿加油。

3. 活动总结

本次活动中，教师鼓励幼儿收集各种开放性材料，大胆想象与创作；结合奥运会的主题，让幼儿充分体验奥运精神、培养竞赛精神的同时，增强集体荣誉感和自豪感，让民族自豪感在幼儿的心中生根发芽。

（济南市槐荫区演马佳苑幼儿园　李秀影　李臻）

七、家园共育指导

（一）品格指导要点

对于创意品格家庭教育指导，重点在于家长能够给予幼儿足够的空间去发现问题、探索问题，让幼儿随时都有机会产生奇思妙想，并能感觉到自己的想法可以被家长接受、信任与支持。为此，家长要为幼儿提供创意的条件与空间。

1. 与家长配合为幼儿提供足够的空间

家长要为幼儿营造一个和谐、自由、宽松的家庭氛围。在幼儿提出一些不合理、不切实际的想法时，家长应正确引导幼儿，不敷衍幼儿提出的问题。例如，幼儿在搭建一个建筑物时，家长可以和幼儿一起讨论：这是什么、为什么这样搭、是怎样搭建的。首先，家长要作为一个引导者，尽可能提出更多的问题，让幼儿去解决、去思考，同时在整个讨论的过程中，不要过多地评价幼儿的创意，要多关注的是幼儿的思路。其次，家长还要给幼儿创造更多外出的机会，让幼儿多接触和感知外面的世界，可以带幼儿参观科技馆、工厂、动物园、展览馆等，多提供幼儿接触社会与大自然的机会，与此同时，也能让幼儿在积累丰富的经验后，萌发出更多的奇思妙想，从而产生更丰富的想象力，引发出更多的问题，激发幼儿创意的主动性。例如，幼儿对某种交通工具感兴趣，家长可以先让幼儿去观察不同的交通工具；在对火车、汽车、飞机、轮船外形、颜色、特性等方面进行反复比对后，鼓励幼儿大胆说出自己的不同想法，同时引导幼儿自主规划设计或自主动手制作或画出自己所见、所思、所想；最后一步步引导幼儿谈谈自己的设计意图、设计思路、制作前需要准备的材料以及制作步骤和注意事项，甚至讲讲自己摸索出来的制作经验与玩法。通过举一反三的方式，进一步培养幼儿的创造性思维，让幼儿明白创意空间无限大，奇思妙想原来这么有趣，让幼儿意犹未尽，爱上自主创新，养成爱问"为什么"的好习惯，充分发挥自己的想象力，形成独特的创意思维。

2. 鼓励家长带幼儿阅读创意的相关绘本

家长带幼儿一起阅读有关创意、联想方面的绘本故事。例如，《点》讲述了瓦士缇在老师的鼓励下迸发出了关于"点"的创意的故事；《这是苹果吗　也许是吧》从一颗普通的苹果入手，探究了幼儿眼里上百种不同的想象；《跑跑镇》的故事充满着幽默诙谐的特点和奇妙的想象，拓宽了幼儿的思维与想象的空间；《小真的长头发》通过故事中天马行空的想象力和天真稚嫩的回答，激发幼儿无尽的想象。

3. 引导家长从生活点滴中鼓励幼儿大胆自信地创意，培养幼儿的观察力

生活中有的家长经常在幼儿身边说这样的话："这孩子不行""这事情你做不好"，这严重伤害了幼儿的自尊心。经常受这样的打击会让幼儿渐渐失去自信心。那么家长如何帮助幼儿树立自信心、增强创造能力呢？首先，家长要相信幼儿，从穿衣服、帮忙做家务甚至吃水果等方面，相信他们一定能完成得很完美；其次，家长要引导他们进行创意，比如衣服的不同穿搭，哪种办法能让家务活更省时间、更有效率，水果切法与拼图探究等，引导幼儿体验创意作品出炉的快乐。总而言之，不管幼儿做得怎样，家长都要给予肯定和赞赏，倾听幼儿的心声，不能给幼儿泼凉水或否定他们。在实际生活中，赏识教育刻不容缓。因为成人的思维和审美、处事能力都与幼儿不同，幼儿早期的想象力是不受局限的，所以家长不要用成人的眼光来扼杀幼儿的想象力和创造力。

4. 指导家长从不同角度提高幼儿的创意能力

创意源于见多识广。见识越多，思考越多，幼儿越会有创意。家长可以从不同角度提高幼儿的创意能力。例如，幼儿是天然的探险家和观察家，他们对世界充满着很强的好奇心和求知欲，家长可以带幼儿到大自然中去感受、去发现，如借助捡落叶、观察昆虫、闻花香、挖泥土、植树等活动，启迪幼儿自主探索和创造的智慧，让幼儿从不同体验中获取创意灵感，从而丰富创意知识面，提高幼儿创意的能力。

（二）社会技能指导要点

1. 感到被忽视

幼儿都希望自己所有的行为和劳动成果得到家长的表扬和认可，如果自己的劳动成果没有得到及时的回应，就会觉得自己被忽视了。"感到被忽视"的口诀是："如果觉得被忽视，不生气，不失望，做点儿事情来摆脱。"这一技能的培养重点是让幼儿想想自己被家长忽视的原因，告诉幼儿如果被忽视了，不要生气，更不要失望，要大胆地找家长说出来或用主动加入下一活动或做其他事情的方式来摆脱困境。

如果觉得被忽视。家长要引导幼儿讨论可能感到被忽视的情境，与幼儿一同讨论为什么会有这种被忽视的感觉，什么原因会导致被忽视。家长可以出示一些引发幼儿思考的图片，例如，一个小朋友皱眉头，在想自己生日宴会只能邀请三个小朋友，但是他都想邀请，这时候可以问问小朋友们："如果你是没有被邀请的小朋友，你愿不愿意理解他？"

不生气，不失望。家长应及时告知幼儿，如果觉得被忽视了，不要生气和失望，因为大人一天很忙，有很多事情要做，要思考，所以不要生气和失望。家长可以与幼儿一起讨论被忽视时的心情，如失望、生气、痛心、沮丧等；同时与幼儿一同讨论，我们可以用什么样的情绪面对自己感到被忽视。

做点儿事情来摆脱。首先，家长要帮助幼儿了解当自己觉得可能被别人忽视而难过、失望时，可以做一些别的事情来缓解负面情绪；然后，与幼儿一同讨论摆脱不开心的情绪的办法。

2. 了解自己的情绪

个人情绪的产生是对身边的环境和事物的一种表达与发现的方式。情绪的表现有开心、难过、惊讶、喜悦、平静和哭闹等方面。幼儿遇到事情时会表现出不同的情绪，家长要及时关注幼儿的动态，引导幼儿了解自己的情绪。

"了解自己的情绪"的口诀是："一件事情发生后，喜怒哀乐心里明，还要知道为什么。"这一技能培养重点包括：幼儿知道发生了什么事情，想想自己现在的心情，把自己的感觉说出来，想想自己为什么会有这种感觉。

一件事情发生后，喜怒哀乐心里明。家长可以陪伴幼儿阅读有关情绪的绘本或故事书，引导幼儿明白哪些是好的情绪、哪些是坏的情绪，用夸张的表情或表情图片以及创设的情境让幼儿理解喜怒哀乐等不同情绪的表达方式；告诉幼儿在什么样的场合表现什么样的情绪，以便让幼儿自觉地管控自己的情绪，逐渐形成自我调节情绪的能力。

还要知道为什么。家长要为幼儿创造各种社交条件，抓住各种社交机会，让幼儿去体验人际交往中各种情绪的表达，让幼儿在体验中明白在不同的场合表现的情绪应该不同。例如，家长可以带幼儿去陌生的城市，鼓励幼儿大胆问路；带幼儿乘坐公交车时，可以让幼儿买车票，询问车次及发车时间；还可以带幼儿参加各种集体活动，让幼儿与同龄小朋友一起生活、游戏，在与同伴相处中明白情绪管理的重要性，进一步懂得为什么要控制情绪。

（三）你问我答

1. 幼儿画了一幅画，在家长眼中看似很糟糕，家长该怎么办

家长首先要对幼儿予以一定的肯定和鼓励："妈妈看你这一次的画比上一次进步了不少呢？"其次，家长要与幼儿探讨："你认为这幅画你最满意的地方是什么？还有没有需要改进的地方？"再次，家长要引导幼儿反思与总结，鼓励幼儿说出不完美之处。最后，家长要予以正面引导，培养幼儿创作的自信心。

2. 女孩子之间对于洋娃娃换哪个造型发生了争论，这时在旁边的家长要不要插手

家长不应该急于插手，可以先观察幼儿，尝试放手让幼儿自己想办法解决，适时引导幼儿正确与他人交往；然后，告诉幼儿我们每个人都是世界上独一无二的，家长的审美观并不代表是幼儿的，所以我们会尊重你的审美观，只要你能大胆说出自己的不同见解，我们都会予以支持和肯定，从而激发幼儿的想象力和创造力。

3. 男孩子之间玩某个游戏时，双方对提出的新规则有异议，家长怎样介入

家长应该先观察幼儿，询问幼儿产生冲突的缘由，再引导幼儿自己尝试新规则，对比新旧规则的利弊，引导幼儿接受新事物，勇于创新，不断培养幼儿的创意思维。

4. 游戏活动准备时，家长怎样让幼儿提出自己的参考意见

家长应该换位思考，站在幼儿的角度与幼儿沟通，先询问幼儿对这次活动有什么样的期待，再利用多种形式鼓励幼儿说出自己内心感兴趣的活动；还可以设置奖励制度，激发幼儿的表达欲望。

5. 大班幼儿在穿衣服方面有了自己的意见，大人是否需要干涉

幼儿时期是幼儿审美的敏感期，家长首先不应该过分干预，而应充分尊重幼儿的审美，给幼儿自己选择的权利；其次要引导幼儿形成正确的审美观念，正确引导幼儿根据气候的变化来穿衣服。

6. 幼儿想加入同伴的游戏时被拒绝，家长怎么做

家长应仔细观察幼儿参与游戏的方式、与幼儿交往的态度及表现，根据观察到的情况为幼儿提供适宜的社会交往机会，帮助幼儿在游戏活动中学会主动关注或关心同伴并给予同伴肯定和赞美。家长也要教给幼儿社交技能，适时鼓励、正确引导，让幼儿能自信、大胆、有创意地加入游戏。

（益阳市桃江县桃花江镇第二中心幼儿园　曾霞　吴裕民）

第八章　抗挫品格：遇到困难我不怕

一、主题说明

◎情境链接

　　在一年一度的幼儿园运动会上，齐齐表现得非常好，拍球、跑步和扔沙包都得到了不错的成绩，心里很高兴。运动会的结束环节是跳绳展示，为了锻炼幼儿当众展示的勇气，老师特意邀请了平常比较安静的乐乐来代表班级参加这个活动，没想到老师的这个安排却引来了齐齐的不满："老师，明明我跳得比乐乐好，为什么让她去，不让我去啊？"老师对齐齐说："齐齐，老师知道你跳绳也很厉害，运动会上表现得也很棒，但乐乐跳得也不错，这次就让乐乐去吧，好吗？"齐齐听后噘着嘴巴坐回座位，满脸的不开心。

　　抗挫品格是指个体面对困难、挑战及逆境时，能够承受压力与打击，并积极想办法排解负面情绪，勇敢面对挫折，克服困难的能力，包含挫折排解力和挫折承受力。

　　在班级中是否有一些幼儿会因为一次挫折而哭鼻子？还有一些幼儿遇到挫折后直接选择放弃？又或者是永远最后一个才愿意尝试？也许他们遇到的是抗挫能力较弱的问题。爱哭鼻子的幼儿不愿意看到自己失败的结果，选择放弃的幼儿担心自己下次的挑战依然失败，不敢尝试的幼儿总是担心自己会失败。

　　《幼儿园教育指导纲要（试行）》明确提出，幼儿园的教育要"培养幼儿坚强、勇敢、不怕困难的意志品质和主动、乐观、合作的态度"。《3—6岁儿童学习与发展指南》指出大班幼儿要能够"主动承担任务，遇到困难能够坚持而不轻易求助"。成人要鼓励幼儿尝试有一定难度的任务，并注意调整难度，让他感受经过努力获得成功的成就感。抗挫品格是幼儿适应时代发展要求，胜任未来学习、工作和社会生活的前提，只有让幼儿认识到生活中有必经的挫折，敢于面对挫折，勇于克服困难，才能调动他们接受新事物的积极性和主动性，才能锻炼幼儿在困难和挫折面前不低头的坚强意志和性格。

　　本期主题围绕抗挫品格的两个重要维度挫折排解力和挫折承受力开展系列活动，引导幼儿用积极的方式宣泄、排解挫折带来的负面情绪和心理压力，教给幼儿应对挫折的办法，鼓励幼儿从困境中看到生机。社会技能"抗挫能力"和"遇到困难多尝试"将以凝练的儿歌将应对挫折的态度、方法教给幼儿，帮助幼儿逐步建立坚忍的意志，夯实抗挫品格。

二、主题目标

第一，知道碰到困难，遭遇失败、挫折是一件正常的事情。

第二，养成正确面对挫折的态度，不哭闹，不抱怨，积极对待。

第三，能在成人的引导下学会从客观的角度分析挫折出现的内外部原因。

第四，掌握排解消极情绪的方法和策略。

第五，愿意与他人倾诉自己遇到的困难，寻求帮助。

三、环境创设

(一)主题墙

主题墙是对本期主题实施框架的梳理，体现教育活动的逻辑，基于抗挫品格的内涵，图文结合的方式呈现，确保幼儿也能看懂。抗挫品格主要从三个维度展开：挫折耐受力、挫折排解力、抗挫折能力，因此我们可以以"遇到挫折我不怕"为主题进行主题墙的布置，主题墙可以分为三个部分：我眼中的挫折、遇到挫折怎么办、抗挫小勇士。

1. 我眼中的挫折

当幼儿遇到挫折时，不同的幼儿会有不同的情绪反应，因此我们可以请幼儿把他们遇到挫折时的心理感受画下来(图 8-1)，通过这样的方式可以让幼儿了解到遇到挫折时有难过、生气的表现都是正常的，每个小朋友都有遇到挫折的时候。

图 8-1　遇到挫折的情绪反应

2. 遇到挫折怎么办

在这部分我们可以请幼儿说一说自己在一日生活中遇到挫折最多的活动，可以通过幼儿投票的形式产生；将每一项活动用照片的形式展示在主题展板上，以"我遇到的挫折→遇到挫折怎么办"来进行展示(图 8-2)；将每个活动展示完毕后，可以请幼儿将自己在克服挫折方面运用到的策略进行归纳总结，并用绘画的形式呈现在展板上。

图 8-2　遇到挫折怎么办

3. 抗挫小勇士

这部分可以设计成照片墙的形式，让幼儿把自己在一日生活中遇到的挫折、自己战胜挫折的方法进行整理并画下来，然后做成"挫折记录册"。经过一段时间后，幼儿可以通过翻阅"挫折记录册"发现自己一段时间的进步，也可以通过照片墙和同伴交流，分享战胜挫折的好方法(图 8-3)。

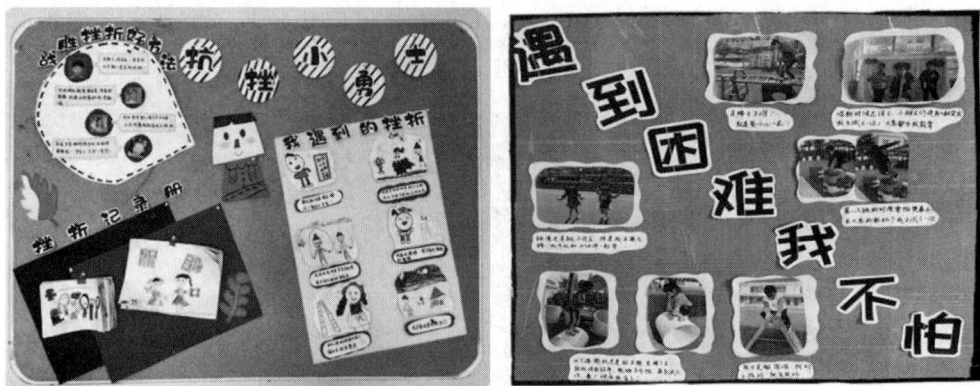

图 8-3　抗挫记录

(二)家园共育栏

家园共育栏首先让家长了解本期抗挫品格主题下幼儿园的活动计划与安排，包括园内教学活动、家园活动(亲子活动、家长课堂、家访等)；其次，向家长说明幼儿在生活中抗挫的典型表现并给出对应的家庭教育指导建议。

1. 主题内容告知

这部分主要向家长介绍抗挫品格主题相关内容，让家长知晓本期主题活动安排。这部分内容主要面向家长，教师可以用文字结合图片的方式进行呈现，向家长推荐本期品格抗挫品格主题相关的绘本《树洞里的家》《达芬奇想飞》《小黑鸡》以及品格培养目标(图 8-4)。

图 8-4　抗挫品格家长须知

2. 日常亲子活动展示墙

这部分主要展示记录幼儿和爸爸妈妈在一起阅读抗挫绘本，亲密交流的温馨时光，可以展示亲子谈话活动照片、亲子绘画活动及亲子观影《狮子王》的照片，通过谈话、阅读、表征等多种方式帮助幼儿正确认识困难与失败，回顾抗挫过程，鼓励幼儿不放弃不气馁，持续探索，从而强化抗挫能力(图 8-5)。

图 8-5　抗挫品格的家庭亲子互动分享

(三)幼儿成长(学习)记录墙

幼儿成长(学习)记录墙主要以幼儿为主，用来记录在本主题下幼儿园开展的系列活动，以及幼儿抗挫品格的发展过程，帮助幼儿直观地看到并感受到自己越来越勇敢、自信、强大的过程。活动主要分为三类，即区角活动、户外活动、生活活动。抗挫品格主题活动结束时，教师可以带领幼儿进行回顾，强化幼儿对挫折的认识及抗挫折能力。

1. 幼儿成长记录

这部分主要用来集中展示幼儿在区角活动、户外活动、生活活动中抗挫品格的成长与变化，从幼儿动手能力的发展以及游戏中正确面对挫折的态度为主，例如，学会逐步掌握正确使用筷子、系鞋带，学会和小朋友一起玩游戏时坦然面对输赢等，帮助幼儿掌握排解消极情绪的方法和策略，增强活动的积极性，并加深幼儿体验失败后再次尝试的体验(图 8-6)。

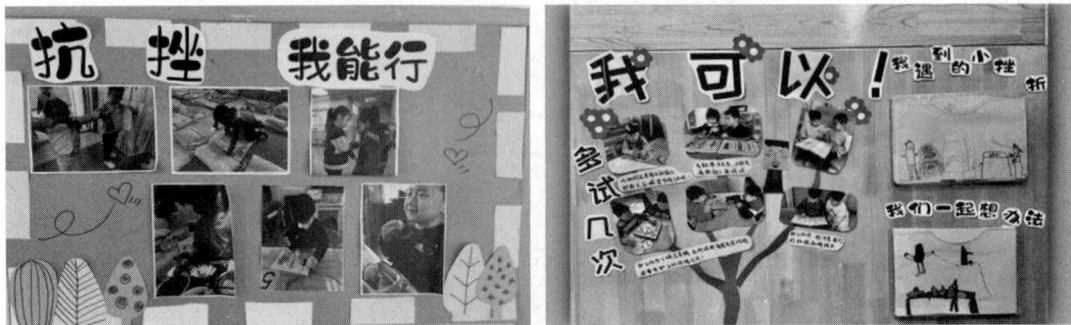

图 8-6　抗挫我能行

2. 跳绳活动记录

这部分主要通过数字记录幼儿在跳绳活动中的抗挫品格的体现，旨在帮助幼儿在逐日记录跳绳数量的过程中，感受克服困难、不断挑战的喜悦，激励幼儿努力锻炼以求进步。这部分内容会呈现在班级门口或便于幼儿操作的显眼的地方。教师在离园前可组织幼儿进行记录，并分享自己的抗挫历程(图 8-7)。

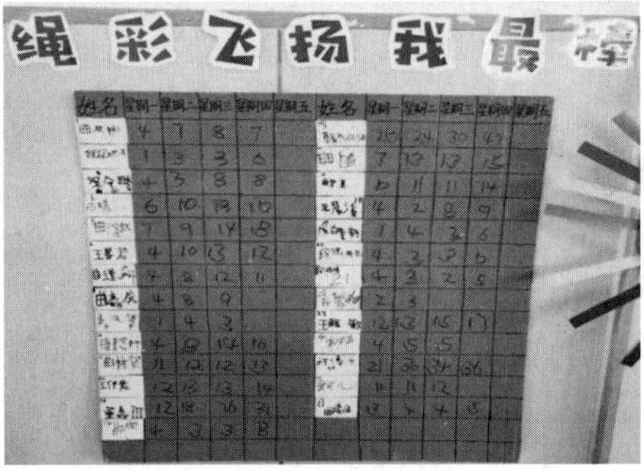

图 8-7　幼儿跳绳记录墙

(青岛市崂山区沙子口街道中心幼儿园　朱程程　董福荣)

四、教学活动案例及反思

(一)品格绘本阅读活动

1. 抗挫品格绘本推介

抗挫能力是幼儿适应社会环境所不可缺少的一种生存能力，是儿童健全人格的重要组成部分。教师在教育过程中会通过精心设计难题、举行抗挫类比赛、树立优秀榜样等一系列教育活动，让幼儿正确认识挫折，提高抗挫折能力，增强抗挫自信。本期主题基于大班幼儿绘本阅读活动组织特点，从挫折排解力与挫折承受力两方面选择了 4 本适合开展集体教学活动的绘本，涵盖了"坚持梦想，不放弃""不惧挑战，勇敢面对""坦然看待输赢""勇敢表达，不自卑"，具体见表 8-1。

表 8-1 抗挫品格绘本推荐及解析

绘本名称	主要内容	绘本中的"抗挫"
《达芬奇想飞》	一只小企鹅为了飞起来，坚持不懈地练习飞行，最终克服重重困难，终于飞上了蓝天。	坚持梦想不放弃。
《树洞里的家》	这是一个关于乐观和坚韧的故事。小兔子的家被大雨冲毁了。虽然已经流浪了好几天，小兔子还是鼓励自己要为自己找一个完美的家。他找了好几天，终于在一棵大橡树下发现了一个树洞，树洞看起来舒服极了，可是树洞里有一幅小熊画像，小兔子该怎么办呢？	一只无家可归的小兔子没有自暴自弃，依然乐观地坚信自己可以找到一个完美的家。通过这个故事，孩子可以明白乐观和坚持的重要性，哪怕跌倒再跌倒，总会有站起来的一天。
《我想赢，也不怕输》	故事讲述了一位胜负心很强的小姑娘，从一次次落败中找到自己的兴趣爱好，并通过自己的努力最终获得属于自己的冠军奖杯的故事。	努力迎接挑战，勇敢面对输赢。
《小黑鸡》	一只小黑鸡出生了，在妈妈的保护和鼓励下，他快乐长大。但妈妈离开后，等待他的会是什么呢？他如何带着弟弟妹妹找吃的、找住的，如何赶走坏鸭子，战胜鸡老大呢？这是一个让孩子正视成长中的磨难与挫折的绘本故事。	我们每个人在成长的过程中都会遇到各种各样的磨难与挫折，世界上没有人可以一直庇佑、保护我们，正视这些磨难与挫折，鼓起勇气去克服，我们才能真正强大起来。

2. 教学活动案例

接下来我们以语言活动"达芬奇想飞"阐述抗挫品格语言领域教学活动组织要点，见表 8-2。

表 8-2 抗挫品格语言领域教学活动

达芬奇想飞		
活动环节	**活动设计**	
活动目标	认知目标：理解故事内容，感知达芬奇坚韧、不放弃的品质。	
	能力目标：能根据画面猜测故事情节并用较完整的语言进行表达。	
	情感目标：体会达芬奇历经艰辛终于实现梦想的快乐。	
活动准备	经验准备	1. 幼儿对企鹅有简单的了解，如外形、生活环境等。 2. 幼儿对飞翔有基本的认识，知道动物飞翔的前提条件是有翅膀。
	物质准备	1. 绘本课件《达芬奇想飞》。 2. 提前收集与企鹅有关的信息。
活动过程	**一、师幼分享各自查找的企鹅小知识，调动前期经验** 师：小朋友们，还记得老师交给大家的小任务吗？你们一起和爸爸妈妈收集了关于企鹅的哪些方面的小知识呢？一起来分享一下吧！	

达芬奇想飞	
活动环节	活动设计
活动过程	师：小朋友们都收集了很多关于企鹅的知识，我们知道了企鹅会游泳却不会飞。但是有一只小企鹅却有一个飞天梦，他希望自己能像一只大鸟一样在蓝天里翱翔。他能实现自己的梦想吗？我们一起来故事里看看他是怎么做的。 （品格元素：教师调动幼儿原有经验，强化企鹅会游泳但不会飞的特点） **二、分段阅读绘本，帮助幼儿了解故事情节** （一）阅读封面至正文第 7 页（此书无页码，作者从扉页开始算第 1 页），了解达芬奇的梦想 师：达芬奇的梦想是什么？其他企鹅怎么看待达芬奇想飞这件事儿？ 小结：达芬奇的梦想是飞上天空，虽然经常受到其他企鹅的嘲笑，但达芬奇没有放弃，仍然每天坚持。 （二）阅读第 8 至 15 页，了解达芬奇探索飞翔的办法 师：达芬奇想到一个什么好主意？他会成功吗？ 小结：达芬奇按照奥托翅膀的样子做了一对新翅膀，但是他重重地摔到了雪堆里，他再一次地失败了。 （三）阅读第 16 至 23 页，感受达芬奇成功的喜悦 师：达芬奇这一次打算用什么来飞行？实现梦想后，他的心情怎么样？ 小结：在奥托的帮助下，达芬奇驾驶飞机终于实现了自己的飞天梦。 （四）阅读第 24 至 25 页，了解达芬奇迎接的新挑战 小结：达芬奇得到了企鹅同伴的肯定，并且经过不断的努力，学会了飞跃和游泳实现了自己的梦想。 （品格元素：教师引导幼儿感知达芬奇对梦想的坚定，体会其为实现梦想而坚持不懈的毅力与韧性） **三、引导幼儿回顾达芬奇试飞的经历，感知其不惧困难的品质** 师：请小朋友们回忆一下，达芬奇尝试了几次飞翔？ 小结：第一次是达芬奇单腿站在悬崖上，想象着自己正在飞越大海；第二次是他用树枝做了一对大翅膀，从悬崖上摔倒在雪堆里；第三次是他驾驶着飞机，带着小伙伴一起飞。达芬奇一次次失败又一次次尝试，这种不怕困难和失败的精神值得我们每一个小朋友学习。 （品格元素：教师引导幼儿体会达芬奇坚守信念、不断努力的精神） **四、师幼讨论，结束本次活动** 师：小朋友们想一想，我们在幼儿园或者在家里遇到困难时应该怎么办。 师：遇到困难不能哭鼻子，也不能够轻易放弃，要想办法解决问题，要大胆尝试、敢于挑战，老师相信每位小朋友都是最棒的！ （品格元素：教师强化幼儿抗挫的品格）
活动延伸	**一、区角延伸** 教师可以在图书区投放绘本故事《达芬奇想飞》，鼓励幼儿与同伴一起再次阅读并聊一聊自己的梦想；可以引导幼儿在美工区画出能够飞翔的动作，制作纸飞机；还可以鼓励幼儿在科学区尝试让小企鹅图片飞起来的办法。

续表

达芬奇想飞	
活动环节	活动设计
活动延伸	**二、家园共育** 教师鼓励幼儿回家后访谈一下爸爸妈妈："您遇到困难的时候，您会怎么做"；并把自己的访谈结果整理出来和幼儿园的小朋友一起分享。家长可以与幼儿一起了解人类飞天梦的实现过程，特别要学习人类在飞天梦中坚韧不拔的品质。此外，家长还可以与幼儿一起制作企鹅造型的风筝，一起探索让风筝飞起来的办法，丰富家庭亲子活动。 **三、环境渗透** 教师可以在环境创设中设计"我的梦想"板块，鼓励幼儿用绘画、手工的方式展示自己的梦想，并用文字的形式帮助幼儿进行备注。教师还可以设计"梦想调查表"，鼓励幼儿采访一下身边的大人，了解大人们的梦想、实现梦想的过程中遇到的困难以及解决困难的办法等。

3. 活动反思

（1）活动特点

活动目标清晰，重难点突出，紧紧围绕"达芬奇坚持梦想，不怕困难"这一主题让幼儿在看图讲述、讨论分享的过程中领会抗挫的重要性。教学过程中，教师有意识地引导幼儿在观察的基础上理解故事内容，深刻感知达芬奇是一个有信念、有目标、不怕困难的企鹅。最后，教师将故事经验延伸到真实生活，鼓励幼儿大胆表述自己的想法，懂得了遇到困难多尝试，强化抗挫的品格。

（2）活动实施建议

活动中的猜想环节，教师可提前准备好绘本中的局部图片，如达芬奇在悬崖顶想象自己能够飞翔、伤心落泪、自制翅膀等情境图，鼓励幼儿看图讲故事，建构自己对故事的理解。在阅读绘本时，以达芬奇的心理活动为牵引，教师可用语言、动作、表情等方式引导幼儿体会达芬奇的心理变化，感知达芬奇坚韧、不放弃的品质。

（唐山市遵化市幼儿园　杨美　潘小静）

（二）品格社会领域教学活动

1. 抗挫品格的社会领域教学活动设计说明

挫折教育是幼儿教育中不可或缺的主题，教师、家长要有意识地培养幼儿的坚毅品质、心理弹性，让他们能够勇敢地面对困难和挑战。在社会领域，教师可以围绕谈话讨论、情感共鸣、感知体验等方面开展系列抗挫主题的活动，例如，引导幼儿分享他们对抗挫的理解、他们在生活中见过或经历过的抗挫情境，或开展困难大挑战等活动，帮助幼儿建立正确的挫折观，养成积极的应对挫折的态度。

2. 教学活动案例

接下来我们以社会活动"遇到困难我不怕"为例阐述抗挫品格社会领域教学活动的组织要点，见表8-3。

表 8-3　抗挫品格社会领域教学活动

	遇到困难我不怕
活动环节	活动设计
活动目标	认知目标：知道每个人在生活中都会碰到困难，遭遇失败、挫折是一件正常的事。 能力目标：敢于挑战有一定难度的任务，努力尝试不害怕。 情感目标：愿意与他人倾诉自己遇到的困难，寻求帮助。
活动准备	经验准备：幼儿在学习和生活中有过失败的经历和体验。 物质准备： 1. 动画片《小鲤鱼跳龙门》。 2. 绳子、铃铛和动物玩偶若干、椅子、扫把、万能工匠、梯子等。
活动过程	一、游戏导入，感知生活中处处有困难 师：小朋友们，你们还记得"石头剪刀布"的游戏吗？让我们一起来玩一次吧！ 教师引导幼儿自由选择伙伴，两人一组，失败的幼儿回到座位，胜利的幼儿站到教师处互相击掌以示庆祝。 心情采访：分别对胜利和失败的幼儿进行采访，让幼儿描述此刻的心情。 讨论：在一日生活中还遇到过哪些困难和失败？（教师引导幼儿诉说自己的经历） 小结：在学习和生活中，人人都经历过困难和失败，可见伤心、难过、失落、生气的情绪都是正常的表现。 （**品格元素**：教师引导幼儿利用已有经验进行游戏，自然引出活动主题：生活中处处有困难） 二、观看动画片《小鲤鱼跳龙门》，引导幼儿积极面对困难 师：有一条小鲤鱼非常向往美丽的地方，在学习跳龙门，它是怎么做的呢？我们一起来看看。（师幼交流讨论） 小结：小鲤鱼在跳龙门的过程中，遇到了很多困难，但一直没有放弃，而是努力想办法克服困难，最后终于跳过了龙门。 （**品格元素**：教师通过动画片让幼儿直观地看到小鲤鱼跳龙门的辛苦，以及历经千辛万苦最终实现梦想的幸福） 三、创设游戏情境，引导幼儿挑战游戏任务 师：今天老师也为小朋友们准备了具有一定难度的任务，小朋友们，你们愿意挑战吗？ （一）游戏"过绳子"，鼓励幼儿尝试克服困难 游戏任务：通过挂有铃铛的绳子。 游戏规则：要求不能碰到绳子，铃铛不能发出声响。（绳子距地面高约 40 厘米，教师可根据幼儿实际情况适当调整，幼儿分成两组依次进行） 小结：游戏中，你们通过尝试—找出问题—再尝试的方法积极面对困难，用跨、钻、爬、跳等不同方式完成了挑战任务，真是太棒了！ （二）游戏"爬高取物"，鼓励幼儿遇到困难动脑筋想办法、寻求帮助 游戏任务：用最短的时间取下悬挂在教室中的玩具或物品。 游戏规则：教师在教室顶端用不同长度的绳子悬挂玩具或其他物品，幼儿需要想办法用最短的时间取下玩具或物品，方能完成任务。（过程中教师要鼓励幼儿积极想办法，并提示幼儿注意安全，保护好自己和他人）

续表

遇到困难我不怕	
活动环节	活动设计
活动过程	小结：在成长过程中我们有时遇到的困难，并不是我们自己就能解决的，可以与他人倾诉自己遇到的困难，还可以请别人帮助。今天老师就是请班级里的另外两位老师帮助我一起来完成今天的教学活动，感谢两位老师的配合。 （品格元素：教师通过游戏"过绳子"和"爬高取物"培养幼儿遇到问题积极思考、努力想办法的态度，通过实践体验让幼儿感知遇到困难不轻易放弃、积极尝试，就能够增加成功的概率） 四、延伸活动，拓展知识 师：困难在我们的学习和生活中随处可见，如小朋友们在学习中遇到计算的难题等。除了小朋友们会遇到困难，爸爸妈妈、大人们会遇到困难吗？请小朋友们回家让爸爸妈妈、爷爷奶奶讲一讲他们的挫折故事，带到幼儿园来一起分享吧！ （品格元素：教师让幼儿意识到遇到困难是很正常的，每个人都会遇到；发挥家长对幼儿的积极影响）
活动延伸	一、区角延伸 首先，教师可以在图书区投放与抗挫主题相关的绘本故事，如《蛋先生摔下去以后》《嚓-嘭！》《迈克的蒸汽挖土机》《天空在脚下》《小鼹鼠的土豆》等，让幼儿感悟故事中的抗挫精神。其次，教师可以鼓励幼儿在表演区展示、演绎自己喜欢的故事情节；或创编抗挫主题的生活情境，在表演中深化幼儿对抗挫的理解。除此之外，教师还可以鼓励幼儿在美工区用绘画、手工等方式呈现自己应对挫折的办法、遇到挫折的心情等，丰富幼儿对挫折的认识。 二、生活渗透 抗挫品格的培养绝非一朝一夕之功。教师在日常生活中一方面要鼓励幼儿大胆面对自己遇到的挑战与挫折，要勇敢尝试不轻易放弃；另一方面在设计或组织活动的时候，要适当创设困难情境，锻炼幼儿积极解决问题的意识与能力，将抗挫品格融入幼儿生活的点滴之中。 三、环境渗透 教师可以让幼儿与同伴共同参与到班级环境创设中，例如，在主题墙创设"我的挫折故事"可以与班内图书区共享，每天分享一名幼儿的挫折故事。同时，教师也可以给战胜挫折的幼儿拍照片，以照片墙的形式设计"抗挫小勇士"，供幼儿与同伴交流分享战胜挫折的好方法。

3. 活动反思

（1）活动特点

活动目标明确，重点引导幼儿遇到困难不害怕、多尝试，同时三条活动目标的指向很具体、难度适中、易于实施。活动中创设的挑战任务能够显著地调动幼儿参与活动的积极性，激发幼儿克服困难的勇气。例如，在爬高取物的过程中，一些胆小的幼儿需要爬得更高去取下玩具，一些不善于沟通的幼儿为了完成任务要去寻求他人的帮助。在幼儿的努力尝试下，在取下玩具那一刻，教师听到了幼儿的欢呼声，幼儿通过自己的努力战胜了困难，这是本次活动的亮点。

（2）活动实施建议

为了让活动更加紧密地贴合幼儿的生活经验，导入环节可以呈现班上某名幼儿遇到困难时不退缩、勇敢尝试的情境，以此切入本次教学主题。观看动画片《小鲤鱼跳龙门》后，教师可以鼓励幼儿以小鲤鱼的角色分享自己的体会和感悟。在任务挑战环节，每一个游戏主题中还要有不同难度的设计，例如，设置不同的高度，让幼儿在努力尝试的过程中获得成就感，同时也让整个活动更丰富、层次感更强。

（沈阳市皇姑区辽河第二幼儿园　石磊）

(三)品格综合领域教学活动

1. 抗挫品格的综合领域教学活动设计说明

抗挫品格的健康领域活动以养成幼儿在运动项目竞赛中自信、不怕困难、不怕挫折、正确对待输赢的品质为目的。科学领域活动则围绕科学探究活动，引导幼儿大胆试错，不惧失败，愿意通过亲身感知、实际操作去发现简单的科学原理，探索身边的自然现象，并学会用科学的方式记录探究结果。艺术领域活动则通过绘画艺术创作、音乐动作创编等多种艺术表现形式，鼓励幼儿大胆表达自己对挫折的理解与认识。

2. 教学活动案例

接下来我们以健康领域活动"动物运动会"为例阐述抗挫品格综合领域教学活动的组织要点，见表 8-4。

表 8-4　抗挫品格综合领域教学活动

动物运动会		
活动环节	**活动设计**	
活动目标	认知目标：知道在运动会中要努力拼搏才能取得好成绩。	
	能力目标：能够在活动中综合运用平衡、接力跑、双脚并拢跳、连续拍球、跳绳等运动技能完成运动会项目。	
	情感目标：在游戏中愿意接受挑战，树立自信心，获得成功的快乐。	
活动准备	经验准备	1. 幼儿有参与幼儿园运动会的经验。 2. 幼儿会自己摆放、整理活动器械。
	物质准备	1. 呼啦圈、轮胎、皮球、接力棒、独木桥、跳绳等常用运动器械。 2. 小马、小老虎、小猎豹的头饰若干。 3. 欢快轻松的音乐；记录卡和彩笔。
活动过程	**一、播放音乐，师幼一起做热身运动** （一）音乐律动，活动全身 教师播放音乐《小动物模仿操》，让幼儿跟老师一起做律动，引导幼儿做动作，包括头部、上肢、下肢、转体、跳跃、整理等动作。 （二）播放音乐《森林狂想曲》，鼓励幼儿听音乐模仿动物 师：小朋友们，谁能模仿一下小马、小狮子、小猎豹的行走动作？小动物们是如何奔跑的呢？小朋友们来模仿一下吧。 幼：小马是四条腿走路，走起路来嗒嗒响。小狮子走路是紧贴着地面，伺机而动。小猎豹奔跑的速度最快，四条腿最用劲儿。 **二、创设情境，激发幼儿参与比赛的兴趣** 师：今天我们变身成小动物，来参加森林里的运动会。 师：小朋友们觉得，哪些小动物跑得比较快，运动能力比较强呢？	

动物运动会	
活动环节	**活动设计**
活动过程	师：请小朋友们化身成小动物，参加森林运动会闯过不同的关卡。你们有没有信心闯关成功？ 小结：小马长距离跑得快，耐力好。小老虎力量大，运动能力强。小猎豹短时间内奔跑的速度最快。 **三、介绍游戏玩法，幼儿进行游戏** （一）游戏介绍 游戏1："小马过河" 游戏玩法：幼儿逐一跨跳过30厘米、40厘米、50厘米宽的小溪，然后平稳地走过独木桥。（教师以儿歌《小马真叫棒》创设过河情境。小马小马向前跑，遇到小溪不慌张，弓起前腿像腾空，后腿用力把地蹬，身体轻松跨过去，小马小马真叫棒！） 游戏规则：幼儿分成三组，分别是小马组、小老虎组、小猎豹组，每组幼儿依次排成一纵队站好。三组幼儿分别进行游戏，逐一跨跳过30厘米、40厘米、50厘米宽的小溪，然后平稳地走过独木桥后接力。 游戏2："小老虎钻洞" 游戏玩法：教师用呼啦圈连起来做成"山洞"。幼儿带球钻过呼啦圈，并原地连续拍球10次。 游戏规则：幼儿分为小马组、小老虎组、小猎豹组，每组幼儿依次排成一纵队站好。小马组进行比赛，等待的小老虎组幼儿依次在活动场地站一排，手拿呼啦圈（把呼啦圈立起来，像山洞一样）。小马组幼儿逐一钻过呼啦圈后，原地拍球10次后接力。然后小老虎组进行游戏，小猎豹组幼儿拿呼啦圈配合。 游戏3："小猎豹跳绳" 游戏玩法：幼儿滚动轮胎跑10米后，连续跳绳5次。 游戏规则：幼儿分为小马组、小老虎组、小猎豹组，每组幼儿依次排成一纵队站好。每组幼儿逐一滚动轮胎跑10米后，再连续跳绳5次，本组幼儿接力完成游戏。 （二）介绍游戏场地的布置 教师在活动前提前布置好场地并摆放好器械及各个项目的记录卡。由三组幼儿各自选出一名幼儿记录每一项比赛的结果。 场地分为三个区域： "小马过河" "小老虎钻洞" "小猎豹跳绳" （**品格元素**：教师介绍比赛项目，鼓励幼儿不怕困难，勇敢挑战）

续表

动物运动会	
活动环节	活动设计
活动过程	**四、引导幼儿自主分组，正式进行运动项目比赛** 幼儿根据自己喜欢的小动物，自行分为小马组、小老虎组、小猎豹组。三组依次进行"小马过河""小老虎钻洞""小猎豹跳绳"游戏项目。每项游戏三组幼儿中用时最短者获胜。 （品格元素：教师通过真实的游戏场景进一步巩固幼儿的抗挫行为） **五、放松整理，肯定幼儿在游戏中的表现** 放松运动：教师组织幼儿听音乐做放松运动，拍拍腿、抖抖腿、拍拍肩、抖抖肩，调整状态。 收拾器械：教师组织幼儿合作将运动器械收放到器械库，培养整理物品的习惯。 总结：今天挑战自己的活动就要结束了，老师给小朋友们留一个更重要的任务，请挑战一项你原来不敢挑战的任务，并向大家介绍你的挑战任务、遇到的困难以及你的应对办法。
活动延伸	**一、区角延伸** 教师可以在图书区投放与抗挫相关的绘本，如《跌倒了，站起来》《输不起的莎莉》《孩子，没关系》系列绘本等，让幼儿在自主阅读的过程中体会故事角色对待困难和挫折的态度，强化幼儿对挫折的理解和认识。教师还可以鼓励幼儿在美工区以绘画的形式将自己在生活中战胜困难、勇于挑战的故事分享给其他幼儿。 **二、家园共育** 教师要提示家长在日常生活中，如果幼儿遇到困难和挫折，要多给予鼓励和支持，让幼儿敢于尝试，不轻言放弃。家长还可以给幼儿讲述一些名人在挫折中成长并获得成功的事例，例如，古人司马迁在得罪当时的一国之主汉武帝后，经受宫刑和牢狱之灾的磨难，但他却没有自暴自弃，反而更加坚强，在狱中写出了名垂千古的历史巨著《史记》。

3. 活动反思

（1）活动特点

活动目标清晰明确，符合大班幼儿健康领域能力发展水平。活动环节层层递进，通过游戏互动、教师示范、幼儿体验等方式，在运动比赛中增强幼儿的挑战意识和抗挫能力。

（2）活动实施建议

在本次活动中，大多数幼儿愿意勇敢地尝试过障碍并挑战更高难度的游戏，但个别幼儿摔倒后，因为害怕或其他幼儿无意识地嘲笑便不敢再次尝试。教师可以先让幼儿为本组幼儿加油鼓劲儿，适当地给予关心、鼓励与肯定。教师在活动后表扬一些不怕困难，勇于挑战的幼儿，增强幼儿的自信心和集体荣誉感。

（沈阳市于洪区于洪新城第一小学幼儿园　侯娇　刘甜甜）

(四)幼儿社会技能教学活动

1. 活动设计说明

应对挫折的好办法，不外乎使幼儿取得"抗挫能力"和"遇到困难多尝试"技能，即让幼儿懂得接纳自己面对挫折时的不良情绪并调控它，能欣赏他人应对挫折的勇敢行为并能以此为榜样；同时，让幼儿知道，学习新东西的唯一方法是遇到困难多尝试，这样才能获取更多积极经验，有益自己"抗挫能力"社会技能的形成。

2. 社会技能"抗挫能力"教学活动案例

社会技能"抗挫能力"的技能口诀是：失败了，没关系；不沮丧，不泄气；努力努力再努力。接下来我们以活动"抗挫我能行"为例阐述社会技能"抗挫能力"教学活动的组织要点，见表8-5。

表8-5 社会技能"抗挫能力"教学活动

抗挫我能行		
活动环节	**活动设计**	
活动目标	认知目标：知道遇到挫折不能轻易放弃。	
	能力目标：能够理解"抗挫能力"技能含义，熟练说出技能口诀。	
	情感目标：愿意在生活中使用社会技能鼓励自己和他人。	
活动准备	经验准备	幼儿了解自己遇到困难时的做法。
	物质准备	1. 宽阔的场地、羽毛球拍、蛋宝宝（乒乓球）、蛋窝（塑料筐）。 2. 故事《月月奇遇记》（附后）的录音。
活动过程	一、引出活动主题，激发幼儿参与活动的兴趣 师：小朋友们好，今天我们要一起来玩一个"保护蛋宝宝行动队"的比赛游戏，大家一共分为两个组，每次每组出5个人来比赛。 游戏玩法：每组5名幼儿每人间隔两米排成一竖排，从第一名幼儿开始用羽毛球拍托住"蛋宝宝"（乒乓球）进行接力，由最后一名幼儿将"蛋宝宝"送到"蛋窝"（塑料筐）中。如果"蛋宝宝"从羽毛球拍上掉落，就要从第一名幼儿开始重新开始游戏，比赛时间为5分。游戏结束，"蛋窝"中"蛋宝宝"最多的组获胜。 师：现在我们来分组。 二、师幼谈话，熟悉技能口诀 师：既然是比赛，除了有小朋友在场上进行游戏，没有上场的小朋友就需要在下面给他们加油、鼓劲。你们会怎么为自己的队员加油呢？ 师：今天老师教给大家一个新的加油口号，你们一起来听一听，看看这个口号是什么意思："失败了，没关系；不沮丧，不泄气；努力努力再努力！" 师：你们来说一说这个口号是什么意思。我们可以什么时候说这个口号呢？ 师：当别人努力做一件事情，但是没有成功，你去安慰他，为他加油打气时就要大声告诉他："失败了，没关系；不沮丧，不泄气；努力努力再努力！" 三、引导幼儿玩"保护蛋宝宝行动队"的比赛游戏 教师组织幼儿游戏，并鼓励"观众"用技能口诀为比赛的幼儿加油。 四、师幼分享、交流，肯定幼儿在比赛游戏中坚持、不放弃的精神 师："蛋宝宝"跌落的时候，你们的心情怎么样？ 师：大家都发现了一个小事情，就是比赛的时候大家并不会一直都赢，有的时候"蛋宝宝"跌落了，有的时候"蛋宝宝"可以很顺利地被护送到"蛋窝"。虽然有的小组"蛋窝"里的"蛋宝宝"多，有的小组"蛋窝"里的"蛋宝宝"少，但是每组小朋友都在很认真地比赛。你们不服输，不怕困难。老师为你们骄傲。"失败了，没关系；不沮丧，不泄气；努力努力再努力"！ 五、师幼欣赏故事《月月奇遇记》，结束本次活动 师：刚才我们一起玩了有趣的游戏，还学会了一个给自己和别人加油鼓劲的口号。以后我们

续表

抗挫我能行	
活动环节	**活动设计**
活动过程	遇到困难的时候就可以大声说出："失败了，没关系；不沮丧，不泄气；努力努力再努力！"有一位月月小朋友也遇到了一件困难的事情，我们一起来给她加加油、鼓鼓劲，看一看月月得到小朋友的加油鼓励后发生了怎样奇妙的故事。 **小结**：以后无论我们遇到什么困难和挫折，都要时刻提醒自己，要做一个不怕挫折，勇于挑战的小朋友哟！今天回家后，我们就用今天学到的这个本领去帮助你身边需要加油鼓励的朋友吧；还可以把这个口诀教给家里人，明天来幼儿园的时候跟老师说一说你是怎么做的。
活动延伸	**一、家园共育** 教师可以在班级群中分享当天学习的社会技能，包括技能目标、培养重点、培养方法等；同时鼓励幼儿回家后和爸爸妈妈说一说当天学到的新本领。第二天晨间活动时，教师要引导幼儿集体分享他们回家后教爸爸妈妈学习社会技能的心得。 **二、生活渗透** 在日常生活中教师要有意识培养幼儿的抗挫能力，例如，锻炼幼儿能够在受到挫折之后，还能有勇气继续面对挑战，遇到困难不要放弃，遇到挫折不要难过，让幼儿养成时刻能鼓励自己和他人的习惯。教师还可以创设积极正能量的班风，当发现幼儿之间相互鼓励时，给予及时的肯定和表扬。 **三、环境渗透** 教师可以将幼儿园中工作人员与生活中身边人的事迹布置在图书区，用图文并茂的方式展示他们面对挫折永不放弃的意志品质；同时还可以将幼儿合作游戏时克服困难最终成功的过程用图画的形式呈现出来，加深幼儿对技能的理解。

附：故事《月月奇遇记》

大家好！我叫月月，妈妈告诉我每个人的心中都要有一个梦想。我心中的梦想是什么呢？那就是跳舞，嗯哼……没错，跳舞，一直跳……

月月每次上舞蹈课的时候都很认真！可是每次舞蹈课上，小伙伴们看她的表情都很复杂，"那个大肚子女孩跳的舞真可笑"，"天哪，这么大的肚子还来跳舞"，"哈哈哈哈"……听到这些话，月月难过极了，她难过、伤心、哭泣。看着镜子中的自己，月月自言自语道："我可能真的不适合跳舞，我的大肚子太难看了。我再也不跳舞了！"

月月难过地独自走在公园的草地上，看到了盲人朵朵拄着拐杖在跌跌撞撞跳舞，一次次摔倒又一次次爬起来，但是朵朵却始终没有放弃。于是，月月就主动上前拉起了朵朵的手一起跳起了舞。跳着跳着，月月和朵朵一起飞了起来，月月的肚子没有了，朵朵的眼睛也睁开了，一起跳着舞来到了一片勇气森林。勇气森林里的小动物们对月月和朵朵说："失败了，没关系；不沮丧，不泄气；努力努力再努力，一定能做最好的自己！"大家一起开心地跳起了欢乐的舞蹈。

3. 活动反思

(1)活动特点

活动目标凸显了抗挫技能的内涵要求，同时符合大班幼儿的发展需要，突出了大班幼儿的学习特点，让幼儿在做中学、在玩中学。活动以"保护蛋宝宝行动队"比赛游戏的形式导入，充分调动了幼儿参与活动的兴趣，同时自然地引出"抗挫"的主题。活动把口诀巧妙融入比赛游戏及故事讲述，支持幼儿主动学习。教师根据"抗挫"口诀的具体内容，创编故事内容，增强了教学过程的趣味性，同时也能更好地帮助幼儿理解"抗挫"技能的内涵。

（2）活动实施建议

大班幼儿的自我认知和评价能力在不断提高，教师可以在理解社会技能"抗挫"的环节，让幼儿说一说自己的亲身经验，或是同伴的"抗挫"经历，能够帮助幼儿更好地去模仿运用"抗挫"技能，从而增强自信心和自我达成的喜悦。教师也可以将这些身边的抗挫小故事，和幼儿一起叙述、模仿、表演出来，让幼儿充分体验和感受，帮助幼儿记忆和理解。

（济南市槐荫区御峰幼儿园 姜晓楠）

4. 社会技能"遇到困难多尝试"教学活动案例

社会技能"遇到困难多尝试"的技能口诀是：遇到困难不后退；动脑筋，想对策；多试几次就会做。接下来我们以活动"遇到困难我不怕"为例阐述社会技能"遇到困难多尝试"教学活动的组织要点，见表8-6。

表8-6　社会技能"遇到困难多尝试"教学活动

遇到困难我不怕		
活动环节	**活动设计**	
活动目标	认知目标：知道遇到困难和失败不能轻易退缩或放弃，要有勇气面对。	
	能力目标：能够清楚地讲述自己解决困难、应对失败的方法。	
	情感目标：愿意在生活中用积极的心态面对困难和挑战。	
活动准备	经验准备	幼儿有面对困难害怕的经历，有通过挑战和尝试战胜困难的经历。
	物质准备	1. 与幼儿人数相同的纸杯和筷子，每组一个小筐（装有若干弹珠）。 2. 视频《井中的驴子》《鹅妈妈过马路》（教师自备）。
活动过程	一、游戏导入，激发幼儿兴趣 师：小朋友们，大家好，今天老师要请你们玩一个"夹弹珠"的游戏，规则是每人1个纸杯和1双筷子，每组桌上的小筐里面有很多弹珠，谁在30秒内夹的弹珠最多谁获胜。（幼儿操作过程中，教师注意观察幼儿的情绪变化） 师：游戏结束了，现在请小朋友们分享一下游戏感受。（幼儿表述有开心、难过、伤心等情绪体验） 师：胜利的小朋友感到开心、喜悦，落后和失败的小朋友有些难过、沮丧，这些都是正常的情绪体验。老师想问一下，落后和失败可怕吗？我们该怎么做呢？（幼儿自由表达，请夹得又快又好的幼儿讲述他们的方法，支持1～2名幼儿再次尝试操作，体验成功的喜悦） 师：我们每个人在生活中都会遇到一些困难和挫折，现在分组自由讨论，你们在生活中遇到过什么困难或挫折？你们是怎么面对的呢？（教师巡视小组，注意倾听和轻声指导） 小结：我们都会遇到困难和挫折，要有勇气积极面对，寻找解决的方法。	

续表

	遇到困难我不怕	
活动环节	**活动设计**	
活动过程	**二、学习"遇到困难多尝试"技能的口诀，锻炼幼儿正视困难，敢于挑战的品质** 1. 教师引导幼儿观看视频《井中的驴子》，学习口诀"遇到困难不后退"。 师：驴子刚掉落井里，是什么样的反应？ 师：当危险和困难来临时，它是怎么做的呢？ 师：从这个故事中你学会了什么？ 师：小朋友们说得非常好。是的，我们在生活中随时会遇到一些困难和挫折，我们应该怎么办呢？（幼儿自由表达，不害怕困难、加油坚持、多尝试等） 师：我们一起把这些做法变成一句简单又好记的口诀，以后遇到不敢挑战的困难或失败时，就用它提醒自己。（幼儿自由发言） 师：我们刚开始一起总结时，有的小朋友是不是感觉有些不容易，但我看到你们没有后退，依然积极参与、踊跃发言。所以口诀可以总结为"遇到困难……"。 教师引导幼儿一起大声说出"遇到困难不后退"。（教师通过启发性提问引导幼儿说出口诀，更易于加深幼儿对技能的理解） 2. 教师引导幼儿观看视频《鹅妈妈过马路》，学习口诀"动脑筋，想对策"。 师：现在老师给大家播放《鹅妈妈过马路》的视频，看过的小朋友不要剧透。看视频的时候小朋友们要思考一个问题："为什么鹅妈妈一家可以走过车来车往的马路呢？" 师：如果小鹅不动脑筋想办法，会怎么样？（教师请幼儿自由回答） 师：我们生活中遇到困难了该怎么办呢？（幼儿自由发言，不要放弃、动脑筋、想办法等） 师：是的，遇到困难要像小鹅一样多尝试、想办法解决。我们前一句口诀是"遇到困难不后退"，接下来这句口诀是什么呢？（教师请幼儿自由发言总结，教师引导小结） 师："动脑筋，想对策"这句总结得很好，大家一起大声说出来。 3. 教师引导幼儿学习口诀"多试几次就会做"。 师：我们遇到困难的时候，除了要不后退、动脑筋、想对策外，还需要怎么做才能解决困难呢？请小朋友们回忆一下，我们刚刚请最后几个小朋友再次玩"夹弹珠"游戏时，他们是怎样又快又好地完成的？以后你们遇到困难会怎样做呢？（反复练习、尝试） 师：是的，我们要战胜一个困难，往往需要尝试很多次才能成功。现在我们一起总结最后一句口诀。（教师请幼儿发言总结） 师：请小朋友们一起大声说出来，"多试几次就会做"。（幼儿大声说出"多试几次就会做"） **三、回顾技能口诀，鼓励幼儿在生活中勇敢面对困难** 师：我们今天一起总结出了这么朗朗上口的技能口诀，开始时有些难度，但是大家都没有放弃，没有后退，动脑筋，想办法，反复尝试，终于成功了。请大家再完整地复述一下口诀！（教师带领幼儿复述技能口诀） 师：今天学习了"遇到困难多尝试"的技能口诀，我们从小班到大班都是通过不断的学习与尝试，学会了很多本领。今后生活中也一定会遇到更多的困难和挑战，希望大家都能够通过这个口诀，让自己勇敢地面对困难，做敢于挑战困难的人！	
活动延伸	**一、家园共育** 教师可以在班级群中分享当天学习的社会技能，包括技能目标、培养重点、培养方法等；同时提示家长要给予幼儿自由探索的空间，让幼儿能够有机会接触外面的世界，有机会面临更多的挑战，锻炼克服困难的意志力。家长自身要做一个不畏惧困难的榜样，例如，家里一些东西坏了，可以试着和幼儿一起"维修"，而不是退缩。家长遇到难以解决的困难时，	

遇到困难我不怕	
活动环节	活动设计
活动延伸	能够给幼儿一个敢于挑战的形象，让幼儿能够愿意和家长学习。此外，教师要提醒家长在培养此技能时，当幼儿出现畏难情绪时，要耐心引导幼儿，陪着幼儿一起尝试，切忌埋怨、讽刺、催促或挖苦，逐渐培养幼儿的逆商，让其能够从容面对失败和挫折。 **二、生活渗透** 在日常生活中教师要有意识地关注幼儿遇到困难时的态度及解决方法。例如，教师在布置任务、组织活动时，可以根据幼儿的年龄段特点，设置幼儿"跳一跳、够得着"的活动；或者给幼儿讲故事时，可以根据故事中遇到的问题，引导幼儿分享一下"如果是你发生了类似的情况，你会怎么处理？"或者"你有什么样的方法可以帮到他呢？"等开放性的问题，请幼儿说说自己的解决方法和策略，逐步培养幼儿解决问题的能力和挑战困难的信心。 **三、环境渗透** 教师可以在日常生活中，将幼儿遇到困难时的应对方法进行拍照记录和图文记录，根据口诀的含义，用图文并茂的方式融入班级环境当中，让幼儿了解更多的遇到困难时的方法和策略，加深幼儿对技能的理解。

5. 活动反思

（1）活动特点

活动目标凸显了社会技能"遇到困难多尝试"的内涵要求，符合大班幼儿喜欢做一些有挑战的事情的年龄特点。教师运用游戏活动调动幼儿参与兴趣，层层递进，激发幼儿表达意愿，引导幼儿主动思考，巧妙地引出主题。教师借用视频巧妙引出口诀的讨论，支持引导幼儿主动学习，感受成功的喜悦，更好地帮助幼儿理解技能的内涵。

（2）活动实施建议

教学过程中，个别幼儿因能力或经验水平不足等因素会出现害怕失败而不敢大胆表达的情况，因此需要教师耐心观察引导。此外，为帮助幼儿更好地理解社会技能，教师可根据教学过程的推进，逐步出示技能口诀图示，鼓励幼儿用动作表达自己对技能的理解。

（盘锦新世纪森林幼儿园有限公司 曾霞 刘娜）

五、区角活动案例

经过一段时间的相处与适应，幼儿对大班的学习和生活已经有了初步的体验和感受，学习兴趣也愈发浓厚，更喜欢尝试新鲜的、有难度的游戏和任务。然而，大部分幼儿在面对困难和挑战时，常常表现出心情低落、悲伤愤怒、不敢尝试、轻易放弃等消极情绪和行为。

《幼儿园教育指导纲要（试行）》中提出幼儿要"能主动地参与各项活动，有自信心"，"不怕困难"。为了支持幼儿的学习与探索，满足幼儿发展需求，教师借助区角游戏为幼儿营造了极具吸引力和挑战性的班级氛围，开展了适宜的区角活动帮助幼儿养成勇敢、自信、不怕困难的良好品质。

益智区

活动一：探秘竹节棍

活动目标： 能积极主动地挑战竹节棍玩具，在探索和交流中，逐渐掌握竹节棍的基本拼搭方法。

活动准备： 不同颜色和长度的竹节棍材料；竹节棍说明书（图8-8）。

图 8-8　竹节棍材料

活动过程：

1. 教师丰富幼儿的认知经验，激发其探究兴趣。

(1)教师鼓励幼儿大胆猜想"竹节棍"名字的寓意，发现并感受竹子的精神。

(2)教师引导幼儿欣赏竹节棍的百变作品，了解竹节棍的形状、颜色、数量及各种配件。

2. 教师引导幼儿尝试根据步骤图进行自主游戏，探究竹节棍的拼搭方法。

3. 活动结束，教师鼓励幼儿分享交流自己的游戏过程和感受。

活动建议：

在拼搭过程中面对竹节棍松散、倒塌的情况，教师鼓励幼儿寻找失败的原因，进一步探究竹节棍的固定方法。

活动延伸：

教师可以投放各式各样的古代木式房屋建筑图片、鲁班锁玩具等，引导幼儿感知卡榫原理。

活动二："竹节之星"挑战赛

活动目标：

1. 学会看步骤图，并能按图示要求拼搭出相应作品。

2. 敢于面对困难和挑战，有一定的坚持性。

活动准备： 竹节棍说明书，不同难度的步骤图，不同颜色和长度的竹节棍材料，星级挑战记录表和"竹节之星"奖状（图8-9）。

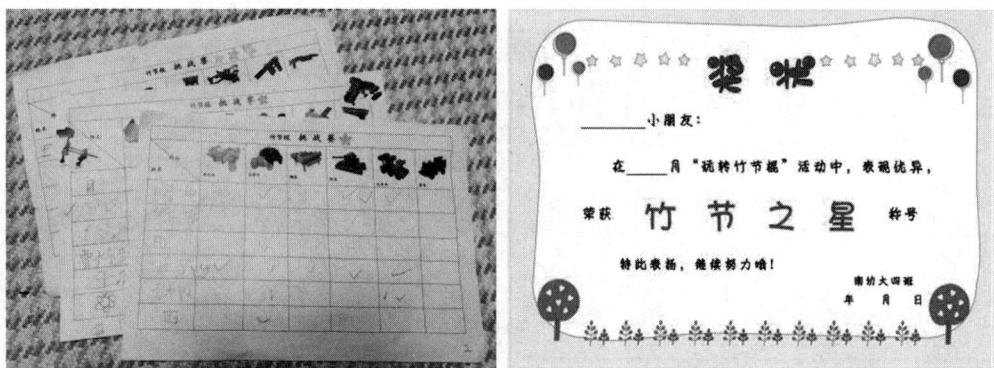

图 8-9 星级挑战记录表和"竹节之星"奖状

活动过程：

1. 教师发起"竹节之星"挑战赛，让幼儿自取说明书，先确定好拼搭的作品，再按照图示准备好所需的竹节棍材料。

2. 教师引导幼儿仔细观察步骤图，依次将方向各异的竹节棍准确地放到相应的位置，并利用卡榫原理使竹节卡牢形成固定结构，完成千变万化的造型。

3. 教师引导幼儿挑战成功后，在星级挑战记录表中进行记录，并将完成的作品放在展示区。

4. 区角分享环节，教师鼓励幼儿分享挑战的过程和感受。

师：你拼搭的是哪个作品？成功了吗？你觉得哪个地方最难？你是怎样克服困难的？

活动建议：

1. 挑战难度由易到难逐渐过渡，教师可以创设保留"未完成"作品的区域，支持幼儿的连续探究行为。

2. 教师可以充分利用幼儿同伴间的教育资源，鼓励幼儿主动向身边的"竹节之星"学习，在交流、合作中丰富游戏经验。

3. 教师可以总结活动中出现的问题以及解决的办法，树立幼儿的信心，从而让幼儿敢于挑战接下来的活动。

活动延伸：

教师可以结合幼儿星级挑战记录表，统计周冠军、月冠军，并颁发荣誉奖状，增强自信心。教师还可以营造班级挑战氛围，提高幼儿参与挑战赛的热情与兴趣。

活动三："百变竹节棍"展览会

活动目标：能根据拼搭经验进行大胆想象和设计，创造出新的竹节棍作品。

活动准备（图 8-10）：

1. "我们设计的竹节棍作品"记录表。

2. 师幼协商并完成展览会的场地布置。

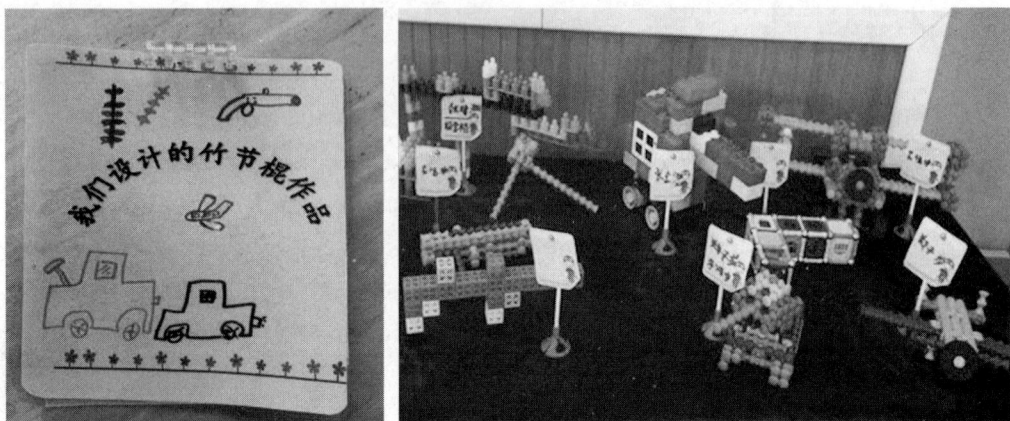

图 8-10　作品记录表及展览会的场地布置

活动过程：

1. 教师介绍"百变竹节棍"展览会，激发幼儿的好奇与兴趣。

(1)教师引导幼儿协商制定展览会的时间、地点、注意事项等内容。

(2)教师鼓励幼儿利用区角游戏时间设计并完成竹节棍创意作品。

2. 幼儿自由游戏，向同伴介绍自己设计的竹节棍作品。

3. 教师小结，鼓励幼儿分享收获和心得。

活动建议：

在分享交流的过程中，教师可以引导幼儿客观地评价自己和他人的作品，听取对自己有帮助的建议。

活动延伸：

教师可以引导幼儿根据作品难易程度选择同伴合作搭建具有挑战的竹节棍作品。

棋区

活动一：趣味五子棋

活动目标：对五子棋感兴趣，初步了解五子棋的基本知识，能主动参与活动。

活动准备：

(1)提前通过视频或图书的方式帮助幼儿了解五子棋的发展史及玩法。

(2)五子棋棋盘、棋子。

活动过程：

1. 在开展此活动之前，教师先通过集体教学或谈话活动的形式帮助幼儿了解五子棋的发展史及游戏规则，引导幼儿感受五子棋竞技的魅力。

2. 教师引导幼儿认识五子棋。

(1)教师引导幼儿了解五子棋游戏的材料。

(2)教师引导幼儿知道正确的执棋方式。

（3）教师介绍五子棋游戏玩法，引导幼儿协商制定游戏规则。

3. 幼儿自由分组，体验下棋的乐趣。

4. 教师引导幼儿分享交流，感知棋子五子连线（直线、竖线、斜线）的位置关系。

活动建议：

1. 教师引导幼儿协商下棋的先后顺序，可以按照"轮流""石头剪刀布"的方式决定。

2. 教师鼓励幼儿以不同的位置为起点进行游戏。

活动延伸：

1. 教师可以设置独立的棋区游戏空间，创设对弈礼仪的墙面环境，营造棋文化氛围。

2. 教师可以借助视频、图片等资料帮助幼儿初步了解记分牌的种类及作用，鼓励幼儿大胆设计不同样式的记分牌。教师还可以收集生活中常见的日历、纸板、纸盒等材料，引导幼儿协商分工（写数字、画装饰、剪背景纸等），制作一个可以重复使用、记录两方分数的记分牌。

3. 教师可以提供基于桌面、墙面、地面不同游戏形式的五子棋，拓展游戏形式和学习空间，在自由活动、区角游戏等时间，鼓励幼儿与同伴、教师相互切磋棋艺，强化幼儿的过程体验，从而提升幼儿主动探索的兴趣。教师还可以结合家园共育工作，提供"五子棋漂流"记录表，支持幼儿将五子棋带回家与家人对弈，积累更多游戏经验和技巧。

活动二：玩转五子棋

活动目标：

1. 学习并掌握五子棋的下法和规则，勇于和同伴对弈。

2. 遵守行棋规则，主动向同伴学习一些快速获胜的方法。

活动准备：铅笔、五子棋记录表、自制记分牌、游戏玩法图（图 8-11）。

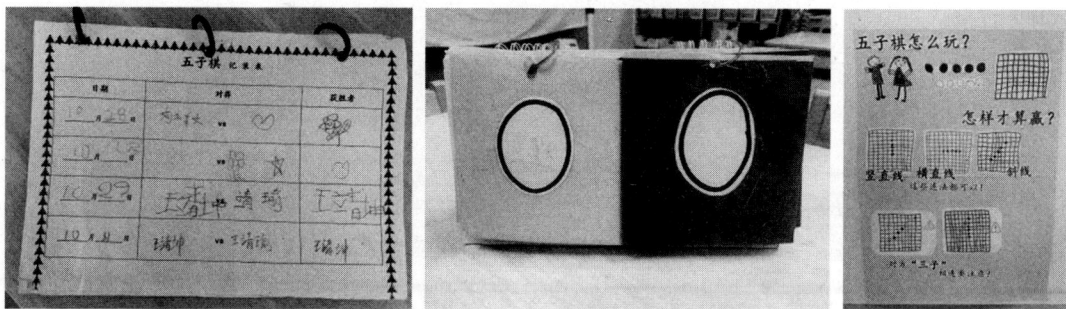

图 8-11　五子棋记录表、自制记分牌、游戏玩法图

活动过程：

教师引导幼儿与同伴自由对弈，使用自制记分牌、五子棋记录表记录比赛的情况和结果，并在游戏结束后，鼓励幼儿积极分享比赛的过程，丰富下棋相关经验。

活动建议：

分享内容可以围绕"刚才的五子棋比赛谁赢了？有什么获胜的小秘诀吗？你遇到了什

么困难？是怎么解决的?"等问题进行。

活动延伸：

教师可以充分发挥家园共育作用，鼓励幼儿将五子棋带回家继续研究和练习，在教师、家长共同的引导和鼓励下，学会勇敢面对挫折，提高克服困难的勇气。

活动三：棋王争霸赛

活动目标：勇于和同伴对弈，能正确对待游戏胜负，掌握排解消极情绪的方法和策略。

活动准备：对弈记录本、铅笔、记分牌、棋王奖状、棋王争霸赛墙饰、输赢心情墙饰（图 8-12）。

图 8-12　棋王奖状及棋王争霸赛墙饰、输赢心情墙饰

活动过程：

1. 教师在班级内发起"棋王争霸赛"活动，引导幼儿协商比赛的起止时间，制定比赛规则。

2. 幼儿借助区角游戏时间自由对弈，并将比赛结果记录在记录本上。

3. 教师根据记录本上的对弈情况，统计出获胜最多的幼儿，并颁发奖状。

活动建议：

1. 教师要关注幼儿与同伴对弈时是否具有一定的规则意识，适时增加"裁判员"角色，并引导幼儿思考"什么样的小朋友能成为裁判员"，如下棋厉害、公平公正等。

2. 教师要关注幼儿比赛后的情绪变化，鼓励幼儿掌握排解消极情绪的方法。

活动延伸：

教师可以鼓励幼儿积极分享调节情绪的好方法，丰富"输赢心情"互动墙饰内容，适时增加"沙漏、解压玩具"等小道具，帮助幼儿养成正确面对挫折的积极态度。

图书区

活动一：快乐阅读

活动目标：

1. 能专注地阅读图书，感知主人公坚强、不气馁的抗挫品质。

2. 能根据画面猜测故事内容，大胆表达对故事情节的理解。

活动准备：与抗挫主题相关的书籍，如《达芬奇想飞》《小黑鸡》《西红柿女孩》《宝儿》等。

活动过程：

1. 幼儿在自主阅读或与同伴共读抗挫主题相关绘本的过程中，教师帮助幼儿感知、理解主人公坚强、不气馁的抗挫品质。

2. 教师提供平板电脑、播放器、优盘等活动材料，通过音频、视频的形式深化幼儿对抗挫主题内容的理解，便于引发、支持幼儿在图书区的活动。

3. 教师引导幼儿以讲述、表演等形式积极分享自己的阅读感受。

活动建议：

幼儿阅读绘本时，教师要鼓励幼儿仔细观察画面内容，引导幼儿通过了解故事情节，发现并感受主人公的心理变化及面对失败的态度，提升幼儿对挫折耐受力与排解力的认识。

活动延伸：

1. 教师可以开展"故事大王"活动，鼓励幼儿复述故事内容，学会正确面对挫折，树立自信心。

2. 教师可以在表演区投放故事中角色的衣服、道具、音乐等，帮助幼儿在表演中回忆故事内容，进一步理解抗挫品格。

活动二：我收集的抗挫小故事

活动目标：能用完整、连贯的语言讲述图书内容。

活动准备：创设"好书推荐"互动环境，幼儿收集的书籍。

活动过程：

教师请幼儿分享自己推荐的抗挫主题相关的图书，包括故事的名称、人物、内容及自己看完故事后的心得体会。

活动建议：

教师可以与幼儿共同梳理故事里遇到的困难、解决的方法。

活动延伸：

教师可以在班级开展图书漂流活动。

1. 漂流活动内容：

每名幼儿带1～2本适合大班年龄段幼儿阅读的关于抗挫书籍(绘本、故事)到班级参加图书漂流活动。

2. 漂流时间：

幼儿每周五离园时，将漂流图书带回家，周三来园时将其带回。

3. 漂流要求：

(1)爱惜同伴的图书，如有破损，请及时修补。

(2)阅读图书后请及时带回，以便其他幼儿继续阅读。

(3)家长带领幼儿共同阅读，将书籍中感兴趣的内容以图文并茂的形式进行记录。

活动三：我的抗挫小秘籍

活动目标： 能按照步骤自制图书，清楚有序地讲述图书内容。

活动准备： 白纸、彩纸、画笔、剪刀、订书器等活动材料(图8-13)。

图 8-13 "我的抗挫小秘籍"活动材料

活动过程：

1. 教师引导幼儿了解图书的基本结构及对应结构应涵盖的内容，如封面、扉页、正文、封底。

2. 教师引导幼儿了解书籍制作的步骤，学习制作属于自己的抗挫图书。

3. 教师鼓励幼儿把自己在一日生活中遇到的挫折、自己战胜挫折的方法画下来。

4. 幼儿与同伴分享自制的图书，讲述图书内容。

活动建议：

1. 教师引导幼儿自制图书，可以把自己之前从失败到成功的经历用不同的形式展示出来，然后和同伴进行分享。

2. 教师要关注幼儿在绘画时内容的选择、布局情况以及运用线条和色彩表现事件的能力，适时为幼儿提供帮助与指导。

活动延伸：

1. 教师可以将幼儿自制的抗挫图书投放在图书区，供幼儿自由取阅。

2. 教师可以开设"小书局"，以便幼儿持续创作，并支持幼儿深入研究图书的制作。

(北京市昌平区南口镇中心幼儿园　闫明明　郝冬然)

六、一日生活指导

(一)一日生活中幼儿品格与社会技能培养

心理学家马斯洛认为，幼儿对待挫折的态度决定了挫折所带来的影响是否产生积极的作用。在幼儿的成长过程中，需要面对很多的失败和挑战，每个问题都可能影响其发展速度，甚至会将"正发展"变成"负发展"。抗挫能力就像幼儿自身配备的保护罩，可以帮助幼儿抑制不良因素对自己的影响，保证幼儿的健康成长。本期主题品格与社会技能在一日生活中的重点培养环节见表 8-7。

表 8-7 品格与社会技能的日常重点培养环节

生活环节	品格：抗挫	社会技能：抗挫能力	社会技能：遇到困难多尝试
入园			
盥洗			
进餐	√	√	√
饮水			
如厕			
午睡			
离园			
集体活动	√	√	√
户外活动	√	√	√
区角活动	√	√	√
过渡环节	√	√	√

(二)一日生活中幼儿抗挫品格与社会技能指导要点

本期主题品格与社会技能在一日生活中的指导要点见表 8-8、表 8-9、表 8-10。

表 8-8 一日生活中抗挫品格指导要点对照表

环节	指导要点
进餐	教师通过进餐时筷子的使用，让幼儿学会正确使用筷子的手部姿势，能准确夹起食物不脱落，鼓励幼儿遇到困难多尝试。
集体活动	教师引导幼儿在回答问题时，面对同学的质疑与嘲笑，勇敢展示自己，提升自信心。
户外活动	教师鼓励幼儿在新技能——跳马、跳绳的学习中面对困难，大胆尝试，勇敢克服。
区角活动	教师引导幼儿在区角游戏中与同伴争吵、受到同伴误解以及不公正的对待时，学会用沟通解决问题。
过渡环节	幼儿在班级晨间选座位、每日签到中无法正确进行计数和认识时钟时，教师积极鼓励幼儿冷静思考，大胆尝试。幼儿在穿衣时遇到鞋带打死结、衣服进拉链等情况时，教师鼓励幼儿正确面对困难，冷静思考，多尝试解决。

表 8-9　一日生活中社会技能"抗挫能力"指导要点对照表

环节	指导要点
进餐	教师利用拿筷子口诀，指导幼儿学会正确使用筷子的手部姿势，鼓励幼儿遇到困难不放弃、不哭闹，直面问题并想办法解决问题，提升幼儿的抗挫能力。
集体活动	集体活动后教师组织幼儿进行自评、互评、总结。幼儿首先自评在活动中的表现，遇到困难是如何解决的，再互评对方解决问题的方式方法，最后与大家总结分享经验，提高幼儿的自信心，提升幼儿的抗挫能力。
户外活动	面对幼儿学习新技能总是失败时，教师应向幼儿温柔讲解新技能的学习要点，鼓励幼儿直面困难，勇敢挑战。
区角活动	教师利用区角游戏时间让幼儿分享自己独立解决困难并帮助其他小朋友的经验。在幼幼互动中，教师引导幼儿遇到争吵、遇到困难时，要学会和同伴友好沟通。
过渡环节	教师利用晨间活动、餐前活动、散步活动引导幼儿回忆自己曾遇到过的困难事件，引发幼儿共同讨论如何解决这类困难，总结经验。

表 8-10　一日生活中社会技能"遇到困难多尝试"指导要点对照表

环节	指导要点
进餐	幼儿多次用筷子夹取食物失败时，教师引导幼儿总结失败的原因，鼓励幼儿遇到困难多尝试，不轻言放弃。
集体活动	面对回答问题中总是出错的幼儿，教师要鼓励幼儿积极动脑思考，勇敢表达自己的想法，不畏他人嘲笑，鼓励同伴间互相帮助共同解决问题。
户外活动	幼儿探索新游戏玩法总失败时，教师要给幼儿充分的自由探索机会与充分的支持，尊重幼儿的需求，鼓励幼儿遇到困难多尝试。
区角活动	教师鼓励幼儿在区角游戏中遇到困难积极面对困难、多角度思考、多方面尝试，努力解决困难。
过渡环节	教师利用过渡环节时间引导幼儿讲述自己当天在幼儿园生活中遇到的困难事件，与幼儿一起进行讨论，总结经验，鼓励幼儿生活中遇到困难敢于尝试，不怕失败。

(三)日常指导策略

1. 抗挫品格——情境游戏

(1)"坏消息，好消息"游戏

乐观的幼儿能在受到挫折时抵抗抑郁和焦虑的侵袭而拥有更强的幸福感。想要培养一名乐观的幼儿，不妨和他玩玩"坏消息，好消息"的游戏。

步骤一，教师解释什么是"坏消息""好消息"。教师告诉幼儿当我们说坏消息时，就是有不好的事情发生了，例如，你心爱的玩具坏了；当我们说好消息时，就是有好事情发生了，例如，老师表扬你，给你一个贴纸。

步骤二，你说"好消息"，我说"坏消息"。例如，我和豆豆去公园玩，我说"坏消息"：天下雨了；豆豆说"好消息"：我可以穿雨鞋踩水坑。

（2）"失败博物馆"游戏

当幼儿遇到困难时，教师可以做什么？除了情感支持以外，教师还需要在认知上给予幼儿支持，让他们知道，失败和错误是正常的，不可避免的。这个游戏通过角色扮演的方式让幼儿应用成长心智来应对失败，教会幼儿正确的归因思路。

步骤一，教师引入情境，分享自己的经历。教师扮演失败博物馆的工作人员，跟幼儿描述情境："每个人都会有失败的经历，而失败博物馆就是专门收藏这些经历的地方，每一段失败的经历都是一件展品。现在让我们分享一下某个错误、某次失败或者某次挑战自我的错误尝试吧，讲讲为什么会出现问题、如何修正错误。"

步骤二，教师倾听幼儿的经历。教师问幼儿："你有过失败的经历吗？可以提供给我当作研究的素材吗？"

步骤三，教师和幼儿一起讨论、分析失败的原因。教师引导幼儿从多个角度思考：是不是因为采取的方法不对？是准备不足还是努力不够？例如，当豆豆说自己跳绳失败的经历时，教师告诉他："跳绳不是天生就会跳的，就像妈妈给你看的打篮球的小哥哥，他也是不断练习，最后才能这么熟练的。"教师通过这种方式，传递给幼儿一种信念：只要自己不断努力，一定会做得更好，培养幼儿的成长型思维。

（3）认识沮丧

研究表明，情绪颗粒度高的人，拥有更好的情绪能力。让幼儿认识沮丧这种情绪，可以丰富幼儿在处理挫折时的方法。

步骤一，教师引导幼儿认识沮丧。对很多幼儿来说，沮丧是个陌生的词汇，教师可以举一些常见的例子，帮助幼儿理解这种熟悉又陌生的情绪。例如，你想用积木搭一个城堡，但积木总掉下来，这时你感觉到的就是沮丧；你想吃冰激凌，妈妈不给买，那也是沮丧。

步骤二，教师鼓励幼儿思考"是否遇到过让自己沮丧的事情，是什么原因导致的沮丧"，加深对沮丧的认识。如果幼儿答不上来，教师可以启发式地提问："你想跟妈妈玩，妈妈却需要工作，不能陪你，你是什么感觉？你想跟小朋友借玩具，他却不借给你，你是什么感觉？"

2."抗挫能力"技能——师幼互动

案例：在一次绘画课上，飞飞听到千千说："你画的一点儿都不好看。"飞飞马上放下画笔拒绝再画画，并悄悄地将自己的画藏到了自己的椅套袋子里。老师发现后及时鼓励飞飞："每个小朋友的想法都不一样，所以你们的作品也会不一样。绘画没有好坏之分，只要你按照自己的想法画出来就是最棒的作品。"在老师的鼓励下，飞飞完成了他的作品。紧接着在作品分享环节，老师邀请飞飞向全班同学介绍自己的作品，鼓励飞飞大胆说出自己的创作意图和创作思路，鼓励同伴寻找作品的闪光点。分享后，飞飞在同伴的掌声中露出欣喜的笑容。

分析：飞飞比较害羞，自尊心强，过分依赖他人的看法，对于自己的内心不够坚定，不够自信。在家里，飞飞作为独生子，也是集万千宠爱于一身，缺乏独立解决困难的机会。在案例中，我们可以看见飞飞的心理变化：不自信、失落—勇敢展示自己—激动、喜悦。在教师的帮助下飞飞感受到了每个人都是独一无二的个体，每个小朋友的想法都不一样，所以作品也会不一样，绘画没有好坏之分，只要按照自己的想法画出来就是最棒的作品。在展示与分享后，同伴们的掌声更是让飞飞重获自信。在后续的生活中，教师也发现飞飞慢慢地开始向他人展示自己，表达自己，自信心在逐渐提升。

教师指导：教师要及时给幼儿鼓励。例如，教师可以说："每个小朋友的想法都不一样，所以你们的作品也会不一样，绘画没有好坏之分，只要你按照自己的想法画出来就是最棒的作品。"在作品分享环节，教师可以邀请幼儿为同伴介绍自己的作品，鼓励幼儿大胆说出自己的创作意图和创作思路，鼓励同伴寻找作品的闪光点。同伴间的表扬给幼儿提升自信心后，教师要及时对幼儿进行心理暗示"失败了，没关系"。教师还要经常给幼儿表现自我的机会，提升幼儿的自信心，从而增强幼儿的抗挫能力。

3."遇到困难多尝试"技能——情境案例

案例1：析析是一个腼腆、心思细腻、内向的小朋友，在一次户外套圈闯关游戏活动中，大多数小朋友都玩了两遍，却唯独不见析析的身影。老师好不容易在角落找到析析后，发现他很紧张也很害怕。当老师蹲下来邀请他和小朋友一起玩时，他直摇头，连忙拒绝说："我不要。"老师询问原因后，他直接告诉老师："我不喜欢，不会玩。"此时，老师没有强迫他，默默站在他的旁边，引导其他小朋友在他面前玩，让小朋友来邀请他，但析析却直摇头说："我不。"随后，小朋友邀请老师加入他们的游戏，这时老师将"我很害怕，我不会"的神情表现出来，其他小朋友因此来帮助、提醒并教老师应该怎么玩。此时，老师发现析析在旁边看着老师"拙劣的演技"哈哈大笑。老师示意旁边的小朋友再次邀请析析，跟大家一起玩，这时的析析同意了。但是很快，析析一个圈也没套到象鼻子上，垂头丧气的析析已经想要放弃了，而旁边的小伙伴发出激动的声音："我终于套上了。"析析看见后，再次尝试套圈，无奈的是依然没有套上。这时套上圈的小伙伴说："析析，你站的距离不对。你站得太远了。这样套不进去的，还有就是你的手臂要用力把圈圈平着扔出去。"刚说完，析析就再次拿起圈圈，调整距离，手臂用力一扔，"我终于成功啦！"析析说。

分析：析析很爱面子、自尊心强，但也缺乏自信心、渴望关注。他平时主要是跟着他的爷爷奶奶一起生活。爸爸妈妈工作都比较繁忙，没有太多的时间对析析进行陪伴，爷爷奶奶也不善于引导他外出与人交往，经常让他在家与妹妹玩耍。偶尔爸爸妈妈把他带出去，他也不愿与其他同龄幼儿进行游戏。家里爷爷奶奶较为宠爱，使得他较少经历困难，自己解决困难的机会较少。

在日常生活中，我们常常会认为这个年龄的幼儿内向、面对困难选择逃避是这个年龄段的正常特点，等幼儿长大了自然就好。其实不然，幼儿期的人际交往能力、抗挫能力会对以后的生活造成或多或少的影响。幼儿抗挫能力，需要一个学习和培养的过程。了解到析析的生活，再联系到现在，教师就不难理解为什么析析不能勇敢地面对困难、挑战困难，而是选择逃避困难了。在案例中，我们可以看见析析的心理变化是逃避、不自信—想要尝试—失望—激动、喜悦。在同伴的帮助下，析析发现了自己套圈不成功的原因并及时调整，成功套圈。通过该案例的铺垫，析析感受到了同伴的友爱与帮助，在后续的一日生活中，他面对困难渐渐学会寻求同伴、老师的帮助，努力想办法克服困难了。

教师指导：首先，教师可以通过聊天谈话的形式了解幼儿不想玩的原因。其次，教师要积极鼓励幼儿与同伴参与游戏，温情陪伴幼儿；还可以以参与者的身份和幼儿共同游戏，一同发现幼儿游戏过程中存在的问题。再次，教师可以设计挑战卡，鼓励幼儿将每一次的挑战记录下来，几次挑战后引导幼儿关注自己在挑战中的进步，提升幼儿的自信心、抗挫能力；同时，可以鼓励同伴间互相鼓励与帮助，激发幼儿的兴趣，提升幼儿的同伴交往能力。最后，在后续的教学生活中，教师应找机会请幼儿回答问题并提出表扬，提升幼儿的自信心。

案例 2：在一次过渡环节中，辰辰小朋友的鞋带打了死结。他第一次尝试解开没有成功，第二次他选择蹲下解鞋带，依然没有成功，第三次他着急地哭了起来。见状后，老师先安抚了辰辰的情绪，告诉他解不开鞋带并不是一件丢人的事情，鞋带解不开是一件很正常的事情，每个人在刚刚练习系鞋带的时候都会遇到这个问题。接着，老师询问辰辰："你觉得哭能解决这个问题吗？"他连忙摇头。在帮助辰辰的过程中，老师耐心地告诉他，遇到挫折时哭不能解决问题，遇到挫折时应该采用正确的方式，如向老师或者同伴求助。鞋带事件发生后，老师在生活区投放了相关的系鞋带材料，也经常能在生活区看到辰辰的身影。

分析：辰辰的自尊心比较强，不愿被人小看，但不能很好地控制自己的情绪。因父母工作忙碌，周一到周五辰辰都是跟着婆婆一起生活，而婆婆在生活中对他较为宠溺，生活自理能力方面的培养较少，包办情况较多，也就导致他缺乏相关生活技能的学习机会，生活技能薄弱。在案例中，我们可以看见辰辰的心理变化：失落—不愿意寻求帮助—愤怒、哭泣—冷静。在教师的帮助下辰辰的鞋带获得了"新生"，辰辰也明白了遇到挫折时哭不能解决问题，遇到挫折时应该采用正确的方式，如向老师或者同伴求助。在后续一日生活中，教师也发现了辰辰的成长：能在生活区主动练习系鞋带，遇到困难能主动寻求他人帮助，冷静面对困难。

教师指导：首先，教师要及时安抚幼儿的情绪，告诉幼儿鞋带解不开是一件很正常的事情，每个人在刚刚练习系鞋带的时候都会遇到这个问题。其次，待幼儿情绪稳定之后，教师可以和幼儿以聊天的形式探讨再次遇到这个问题可以怎样来解决，引导幼儿发现两个关键点：遇到挫折时哭不能解决问题；遇到挫折时应该采用正确的方式，如向老师或者同伴求助。最后，教师可以在班级生活区投放练习材料，鼓励幼儿经常练习，并给予幼儿即时性的肯定和支持；同时，鼓励幼儿同伴间互帮互助，提升幼儿的人际交往能力。

(四)生活体验活动

活动案例：同伴互助，薪火相"带"

1. 设计思路

培养幼儿应对挫折的能力是心理健康发展的重要内容。通过培养幼儿抵抗挫折的能力，能使幼儿建立自信心，努力克服困难，具有勇敢和坚强以及独立自主的性格特点，为以后的发展奠定基础。目前大多数大班幼儿在"系鞋带"上存在一定困难，无法正确进行系鞋带，而部分幼儿已具备良好的"系鞋带"能力，面对生活自理上的困难有较多的解决经验。因此，为帮助大多数大班幼儿增强生活技能，提升幼儿的抗挫能力，教师开展了同伴互助，薪火相"带"抗挫能力培养的生活体验活动。

2. 活动过程

(1)生活技能我知道，努力争当小老师

教师向大班会系鞋带的幼儿说明了目前我们幼儿园大班还有很多小朋友系鞋带十分困难，而我们作为"小老师"的任务是什么、怎么做小老师。会系鞋带的幼儿都很感兴趣，纷纷举手报名争当小老师。

(2)编口诀

教师请大班会系鞋带的幼儿一起讨论可以怎样帮助不会系鞋带的小朋友系鞋带。幼儿讨论出可以编口诀来教不会系鞋带的幼儿系鞋带："小鞋带，手中拿，一左一右先交叉。一根弯腰钻过门，两手拉住系紧它。折成两只兔耳朵，再一交叉钻下门，开出一朵蝴蝶花。"趣味横生的"系鞋带"口诀引起了不会系鞋带幼儿的极大兴趣，在朗朗上口的口诀声中他们已经按捺不住跃跃欲试的小手了。系鞋带是一件需要耐心和时间的事，不会系鞋带的幼儿会因为系不上鞋带而产生焦虑、难过、愤怒等不良情绪，而趣味十足的"系鞋带"口诀则让幼儿的不良情绪得到缓解。

(3)设计系鞋带流程图，克服困难总结经验

幼儿的实践过程反映出口诀的应用效果不是很理想，于是教师再次组织幼儿讨论还可以怎样帮助不会系鞋带的幼儿学会系鞋带，直面困难，不逃避问题。幼儿在讨论声中想到：可以设计系鞋带流程图，为其他不会系鞋带的幼儿进行讲解与示范，帮助他们勇敢面对困难，克服困难。

(4)系鞋带比赛

经过同伴间多次的互助练习，幼儿系鞋带的技能有了很大的提升，面对困难也不再逃避，会想到抗挫口诀："失败了，没关系；不沮丧，不泄气；努力努力再努力。"在系鞋带比赛中，幼儿表现出了沉着冷静、自信的一面，知道了遇到困难不能着急，要认真思考问

题，乐观积极地解决问题。

3. 活动总结

整个活动中，教师都是作为支持者、引导者的角色，积极鼓励幼儿同伴间互相学习、互相帮助，共同直面困难、勇敢克服困难，了解生活中遇到困难是一件很正常的事，教会幼儿面对困难时可以用"失败了，没关系；不沮丧，不泄气；努力努力再努力"等口诀进行积极的自我心理暗示。

通过本次生活体验活动，不会系鞋带的幼儿感受到了克服"系鞋带"困难的喜悦，会系鞋带的幼儿体验到了帮助他人解决问题、克服困难的快乐，大家都在合作中实现了共赢，抗挫能力也得到了一定的提升。

（四川大学空港幼儿园　杨思羽）

七、家园共育指导

(一)品格指导要点

对于抗挫品格的家庭教育指导，重点在于为家长提供科学应对幼儿挫折技能的渠道，帮助家长积极应对、解决幼儿"遭遇挫折怎么办"的问题并培养幼儿挫折耐受力与挫折排解力；同时，为家长解答常见的一些"抗挫"困惑或问题。

1. 与家长配合帮助幼儿认识生活中的挫折

挫折是幼儿在从事有目的的活动时，受主客观因素的阻碍或干扰，以致预期的动机和目标不能实现、需求得不到满足而产生的情绪状态。而抗挫是指幼儿在遭遇挫折压力或困难情境时，能通过自己的意志努力，尝试解决困难，保持行为和心理正常、健康的能力。幼儿在成长过程中，随年龄的增长，其面对的挫折的范围也会不断扩大。教师可鼓励家长配合幼儿园，与幼儿分享关于遭遇挫折并积极应对挫折的故事，让幼儿懂得遭遇挫折是不可避免的，但挫折是我们的"朋友"，它是陪伴我们成长的；鼓励幼儿勇敢面对挫折，承受挫折的打击，与亲近的人倾诉挫折，凭借自己的能力与挫折"斗争"，提高幼儿敢于面对挫折，抵御和应对挫折的能力。

2. 鼓励家长与幼儿"一起面对挫折"

在与幼儿一起面对挫折之前，教师与家长首先应意识到抗挫品格的培养已是时代发展的必然要求。由于 21 世纪是竞争日益激烈、挑战不断增强的时代，每个人都会不同程度地遭遇各种各样的挫折与冲突，具有顽强的抗挫能力以及敢于迎接挑战的良好素质成为个人成长的必然要求。同时，根据精神分析学派心理学家弗洛伊德的思想，个体早期的童年经验在人格发展中起决定性作用。可见，在大班时期培养幼儿的抗挫品格势在必行。教师应鼓励家长深刻认识抗挫品格的重要性，在对抗挫品格拥有正确认识的前提下与幼儿一起面对挫折，留意幼儿在生活中遇到的挫折，鼓励幼儿勇敢面对；在幼儿不能恰当应对时，鼓励家长及时站出来陪幼儿一同对抗挫折，让幼儿体会亲身应对并解决挫折时的快乐，及时表扬幼儿的勇敢品质。

3. 让家长引导幼儿分享自己遭遇挫折的过程及感受

及时解决幼儿在挫折中遇到的问题，解答幼儿的困惑，请幼儿诉说自身的感受，能有效培养幼儿勇敢应对挫折的能力。教师应根据幼儿应对挫折时的反应，及时跟家长交流相关问题；鼓励家长与幼儿分享自己在生活中遇到的挫折（更多与幼儿生活环境相关，为幼儿了解的事件）以及应对方法，留意幼儿在生活中遇到的挫折，及时引导幼儿分享自己应对挫折的过程以及遇到挫折后的感受，引导幼儿说说再遇挫折会怎么办，表扬幼儿应对挫折时的积极表现。

4. 指导家长培养幼儿的抗挫能力

家长要鼓励幼儿分享挫折经历，引导幼儿思考解决挫折问题的方法，从而提高抗挫能力。首先，家长要锻炼幼儿的挫折耐受力。幼儿在遭遇挫折时自身可能难以控制情绪，无法诉说挫折遭遇，这时教师应该鼓励家长稳定幼儿情绪，积极调节幼儿的不良情绪，引导幼儿大胆说出自己遭遇的困境并寻求帮助。其次，家长要锻炼幼儿的挫折排解力。由于幼儿社会经验不足，挫折经验尚少，常常缺乏应对挫折的办法与勇气，这时家长应该为幼儿提供处理挫折问题的简单策略和方法，引导幼儿在较短时间内停止对挫折的抱怨，冷静思考应对挫折的办法。

(二)社会技能指导要点

1. 抗挫能力

在幼儿的成长过程中，培养幼儿的抗挫能力很重要。抗挫能力的养成有益于幼儿身心更好成长。《3—6岁儿童学习与发展指南》中提出："幼儿自己的事情尽量放手让他自己做，即使做得不够好，也应该鼓励并给予一定指导，让他在做事中树立自尊和自信。"幼儿在克服困难过程中，既需要成人的鼓励与指导，也需要来自同伴的指导。抗挫能力技能的养成口诀是"失败了，没关系；不沮丧，不泄气；努力努力再努力"。在这个过程中，成人要让幼儿明白遇见挫折是正常的，教会幼儿调节挫折给自己带来的坏情绪，能够欣赏勇敢应对挫折的幼儿并能向他们学习。成人要告诉幼儿把挫折当作我们成长的重要朋友，鼓励幼儿给自己勇于面对挫折的积极暗示，并通过自己的努力解决挫折给我们带来的问题。

失败了，没关系。家长可以通过让幼儿熟悉掌握抗挫能力的这句口诀"失败了，没关系"，当幼儿遇到挫折的时候能够自然而然想起这句口诀鼓励自己，或者看到别人失败难过的时候，能够用该口诀鼓励别人。家长要告诉幼儿，失败不丢人，也不可怕，尽管我们在遇到困难时表现不积极，我们也不是失败的；理解幼儿对待困难的不良情绪，在平复幼儿的心情后告诉幼儿："我们要做敢与困难斗争的小战士，敢于面对失败，并重新站起来击败它。"

不沮丧，不泄气。家长要锻炼幼儿知道在自己有负面的情绪的时候能够尝试想办法缓解负面情绪，能够告诉自己不沮丧，不泄气，知道多种缓解负面情绪的方法。在遇到挫折初期，幼儿的挫折经验与心理斗争经验较少，在对付难度大的挫折问题时，易出现沮丧、泄气的情绪。这时候，家长需要引导幼儿不沮丧，不泄气，相信自己的勇敢会打败挫折，让幼儿慢慢来。

努力努力再努力。若幼儿有面对挫折的多次经历仍未能勇敢面对困境，这时候家长要帮助幼儿客观分析原因，助其找到解决问题的办法，鼓励幼儿继续努力，坚持勇敢克服困难的决心，直至困难被顺利打败。

2. 遇到困难多尝试

幼儿在生活中会遇到很多困难，我们需要关注的是幼儿对于挫折的态度和面对挫折时能否客观理性地分析应对。家长要鼓励幼儿在遇到挫折时不退缩，勇敢站出来与挫折作斗争，积极寻找解决问题的方法。对于害怕失败的幼儿，家长要让他们克服遇到困难时候的恐惧心理，培养幼儿克服困难的意志力和解决问题能力。"遇到困难多尝试"技能的口诀是"遇到困难不后退；动脑筋，想对策；多试几次就会做"。

遇到困难不后退。幼儿在遇到困难时有可能会出现退缩逃避，攻击、报复和听之任之的消极行为。当幼儿出现这样的问题时，家长应该保持冷静，给幼儿客观分析他存在的问题，并鼓励幼儿积极应对，陪幼儿一起面对挫折，解决问题。

动脑筋，想对策。幼儿在应对困难的经验上尚且不足，家长在发现幼儿遭遇困难难以化解的时候，应及时给予幼儿适当指导，鼓励幼儿开动小脑筋，发散思维，积极想办法应对困难。家长在日常生活中也可多锻炼幼儿善于主动思考、解决问题的能力。

多试几次就会做。家长要让幼儿知道，学习新东西的唯一方法就是遇到困难多尝试；引导幼儿每次积极想办法应对，把应对困难当作自己学习成长的一部分，积累解决问题的成就感。

(三)你问我答

1. 大班幼儿的挫折主要来自哪里

大班幼儿的挫折主要来自三个方面，即生活能力、人际交往和学习方面。对于大班的幼儿来说，随着能力的提高，对幼儿探究活动水平的要求也更高，此时，部分幼儿除了在人际交往上存在困难外，还会在游戏探究和日常学习中遇到挫折。因而，在幼儿遭遇挫折时，家长要教幼儿学会客观分析原因，不一味地批评幼儿，也不一味地将责任归咎于外部。

2. 培养幼儿的抗挫能力，需要关注的是什么

家长要关注幼儿在学习、游戏活动中的表现，遇到困难要引导幼儿从能力、努力、任务难度、运气以及做事情的态度方面进行分析。此外，幼儿在这个时期开始有模糊的朋友概念，家长要继续引导幼儿学习维护朋友关系的方法。

3. 针对幼儿遭遇挫折时的各种行为表现，我们该怎么处理

幼儿在遭遇挫折时，会有两种不同的行为表现：积极行动型和消极应对型。针对积极应对挫折的幼儿，我们应该表扬幼儿的勇敢，鼓励他用有效办法解决问题。当幼儿表现有退缩逃避、攻击报复和听之任之的消极反应时，我们应该保持冷静，给幼儿客观分析存在的问题，并鼓励幼儿积极应对，陪幼儿一起面对挫折，解决问题。

4. 培养抗挫品格应避免哪些错误

无论是家长还是教师，应该避免的错误是：一味指责或盲目安慰，不进行客观分析；

立场不坚定，幼儿撒娇就妥协。因而，家长要坚定立场，不轻易妥协，接纳幼儿的情绪，理解幼儿的需求，等幼儿平复心情后跟幼儿说明自己不妥协的理由。此外，家长还要对幼儿的反应进行客观分析，与幼儿说明其应对挫折的优点与不足。

5. 生活中，幼儿遇到挫折哭闹时，我们要怎么处理

这时候，需要做到"四不要"：一不要打他，否则可能会给幼儿留下阴影；二不要骂他，否则会给幼儿留下不文明的印象；三不要说教，幼儿哭闹的时候，对他说什么，他都是听不进去的；四不要走开，他闹给你看，你就看着他闹，等待幼儿情绪平复了再说话。

6. 怎样培养幼儿的挫折耐受力和挫折排解力

成人要帮助幼儿在遇到挫折时有良好的心态应对困难。当幼儿在遭遇挫折时，成人要引导幼儿慢慢平复哭闹、生气的情绪，引导幼儿用通顺的语言表达遇到的困难，告诉幼儿陪幼儿一起解决问题，鼓励幼儿大胆向家长、老师或同伴诉说让自己感到心里不舒服的事情，还可引导幼儿欣赏同伴的抗挫能力并能努力向同伴靠近。同时，成人要使用恰当的策略、有效的方法指导幼儿排解挫折，让幼儿在挫折面前快速平复心情，鼓起勇气积极应对挫折。

7. 面对幼儿在挫折面前出现的情绪和行为反应，教师和家长应怎样针对问题有效培养幼儿抗挫品格

对于幼儿抗挫品格的培养，家长和教师应同时注意：树立挫折教育意识，认识抗挫教育的重要性；把握挫折教育的时机，帮助幼儿正确理解挫折；教会幼儿正确对待失败；对幼儿的期望应合理，让幼儿能正确地评价自我；给幼儿树立榜样，培养幼儿克服困难的信心；注重幼儿能力的培养，培养幼儿自立的能力和精神以及抗挫的信心；给幼儿锻炼的机会，培养幼儿承受挫折的勇气；放开手脚，让幼儿去做自己能做的事；鼓励幼儿克服困难，培养他们抵抗挫折的勇气；多肯定、鼓励幼儿；懂得关怀，及时疏导，正确理解挫折；因材施教，给每名幼儿制定抗挫实施方案；给幼儿犯错误的权利。

（广州市番禺区北城幼儿园　莫卡）

第九章　慷慨品格：我为人人，人人为我

一、主题说明

◎情境链接

　　恩恩性格比较内向，平时不太主动跟小朋友们说话，看到争抢玩具的场面也会绕开，然后去做自己的事情，不过总的来说恩恩也能和大家友好相处。一天，成成刚从玩具架上取下一个新玩具玩得正高兴，浩浩走过来说自己也想玩这个，成成不给，于是两名幼儿争抢起来。成成争不过浩浩，只得不情愿地把玩具让给他。看到浩浩拿着玩具上一边玩去了，恩恩走过来把自己手里的玩具递给成成，然后又走回自己之前玩的地方取了另一个玩具玩。

　　什么是慷慨？古希腊哲学家亚里士多德曾给出了明确的界定："慷慨作为一种具体的德性，是德性在与财富有关的行为品质方面的体现。慷慨德性就是给予财物的适度，这意味着具有慷慨德性的人在适当的时候把适当的财物以适当的方式给予适当的对象。"[①]理解慷慨品格需要注意以下几点：①适度，即给予的时间要适当，给予的东西在量上要适当，"吝啬"和"奢侈"都是要规避的；②给予的对象要适当，慷慨应当是雪中送炭而非锦上添花；③慷慨作为一种德性，是个体内在的一种品格，因此一定是自主、自愿、自发的，话语表达是"我要"而不是"我应该"；④给予的时候带着快乐，至少不是痛苦。因此，在培养幼儿慷慨品格的时候，我们需要牢记慷慨品格的这四个核心特点。

　　《3—6岁儿童学习与发展指南》在人际交往的目标2"能与同伴友好相处"中提到"能想办法吸引同伴和自己一起游戏""与同伴发生冲突时能自己协商解决"；在目标4"关心尊重他人"中提到"能关注别人的情绪和需要，并能给予力所能及的帮助""接纳、尊重与自己的生活方式或习惯不同的人"；在社会适应目标3"具有初步的归属感"中提到"愿意为集体做事，为集体的成绩感到高兴"。这些要求在一定程度上就是慷慨品格的体现，如人际交往中分享、谦让、助人的行为，为集体做事，有集体荣誉感等。

　　慷慨的人更容易获得幸福，因为慷慨品格有助于个体人际交往和社会适应能力的发展。

---

　　① 宗晓兰：《美德伦理视阈下的慷慨德性探析》，载《南京航空航天大学学报（社会科学版）》，第2期，2014。

二、主题目标

第一，体会慷慨行为(助人、谦让、分享、安慰、同情)给自己带来的快乐。

第二，知道与人相处要慷慨大方，不能斤斤计较。

第三，看到他人需要帮助的时候，愿意主动提供帮助。

第四，在生活中与同伴或年龄小的弟弟妹妹一起玩时，愿意谦让照顾对方。

第五，愿意为集体做事，为集体的成绩感到高兴。

三、环境创设

(一)主题墙

慷慨品格是更高水平的亲社会品质，体现了对他人的关心、安慰、同情、谦让及帮助。对大班幼儿来说，培养幼儿的慷慨品格旨在帮助幼儿感知慷慨的外在行为表现，了解身边的慷慨故事(事迹)，进而激发幼儿积极主动照顾、体谅他人的情感。结合大班幼儿认知发展特点及生活经验，慷慨主题的教育活动主要涵盖对慷慨的认识、生活中的慷慨。因此，主题墙也将从这两方面进行布置。

1. 对慷慨的认识

这部分通过绘本分享，如《石头汤》《彩虹色的花》《爱心树》《我是彩虹鱼》，帮助幼儿理解慷慨的内涵；围绕"慷慨初体验"，引导幼儿感知身边的慷慨行为，如把好吃的让别人吃，把心爱的物品转让给别人，把东西借给别人使用等，通过"大带小"的活动帮助幼儿在操作体验中感知、理解慷慨品格的意义。

2. 生活中的慷慨

这部分让幼儿从了解慷慨，到体验身边的慷慨，最后升华到社会精神层面的慷慨(大爱——献爱心)。整个主题层层递进，将"爱的奉献"作为最后一个活动的呈现，让幼儿从多方面感受慷慨带来的快乐，为慷慨主题活动画上一个完美的句号。

(二)家园共育栏

家园共育主要通过环境创设、线上互动、问卷调查表等方式进行。教师通过线上家长课堂，先让家长了解本期品格主题慷慨的相关理论知识以及幼儿园的各项活动计划与安排，包括班级教学活动(目标、内容)，引导家长根据目标与教师形成双向合力培养幼儿慷慨品格。在培养过程中，家长与教师需互相反馈幼儿在学习生活中的慷慨行为，教师给予专业的建议与针对性的指导。

1. 家长课堂，告知本月品格主题内容

这部分主要由四个板块内容构成，即：①家长课堂通知；②家长参与家长课堂学习的记录；③家园线上互动与交流；④本月活动安排。详细、具体、深入的互动式家园共育设计，进一步促进幼儿慷慨品格的发展。

2. 定期线上互动，分享幼儿慷慨趣事

这部分可进行慷慨趣事分享，也可以记录幼儿在生活中慷慨品格的表现以及品格养成的点点滴滴。教师可以通过幼儿照片、文字描述、聊天截图等方式进行展示，让幼儿在良好的环境氛围中，感受自己慷慨品格的养成，以及成长中的变化与进步。

3. 亲子制作礼物送朋友

幼儿前期了解了慷慨的含义，并在各项活动中初步感知了一些慷慨的行为，通过亲自制作礼物送朋友的活动，能更深层次地感知慷慨品格。

这部分分为三个板块，即：①小小设计师（幼儿自己绘制礼物设计图，呈现幼儿作品并辅之以简要文字介绍）；②声声祝福送给你（记录幼儿的童言童语，以图文结合的方式呈现幼儿的祝福）；③赠送礼物时间（呈现幼儿赠送礼物的照片，记录分享时刻）。

(三)幼儿成长(学习)记录墙

幼儿成长（学习）记录墙主要以幼儿与同伴交往中体现的慷慨为主，用来记录幼儿慷慨品格的发展过程，引导幼儿通过环境创设，直观地看到自己的变化，主要内容包括学习中的慷慨行为、游戏中的慷慨行为、生活中的慷慨行为。

学习中的慷慨行为：美术活动时，愿意给同伴借用自己的水彩笔；学习活动时，愿意将自己家的材料带来给班级活动使用；等等。

游戏中的慷慨行为：区角游戏时，当选择角色发生冲突时，愿意主动让出自己的角色给同伴；户外游戏时，愿意花费自己的时间帮助弟弟妹妹收放较大、较重的游戏材料；等等。

生活中的慷慨行为：当同伴打湿衣裤没带衣物时，愿意将自己的衣物借给同伴；外出活动同伴忘带水时，愿意将自己的矿泉水分给同伴；等等。

（中国人民武装警察部队四川省总队机关幼儿园　夏世静　游爽）

四、教学活动案例及反思

(一)品格绘本阅读活动

1. 慷慨品格绘本推介

基于幼儿园集体教学活动的特点及慷慨品格的内涵，本期主题主要筛选了 4 本绘本推荐作为教师开展教学活动的载体。所选绘本涵盖了人际交往中分享、助人的行为、关心、尊重等元素，具体见表 9-1。

表 9-1　慷慨品格绘本推荐及解析

绘本名称	主要内容	绘本中的"慷慨"
《彩虹色的花》	讲述了一朵彩虹色的花在人际交往中愿意与他人分享快乐，在别人遇到困难时能够牺牲自己、慷慨地伸出援助之手的情景。	慷慨的人会产生积极的能量，慷慨地帮助别人，和别人分享快乐。这个故事能让孩子感受到慷慨给自我和他人带来的积极情感。

续表

绘本名称	主要内容	绘本中的"慷慨"
《我是彩虹鱼》	故事讲述了拥有孩子般性格特点的"彩虹鱼",从不会分享、感觉孤独,到后来学会慷慨而拥有越来越多的朋友并收获快乐的故事。	在"试错"中学习、成长,虽然这个过程不容易,但是只要勇于尝试,逐渐就能感受到慷慨、分享、乐群带来的快乐。
《石头汤》	一个经历了很多苦难的村子,村民对世界没有了信心,对生活也没有了热情,人与人之间没有交往,彼此猜忌,没有信任,导致村民之间没有慷慨和分享。和尚巧妙地诱使他们用石头来煮汤,村民们发现他们不自觉地付出了很多,而获得的回报则更多。	村子里的人在付出的过程中变得热情了,相互之间有了更多的互动和交流,人与人的关系更融洽、更温馨。慷慨付出,乐于奉献,能够帮助我们创造出更美好的生活。
《爱心树》	故事讲述了一棵大树爱上一个男孩,男孩一生专注自己的生活和所需,大树一生都在无条件为男孩奉献而不求任何回报的故事。	男孩在不断成长当中对大树的索取,以及大树对男孩付出的无私奉献与爱,让幼儿体会父母对自己无条件的慷慨付出。

2. 教学活动案例

接下来我们以语言活动"彩虹色的花"为例阐述慷慨品格语言领域教学活动的组织要点,见表 9-2。

表 9-2　慷慨品格语言领域教学活动

彩虹色的花		
活动环节	**活动设计**	
活动目标	认知目标:理解故事内容,感知彩虹色的花乐于助人、慷慨给予的精神。	
	能力目标:能够根据画面提示用连贯的语言描述故事情节。	
	情感目标:萌发慷慨给予、主动帮助他人的情感。	
活动准备	经验准备	幼儿对帮助别人的行为有一定的了解。
	物质准备	1. 绘本课件《彩虹色的花》。 2.《彩虹色的花》故事音频。 3. 彩虹色的花的图片、彩虹色的花枯萎凋零后的图片、小动物(蚂蚁、蜥蜴、老鼠、小鸟、刺猬)图片、需要无私奉献的特殊职业的人(医生、教师、警察)的图片。
活动过程	**一、激趣导入,通过图片对比,激发幼儿听故事的兴趣** 师:山坡上有一朵美丽的花,小朋友们看一看,它美在哪呢?(教师出示彩虹色的花的图片,引导幼儿说出花的特点是有多种颜色,就像天空的彩虹) 师:可是你们知道吗?这朵美丽的花最后却枯萎凋零变成了这样(教师出示彩虹色的花枯萎凋零后的图片),这是为什么呢?今天老师给大家带来一个故事,在故事中我们就可以寻找到答案,我们一起来听一听!	

彩虹色的花	
活动环节	活动设计
活动过程	**二、出示绘本封面，引导幼儿猜测故事** 师：小朋友们看一下图片中有一朵什么样的花，这朵花有什么特点？（教师引导幼儿观察花瓣的颜色、数量，进而猜测故事名称） 师：这个故事讲了一件什么事情呢？我们一起来听一听！ **三、阅读绘本第 2 至 22 页，引导幼儿体会彩虹色的花帮助小动物的心情** 第 2 至 3 页（此书无页码，作者从扉页开始算第 1 页） 师：这个故事发生在什么季节？你是怎么知道的？彩虹色的花最想做的事情是什么？ 第 4 至 15 页 师：现在彩虹色的花还有几片花瓣？她把花瓣都送给了谁？蚂蚁、蜥蜴和老鼠分别用她的花瓣做了什么呢？他们是怎么跟彩虹色的花说的呢？ 小结：彩虹色的花想要去跟每一个路过的人分享自己喜悦的心情，当路过的小动物向她寻求帮助的时候，她都快乐地答应了。 第 16 至 19 页 师：为什么秋天的时候白天会变得越来越短？（教师丰富幼儿生活经验与地理知识） 师：小鸟需要花瓣做什么？现在彩虹色的花还剩几片花瓣，分别是什么颜色呢？ 第 20 至 23 页 师：遇到刺猬的这一天，天气怎么样？ 师：刺猬是怎么跟彩虹色的花说的？彩虹色的花是怎么做的呢？（教师引导幼儿以角色扮演的方式进行场景模拟） 师：现在只剩下最后一片花瓣了，天越来越暗，传来阵阵雷声，接下来会发生什么呢？ 小结：天气越来越冷，彩虹色的花的花瓣也越来越少，不过只要路过的小动物有需要，她还是会帮助大家。为什么她从来不让小动物跟自己说谢谢，或者报答自己呢？ （品格元素：教师通过观察、讨论，引导幼儿体会彩虹色的花帮助他人的心情，以及他人得到帮助时的幸福） **四、阅读绘本第 24 至 32 页，引导幼儿感怀彩虹色的花无私奉献、慷慨助人的精神品质** 第 24 至 29 页 师：彩虹色的花的最后一片花瓣去哪了？在寒冷的冬天里，彩虹色的花怎么了？她此刻的心情怎么样？ 师：大雪覆盖了整个原野，我们已经看不到彩虹色的花的样子了，可是就在此时，又发生了一件不可思议的事情，会是什么呢？ 第 30 至 32 页 师：你还记得彩虹色的花曾经给了小动物们哪些帮助吗？ 师：这一刻，小动物们会跟她说什么呢？ 师：大地上又长出来了一朵彩虹色的花，她是去年那一朵吗？你是从哪里看出来的？ 小结：虽然彩虹色的花被大雪覆盖，但是她带给小动物们的帮助却一直温暖着大家。又一年春天到来，原野上生长出了新的彩虹色的花，这一次太阳公公也非常开心地跟她招呼。 （品格元素：教师调动幼儿的情感共鸣，体会彩虹色的花无私奉献的精神） **五、出示小动物和彩虹色的花的图片，引导幼儿表达对彩虹色的花的感激** 师：你们还记得彩虹色的花帮助了哪些小动物吗？（教师引导幼儿回忆故事情节，根据幼儿的回答依次将动物的图片贴在小黑板上）

续表

活动环节	活动设计
活动过程	师：这些小动物都是因为什么问题来找她帮忙的呢？你们还记得小动物们都是怎么跟彩虹色的花说的吗？（教师引导幼儿根据图片进行角色扮演，简要复现故事主要情节） 师：如果你们是小动物，彩虹色的花帮助了你们，你们会跟她说什么呢？（教师让幼儿分别模拟蚂蚁、蜥蜴、老鼠、小鸟、刺猬的角色，说出想对彩虹色的花说的话） 小结：彩虹色的花不仅为大家带来快乐，她还是一朵幸运之花，她牺牲自己的花瓣为大家带来光芒，让大家觉得很温暖。当我们帮助别人的时候，我们的心里就是在种一朵彩虹色的花。 （品格元素：教师通过角色扮演，带领幼儿回顾故事情节，升华故事慷慨助人的主题） **六、通过讨论，引导幼儿迁移情感和扩展经验** 师：小朋友们，在生活中你帮助过别人吗？怎么帮助的呢？（教师引导幼儿交流分享） 小结：小朋友们在生活中也要互帮互助，这样别人就会感谢你，同时还会记住你对他的帮助。 师：其实在我们的身边还有许许多多乐于助人、无私奉献的人呢！我们一起来看一下！ 教师出示需要无私奉献的特殊职业的人的图片：(1)医生——救死扶伤，帮助病人看病；(2)教师——孜孜不倦，帮助我们学习更多的本领；(3)警察——兢兢业业，帮助我们抓坏人。（教师引导幼儿观察、讨论身边无私奉献的人） （品格元素：教师通过经验迁移，引导幼儿认识到生活中也有很多助人为乐的故事，强化幼儿关心、帮助他人，对他人的慷慨行为心怀感激的情感）
活动延伸	**一、领域延伸** 教师可以组织一次新的艺术领域的教学活动，引导幼儿用混色的方式，调配出彩虹色的花六片花瓣的颜色，红、橙、蓝、黄、绿、紫，在探索颜色混合的活动中，进一步加深幼儿对绘本故事的理解与感悟。 **二、区角延伸** 教师可以将绘本故事投放在图书区，鼓励幼儿和朋友一起分享绘本。教师可以引导幼儿在美工区画一画彩虹色的花并用语言表达出彩虹色的花的奉献精神。教师可以在表演区为幼儿提供故事角色的装扮，鼓励幼儿在角色扮演中体会彩虹色的花帮助他人的心情，强化幼儿对慷慨奉献精神的体会。 **三、生活渗透** 教师可以在日常生活的各环节与幼儿讨论乐于助人的事，观察幼儿日常与他人分享的瞬间，并及时进行鼓励。

3. 活动反思

(1)活动特点

活动目标清晰，各环节层次分明，旨在帮助幼儿愿意与他人分享快乐，懂得乐于助人是一种美德。活动准备能够恰当地辅助目标的达成，并且贴近幼儿的真实生活，还起到了前后呼应的作用。在活动环节中，教师以设置悬疑的形式推动活动进程，并且采用图片对比的方式吸引幼儿的注意力，激发幼儿的好奇心，调动幼儿的阅读兴趣。活动最后的讨论环节呼应了幼儿的真实生活，实现了故事与生活的衔接，发挥了故事对生活的指导意义，实现了幼儿情感的升华。

（2）活动实施建议

故事中小动物角色较多，幼儿很难在短时间内记住所有小动物及他们做的事情，教师可以准备故事中小动物的头饰，并随着故事的进展依次出示小动物头饰，加深幼儿对故事的理解。此外，教师还可以鼓励幼儿模仿小动物的部分行为，增强活动的互动性。

（威海市荣成市宁津街道中心幼儿园　张燕妮　钱美丽）

（二）品格社会领域教学活动

1. 慷慨品格的社会领域教学活动设计说明

慷慨是一种高水平的分享，体现的是一种大无畏的奉献精神，拥有慷慨品格的人在大是大非面前，愿意为了他人或集体而适当牺牲自己利益。其实，生活中处处都有慷慨品格的体现，小到把自己喜欢的玩具让给弟弟妹妹玩，以及在游戏中为了活动的顺利推进能够适当妥协与让步，看到他人有需要时能够主动提供帮助等；大到主动为他人、集体、社会提供力所能及的服务，如参加志愿者、义工活动等。慷慨品格体现了"我为人人，人人为我"的精神品质。对幼儿来说，幼儿园每年组织的"学雷锋日"活动就是对慷慨奉献精神的继承和发扬，也是进行慷慨品格教育的重要契机。

2. 教学活动案例

接下来我们以社会活动"学习雷锋好榜样"为例阐述慷慨品格社会领域教学活动的组织要点，见表9-3。

表 9-3　慷慨品格社会领域教学活动

学习雷锋好榜样	
活动环节	**活动设计**
活动目标	认知目标：认识雷锋，了解他慷慨奉献、助人为乐的精神。
	能力目标：能够用连贯的语言较清楚地讲述身边慷慨奉献的故事。
	情感目标：愿意向雷锋同志学习，萌发主动帮助身边人的情感。
活动准备	经验准备：幼儿听过关于雷锋的故事。
	物质准备： 1. 歌曲《学习雷锋好榜样》。 2. 雷锋同志图片。 3. 绘本《雷锋的故事》。 4. 生活中助人、默默奉献的场景视频或图片（选取的场景建议涵盖幼儿园、家庭、社会生活三方面）。
活动过程	**一、播放歌曲《学习雷锋好榜样》并出示雷锋同志图片，引导幼儿认识雷锋** （一）播放歌曲，调动幼儿参与活动的兴趣 师：今天老师带来了一首好听的歌曲。大家仔细听一听，然后告诉老师歌曲里都唱了什么。（师幼一起听歌曲） 小结：这是赞美一名叫雷锋的解放军叔叔的歌曲。 （二）出示雷锋同志图片，帮助幼儿初步认识雷锋 师：你们知道雷锋吗？说一说你们认识的雷锋吧！ 师：大家说了这么多，我们一起来看看雷锋长什么样子吧！（教师根据自己找到的雷锋同志的经典照片进行描述）

续表

	学习雷锋好榜样
活动环节	**活动设计**
活动过程	小结：雷锋叔叔带着厚厚的帽子，穿着中国人民解放军的军服，手里还拿着枪。他在生活中经常做各种各样的好事，是一名乐于助人并且深受人民爱戴的解放军叔叔。 （品格元素：一个拥有慷慨品格的人在生活中会表现出助人、分享等品质。雷锋同志助人为乐的精神是慷慨品格的最佳诠释） **二、讲述绘本《雷锋的故事》，帮助幼儿进一步了解雷锋慷慨助人的事迹** 师：雷锋叔叔在生活中都做了哪些让人印象深刻的好事呢？我们一起听一听故事里的雷锋精神吧！ （一）阅读故事开始至"那位大嫂眼泪汪汪地向他挥手"，了解雷锋在去沈阳的路上做的好事 师：雷锋是一位全心全意为人民服务的解放军战士，他在去沈阳参加训练的路上做了哪些好事？ 师：雷锋帮助别人的时候心情怎么样？人们是怎样向雷锋表达感谢的呢？ 师：你们在生活中有遇到别人主动帮助自己的情况吗？你们有主动帮助过别人吗？分享一下你们的经历吧！ 小结：雷锋帮助别人的时候总是满脸微笑，并且从来不求回报，他的这种品质就是慷慨。 （二）继续讲述故事至结束，了解雷锋全心全意做好事、从不马虎敷衍的品质 师：雷锋从沈阳回家的路上又做了什么好事？ 师：你们喜欢雷锋叔叔吗？喜欢他什么？ 小结：雷锋叔叔不仅喜欢帮助他人，而且每一次都是尽心尽力地为那些遇到困难的人寻找解决办法，从来不敷衍，因此老百姓们非常喜欢雷锋，就连战士们都说"雷锋出差一千里，好事做了一火车"。 （品格元素：慷慨体现的是一种无私奉献、不求回报的给予，就像故事里的雷锋一样，他只想全心全意帮助他人，从未索取回报，并且在付出的过程中体会到了快乐和幸福） **三、出示视频或图片，引导幼儿发现自己身边那些助人为乐、默默奉献的人和事，意识到生活中随处都有慷慨品格** 场景一：幼儿园里同伴之间、师幼之间的助人、分享、安慰等方面的场景。 场景二：家庭成员之间的助人、分享、安慰、默默付出等方面的场景。 场景三：社会生活中的好人好事，如拾金不昧、助人为乐、爱岗敬业等方面的场景，可以选择日常生活中的事，也可以选择医生、警察、人民解放军等特殊职业的无私奉献场景。 （注：以上场景供教师参考，教师最好结合当地的实际情况，选择幼儿熟悉的或体验过的场景进行分享和讨论，能更好地调动幼儿的生活经验，更有助于幼儿理解慷慨的内涵） 小结：我们每个人都可以争做一名小雷锋，在自己的能力范围内帮助他人，多做好事。 **四、再次齐唱歌曲《学习雷锋好榜样》，深化幼儿对雷锋慷慨奉献精神的感悟** 教师可以根据歌词创编适合的动作，带领幼儿一边演唱一边用肢体动作表现歌词内容，加深幼儿对歌词的理解，让幼儿在积极向上的音乐声中深化向雷锋学习的意愿。
活动延伸	**一、区角延伸** 教师可以将图书区与表演区联动起来，鼓励幼儿通过表演游戏的方式演绎雷锋助人为乐的故事。教师也可以和幼儿一起根据歌曲《学习雷锋好榜样》创编动作，形成音乐律动或音乐手势舞，强化幼儿对歌词及歌曲主题的理解和认识。教师还可以在美工区投放白纸、水彩笔、记号笔、油画棒等绘画材料，引导幼儿将帮助他人的经历或者以后想要做的好事画下来，并与大家分享自己的作品。

续表

学习雷锋好榜样	
活动环节	活动设计
活动延伸	**二、家园共育** 教师可以鼓励幼儿回家后和家人分享绘本《雷锋的故事》，引导家长给幼儿讲述更多雷锋的故事，以及身边人无私奉献的故事，让幼儿认识到慷慨品格在生活中随处可见，鼓励幼儿努力做一个乐于助人、关心他人的人。

3. 活动反思

（1）活动特点

在"学习雷锋好榜样"的活动中，我们再次感受到雷锋精神的力量。活动通过视频、音频、图片等多种形式，让幼儿了解、感悟、学习雷锋精神。活动中，幼儿不仅了解了雷锋叔叔的事迹，更将雷锋精神融入行动中，如吃饭不浪费饭菜，给垃圾分类，捐献旧物，主动帮助遇到困难的小朋友，将爱心献给地球等。在活动最后，幼儿伴随着歌曲《学习雷锋好榜样》，一边歌唱一边用肢体动作表现歌词内容，心中充满了向雷锋叔叔学习的愿望。

（2）活动实施建议

幼儿园的教学活动一定要与幼儿的生活经验紧密衔接。因此，教师在开展本次活动时，活动过程中的素材尽可能使用当地或幼儿日常熟悉的、参与的素材，甚至在活动前可以邀请幼儿家长帮忙收集各自家庭、小区里或身边助人为乐、默默奉献的故事，帮助幼儿从中感受被人帮助的温暖，学习无私助人、奉献的慷慨品质，进而提高幼儿的社会责任感。活动的环节三中，教师除了引导幼儿学习如何做到慷慨，还应引导幼儿讨论自己遇到困难被人帮助，遇到不开心的事情被人安慰等情境时的心情，感受慷慨的意义，从而愿意去积极践行雷锋精神。

（益阳市赫山区龙洲幼儿园 刘娟 杨熠）

（三）品格综合领域教学活动

1. 慷慨品格的综合领域教学活动设计说明

慷慨是一种更高水平的亲社会能力，《3—6岁儿童学习与发展指南》提出的培养目标"能与同伴友好相处""关心尊重他人"也是慷慨品格的应有之义。教师不仅要在日常生活中培养幼儿的慷慨意识，鼓励幼儿的慷慨行为，还可以开展情境性的领域教学活动，巩固幼儿对慷慨的认识与理解。例如，在健康领域，教师可以基于社会中关于器官捐赠、献血等方面的新闻或感人事迹，开展身体养护活动；在科学领域，教师可以重点围绕数学认知中集合与分类的关键经验，创设慷慨分享或助人的情境开展物品分类活动；在艺术领域，教师可以创设情境引导幼儿设计关爱老年人、关爱残障人士等方面的海报，或组织与关爱、互助、谦让等相关的歌唱、律动、表演活动。

2. 教学活动案例

接下来我们以艺术领域活动"让座"为例阐述慷慨品格综合领域教学活动的组织要点，见表9-4。

表 9-4　慷慨品格综合领域教学活动

让座	
活动环节	活动设计
活动目标	认知目标：理解歌词内容，感知歌曲尊老爱幼的主题。
	能力目标：能唱准弱起小节，尝试根据生活经验大胆仿编歌词并分角色表演歌曲。
	情感目标：愿意主动帮助有需要的人，产生尊老爱幼、关爱他人、争做好事的意愿。
活动准备	经验准备　幼儿有乘坐公交车的经验。
	物质准备　1. 歌曲《让座》，《让座》的歌词图谱。 2. 自制方向盘、红绿灯、娃娃等道具，用小椅子布置公交车内的场景。
活动过程	一、创设情境，带领幼儿"乘车"导入活动，初步熟悉歌曲旋律 (一)播放歌曲，创设乘坐公交车的情境，激发幼儿兴趣 教师扮演司机，请幼儿伴随《让座》的音乐乘坐公交车，提醒幼儿有秩序地上车，不争抢，上车后入座。 师：谁坐过公交车？坐公交车什么感觉？ 教师引导幼儿回忆坐公交车摇摇晃晃站不稳等已有经验，并根据音乐旋律随意做身体动作。 (二)再次播放歌曲，师幼听音乐做身体动作，初步感知旋律 (品格元素：教师基于真实的生活情境，根据幼儿已有经验，为接下来的环节"让座"做好铺垫) 二、结合图谱，引导幼儿熟悉歌词内容 (一)难点前置，情境表演"给阿姨让座"，引导幼儿学说念白部分 第一遍：配课教师扮演阿姨，引导幼儿加上动作学说念白部分。 师：谁上车了呀？歌曲里是怎么唱的？我怎么做的？ 幼儿自由讲述记得的歌词，教师根据幼儿的回应，在展板相应位置贴上相应的歌词图谱。 小结：有位阿姨上车来，手里抱着小娃娃，我对阿姨把手招，我的座位让您坐。 第二、第三遍：教师引导幼儿扮演阿姨开展情境表演，重点引导幼儿唱准切分音。 师：阿姨抱着小娃娃上车的时候是什么样子的？ 小结：很费力，要扶好了使劲迈步，所以上车的时候要慢一点儿。 教师带领幼儿反复学唱切分音部分，引导幼儿唱准。 (二)引导幼儿带问题再次聆听歌曲，熟悉其他部分歌词 师：你们从歌曲中还听到了什么？谁先给谁让座了？ 小结：阿姨先让座，"车上阿姨让我坐，让呀让我坐"。 师：我们再来听听空白的地方还唱了什么？ 教师清唱全部歌词内容，空白区域的歌词内容要放慢速度唱，引起幼儿的注意，根据幼儿回答，逐一出示相应的图片补全歌词图谱。 三、借助图谱，层层递进，引导幼儿学唱歌曲 (一)引导幼儿根据图谱试唱歌曲，唱准歌曲中的空拍，感受让座的快乐 师："我的座位让您坐"唱了几遍？两遍有什么不一样？心情怎么样？ 小结：第一遍是说的，看到阿姨上车急切地想要帮助阿姨，第二遍是唱出来的，帮助阿姨以后心情很愉悦，很自豪。(教师借助动作帮助幼儿唱准空拍) (二)师幼看图谱尝试完整演唱歌曲 2～3 遍(集体演唱、分组演唱)，鼓励幼儿唱清楚歌词内容，尝试用快乐自豪的心情和声音演唱歌曲

续表

让座	
活动环节	活动设计
活动过程	师：小朋友们有没有哪一句觉得有困难，还不太会唱？ 教师根据幼儿的回答，请其他幼儿帮忙或者教师再次着重范唱这一句。 （**品格元素**：教师通过多种演唱方式，激发幼儿的表演欲望，让幼儿在此过程中感受被别人帮助和帮助他人的不同心情；针对幼儿速度过慢或过快、跟不上节奏或歌词不连贯的情况，可以把容易中断、接不上的地方再重复 2~3 次，引导幼儿逐句学唱，逐步巩固） **四、再次创设乘公交车的情境，引导幼儿分角色进行表演唱，尝试仿编歌词** （一）鼓励幼儿大胆想象，扮演不同角色，丰富故事情节，以便更好地进行表演，引导幼儿感受做好事的自豪感 师：看到宝宝让座，妈妈会怎样做？车上其他的乘客会是什么表情和动作？ 教师引导幼儿唱清楚歌词内容。 小结：看到宝宝让座，妈妈会十分开心，表扬宝宝；其他的乘客也会为他竖起大拇指。 （二）引导幼儿尝试根据生活经验仿编歌词，丰富情境角色，进行分角色表演唱 师：我们在坐公交车时，还会遇到哪些需要帮助的人？还可以给谁让座？ 教师请幼儿创造性地替换歌词进行表演唱。 小结：老奶奶、老爷爷、行走不便的人等都需要帮助，我们可以把歌词改为"有位奶奶上车来呀，弯着腰来走得慢呀"。 （**品格元素**：教师基于真实的生活经验，引导幼儿发现生活中需要帮助的人，并愿意主动提供帮助）
活动延伸	**一、区角延伸** 教师可以引导幼儿在表演区续编歌曲内容表演，鼓励幼儿带小班、中班的弟弟、妹妹一起表演、游戏，激发幼儿关爱他人的情感。 **二、家园共育** 教师可以让家长带幼儿坐公交车体验生活，并及时将幼儿的表现反馈到教师那里，教师对表现好的幼儿给予表扬。

3. 活动反思

（1）活动特点

活动目标清晰，紧紧围绕让座这件事从认知、能力和情感三方面进行阐述，目标难度适宜，重点聚焦，易于实施。活动的环节层层递进，通过情境导入、角色扮演游戏等方式进行，有效地支持了本次活动目标的达成，使整个活动变得更加富有趣味性、直观化、生活化。延伸活动与家园共育相结合，能更好地促进幼儿良好品格的培养。

（2）活动实施建议

本次活动让幼儿感受了被别人帮助的快乐，从而产生愿意为有需要的人提供帮助的情感，但由于幼儿年龄太小，还是需要被照顾的一方，所以教师要引导幼儿在现实生活中首先要在能够自我保护的基础上再为他人提供帮助，例如，幼儿与家长都有座位，当遇到需要帮助的人时，自己可以与家长坐同一个座位，将自己的座位让给需要帮助的人。

活动目标中重点是理解歌词内容，初步学唱歌曲，能唱准弱起小节。因此，教师在组织活动时可以把活动三分之二的时间用来结合情境让幼儿理解歌词,再学唱歌曲就很简单了。在此基础上,教师再引导幼儿尝试根据生活经验大胆仿编歌词并分角色表演歌曲,以此形式对歌曲进行巩固。

(青岛市崂山区沙子口街道段家埠幼儿园 姜珉 段钰)

(四)幼儿社会技能教学活动

1. 活动设计说明

幼儿亲社会行为主要包括谦让、分享、关心社会发展、帮助他人等。大班幼儿的社会交往能力不断提升,其在生活中的利他行为不断增多。在这个锻炼幼儿人际交往能力的关键期,引导幼儿懂得关心他人,根据他人需要提供适宜的帮助是非常重要的。

2. 社会技能"提供帮助"教学活动案例

社会技能"提供帮助"的技能口诀是:看到别人有困难;不要站在一边看;主动过去帮帮忙;大家都会给点赞。接下来我们以活动"助人为乐的乔治"为例阐述社会技能"提供帮助"教学活动的组织要点,见表9-5。

表 9-5　社会技能"提供帮助"教学活动

助人为乐的乔治	
活动环节	**活动设计**
活动目标	认知目标:理解故事内容,感知主动帮助他人带来的快乐。
	能力目标:能够在老师的引导下简单地描述故事情境并说出"提供帮助"技能口诀。
	情感目标:愿意关心、照顾他人,萌发助人为乐的情感。
活动准备	经验准备：1. 幼儿在生活中有帮助过别人及被人帮助的积极体验。 2. 幼儿具有一定的看图讲述的能力。
	物质准备：1. 绘本故事课件《城里最漂亮的巨人》。 2. 歌曲《小矮人与大巨人》。 3. 巨人乔治、长颈鹿、山羊、老鼠、狐狸、小狗、鞋子、袜子、皮带、皇冠的图片,移动黑板。
活动过程	一、音乐游戏"小矮人和大巨人"导入,激发幼儿参与活动的兴趣。 师:小朋友们好,一会老师要跟大家一起来玩一个"小矮人和大巨人"的游戏,你们见过小矮人、大巨人吗?他们是什么样子呢? 师:音乐响起时,大家跟着音乐一起动起来,当听到"我变变变变变变变变变成大巨人"时,要用动作表现出大巨人的高大,将身体尽可能变到最大;当听到"我变变变变变变变变变成小矮人"时,要用动作表现出小矮人的矮小,尽最大可能将身体变小;当听到"变到不见了"时,大家要想办法把自己的身体变到最小并且不能动。(教师播放歌曲《小矮人与大巨人》) 二、出示绘本《城里最漂亮的巨人》封面、封底,启发幼儿观察、思考、猜测故事内容 师:今天我们要听的故事和我们刚刚玩的游戏有关系。大家一起来看看。在这幅图上你们看到了什么?这会是一个什么样的故事呢?(教师出示绘本封面,给幼儿充分的时间观察、思考、猜测) 三、融入"提供帮助"技能口诀,体会主动帮助他人的过程及助人为乐的情感 1. 师幼阅读绘本第2至6页(此书无页码,作者从扉页开始算第1页),了解故事背景,感知乔治想要变漂亮的心情。

续表

助人为乐的乔治	
活动环节	活动设计
活动过程	第 2 至 3 页： 师：乔治和城里其他人一样吗？哪里不一样？（教师引导幼儿观察乔治的体形、穿着、表情，感知乔治内心的自卑、不开心） 师：邋遢是什么意思？（教师鼓励幼儿表达自己的理解） 第 4 至 6 页： 师：乔治在商店里买了什么东西？ 小结：乔治现在变成了城里最漂亮的巨人，再也不是穿打着补丁的旧袍子和旧凉鞋的邋遢巨人。 2. 师幼阅读绘本第 7 至 29 页，了解乔治主动帮助弱者的美好行为，感知助人为乐的美德。 第 7 页： 师：听了长颈鹿的话，刚刚穿上新衣服的乔治会怎么做呢？（幼儿猜测） 第 8 至 9 页： 师：把新买的领带送给了长颈鹿，乔治怎么一点也不难过？ 小结：领带给受冻的长颈鹿做围巾，可是你们瞧瞧，我还是城里最漂亮的巨人。 第 10 至 13 页： 师：乔治遇到了谁？山羊是怎么说的？乔治又是怎么做的？ 小结：乔治没有了新买的衬衫，但心里却美滋滋的，他一边走一边大声地唱道："看到别人有困难；不要站在一旁看；主动过去帮帮忙；大家都会给点赞。我还是城里最漂亮的巨人！" 第 14 至 25 页： 师：乔治又帮助了哪些小动物？他用什么方法帮助了他们？（教师出示故事中老鼠、狐狸、小狗、鞋子、袜子、皮带的图片，帮助幼儿回顾故事情节） 师：每一次帮助了小动物乔治都会非常开心地唱歌，你们还记得他唱了什么吗？（教师引导幼儿说技能口诀。教师可根据口诀含义，创编动作，让幼儿在玩中自然说口诀） 第 26 至 27 页： 师：现在乔治身上还剩什么？你们觉得他还是城里最漂亮的巨人吗？为什么？ 第 28 至 29 页： 教师引导幼儿观察画面，感知帮助他人后，乔治内心的变化。 3. 师幼阅读绘本第 30 至 31 页，和乔治一起感受帮助他人给自己带来的惊喜和内心的快乐。 第 30 页： 师：谁在乔治的家门口？他们要做什么？（幼儿先观察表达，教师再简要讲述） 第 31 页： 教师一边念卡片的文字内容，一边将卡片中提到的衣物与动物对应地呈现在小黑板上。接下来，教师用黑板的另一面呈现巨人乔治的图片，以及一顶美丽的皇冠。 小结：虽然乔治现在看起来不是城市里最漂亮的巨人，但他却是城里最温暖、最快乐的巨人。 **四、联系生活经验，巩固幼儿对故事表达的助人为乐的感知，强化幼儿对"提供帮助"技能的理解** 师：你们喜欢故事里的巨人乔治吗？最喜欢他什么？ 师：你们还记得乔治每次帮助小动物后都会开心地唱什么歌吗？

续表

助人为乐的乔治	
活动环节	活动设计
活动过程	师：你们有没有帮助过其他人？帮他们做什么呢？ 小结：在生活中不仅别人帮助过我们，我们也帮助过别人，你们也是最漂亮的小朋友。活动后我们也给自己折一顶漂亮的皇冠吧！
活动延伸	**一、区角延伸** 教师可以鼓励幼儿在图书区继续阅读绘本故事《城里最漂亮的巨人》，引导幼儿熟悉故事情节与对话；同时，为幼儿提供巨人的服饰，鼓励幼儿基于故事情节进行角色表演，在游戏中感受巨人乔治主动帮助他人的过程并体验帮助他人的快乐。 **二、家园共育** 首先，教师可以在班级群中简要分享当天学习的社会技能，如技能口诀、培养重点及幼儿学习情况等；其次，提示家长在家庭中要营造互帮互助的氛围，要及时表扬、肯定幼儿的助人行为；最后，可以给家长分享与助人相关的绘本故事，丰富家庭亲子阅读，如《最幸福的小企鹅》《一片幸运的叶子》《太阳想吃冰激凌》等。 **三、生活渗透** 教师在日常生活中要有意识地关注幼儿的助人行为，鼓励幼儿主动为有需要的人提供帮助，例如，帮助值日生分发餐具、扫地、擦桌子，帮助不会系鞋带的小朋友系鞋带，扶起摔倒的小朋友等。教师还可以在班级开展"助人小明星"活动，对幼儿的助人行为进行鼓励和表扬，不断强化幼儿的助人意识。

3. 活动反思

（1）活动特点

首先，为了增强幼儿学习社会技能的兴趣，本次教学活动教师以绘本故事《城里最漂亮的巨人》为载体，将"提供帮助"这一核心内容贯穿于巨人帮助小动物们解决困难的整个过程之中，使教学过程紧扣活动目标。其次，为了帮助幼儿掌握技能口诀，教师将技能口诀融入故事情节，即巨人每一次为小动物提供帮助时，都会默念一遍技能口诀，帮助幼儿在故事情境中理解技能口诀。最后，教师通过交流分享鼓励幼儿表达自己听完故事后的体会和感受，并且引导幼儿结合自己的生活经验谈一谈自己对"提供帮助"的看法，鼓励幼儿在生活中主动为他人提供帮助。

（2）活动实施建议

本次教学活动是以绘本故事为载体的社会领域活动，因此，教学活动不能偏离社会领域，不能单纯地把这个活动组织成一次语言领域教学活动。教师在教学活动过程中要始终把握住三点。第一，要引导幼儿了解故事角色、情节、对话，让幼儿感知"助人为乐"的故事主旨；第二，要引导幼儿讨论、分析巨人帮助别人时的心情，鼓励幼儿分享自己在日常生活中帮助他人及得到他人帮助时的感受，让幼儿意识到帮助他人是一件快乐的事情；第三，引导幼儿认识到主动帮助他人是一件好事，但一定要在自己能力范围内帮助他人，不要做超出自己能力或危险的事情，必要时应当求助大人。

（郑州市二七区郑大幼儿园　李艳　秦文茹）

五、区角活动案例

《幼儿园教育指导纲要（试行）》指出要"引导幼儿参加各种集体活动，体验与教师、同伴等共同生活的乐趣，帮助他们正确认识自己和他人，养成对他人、社会亲近、合作的态度，学习初步的人际交往技能"。幼儿和同伴交往时常会遇到这样的问题，如"要不要跟他分享？""要不要主动帮忙？"因此，根据大班幼儿的人际交往经验及慷慨品格的内涵，班级区角布置时要体现"帮忙""分享"等因素，激发幼儿内心"善的种子"，让幼儿成为一个健康、温暖、善良的人。

语言区

活动一：助人之星

活动目标：在分享助人故事的过程中体会到帮助他人的幸福感和自豪感，进一步激发助人为乐的情感。

活动准备：

1. 幼儿帮助他人的照片。

2. 在语言区布置一个"助人之星"的展板。

活动过程：

1. 教师引导幼儿主动帮助他人，感受帮助他人的快乐。

2. 教师收集助人为乐的照片，师幼共同布置"助人之星"的展板。

3. 教师鼓励幼儿分享自己帮助他人的过程及心情。

4. 教师小结，鼓励幼儿要乐于助人、乐于奉献，共同评选"助人之星"。

活动建议：

1. 教师在布置"助人之星"展板时，应为幼儿创造动手帮忙的机会，让幼儿参与到环境布置中。

2. 在评选"助人之星"的时候，对于一些还不太愿意主动帮助他人的幼儿，要给予恰当的引导和鼓励，提高幼儿的自信心，激发幼儿主动帮助他人的意愿。

活动延伸：

教师可以通过评选"助人之星"引导幼儿拓展帮助的对象，如从家人、老师、小朋友拓展到社会中其他需要帮助的人；也可以组织一些社会性的公益活动，如"我是环保小卫士""送温暖"等，进一步增强幼儿助人为乐的情感。

活动二：慷慨故事会

活动目标：能够根据画面较完整地讲述故事内容，体会故事传递的慷慨主题与情感。

活动准备：与慷慨品格相关的绘本故事，如《彩虹色的花》《爱心树》《艾薇的礼物》《石头汤》《和甘伯伯去游河》等。

活动过程：

1. 教师组织慷慨品格绘本阅读后，鼓励幼儿在区角活动时间自主阅读。

2. 教师鼓励幼儿与同伴一起共读，在与同伴讨论、分享、模仿中加深自己对故事主题的理解。

活动建议：

教师鼓励幼儿在阅读过程中和好朋友分享自己的阅读心得，如自己喜欢哪个故事、哪个角色、故事里的什么情节等。

活动延伸：

在晨间谈话、餐前、午睡前、离园前等过渡环节，教师可以邀请幼儿分享自己做过的与慷慨有关的事情，如主动帮助他人，游戏中愿意相互谦让，主动关心小朋友等。同时，教师也可以鼓励幼儿回家让爸爸妈妈说一说他们的慷慨故事，在一次次的故事分享中，强化幼儿对慷慨的感知与理解。

活动三：把水桶加满

活动目标： 理解水桶加满的含义，知道把水桶加满的方法。

活动准备： 绘本《你把水桶加满了吗？》

活动过程：

1. 教师引导幼儿听故事《你把水桶加满了吗？》，理解水桶加满的含义。

2. 教师引导幼儿根据故事内容，结合自己的生活经验，讨论往水桶里加水、减水的行为。

3. 教师通过关键提问引导幼儿思考当你水桶满满的时候，你感觉如何；当你的水桶空空的时候，你感觉如何。教师鼓励幼儿用连贯、清楚的语言表达自己的感受，引导幼儿进一步体会帮助他人的幸福感。

活动建议：

1. 教师要鼓励幼儿在语言区大胆表达，用自己的话描述自己所看到的画面、感受到的情感。

2. 教师可以引导幼儿认真观察体会，发现更多加水的方法并尝试给别人加水。

活动延伸：

教师可以引导幼儿尝试用不同的方法给自己身边的人加水，看看采用不同的方法加水会有什么样的效果，感受给别人加水，自己的水桶同时也在加水的满足感。

角色区

活动一：志愿者服务站

活动目标： 能主动帮助他人，体验帮助他人的快乐。

活动准备： 记录本、笔、志愿服、志愿口号、小帐篷等。

活动过程：

1. 教师要和幼儿一起商量志愿者服务站的任务、职责以及站内环境布置。

2. 教师和幼儿一起制订志愿者服务站的工作计划和要求，如每天什么时候开放，里面有什么活动，每天几个人以及游戏规则等。

3. 按照计划如期开展活动后，教师引导幼儿据自己不同的职责进行工作（图9-1）。教师进行观察，适当地给予指导。

活动建议：

教师可以引导幼儿认真观察生活中的志愿者是怎样帮助别人的，结合自己的生活经验进行模仿表演，让幼儿在表演的过程中，感受做志愿服务的幸福感。

活动延伸：

1. 教师可以组织幼儿到敬老院给爷爷奶奶捶捶背、唱歌、讲故事等，让幼儿真正体验做志愿者的乐趣，感受到帮助他人的幸福感。

2. 教师可以开展"大手牵小手"的活动，组织大班幼儿每周一在幼儿园门口接待小班的弟弟妹妹入园，并将他们送到各自的班级。

3. 教师可以组织幼儿参加班级志愿者服务，帮助同伴、老师做一些力所能及的事情，培养幼儿助人为乐的精神，在帮助他人的同时提高自己的生活技能。

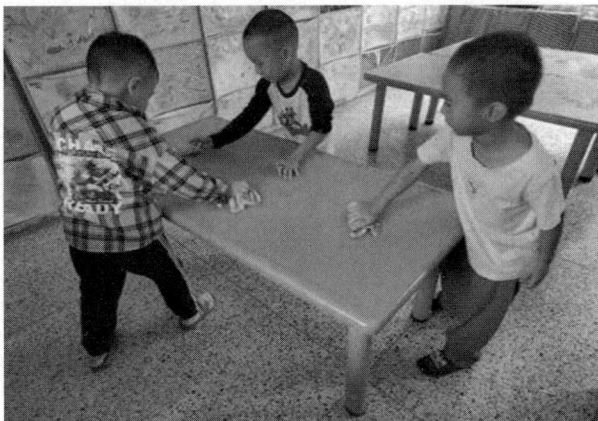

图 9-1 班级小小志愿者

活动二：弟弟妹妹，我来帮帮你

活动目标： 知道自己是大班的哥哥姐姐了，能主动帮助小班的弟弟妹妹。

活动准备： 若干白纸、画笔，小班幼儿入园遇到困难或问题的情境照片。

活动过程：

1. 师幼讨论小班幼儿刚入园的时候经常会遇到的困难或问题，如想爸爸妈妈，不会穿衣服，不会叠被子，找不到自己的班级等。教师要鼓励幼儿结合自己以前上小班时的经历以及日常在幼儿园看到的情境，大胆表达自己的想法。

2. 教师呈现小班幼儿入园遇到的困难或问题的情境照片，引导幼儿将自己知道的小班弟弟妹妹上幼儿园后经常出现的困难或问题的情境画下来，然后跟大家分享，并说一说自己可以怎样帮助弟弟妹妹。

3. 幼儿分组讨论，投票选出最典型的情境进行表演，将自己帮助弟弟妹妹解决问题或适应幼儿园生活的方法演绎出来。

活动建议：

1. 教师在活动前要通过谈话的方式引导幼儿认识到自己现在已经是大班的哥哥姐姐，有义务和责任去帮助小班的弟弟妹妹，让幼儿树立主动助人的意识。

2. 为加深大班幼儿对小班弟弟妹妹目前经常遇到的困难及遇到困难时难过的情绪的了解，教师可以给幼儿呈现小班弟弟妹妹遇到困难时的照片，让幼儿共情，从而更愿意去帮助弟弟妹妹。

3. 小班幼儿遇到的困难情境很多，因此表演的情境要进行筛选，这个工作可以由幼儿分小组自行完成。

活动延伸：

教师可以在幼儿园开展"大带小，共成长"的爱心互助活动，每天上午由大班的幼儿在幼儿园门口把小班的弟弟妹妹接到各自的班级；每周可以开展一次"大带小"的游园活动，让大班的幼儿带领小班的弟弟妹妹熟悉幼儿园环境，陪着小班幼儿一起游戏等，让幼儿在互帮互助的过程中快乐成长。

活动三：爱的传递

活动目标：能用歌声大胆地向身边默默奉献的人表达爱和感谢。

活动准备：音箱、话筒、小舞台、表演服装、白纸、彩笔；适合大班幼儿歌唱的感恩主题歌曲，如《感恩有你》《听我说谢谢你》《让爱传出去》等。

活动过程：

1. 教师带领幼儿熟悉歌曲旋律，理解歌词含义，体会歌曲表达的情感。

2. 师幼一起在表演区搭建演出舞台，准备演出服装，一起设计演出门票及演出宣传海报。

3. 师幼一起张贴海报进行活动宣传，并"售卖"演出门票。

4. 幼儿现场演出。

活动建议：

1. 教师只需要告诉幼儿本次演出是要演唱与爱有关的歌曲，具体唱哪首歌曲可以由幼儿自主讨论决定。

2. 教师要为幼儿提供一些演唱会门票、宣传海报的样例，帮助幼儿了解这类物料的基本风格及内容，便于幼儿更好地设计属于他们自己的演出门票和海报。

活动延伸：

该活动可以先在班级内部开展，如果幼儿园有室内公共游戏区，教师可以协助幼儿在公共区搭建一个表演舞台，鼓励幼儿向平行的几个班级发放演出门票，邀请更多幼儿一起来参加。

美工区

活动一：《小小志愿者》画册

活动目标：能积极主动地参与班级小志愿者活动，回忆志愿服务的过程，能够用绘画的形式记录自己做的事情。

活动准备：白纸、水彩笔、订书机等。

活动过程：

1. 教师引导幼儿回忆自己做志愿者的过程，在做志愿者的过程中做了哪些事情，例如，今天早上我帮老师擦桌子；小朋友找不到想要的书籍的时候，我帮助他寻找等。

2. 教师鼓励幼儿用绘画的方式将自己担任志愿者时做的印象深刻的事情记录下来。

3. 师幼共同整理、装订幼儿绘制的《小小志愿者》画册。

活动建议：

1. 教师要鼓励幼儿用不同的艺术表现形式记录自己的志愿服务过程。

2. 在幼儿绘画过程中，教师要多观察幼儿的画面，引导幼儿主动分享，提升幼儿的自豪感。

活动延伸：

1. 教师可以将幼儿的《小小志愿者》画册放在角色区的志愿者服务站，让幼儿根据连环画的内容进行创编表演，模拟志愿服务的过程，练习一些帮助他人的技能。

2. 教师可以鼓励幼儿用绘画的方式记录自己的一天，如这一天我帮助了谁，谁又帮助了我，强化幼儿的助人行为与意识。

活动二：送给好朋友的礼物

活动目标：能够利用美工区的各种材料，采用绘画、粘贴、手工等方式为自己的好朋友设计一份特别的礼物。

活动准备：彩纸、扭扭棒、白纸、水彩笔、废纸箱、固体胶等各种材料。

活动过程：

1. 教师引导幼儿思考自己想制作的礼物大概是什么样的，需要用到哪些材料。

2. 教师引导幼儿开动脑筋，积极思考，大胆创造，独立制作送给好朋友的礼物。

活动建议：

幼儿在创作的过程中，教师不要过多干预，尊重幼儿的想法和创意，当幼儿需要帮助时，再给予适当的引导与支持。

活动延伸：

除了制作礼物送给好朋友之外，教师还可以鼓励幼儿制作礼物送给爸爸妈妈、弟弟妹妹、山区的孩子、福利院的老人等，激发幼儿助人、分享、同情、感恩等情感，体验给予的快乐，提高幼儿的共情能力。

活动三：爱心宣传海报

活动目标：尝试利用绘画的方式设计出充满爱的海报，宣传"我为人人，人人为我"的精神。

活动准备：

1. 提前创设爱心标语展示栏，展示生活中常见的爱心宣传海报。

2. 白纸、彩纸、水彩笔等材料。

活动过程：

1. 教师引导幼儿观察生活中的爱心宣传海报图片及其特点。

2. 教师鼓励幼儿尝试用绘画的方式设计自己的爱心宣传海报。

3. 师幼沟通爱心宣传海报的内容，教师可将幼儿的想法以文字的方式标注在幼儿的作品旁。

4. 教师鼓励幼儿大胆分享、展示自己设计的爱心宣传海报。

活动建议：

在幼儿进行爱心宣传海报设计之前，教师应该帮助幼儿了解海报制作的基本要求，丰富幼儿对海报的认识。此外，教师还要引导幼儿思考海报的作用、对象、主题思想等，激发幼儿的创作欲望，更有利于幼儿的创作与设计。

活动延伸：

1. 在制作海报的基础上，教师可以邀请幼儿为班级、幼儿园设计一些友爱的标语，呼吁幼儿与同伴之间友好相处、互相帮助等。

2. 教师可以制作班级爱心宣传海报集成册，汇总幼儿设计的各种独特作品，鼓励幼儿之间互相分享、翻阅，升华幼儿互帮互助的良好情感。

（东莞市虎门镇中心幼儿园　郑玉玲　黄才娴）

六、一日生活指导

(一)一日生活中幼儿品格与社会技能培养

慷慨是帮助，是分享，是赞美，一日生活的方方面面都渗透着慷慨的品格教育。社会技能"提供帮助"贯穿同伴交往、师幼互动的全过程，但在一日生活各环节的体现略有不同，如有些环节需要重点指导，有些环节则可随机引导。本期主题品格与社会技能在一日生活中的重点培养环节内容见表9-6。

表9-6　品格与社会技能的日常重点培养环节

生活环节	品格：慷慨	社会技能：提供帮助
入园	√	√
盥洗	√	√
进餐	√	√

续表

生活环节	品格：慷慨	社会技能：提供帮助
饮水	√	√
如厕	√	√
午睡	√	√
离园	√	√
集体活动	√	√
户外活动	√	√
区角活动	√	√
过渡环节	√	√

（二）一日生活中幼儿品格与社会技能指导要点

本期主题品格与社会技能在一日生活中的指导要点见表9-7、表9-8。

表9-7　一日生活中慷慨品格指导要点对照表

环节	指导要点
入园	1. 教师通过大带小、小小志愿者等帮扶方式，在入园环节培养幼儿慷慨的品格。 2. 在入园晨检时，教师通过微笑、友爱的语言、拥抱等方式让幼儿感受到慷慨的表达方式。
盥洗	教师引导幼儿养成排队盥洗，不争抢、吵闹，谦让使用洗手液等良好的慷慨行为。
进餐	1. 教师引导幼儿自主取餐时，有秩序、不浪费、会分享。 2. 教师通过评选慷慨小达人的方法鼓励幼儿互帮互助。
饮水	教师引导幼儿先让口渴、需要喝水的小朋友接水。
如厕	1. 教师引导幼儿通过分组、分性别的形式如厕，安全、有秩序、不拥挤。 2. 教师引导幼儿拥挤时出现争执能原谅他人，并让有紧急需求的小朋友先如厕。
午睡	教师通过小小值日生的形式，让幼儿合作搬床，互帮互助穿脱衣服，提高幼儿的合作能力，学会帮助别人、懂得谦让。
离园	1. 在离园前的等待环节，教师引导幼儿与同伴分享桌面玩具。 2. 教师借助离园游戏、谈话活动等方式，引导幼儿回顾和分享当天的好人好事，树立慷慨小达人的形象。
集体活动	1. 教师可利用视频、童话、故事等文学作品中的慷慨形象教育、熏陶幼儿。 2. 教师通过创设情境，让幼儿体会慷慨的行为。
户外活动	1. 在户外活动时，教师通过"榜样在身边"的游戏，让幼儿学会大方、不吝啬。 2. 教师鼓励幼儿与同伴一同分享使用户外的体育器械。
区角活动	1. 教师在晨间活动中分享幼儿的慷慨行为，树立身边的榜样。 2. 在区角活动中出现争执时，教师应尽量为幼儿提供一些机会，让幼儿的慷慨行为得到练习。
过渡环节	1. 教师利用餐前时间，引导幼儿通过视频、图片的形式观看身边的慷慨事迹。 2. 教师利用午睡前时间，引导幼儿通过倾听故事，让慷慨的观念深入人心。

表 9-8　一日生活中"提供帮助"技能指导要点对照表

环节	指导要点
入园	教师引导幼儿遇到需要帮助的小朋友或哭泣、情绪不好的小朋友，主动给予力所能及的帮助与适当的安慰。
盥洗	教师引导幼儿排队盥洗，主动帮助能力较弱的同伴整理衣袖。
进餐	1. 教师引导幼儿自主排队取餐、按量取餐，主动帮助同伴收取餐具。 2. 教师引导幼儿饭后主动帮助老师清理桌面、地面卫生。
饮水	1. 教师设置"乐于助人小明星"，在对小朋友提供帮助后会获得一个小贴贴，每周评选"乐于助人小明星"。 2. 教师通过设置"小小监督员"的方式，提醒忘记或者没有主动饮水的小朋友饮水。
如厕	1. 教师引导幼儿如厕时不推不挤，给有需要的幼儿提供帮助。 2. 幼儿遇到困难时，教师要引导幼儿大胆地说清楚自己的需求。
午睡	午睡时，教师引导幼儿帮助有困难的幼儿穿脱衣服和鞋子。
离园	离园前，教师鼓励能力强的幼儿帮助能力弱的幼儿整理衣物和物品。
集体活动	1. 教师利用故事、宣传片、公益广告等形式引导幼儿体会为别人提供帮助的快乐。 2. 教师通过文学作品分享活动，潜移默化地影响幼儿帮助别人，快乐自己。
户外活动	教师鼓励幼儿在与同伴游戏的时候，帮助能力弱的幼儿活动，例如，给攀爬能力较弱的小朋友加油打气，为这些小朋友提供攀爬小技巧等。
区角活动	1. 教师利用晨间活动时间，分享自己身边助人为乐的好人好事。 2. 教师利用区角游戏中的幼幼互动，引导幼儿学会帮助同伴。
过渡环节	教师通过一日生活的过渡环节，及时发现幼儿提供帮助的闪光点，及时记录，及时表扬鼓励。

(三)日常指导策略

1. 慷慨品格——情境案例

案例：在进行区角活动时，多多和格格同时选择了益智区拼搭磁力片。在游戏过程中，多多和格格因为一块磁力片发生了争抢，互不谦让。最后，多多抢到了磁力片，格格生气地说："我以后再也不和你玩了。"看到此情此景，老师马上进行了介入指导，引导幼儿学会友好协商，慷慨礼让。听到老师的建议以后，多多愿意将正方形磁力片先让给格格用，自己选择用其他磁力片代替。格格得到了多多礼让给自己的磁力片后也非常开心，于是她主动地说："多多，谢谢你。"区角活动结束后，格格主动跑过来开心地说："老师，下一次我也想将玩具让给别的小朋友玩。"老师问："为什么？"格格说："因为我觉得多多把玩具分享给我，我很开心。下次我把玩具让给其他小朋友，其他小朋友也会这么开心。"

分析：格格是一个性格活泼，非常有主见、有想法的小女孩，遇到问题会大胆表达自己的需求。而且格格是独生子女，事事以自我为中心，当和其他幼儿有共同的需求时，不愿意做出让步，不愿意将东西让给其他幼儿。多多在家是姐姐，已经初步建立了慷慨礼让的意识，所以，在听到老师的建议后，能够主动地谦让他人。

教师指导：当两名幼儿出现争执不下的情况时，教师出面进行引导，给幼儿提出适当的建议，引导两名幼儿进行友好的协商。经过商讨以后，幼儿可以慷慨地把礼物让给其他幼儿，其他幼儿在感受到被礼让的开心后，也会主动学着慷慨礼让他人。

2. "提供帮助"技能——情境案例

案例：户外活动中，孩子们都挑选了自己喜欢的体育器械进行自主游戏。这时候九儿想和伙伴们一起玩轮胎，但是她的力气太小，推来推去都无法挪动沉重的轮胎。在一边路过的骁骁看到后主动过来说："我来帮你吧！"九儿开心地点点头，两个人一起把轮胎推到了九儿想放的位置，两个孩子都开心不已。

分析：骁骁在班里是一个活泼、热情的小男子汉，当他看到小女生九儿有困难时，主动跑过去提供帮助。在完成推轮胎后他们都很开心，正所谓"帮助别人，快乐自己"。他们的这种行为不仅快乐自己，也影响着身边的每一个小朋友。如果每个小朋友都可以主动提供帮助，在这种氛围的熏陶下，相信每一个小朋友都会养成乐于助人的好品质。

教师指导：在一日生活中随处都有故事发生，教师要有一双善于发现的眼睛。当幼儿向同伴提出帮助时，教师要及时表扬，并在集体面前树立小榜样，让大家知道当别人遇到困难时，我们一定要积极主动地去帮助别人，同时，帮助别人也是一件很快乐的事情。

3. "提供帮助"技能——生活小游戏
(1)拍手游戏
游戏目标：通过游戏的形式掌握技能口诀。
游戏玩法：幼儿边说技能口诀边拍手。（参照"你拍一我拍一"的游戏）
(2)生活情境体验
游戏目标：熟练记忆技能口诀，能运用口诀解决生活中遇到的真实问题。
游戏玩法：教师创设帮助他人的生活情境，引导幼儿模仿表演、再现，还可以创编更多情境及解决办法。

(四)生活体验活动

活动案例一：乐于分享，爱心捐赠

1. 设计思路
现在的幼儿大多是独生子女，并且家长过于溺爱，使他们养成了独食、独玩等行为习

惯。这也导致了幼儿缺乏交往，没有机会体验与人分享的快乐。为帮助幼儿养成良好品格，引导他们学会体谅与关爱、分享与助人，教师开展了"乐于分享，爱心捐赠"活动，通过同伴、教师和家长的榜样行为影响，让幼儿在实践活动中得到快乐的心理体验，逐渐产生慷慨待人的意识，为慷慨品格的形成奠定良好的基础。

2. 活动过程

(1)交流分享，共同成长

开学第一天，教师在班级开展分享活动，让幼儿分享自己的假期趣事或是自己喜欢的物品。幼儿纷纷与好朋友分享着有趣的事，一名幼儿还拿了几本新图书分享给小朋友。

(2)爱心捐赠，快乐帮扶

教师小结分享活动后，通过播放宣传片，请幼儿了解我们的帮扶园——甘肃省临夏回族自治州和政县幼儿园的现状。了解到帮扶园的环境及小朋友在幼儿园的情况后，幼儿纷纷感受到自己生活的幸福甜蜜。教师及时引导："我们可以做些什么帮助他们吗?""过年时，妈妈给我买了一辆大汽车，我可以送给他们""过年爷爷奶奶给我很多压岁钱，我想为他们买些玩具""我家有很多图书，我也想送给他们"……幼儿纷纷表达着，纯净的心灵充满了清澈的爱。为了鼓励幼儿的积极性，教师开展了爱心捐赠活动。第二天，幼儿将自己最喜欢的玩具、图书带来，纷纷献出自己的一份爱心。

(3)创意设计，为爱宣传

教师引导幼儿将本次活动过程做表征记录，并通过绘制爱心宣传画的方式(图9-2)，引领中小班幼儿乐于分享、慷慨大方。

图9-2　幼儿绘制的爱心宣传画

(4)家长示范，正确引导

慷慨品格的养成需要渗透在生活的点点滴滴之中，要想成为慷慨的人，要先学会对亲人慷慨。当幼儿回家后，通过和爸爸妈妈分享交流今天发生的事情或情绪，相互之间更加了解和亲密。教师鼓励家长引导幼儿进餐时主动把喜欢的食物夹给长辈;当小朋友来家里做客时，愿意把自己喜欢的玩具给他们玩。

3. 活动总结

"一枝独秀不是春，万紫千红春满园"。此次活动的开展，教师发挥引领示范和带动辐射作用，不仅激发了幼儿积极参与活动的兴趣，而且还让幼儿懂得了慷慨的含义。慷慨的意义是愿意给予，并从中得到快乐。通过这次体验，相信幼儿会从中学会思考、交流、合作，并愿意成为善良、温暖、慷慨的人，让品格教育滋养心灵，让人格品质绽放最美光彩！

活动案例二：以爱之名，慷慨"童行"

1. 设计思路

一些是独生子女的幼儿会出现特定的"独生子女人格特征"——"吝啬"。他们独食、独玩、不喜欢与小朋友分享礼物和玩具。为了能让幼儿体验慷慨待人、乐于分享的乐趣，教师开展了"跳蚤市场"爱心亲子活动。

2. 活动过程

(1)合理规划，提前准备

活动前，家长帮助幼儿准备好摊位海报、售卖物品，并给售卖物品贴好标签，让幼儿了解活动流程及售卖规则。

(2)慷慨交换，乐趣无比

活动开始了，幼儿根据活动要求，分批扮演"售货员"和"顾客"的角色。幼儿拿着自己心爱的物品兴奋地逛来逛去，认真挑选自己喜欢的物品并进行交换，不一会儿，幼儿都满载而归。有的"售货员"大声叫卖，积极售卖自己的商品，忙得不亦乐乎。

(3)遵守规则，公平交易

在活动过程中，教师要引导幼儿遵守规则、公平交易。只有这样，幼儿才能在交换到自己满意的物品的同时，让自己的物品发挥最大的价值。

(4)文明礼貌，收获满满

在整个活动过程中，教师引导幼儿要注意使用礼貌用语，不乱扔垃圾。最后，在大家共同的努力下，每名幼儿都满载而归，获得了自己喜欢的物品。

3. 活动总结

通过本次活动，幼儿体验到了慷慨带来的快乐，激发了从自我做起、从身边的每一件小事做起，把自己无私的爱慷慨地奉献给身边每一个需要关爱的人的积极性。同时也给予教师很多启迪：从日常生活小事着手，引导幼儿形成乐于慷慨的品质；看到幼儿的点滴进步，及时鼓励，从而形成稳固的慷慨品格。

（济南市槐荫区实验幼儿园　王祎楠）

七、家园共育指导

(一)品格指导要点

对于慷慨品格的家庭教育指导，重点在于帮助家长培养幼儿大方地与他人分享喜欢的物品、想法，不斤斤计较。当对方的需要与自己的需要发生冲突时，愿意无偿给予对方，并且从中获得内心的愉悦,同时还能够主动关心他人,提供帮助。

1. 鼓励家长为幼儿树立良好的榜样

家长是幼儿的一面镜子,幼儿身上的优点、缺点,几乎都可以从家长身上找到影子。家长的行为对幼儿有着较直接、较持久的影响作用。在日常生活中,家长应该首先做到慷慨待人,为幼儿树立良好的榜样。而所谓的榜样,靠的不是说教,而是亲身示范给幼儿看。例如,家长乐于借给邻居需要的东西使用,常常主动与他人分享美味的食物、好看的书籍等,愿意把自己心爱的物品转让给他人,等等。当家长做出这些事后,还需要向幼儿解释原因,让幼儿感受到分享给人带来的愉悦感,从而在耳濡目染中模仿家长的分享行为,爱上分享。

2. 提示家长不要强迫幼儿分享

分享本身是一件美好的事情,它的前提应该是自愿和快乐的。可是有时候家长会因为面子上过意不去,不好意思拒绝别人,而强迫幼儿分享,如果幼儿不愿意,就会批评他"给别人玩玩怎么了?""怎么这么小气?""真不懂事!"等。这样的分享只会让幼儿感到恐惧和痛苦,以后更难做出分享行为了。当幼儿拒绝分享时,家长首先要考虑到幼儿当下的感受,并认同、接纳幼儿的负面情绪,及时给予理解和安慰,稳定幼儿的情绪。在日常生活中,家长可以多鼓励幼儿分享,但不要过分强调分享,决定权应该在幼儿,而不在大人手上,一定要征求并尊重幼儿的意愿,顺应儿童的发展规律,切忌家长说了算。

3. 鼓励家长给幼儿讲述与慷慨相关的绘本

家长可以给幼儿讲述一些关于乐于助人、无私奉献、慷慨待人的绘本故事,让幼儿产生情感共鸣从而培养慷慨品格。例如,《彩虹色的花》讲述了一朵彩虹色的花用花瓣帮助了有困难的小动物,自己却被覆盖在白雪下面离世了,但是它乐于助人的精神留了下来的故事;《石头汤》的故事能够让幼儿接纳身边的人,敞开心扉,乐于付出;《爱心树》的故事让幼儿感受到男孩在成长过程中对大树的不断索取,以及大树对男孩无私的付出与爱就像父母对自己无条件地慷慨付出一样。

4. 引导家长鼓励幼儿主动帮助有需要的人

在日常生活中,家长可以创造机会,通过引导幼儿帮忙做事情强化幼儿慷慨助人的兴趣和行为。例如,家长提的购物袋很沉时,可以请幼儿帮助一起拿;在登梯子拿东西时,可以请幼儿在下边扶住梯子,等等。在幼儿逐渐有了乐于助人的意识后,家长可以扩展幼儿的助人范围。当遇到一些需要帮助的贫困者或受难者时,家长可以引导幼儿一起探讨:该不该帮助有困难的人或受难者?怎样帮助?有哪些帮助的方法和途径?哪些帮助的方法和途径更适宜?家长应鼓励幼儿遇事多思考,能根据别人的需要给予适宜的帮助,从而逐步形成慷慨助人的品质,例如,把自己的玩具、文具、食物送给贫困家庭的幼儿,把自己的压岁钱捐给受灾的地区,为行动不便的人送东西等。幼儿在帮助有需要的人做一些力所能及的事情后,就能够体会到慷慨助人的快乐,从而学会奉献,增强责任感,最后形成稳固的慷慨待人的性格特征。

5. 让家长为幼儿提供练习分享行为的机会

慷慨品格是在不断实践中形成的，所以家长可以在日常生活中多为幼儿提供练习分享行为的机会。家长不要娇惯和溺爱幼儿，不要一切以幼儿为中心，无条件地满足幼儿的任何需求。在日常生活中，家长要让幼儿学会把自己喜欢的东西拿出来跟家人共享，例如，让幼儿把买回家的饼干亲自分给家人；在游戏中引导幼儿把心爱的玩具分享给其他幼儿玩。当家长看到幼儿做出类似分享的行为时，要及时加以肯定和表扬，如"你懂得分享，做得真棒"。家长对于幼儿的表扬一定要客观准确，不能太高，也不能太低，要有针对性地进行评价。得到肯定和赞赏的幼儿，其分享行为得以不断强化，其慷慨行为得以进一步发展。

(二)社会技能指导要点

提供帮助

主动向他人提供帮助是幼儿人际交往中的重要技能。"提供帮助"技能的口诀是"看到别人有困难；不要站在一边看；主动过去帮帮忙，大家都会给点赞"。这一技能的培养重点包括：确认谁需要帮助，需要什么帮助；想想自己能不能帮助；自己帮不了时通知成人或同伴来帮助。

看到别人有困难。家长可以将幼儿日常生活中的需求及遇到的困难作为教育契机，引导幼儿结合自己的生活经验，想一想什么时候需要别人的帮助，并在生活中锻炼幼儿识别他人需求的能力。

不要站在一边看。当幼儿受到他人帮助时，家长需要强化幼儿获得他人帮助时的感觉，让幼儿能够共情，知道别人需要帮助的时候要施以援手；告诉幼儿当发现其他幼儿需要帮助的时候，自己要主动慷慨助人，但要做好判断，判断所帮事情的对与错；告诉幼儿帮助别人时，要主动征求被帮助人的意见，想一想自己力所能及的范围下，提供什么样的帮助最适宜。

主动过去帮帮忙，大家都会给点赞。家长要善于运用生活中的教育契机，对主动帮助他人的幼儿及时给予肯定、奖励，让幼儿知道帮助他人是一件值得骄傲的事情，帮助他人也是向他人表达自己关心的重要方法。

(三)你问我答

1. 幼儿不愿意分享怎么办

家长可以在适当的时候以合理的方式向幼儿提出分享要求。如果幼儿在玩玩具，家长可以问："我能和你一起玩儿吗？我很想和你一起玩你的玩具。"这时家长要谨慎地选择适当的方式来鼓励幼儿同意。当家长加入这个活动时，要让幼儿知道你是多么高兴他能和你一起分享。如果幼儿没有同意，家长只需简单地说"好吧，也许等一会儿我们可以一起玩"，不要批评或抱怨幼儿，要让幼儿体验到分享是一种积极的活动，而不是被迫的活动。

2. 幼儿难以理解他人的想法和感受，怎么培养共情能力

第一，家长要引导幼儿识别自己的情绪，鼓励幼儿为自己的情绪命名。

第二，家长可以运用游戏、阅读故事等方式让幼儿理解他人的情绪。

第三，家长可以经常和幼儿探讨对处理自己情绪和回应他人不同情绪时的做法。

第四，家长要为幼儿树立处理自己情绪和回应他人情绪的榜样。

3. 幼儿不管什么时候都应该慷慨助人吗

幼儿能够给别人施以援手是件好事，但是也要让幼儿知道在怎样的情况下才能帮忙，以及怎么帮忙。如果两名幼儿发生了打人行为，其中一名幼儿请求帮忙，这个忙就不能帮。因此，在慷慨品格培养的过程中，家长也要教导幼儿学会辨别是非，不能帮倒忙，也不能因为帮助人而伤害别人或自己。

4. 幼儿慷慨分享的东西太贵了，该怎么和他解释

当幼儿表现出慷慨行为时，家长以"贵"为理由拒绝他的做法是不可取的，因为长久下去，幼儿会以物品的经济价值为前提来决定是否分享，从而失去了慷慨真正的意义。家长应该引导幼儿考虑清楚，慷慨会失去什么、得到什么，让幼儿自己来权衡利弊，判断是否分享。

5. 幼儿小气的表现是什么样的呢

幼儿小气最直接的特点就是不管什么情况下，也不肯将食物给别人吃，不愿意将玩具与学习用品等借给别人用。在性格特征上，幼儿做事会斤斤计较，爱讲条件；自我牺牲与奉献精神较差；自私自利；思想比较保守；缺乏同情心；适应能力较差；心胸狭隘，嫉妒心强；做事比较犹豫、多疑，缺乏果断性。

6. 幼儿为什么会形成小气的性格呢

第一，幼儿受到身边人的小气行为与不良教育的影响。

第二，家长过于溺爱幼儿，使幼儿养成了独食、独玩等不良习惯。

第三，幼儿缺乏交往，没有机会体验到与人分享的快乐。

第四，有的家庭经济状况不佳，幼儿的一些要求不易满足。

7. 在幼儿园中，教师可以开展哪些活动来培养幼儿的慷慨品格

第一，教师可以运用班级中"值日生"的教育契机，评选出每日的"服务之星"，给予一定的奖励；也可以记录班级中幼儿的慷慨行为瞬间，评选出班级中的"慷慨小明星"，充分发挥同伴间的榜样作用，培养幼儿主动帮助他人的良好品质。

第二，教师可以组织慷慨主题系列活动，如慷慨义卖、跳蚤市场、义工站活动等。

第三，教师可以引导幼儿从传统文化中、生活中发现慷慨故事，鼓励幼儿与同伴分享与交流。

8. 在家中，家长可以开展哪些活动来培养幼儿的慷慨品格

第一，家长可以在家和幼儿共同阅读与慷慨相关的书籍，使幼儿感受乐于助人、慷慨给予、不求回报的精神，从而愿意主动帮助他人。

第二，家长可以鼓励幼儿积极发现身边慷慨的榜样并主动学习。

第三，家长可以鼓励幼儿邀请朋友到家中聚会，创设幼儿与朋友交往、分享的机会，

提高幼儿的人际交往能力，深化幼儿慷慨的品质。

第四，家长可以引导幼儿和家人一起帮助身边需要帮助的人，关心弱者、奉献爱心，辅助幼儿慷慨品质的建立。

（北京市昌平区南口镇中心幼儿园　纪桐　王冉）

附录　品格亲子活动样例(友爱)：
友爱天使·幸福传承

一、活动背景

在品格教育中，家园合力是极其重要的因素。家长学校是推进家庭教育的主渠道，也是实施家庭教育指导与服务的重要载体，理想的教育效果应是教师、幼儿、家长三位一体，共学、共成长，当然也离不开有意义的亲子活动所带来的教育效果。

在中国传统文化中，自古以来，人们崇尚"和谐""和为贵"的思想。这也一直是中华传统道德的一个基本伦理原则，而"和谐"思想在幼儿时期的表现就是友爱品格。友爱是幼儿在与人交往过程中表现出来的一种积极的情感。

在友爱品格的亲子活动中，幼儿园将通过家园合作形式，营造友爱的成长环境，注重突出三方教育，让教师、幼儿、家长理解友爱品格的重要性，并从自身出发践行友爱行为，促进家园合作、亲子交流、师幼互动。

二、活动目标

1. 理解友爱的意义，感受友爱行为带来的美好，愿意营造友爱的交流环境。
2. 通过各种表现爱的途径，倡教教师、幼儿、家长表现爱的行为。
3. 关注活动中三种对象的感受，鼓励大胆地表达自己的爱。

三、活动对象

幼儿园大班幼儿、教师、家长

四、活动时间

12 月第一周

五、活动地点

各班教室(幼儿园自定)

六、活动准备

1. 幼儿园领导组织大班年级组教师一起讨论此次活动的内容和流程安排。

2. 教师设计品格亲子活动主题——"友爱天使·幸福传承"友爱品格亲子活动。(班级内横幅使用一体机显示，家长课堂横幅用电子显示屏显示)

3. 教师准备并熟悉亲子活动开场欢迎词(见附件1)、活动结束总结词(见附件2)。

4. 班级教师提前三天或视情况而定向家长发送亲子活动电子通知(见附件3)。

5. 家长和幼儿回忆成长中的友爱行为，如家长与幼儿、教师与幼儿以及幼儿同伴之间的友爱行为(在活动开展前，教师提前收集家长和幼儿友爱行为的照片和视频)。

6. 教师自选轻音乐一首作为亲子回忆成长背景音乐。

7. 活动成员共同做如下准备。

(1)活动前期，教师布置任务——"爱的传承"话题准备，并引导幼儿围绕"友爱的行为"开展话题聊天，搜集并讨论什么是友爱的行为，友爱的行为会给人带来什么感受，如何向对方表示友爱等内容，查看友爱的含义等视频。在活动开始两周前，教师组织班级各家庭启动"家长宝典"友爱品格专题家长漂流阅读活动，为亲子课堂和家长课堂做准备。

(2)活动材料准备：泗洲灯笼仔半成品、公子印刷图、红纸、颜料、画笔，其他创意装饰材料，班级区角主题空墙(用于展示友好的行为图片和语言文字)，挂钩若干(用于挂灯笼)，泗洲灯笼制作视频、图解等。

七、活动流程

(一)亲子课堂

1. 教师致欢迎词，向家长和幼儿介绍本次活动的目的、意义和流程。

2. 教师播放课前收集的各类友爱行为视频合辑，亲子共同回忆成长的点滴及美好的瞬间。(环节小结：友爱行为为我们的生活增添美好)

3. 教师组织本班家长代表和幼儿开展"友爱天使·幸福传承"友爱品格亲子活动。

(1)教师简单介绍活动：在传统文化课程中，有这样一个习俗，每年中秋节，外婆就会送泗洲灯笼仔给外孙。而石龙有一个村叫泗洲村，这里的妇女都会编织泗洲灯笼，寓意前途光明，也代表着外婆那浓浓的爱意。本次活动通过亲子合作制作泗洲灯笼，给身边的人送祝福。

(2)教师播放园本非遗课程视频《泗洲灯笼仔之制作——爱的传承》，让家长和幼儿感受收到外婆灯笼时的喜悦之情以及伴随灯笼的爱意和温暖。

(3)教师向幼儿发布"友爱天使·爱的传承"任务，亲子共同制作本土非遗制作技艺"泗洲灯笼仔"。教师向幼儿说明制作的规则，将幼儿分小组，邀请家长代表一同合作制作泗洲灯笼仔，合作布置室内区角，挂灯笼，画、写爱的祝福。

4. 教师总结活动：今天的亲子活动到这里就要结束了。今天我们以"友爱"为主题做了一系列的亲子互动活动。在这个过程中，孩子们体会到了身边的人友爱行为所带来的美好，萌发了养成友爱行为习惯的意愿。在今后的社会交往中，家长也要鼓励孩子亲近、支持、帮助、理解别人。

(二)家长课堂

1. 主班教师组织教师介绍本次家长课堂的目的。

2. 教师组织家长观看专家讲座《培养友爱精神，学会人际交往》。

3. 教师针对漂流阅读活动"家长宝典"开展导读活动。家长代表、教师混合分组，分别针对品格基础、品格培养、品格故事开展导读活动。

4. 分组代表分享，针对不同内容提出教育建议。

5. 幼儿送家长代表离园。

八、活动延伸

幼儿园和家庭可以分别开展"友爱加油站"活动，为身边的人做一件友爱的事情，并用视频、图画、照片等方式记录下来；还可以开展"友爱加油站"访问活动，与家人、教师、同伴交流友爱行为的感受，将爱传承。

九、活动建议

活动开展前，教师要重视前期的经验准备，通过晨谈、游戏互动、情境讨论等方式引导幼儿体会友爱的愉快体验。

为了满足不能来现场的家长的观看需求，活动可以采用直播和回放的形式。活动后，教师通过每天整理每名幼儿的友爱行为的主题墙展示图片，进一步宣传友爱主题亲子活动效果。

十、附件

附件1 活动开场欢迎词

尊敬的各位家长，亲爱的小朋友们：

大家上午好！感谢各位家长百忙之中来参加本次的友爱品格亲子活动。今天的亲子活动分为两个部分，亲子课堂和家长课堂。为了满足未到幼儿园参加活动的家长，我们特意安排了直播和回放。

亲爱的小朋友们，非常高兴，我们今天的课堂邀请了部分爸爸妈妈一同参加。有些爸爸妈妈来到我们教室的现场与我们一起游戏，有些爸爸妈妈在手机上看我们的精彩表现，为我们点赞。我们要加油呀！

友爱是我们跟身边的人交往、游戏的时候，表现出来的一种高兴的情绪。友爱能给我们带来快乐的情绪。下面让我们一同来看看我们和身边的人的友爱表现吧。

现在，请大家说说观看完视频的感受，友爱行为为我们的生活增添了哪些美好。

下面我们将分为4个小组，邀请我们的爸爸妈妈和我们一同制作我们熟悉的泗洲灯笼仔，可以把我们的祝福送给我们身边的人，想想我们要送给谁，要说点什么，可以用图画或者文字记录下来；还可以邀请我们的爸爸妈妈合作布置室内区角，挂灯笼，画、写爱的祝福。

希望通过本次友爱主题活动，让小朋友们养成待人友爱的习惯，学会传递爱，传递友爱所带来的快乐，营造友爱行为的成长环境。

附件 2　活动结束总结词

本次活动虽然我们所有家长不能同时参与，但是并不影响我们参与的积极性。活动采用线上线下相结合的方式，给家长学习带来了便利。

此外，本次活动采用事前漂流阅读，亲子课堂和家长课堂相结合的创新模式，让家长能实时实地感受孩子的表现，有助于家长朋友们更好地投入活动，而现场的家长朋友的真实感受，更能为线上的家长起示范作用，进一步有效推动家园共育。

附件 3　亲子活动电子通知(邀请函)

×××幼儿园友爱品格亲子活动——友爱天使·幸福传承
活动通知

(说明：教师可以安排幼儿代表或全体幼儿拍摄小视频，利用真实的视觉场景，让家长感受幼儿的诚意邀请。)

亲爱的爸爸妈妈：

我们××班全体小朋友，诚意邀请您×月×日星期×上午 9 点，来我们班，参加"友爱天使·幸福传承"亲子课堂活动，让我们一起感受友爱行为带来的快乐吧！

期待您的到来！

××××幼儿园

年　月　日

(东莞市石龙镇实验幼儿园　袁衬芳　卢丽芬)